Im Auftrag des Werkbund-Archivs herausgegeben von Wolfgang Dreßen, Dieter Kunzelmann* und Eckhard Siepmann.* Mitarbeit bis 1.7.1991 Redaktionsschluß 20.8.1991

Nilpferd

des

höllischen

Urwalds

– Spuren

in

eine

unbekannte

Stadt –

Situationisten

Gruppe SPUR

Kommune I

Ein Ausstellungsgeflecht des Werkbund-Archivs Berlin zwischen Kreuzberg und Scheunenviertel, November 1991

Zur Konzeption des Projekts

■n diesem Projekt werden Impulse zu einer Transformation der Stadt und des Alltagslebens vor Augen geführt, die sich in der zweiten Jahrhunderthälfte europa-weit entwickelt haben. Gemeinsam ist ihnen, daß sie die neue Gestalt der Stadt aus einer befreienden Umwälzung des Alltags hervorgehen lassen und nicht aus routinierten Expertenhirnen, Spekulantenkalkül und politischem Interessenausgleich.

Ein zweites Thema ist in dem ersten versteckt: Der Impuls der Poesie, den Rahmen des Kunstwerks zu verlassen und sich in das Leben einzumischen; Poesie hierbei verstanden nicht als Lyrik, sondern als die Substanz aller Künste. Die SUBVERSIVE POETISCHE AKTION ist die am weitesten in die Zukunft weisende Spielart dieses Wechsels im Aggregatzustand der Phantasie.

Beide Prozesse – die Entwicklung der neuen Stadt und die Verwirklichung der Poesie – schlingen sich ineinander und bedingen einander. Sie kommen zusammen in der Befreiung des Alltags von den Lasten der toten Zeit, der Fremdbestimmtheit, der lustlos erlebten Arbeit, des Konsumismus. Mögliche Arsenale von Sprengsätzen führt die Ausstellung an authentischen Orten vor Augen. (Warnung: Es handelt sich weder um eine Kunst- noch um eine Architekturausstellung!) Ihre Aufmerksamkeit gilt zunächst der „SITUATIONISTISCHEN INTERNATIONALEN", einer Gruppe von Künstlern, Architekten und Schriftstellern, die 1957 gegründet wurde und nach theoretischen und praktischen Möglichkeiten zur Revolutionierung des Alltagslebens und der Stadtplanung suchte. Darüber hinaus erscheinen die Künstlergruppen COBRA und SPUR, die legendäre KOMMUNE I und schließlich die Hausbesetzer unserer Tage.

Das Werkbund-Archiv verbindet mit diesem Projekt den Appell an die Künstler, Seiltänzer, Aktionisten und Häretiker Berlins, die zukünftige Gestalt der Stadt aus dem Geist der Effektivität, der Disziplinierung und des Profits mit allen Mitteln zu verhindern.

In den späten 50er Jahren bildeten sich in den europäischen Metropolen Gruppen, die eine provokante Aufkündigung des Einverständnisses mit den herrschenden Formen des Alltags propagierten und zu praktizieren begannen. Es ist auffällig, daß die Künstlergruppen den Ton angaben. Dabei handelte es sich nicht um eine Bohème, die sich Refugien für ihre Abkehr vom Spießeralltag suchte; vielmehr wurde auf der Basis einer soziologisch fundierten Gesellschaftskritik nach Praxisformen gesucht, die geeignet erschienen, den eigenen Spieltrieb zu befriedigen, ihn bei anderen zu entfachen und gleichzeitig die Säulen des Gemeinwesens zum Einsturz zu bringen. Damit war eine Transformation der Kunst verbunden: Ästhetische Potentiale, Phantasie und Sinnlichkeit sollten aus dem Käfig des Kunstwerks befreit und in die Revolutionierung des Alltags eingebracht werden.

Es mag durchaus mit dem Ende des „Realen Sozialismus" zusammenhangen, daß diesen Gruppierungen heute erneut (und verändert) Aufmerksamkeit zugewandt wird; der Impuls, der von ihnen ausging, hat schon in den späten 60er Jahren Machtstrukturen ins Wanken gebracht. Die gegenwärtigen Nivellierungsstrategien in der Kultur, die Verödung des Alltags und die Diskreditierung jeder Individualität, soweit sie sich nicht aus Konsumeigenarten profiliert, können Bedürfnisse erzeugen, denen mit den Mitteln erhöhter Konsumbeteiligung nicht mehr beizukommen ist. An der Verbreitung dieser Wünsche sollten sich die kulturellen Institutionen mit ihren Mitteln beteiligen; es geht um die Verteidigung und Schaffung authentischer Lebensmöglichkeiten, es geht gegen die Totalisierung des Scheins, der Verwaltung, der Simulation.

Die Ausstellung steht in unmittelbarem Kontext mit dem zuendegegangenen Walter-Benjamin-Projekt; in beiden Fällen handelt es sich um die Hervorbringung einer zu sich selbst gekommenen Welt aus den Rückständen eines neu entzifferten Alltags, der von Verworrenheit und Verwesung bestimmt ist.

je übler es den Ostdeutschen geht, je ätzender ihre Sehnsucht nach der D-Mark realisiert wird, desto mehr nehmen die Rufe nach der Verantwortung der kulturellen Institutionen des Westens zu. Das Werkbund-Archiv nimmt diese Appelle ernst. Wir hoffen, mit dieser Ausstellung Einblick in eine Theorie und Praxis zu vermitteln, die eine Negation sowohl des herrschenden Kapitalismus wie des pervertierten Sozialismus beinhaltet. Wir behandeln eine Epoche, in der die Chance zu einer Demokratisierung der kapitalistischen und der nichtkapitalistischen Länder real existierte und unterdrückt wurde – mit allen brutalen Konsequenzen.

Wie hätte die Welt sich entwickelt, wenn zu dieser Zeit die Samen Berlin '67, Paris Mai '68 und des Prager Frühlings europaweit aufgegangen wären? Diese Ausstellung wäre selbst dann nicht überflüssig, dazu ist ihre Utopie zu weit gespannt; aber sie wäre in offenen Horizonten, während sie sich jetzt einem neuen eisernen Vorhang konfrontiert sieht – er trennt nicht mehr Osten und Westen, sondern Gegenwart und befreite Zukunft. Heute existieren wir in einem versteinert erscheinenden Weltsystem, dessen umfassende, penetrante Präsenz jeden Gedanken an eine andere Welt in die Sphären einer interessanten Spinnerei zu verweisen droht. Um so mehr Anlaß, die subversive Erbschaft des zuendegehenden Jahrhunderts nach Potentialen für einen veränderten Realitätsbegriff abzusuchen, der in die bestehende schlechte Wirklichkeit nicht zu integrieren ist, ohne sie zu sprengen.

das Werkbund-Archiv, dessen Entstehen zeitgleich ist mit dem Ende der Situationistischen Internationale, teilt mit dieser Bewegung die Einschätzung, daß der marxistische Gedanke nur zu retten ist in der Ausrichtung auf eine Transformation des Alltagslebens. Als Ende der 80er Jahre in London die Idee zu einer Ausstellung über die Situationistische Internationale entstand, lag es nahe, an der Wanderschaft dieser Ausstellung teilzunehmen. Bei aller Sympathie für dieses Projekt kamen wir bei näherem Ansehen seiner Realisation zu dem Schluß, daß es in Berlin anders gemacht werden müßte. Die in Paris, London und Boston gezeigte Ausstellung, der wir viele Anregungen verdanken, litt nach unserer Einschätzung unter einem zweifachen Mangel: Sie löste das Spannungsfeld zwischen Ästhetik und Politik, zentrales Problem der Situationisten, einseitig zugunsten der Kunst auf; und, noch gravierender, sie kapitulierte vor dem Problem, eine Bewegung, die die Bildwelt desavouiert, **nicht** als Schauspiel darzubieten.

Indem wir es vorzogen, eine eigene Ausstellung zu machen, sahen wir uns natürlich mit einer ähnlichen Quadratur des Kreises konfrontiert. Das Übergewicht der Ästhetik über die Politik hoffen wir korrigiert zu haben, ohne es umzukehren; aber wie entkommen wir der Historisierung? Das können wir nur hoffen, wenn wir die „Last der Geschichte" auf uns nehmen – und die ist um 1992 nicht zuletzt in Berlin unvergleichlich schwer. Es führt kein Weg vorbei an dem Problem, den situationistischen Gedanken kritisch an ihm selbst zu messen und gleichzeitig vorsichtige Fingerzeige zu geben für die historische Chance, nach dem gigantischen Scheitern des Verwaltungssozialismus, Spuren, die keiner Ideologie verhaftet sind, ins 3. Jahrtausend zu folgen – und dies nur wenige Kilometer beiderseits der Reste der eingerissenen Mauer.

Warum beschäftigen wir uns heute mit den Situationisten, 20 Jahre nach dem reichlich tristen Ende ihrer Organisation? Sitzen wir erneut den Mystifikationen und der Selbstbeweihräucherung auf, von denen die Gruppe so ausgiebig Gebrauch machte? Fallen wir auf ihren vordergründigen Radikalismus herein, der nichts auf der Welt außer sich selbst gelten läßt; der jegliche Äußerungen außerhalb ihrer Reihen für konterrevolutionär erklärt und diese eigenen Reihen so erbarmungslos lichtet, bis am Schluß nur noch der übrigbleibt, der sich als Stifter des Ganzen versteht? Wollen wir verheimlichen, daß uns die Sprache dieser Gruppierung heute teils lächerlich erscheint, teils ob ihrer Arroganz anekelt?

Wir schicken dies voraus, um keine Mißverständnisse aufkommen zu lassen. Wer das universelle Spiel propagiert und dabei extrem verbissen und humorlos vorgeht; wer alle Oppositionsgruppen der falschen Praxis oder der Praxislosigkeit zeiht und dabei die eigene Praxis auf endlose Theorie- bzw. Ausschlußdebatten reduziert; wer befreite Formen der Kommunikation propagiert und den eigenen Umgang selbst mit den engsten Freunden im Stil einer unerbittlichen Engstirnigkeit und Geltungssucht vollzieht, der hätte allen Grund, den Untergang in einer Falte des „Mantels der Geschichte" zu akzeptieren. Die mit viel Intelligenz und noch mehr Rhetorik vorgetragene Entlarvung aller Systeme in Ost und West als umfassendes Schauspiel wird am Ende in dem selbst veranstalteten Lichtkegel sichtbar als Revolutionsspektakel; nur in einem Salto mortale, in dem man sich selbst als Teil des Schauspiels begriffe, wäre in dieser Logik Absolution zu erreichen. Viele derer, die ausstiegen, manche derer, die ihren Ausschluß beantragten oder nonchalant hinnahmen, mögen das realisiert haben; ihnen, nicht der tragikomischen Figur Debord, ist der historische Kredit der Gruppe geschuldet. (Bei dieser Gelegenheit sollte hervorgehoben werden, daß alle Ideen der Situationisten bereits in der Lettristischen Internationale vorgeprägt waren.)

Heute kann man sich nicht vorstellen, welche Aufregung jedes neue, spiegelnde, das Licht des Weltalls (und zuvor das künstliche des Buchladens) reflektierende Heft der Situationisten Mitte der 60er Jahre hervorrief. Bestechend war die Globalität der Kritik, die Allgegenwärtigkeit eines neuen Weltentwurfs, die Einheit von öko-

Zimmer und Kunzelmann, München 1961 und Berlin 1991

nomischer und kultureller Kritik und Utopie angesichts der neuesten technischen und manipulativen Entwicklungen.

Der situationistische Gedanke taucht in dem Augenblick auf, als in den westlichen Industrieländern die materielle Ausbeutung durch Sozialprogramme übertüncht wird und gleichzeitig die kulturelle und psychische Entfremdung stärker hervortritt. Die Situationisten konstatieren das Scheitern der alten revolutionären Arbeiterbewegung. Da sie an einer umfassenden antikapitalistischen Umwälzung, die einer Gesellschaft ohne Klassentrennung den Boden bereiten soll, interessiert sind, müssen sie eine Revolutionstheorie auf der Basis der Entfremdung, der Verdinglichung, der Inszenierung und ihrer Aufhebung entwickeln und eine Praxis entwerfen, die zu einer solchen Aufhebung fähig ist.

Zum Aufbau des Buchs

der Katalog hat, wie die Projektreihe (Transformation des Augenblicks), von der er ein Bestandteil ist, zum Thema den Ausbruch von Imagination, Phantasie und Kreativität aus dem tradierten Werkcharakter von Kunst in die **Subversion des Alltags** hinein. Ein Ende des Kunstwerks bedeutet dieser Prozeß ebensowenig wie die Phantasmagorie einer Alltagswirklichkeit, deren Aggregatzustand schon alle Potentiale der Kunst in sich aufnehmen könnte. Die Epoche, die wir in diesem Teil des Projekts behandeln, reicht von der Zeit des deutschen Faschismus bis zum Ende der 60er Jahre, mit einem Ausblick auf die 70er und 80er Jahre. Dabei streben wir keinerlei Vollständigkeit an, sondern zeigen nur wichtige Entwicklungslinien. Da das Thema die Transformation der ästhetischen Praxis zugunsten einer Subversion des Alltags ist, tauchen Fluxus und Happening nicht auf. Die antiautoritäre Bewegung wird in diesem Band nur marginal behandelt, weil sie in einem späteren Teil der Projektreihe zusammen mit Hausbesetzern und Autonomen dargestellt werden soll.

Wichtig ist uns der Umstand, daß die hier behandelten Gruppierungen, zwischen denen eine innere Kohärenz besteht, beeinflußt sind durch die Auseinandersetzung mit dem Surrealismus und, zu einem nicht unwesentlichen Teil, durch den Widerstand gegen den Faschismus. Wir bedauern, diesem letzten Zusammenhang nicht genügend Raum widmen zu können.

Wir beginnen diesen Band mit der Gruppe COBRA und dem daraus hervorgegangenen Bauhaus Imaginiste, deren Initiator Asger Jorn war, und den Lettristen bzw. der Lettristischen Internationale. Das waren die beiden wichtigsten Gruppierungen, aus denen 1957 die Situationistische Internationale (S. I.) entstand. Deren Geschichte teilen wir in zwei Abschnitte: In ihrer Frühzeit (1957-1963) betreibt sie die Transformation der Kunst, ab 1963 widmet sie sich der theoretischen Umwälzung des Alltags mit einem Verdikt über die Kunstproduktion; im Mai 1968 sieht sie eine revolutionäre Situation, die ihre Thesen bestätigt (wobei ihr unmittelbarer Einfluß durchaus umstritten ist), 1972 löst sie sich auf.

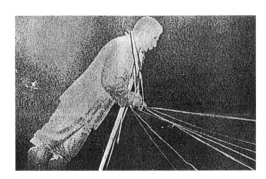

Internazionale situazionista – Budapest, 1956

In den Jahren 1960 bis 1962 ist die 1958 in München gegründete „Gruppe Spur" Mitglied der Situationistischen Internationale. Ihren Kern bilden die Maler Prem, Zimmer, Sturm, der Bildhauer Fischer und der damalige Theorietransporteur Dieter Kunzelmann. Die Mitgliedschaft fällt schließlich dem Anti-Kunst-Affekt der S.I. zum Opfer. Die „Gruppe Spur", die erst in der Gegenwart größere Beachtung findet, markiert den Beginn der ästhetisch-politischen Opposition in der Bundesrepublik. Der Münchner Galerie van de Loo und später der Hamburger Edition Nautilus ist das Wachhalten der Erinnerung an diese Pioniere der ästhetisch-subversiven Durchlöcherung der bundesrepublikanischen Selbstzufriedenheit hauptsächlich zuzuschreiben. Hans Peter und Vera Zimmer verdankt unser Projekt die Bereicherung durch wichtige Dokumente und Ratschläge.

Das Kapitel „Subversive Aktion und SDS" wird in diesem Buch nur gestreift; zwei der wichtigsten Akteure, Dieter Kunzelmann und Rudi Dutschke, kommen nur mit einigen wichtigen Beiträgen zu Wort, ohne die die Kontinuität der Entwicklung unverständlich bliebe. Sie bilden – in diesem Teil der Projektreihe – nur eine Brückenfunktion zur Darstellung der Aktionsformen der Kommune I als handgreifliche Beispiele des „angewandten Situationismus". Die Kontinuität des Gedankens und der (bei den Situationisten höchst defizienten) Praxis ist gewahrt durch die Person von Dieter Kunzelmann, der als Stifter an der Wiege sowohl der Subversiven Aktion wie auch der Kommune I stand. Auch hier ist eine Einschränkung notwendig: Wir können in diesem Band die kulturrevolutionäre Praxis des Kommune-Gedankens nicht umfassend darstellen, müssen uns beschränken auf Beispiele einer subversiven Spiel-Praxis.

Ein heißes Eisen blieb bei unseren Diskussionen das Verhältnis von Spaß-Guerilla und Terrorismus. Aus den Aktionsformen der Kommune I führen Wege sowohl zur Bewegung 2. Juni wie zur RAF, auf andere Weise zum spielerischen Parlamentarismus der frühen Alternativen Liste. Wir können auf diese Weggabelung hinweisen, wir können ihre Tragweite erkennen, aber sie ist nicht mehr unser Thema. Im terroristischen Fundamentalismus der RAF ist das Spannungsverhältnis von Kunst und Alltag aufgegeben. Die vielen Einschränkungen, Umwegschilder und Vertröstungen signalisieren nichts anderes, als daß hier mit der Machete ein Weg durch ein Dickicht geschlagen wird, das bisher noch kaum gesehen wurde. Es ist gleichwohl das Unterholz, aus dem der Regenwald zukünftiger Zivilisationen wird erwachsen können.

Berlin, Juni 1991   Werkbund-Archiv (Eckhard Siepmann)

Guy Debord

Das Programm der verwirklichten Poesie*

All the king's men

ie Frage der Sprache steht im Mittelpunkt aller Kämpfe zur Abschaffung oder Erhaltung der gegenwärtigen Entfremdung; sie ist von diesem gesamten Kampfplatz nicht zu verbannen. Wir leben in der Sprache wie in einer verdorbenen Luft. Im Gegensatz zu dem, was die Schöngeister denken, spielen die Wörter nicht. Sie huren nicht, wie Breton meinte, es sei denn im Traum. Die Wörter arbeiten für die Rechnung der beherrschenden Lebensorganisation. Und dennoch, sie haben sich nicht „robotisiert", zum Unglück der Informationstheoriker sind die Wörter nicht selber informationistisch, es kommen Kräfte in ihnen zutage, die alle Berechnung vereiteln können. Die Wörter koexistieren mit der Macht in einem, der Beziehung zwischen klassischen Proleten (im klassischen wie modernen Sinne des Wortes) und Macht ähnelnden Verhältnis. Obzwar sie fast vollbeschäftigt in voller Be- und Mißdeutung benutzt werden, bleiben sie doch in gewisser Weise völlig fremd.

Die Macht verleiht den Wörtern nur ihre falsche Identitätskarte; sie zwingt ihnen einen Freipaß auf, bestimmt ihren Platz in der Produktion (wo manche offenbar auch Überstunden leisten) und reicht ihnen sozusagen ihre Löhnungskarte. Wir müssen den Ernst des Humpty-Dumpty von Lewis Caroll erkennen, der der Meinung ist, daß die ganze Frage, um die Diskussion über die Beschäftigung der Wörter zu beschließen, die folgende ist: man muß wissen, wer der Meister sein wird, und damit Schluß. Und er, der wirtschaftliche Arbeitgeber in diesem Bereich, erklärt, daß er jene, die er viel gebraucht, doppelt bezahlt. Wir müssen auch die Erscheinung des Ungehorsams der Wörter begreifen, ihre Flucht, ihren offenen Widerstand, der sich in jeder modernen Schreibweise äußert (seit Baudelaire, bis zu den Dadaisten und Joyce), wie das Symptom der revolutionären Gesamtkrise der Gesellschaft.

Unter der Aufsicht der Macht bezeichnet die Sprache stets etwas anderes als das authentische Erleben. Hier steckt gerade die Möglich-

keit einer Gesamtanfechtung. Die Verwirrung in der Sprachorganisation ist dermaßen gesteigert, daß die durch die Macht aufgedrängte Mitteilung sich als eine Hochstapelei und ein Betrug erweist. Vergebens versucht ein Embryo kybernetischer Macht, die Sprache unter die Herrschaft der von ihm beherrschten Maschinen zu bringen, so daß die Information in Zukunft die einzige mögliche Mitteilung wäre. Sogar auf diesem Boden bildet sich ein Widerstand, und man ist im Recht, wenn man die elektronische Musik als einen – natürlich zweideutigen und beschränkten – Versuch begreift, das Herrschaftsverhältnis umzuwerfen, indem man die Maschinen zugunsten der Sprache verschiebt. Aber dieser Widerstand ist durchaus allgemeiner und radikaler. Er denunziert jede einseitige „Mitteilung" in der alten Kunst wie im modernen Informationismus. Er ruft eine Kommunikation an, die eine jede isolierte Macht ruiniert. Da wo es Mitteilung gibt, gibt es keinen Staat.

Die Macht lebt von der Unterschlagung. Sie erschafft nichts, sie beruht nur auf Sammeltätigkeit. Wenn sie die Bedeutung der Wörter schaffen würde, gäbe es keine Poesie mehr, sondern nur nützliche Informationen. Man würde in der Sprache nicht opponieren können. So würde jede Verweigerung nur äußerlich sein, „lettriste" also. Denn schließlich: was ist Poesie anderes, wenn nicht das revolutionäre Moment der Sprache und als solches nicht zu trennen vom revolutionären Moment der Geschichte und der persönlichen Lebensgeschichte. Der Versuch der Besitzergreifung von der Sprache durch die Macht ist ihrem Versuch der Besitzergreifung von der Totalität assimilierbar. Nur die Sprache, die jede unmittelbare Referenz zur Totalität verloren hat, kann die Information begründen. Die Information ist die Poesie der Macht (die Antipoesie der Ordnungserhaltung); sie ist die mediatisierte Verfälschung des Bestehenden.

Die Poesie dagegen muß als unmittelbare Mitteilung im Wirklichen und als wirkliche Verwandlung jenes Wirklichen verstanden werden. Sie ist nichts anderes als die befreite Sprache, die Sprache, die ihren Reichtum wiedergewinnt und durch den Bruch mit ihren Zeichen, zugleich die Wörter, die Musik, den

Schrei, die Gebärde, das Malen, die Mathematik, die Taten bedeckt. Die Poesie hängt also vom Niveau des größten Reichtums ab, wo, in einem gegebenen Stadium der sozial-wirtschaftlichen Bildung das Leben erlebt und verändert werden kann. Es ist also unnütz, genauer zu bestimmen, daß dieses Verhältnis der Poesie an ihrer materiellen Gesellschaftsbasis nicht eine einseitige Subordination, sondern eine Interaktion ist. Die Poesie wiederzuentdecken, gleicht also der Wiedererfindung der Revolution, wie manche Stadien der mexikanischen, kubanischen und kongolesischen Revolution offenbar beweisen. Zwischen den revolutionären Perioden, wo die Massen die Poesie zugleich mit den Taten erreichen, kann man annehmen, daß die Kreise des poetischen Abenteuers die einzigen Orte bleiben, wo die Totalität der Revolution sich als nicht verwirklichte, aber nahelegende Virtualität, Schatten einer abwesenden Gestalt, erhält. So daß, was hier poetisches Abenteuer genannt wird, schwierig, gefährlich und jedenfalls nie garantiert ist (es handelt sich tatsächlich um die Summe der nahezu unmöglichen Haltungen eines Zeitalters). Man kann nur dessen sicher sein, was das wahre dichterische Abenteuer eines Zeitalters nicht mehr ist, in seiner falschen, anerkannten und erlaubten Poesie. Während also der Surrealismus in der Zeit der Bestürmung der oppressiven Kultur und des Alltagsbefehls „eine, wenn notwendig gedichtlose Poesie" als seine Waffe bezeichnete, handelt es sich heute für die S. I. um eine notwendigerweise gedichtlose Poesie. Und was wir sagen, betrifft keineswegs die verspäteten Reaktionäre einer neuen Poesie, sogar, wenn sich die Jüngsten dem formalen Modernismus anschließen. Das Programm der verwirklichten Poesie ist nichts anderes, als die synchrone und untrennbare Schöpfung von Ereignissen und ihrer Sprache.

Alle geschlossene Sprache der informalen Jugendgruppen, der heutigen Avant-gardisten, die sie forschend und definierend zum inneren Gebrauch zutage bringen, der damaligen, nach „außen" überlieferten objektiven poetischen Produktion, hieße sie „trobar cluz" oder „dolce stil nuovc" – alle haben als Zweck und als tatsächliches Resultat die unmittelbare

Durchsichtigkeit einer bestimmten Mitteilung, der wechselseitigen Anerkennung, des Einverständnisses. Aber solche Versuche sind Anstrengungen beschränkter, in mancher Hinsicht vereinsamter Gruppen. Die Ereignisse, die sie zu erzielen vermochten, die Pose, die sie sich selbst geben konnten, mußten innerhalb der engsten Schranken bleiben. Eines der revolutionären Probleme besteht darin, jene Arten von Sowjets, jene Mitteilungsräte in Föderation zu bringen, um überall eine unmittelbare Mitteilung einzuführen, die nicht mehr ihre Zuflucht in das Mitteilungsnetz des Feindes, also die Sprache der Macht nehmen muß, und so die Welt nach ihren eigenen Wünschen verwandeln kann.

Es gilt nicht, die Poesie in den Dienst der Revolution, sondern die Revolution in den Dienst der Poesie zu stellen. Auf diese Weise nur verrät die Revolution ihren eigenen Entwurf nicht. Wir wollen die Irrtümer der Surrealisten nicht noch einmal begehen: uns in den Dienst der Revolution zu stellen, genau zu dem Zeitpunkt, in dem sie aufgehört hat, zu existieren. Indem die Surrealisten sich mit der Erinnerung an eine schnell niedergeschlagene teilweise Revolution liierten, wurden sie schnell zu einem spektakulären Schauspiel des Reformismus, zu einer Kritik an einer bestimmten Ausprägung des herrschenden Schauspiels, geführt in das Innere der herrschenden Organisation des Schauspiels. Die Surrealisten scheinen die Tatbestände vergessen zu haben, die die Macht aufgedrängt hatte zugunsten jeder Verbesserung oder internen Modernisation des Schauspiels, seiner eigenen Lesarten und einer Dekryptisierung, wofür sie den Code in den Händen hält.

Jede Revolution hat ihren Ursprung in der Poesie und hat sich zuerst aus der Kraft der Poesie realisiert. Dieses Phänomen ist den Theoretikern der Revolution entgangen und tut es noch heute. Es ist wahr, daß man diesen Tatbestand nicht begreifen kann, wenn man an den alten Vorstellungen von Revolution und Poesie festhält, daß das aber im allgemeinen gut erfaßt wurde von allen Konterrevolutionären.

Berlin-West, November 1968

eue Beispiele dafür aus der Fülle des historischen Materials sind hier die Vorfälle in Budapest zu Anfang der halbstalinistischen Repression nach dem 4. Oktober 1956. Die Hauptaufgabe der Mitglieder der Geheimpolizei war es, die an die Mauern geklebten Dichtungen vor den Augen der über die Ringstraßen spazierengehenden Menge abzureißen, und die ganze riskante Operation geschah zu einem Zeitpunkt, als die Vopos noch nicht wagten, ihre Uniformen zu tragen. Kongo in der Stunde des Volksaufstandes war in die dichteste Sprache der Tam-Tam Kommunikation eingebettet. Man kann die Aufrichtigkeit des Kolonialismus in Europa gut beurteilen anhand dieser vollständigen Nichtbeachtung dieser einzigartigen, öffentlichen und autochthonen Nachrichtenquelle durch die europäische Presse. Man hat getan, als ob das Tam-Tam überhaupt nicht existiere. Wir kennen nur eine Ausnahme hiervon: einige dürftige Andeutungen und Hinweise in einem Artikel über das belgische Kolonialsystem in der schweizerischen „Weltwoche", die allerdings vor den entscheidenden Ereignissen erschienen.

Die Poesie macht den Konterrevolutionären Angst, wenn sie ihre Existenz fühlen. Sie quälen sich damit, diese Angst durch allerlei Teufelsbeschwörungen loszuwerden, vom Autodafé bis zur reinen Stilisierung aller Informationsjagd. Das Moment der reellen Poesie, die „alle Zeit vor sich hat", will in jedem Fall die Welt in ihrer Gesamtheit und die ganze Zukunft nach seinen Angelpunkten umorientieren. Je länger es wirkt, desto weniger können seine Eigentumsansprüche einen Kompromiss dulden. Es wirft die nicht bereinigten Schulden der Geschichte von neuem ins Spiel. Fourier und Pancho Villa, Lautréamont und die dinamiteros von Asturien — deren Nachfolger jetzt neue Formen des Streiks erfinden — die Matrosen von Kronstadt oder Kiel, und all diejenigen, die, mit oder ohne uns, sich auf den Kampf für die lange Revolution vorbereiten, sind ebenso die Emissäre der neuen Poesie.

s stellt sich immer klarer heraus, daß die Poesie als Leerstelle des Konsums die eigentliche Antimaterie der Verbrauchsgesellschaft ist, weil sie eben nicht verbraucht werden kann (nach den Kriterien der modernen Theorie über ein konsumierbares Objekt, das für eine passive Masse von isolierten Verbrauchern den gleichen Wert haben muß). Die Poesie ist ein Nichts, wenn sie zitiert wird, denn damit wird sie notwendigerweise abgefälscht und entstellt und gerät in den Bannkreis des Spiels. Alles Wissen über die alte Poesie ist nichts anderes als akademische Fingerübung, die alles akademische Denken wiedererweckt. Die Literaturgeschichte bleibt so nur die Flucht vor der Geschichte der Poesie, wenn wir darunter nicht die spektakuläre Geschichte der Universitätsmanager verstehen, sondern eben die des Alltagslebens und seiner möglichen Ausdehnung; die Geschichte jedes individuellen Lebens und seiner Realisation.

Hier gilt es, jedes Mißverständnis über die Rolle des „Konservators" alter Poesie auszuräumen; über diejenigen, die in dem Maße für ihre Erhaltung und Ausbreitung sorgen, in dem der Staat, freilich aus ganz andren Gründen, den Analphabetismus ausrottet. Diese Leute stellen nur einen Spezialfall der Kunstkonservatoren der Museen dar. Normalerweise ist eine Menge Poesie in der Welt konserviert.

Aber es gibt nirgends die Stellen, die Augenblicke, die Leute, um sie wieder zum Leben zu erwecken, um sie weiterzutragen und sie zum Tragen zu bringen. Und wenn es geschieht, dann geschieht es immer nur in der Form der Entstellung, denn die Aufnahme der alten Poesie hat ebenso unter dem Verlust, wie dem Gewinn von neuen Erkenntnissen zu leiden, denn in jedem Augenblick, in dem die alte Poesie effektiv wieder aufgefunden wird, erscheint sie immer zusammen mit besonderen Ereignissen, die ihr einen ganz neuen Sinn geben können. Vor allem aber könnte man sich eine Situation, in der die Poesie möglich wäre, keinen poetischen Fehlschlag der Vergangenheit restaurieren (während aber gerade dieser Fehlschlag das ist, was nach innen gewandt in der Geschichte der Poesie verharrt als Erfolg und poetisches Monument). Die Situation dagegen geht natürlich auf die Kommunikation und ihre Chancen für die Gewinnung der Souveränität aus und damit auf ihre eigene Poesie.

Als direkte Zeitgenossen der poetischen Archäologie, die ausgewählte Stücke aus der alten Poesie, von Spezialisten auf Langspielplatten rezitiert, für das durch das moderne Schauspiel geschaffene Publikum des neuen Analphabetismus wiedererweckt, haben die Informationisten versucht, alle „redundance" der Freiheit zu bekämpfen, um ganz einfach Befehle zu übertragen. Die Denker der Automation zielen ganz ausgesprochen auf ein automatisiertes theoretisches Denken ab, indem sie die Variablen im Leben und in der Sprache fixieren oder eliminieren. Sie haben immer noch nicht aufgehört, Knochen in ihrem Käse zu finden! Die Übersetzungsmaschinen zum Beispiel, die die globale Uniformisierung der Information zu gestalten beginnen und zur gleichen Zeit die informationistische Revision der alten Kultur, laufen nach ihren vorher programmierten Plänen, denen jede neue Färbung eines Worts entgehen muß im gleichen Maße, wie jede seiner dialektischen Doppelbedeutungen, die es im Laufe der Vergangenheit erhalten hat. Auf diese Weise wird zugleich das Leben der Sprache — die mit jedem Fortschritt des theoretischen Verstehens in Verbindung steht: „die Ideen werden besser. Der Sinn der Wörter nimmt daran teil" — ausgestoßen aus dem mechanisierten Bereich der offiziellen Information, andererseits aber kann sich das freie Denken organisieren dank einer Verborgenheit, die für die Techniken der Informationspolizei unkontrollierbar ist. Die Jagd nach unzweifelhaft autoritären Signalen und nach einer augenblicklichen binären Klassifikation geht so offensichtlich im Sinne der existierenden Macht vor sich, daß sie dieselbe Kritik anstellen wird. Bis in ihre delirierenden Formulierungen hinein, benehmen sich die informationistischen Denker wie plumpe und patentierte Vorläufer einer Zukunft, die gewählt haben und die genau diejenige ist, die die treibenden Kräfte der gegenwärtigen Gesellschaft formieren: Die Stärkung des kybernetischen Staates. Sie sind die Lehenspflichtigen aller Souveränen des technischen Feudalsystems, das sich in der Gegenwart verfestigt. Es gibt keine Unschuld in ihrer Possenreißerei, sie sind die Narren des Königs.

Die Alternative zwischen dem Informationismus und der Poesie betrifft nicht mehr die Poesie der Vergangenheit; ebensowenig kann

Wenn nicht mehr Zahlen und Figuren
Sind Schlüssel aller Kreaturen,
Wenn die, so singen oder küssen,
Mehr als die Tiefgelehrten wissen,
Wenn sich die Welt in's freie Leben,
Und in die Welt wird zurück begeben,
Wenn dann sich wieder Licht und Schatten
Zu echter Klarheit werden gatten,
Und man in Märchen und Gedichten
Erkennt die ewgen Weltgeschichten,
Dann fliegt vor Einem geheimen Wort
Das ganze verkehrte Wesen fort.

(Novalis, 1799)

irgendeine Variante dessen, was aus der klassischen revolutionären Bewegung geworden ist,
irgendwo als eine wirkliche Alternative gegenüber der das Leben beherrschenden Organisation gewertet werden. Kraft desselben Urteils
leugnen wir eine totales Verschwinden der
Poesie in ihren alten Formen, in denen sie produziert und verbraucht werden konnte und
ihren angekündigten Rückzug in unerwartete
und operative Formen. Unser Zeitalter hat
keine poetischen Losungen auszugeben, sondern es hat sie zu vollstrecken.

(aus: Der Deutsche Gedanke, Organ der Situationistischen Internationale für Mitteleuropa, Nr. 1, April 1963)

Johnny Rotten, 1977
Foto: Dennis Morris

Tu, was dir gefällt!

(Rabelais, 1533)

So ich dir aber die Gottheit in
ihrer Geburt soll in einem
kurzen runden Zirkel recht in
der höchsten Tiefe beschreiben, so ist sie also gleich, als
wenn ein Rad vor dir stünde
mit sieben Rädern, da je eines
in das andere gemacht wäre,
also daß es auf allen Enden
gehen könnte, vor sich und
hinter sich und querricht und
(be)dürfte keiner Umwendung.
Und so ginge, daß immer
ein Rad in seiner Umwendung
das ander gebäre und doch
keines verginge, sondern alle
sieben sichtlich wären. Und
die sieben Räder gebären immer die Naben inmitten nach
ihrer Umwendung, daß also
die Nabe frei ohne Veränderung immer bestünde. Die
Räder gingen glich vor sich
oder hinter sich oder querricht
oder über sich oder unter sich.
Und die Nabe gebäre immer
die Speichen, daß sie in dem
Umwenden überall recht
wären und doch auch keine
Speiche verginge, sondern
sich immer also miteinander
umdrehete und ginge, wohin
es der Wind drehete und
(be)dürfte keiner Umwendung.

(Jacob Böhme, Morgenröte im
Aufgang, 1612)

18

Martin Reuter

Phantastisch
leben mit
Ästhetik und
Politik

Cobra,

Bauhaus Imaginiste,

Situationistische Internationale

und die Folgen

Hin und Her und Wiederkehr

Seitdem Kunst sehr weltlich geworden ist, und ihr Herstellen und Anschauen sich privatisiert haben, gibt es ein nicht beendbares Hin und Her zwischen den Extremen: hier das ganz Realitätsferne, dort das Gegenteil, also etwa Technik, Wissenschaft, Gesellschaft, Politik. Zum Beispiel l'art pour l'art: sie ist nur noch für sich selbst da. Während und nach dem 1. Weltkrieg, der natürlichen Folge ihres ,Gegenspielers Politik', schafft Dada sie ab. Einige Dadas schaffen alles ab. Der Surrealismus verwandelt die Kunst aus Rausch und Traum und geht zur Aktion des Bürgerschreck über: ein Teil der Surrealisten mit Breton schließt sich der Kommunistischen Partei an, um sie darauf wieder zu verlassen. Der Faschismus ästhetisiert die Politik im Rausch der Vernichtung und Massenerotik von kleinbürgerlichen und größenwahnsinnigen Kollektivträumen, in der Herrlichkeit von Millionen Toten, Panzern und Kanonen, Sirenen und Gaskammern. Kokett, aber ganz unmetaphorisch, versteht sich Goebbels als Polit-Künstler. Eine linke Intelligenz versuchte, dem mit der Politisierung der Kunst zuvorzukommen. Nach dem 2. Weltkrieg tritt sie wieder als getrenntes Gebiet, ganz rein scheinend, hervor. Dagegen rotten sich Cobra, Bauhaus Imaginiste und die Situationisten locker zusammen, um die alte Kunst u n d Politik abzuschaffen. Dieses ,revolutionäre Projekt' ergreift allerdings nur die studentischen ,Massen' in Amerika, Frankreich, Deutschland. Es wird so genau beherzigt, daß das Ästhetische als eigenständiges Gebiet verschwindet und in die politische Aktion mündet; nicht wenige Künstler geben ihre ursprüngliche Produktion auf und betätigen sich als Gesellschaftsrevolutionäre, während die Kunst in der Subkultur der Kinogänger, Kommunarden und Bastler weiterlebt. Noch schöner: die Bemalung der Akademie der Bildenden Künste in München ruft heftige Reaktionen der Staatsorgane hervor, die darin eine politische Störung sehen, sie aber gleichzeitig als Vandalismus in die Vorgeschichte der dummen und schmutzigen Wilden zu bannen versuchen und diese art brut übertünchen lassen. Als die Studentenbewegung in ihre Metamorphosen übergeht, kann der autonom sich wähnende, mit der öffentlichen Kritik an Gesellschaft und Kunst vielleicht sympathisierende Künstler aufatmen und sein Geschäft wiederaufnehmen.[1] Dazwischen sitzen die, die ständig über jene Grenze gehen, die von Nietzsches Perspektive gesetzt worden ist: es sei die „Wissen-

schaft unter der Optik des Künstlers zu sehn, die Kunst aber unter der des Lebens".[2] Hier eine kleine Liste: Frühromantiker; die Pariser Schauspielerin Hortense Schneider, der es gelingt, bei Hofe als ihre eigene Operettenfigur, die „Herzogin von Gerolstein" vorzufahren; Schopenhauer; diverse andere Gesamtkunstwerke; ein Dandy namens George Bryan Brummell, Old Shatterhand alias Karl May; ein deutscher Philologe namens Nietzsche, der lieber Pole sein und Nietzky heißen wollte; die Epigonen-Kunstwarte-Dürerbündler; Monte Verità und Anthroposophen; Design und Warenhaus; russische Avantgarde; Brecht und Benjamin; Dada; Futuristen; Surrealismus; Abstrakter Expressionismus; Dubuffet; Aktionskunst; Pop Art; Fluxus; antiautoritäre Linke; eine Kaugummimarke namens Bazooka, d. h. Bazon Brock; Filzhutträger mit Kaninchenbegeisterung; usw. usf.

Nachdem die „Ästhetisierung der Politik" (Benjamin) sich so ungeahnt entwickelte, daß man schon vom Ende zumindest der Politik spricht, geht das Spiel wieder von vorne los. Denn die Grenze bleibt so lange, wie die europäische Schürzung des 19. Jahrhunderts nicht vergangen ist. So lange bleibt die Grenze, bleiben die Überschreitungen, bleibt die Verschränkung, bleibt ein ungelöstes Problem. Denn wie das Imaginäre und die Wirklichkeit zueinander stehen, wie Imagination und Gefängnis aneinander hangen, wissen wir noch nicht – jedenfalls nicht praktisch.[3] Die Hoffnung liegt immer mal wieder in der Entbindung von Erdenschwere, in der Handlungsentlastung, im Ästhetischen. Dabei wird immer mal wieder vergessen, daß Kunst zwar sehr schön ist, aber doch „sehr viel Arbeit macht" (Karl Valentin).

Das revolutionäre Projekt der drei Gruppen für die kulturelle Umwälzung

Zur Wiederverwendung kommen hier die drei bereits erwähnten Kollektiva: Cobra, Bauhaus Imaginiste, Situationistische Internationale (SI). Einiges davon wuchs sich bis zur „Bewegung"[4] aus. Ich vermute, daß sie zu den heißesten Versuchen von Kulturpolitik nach dem 2. Weltkrieg, während des Vietnam- und Korea-Krieges, und vor dem jetzt konstitutiven Golf-Krieg gehören. Nachdem sie eine Weile nicht sehr erinnerungswürdig, sprich vergessen waren, scheint ein Geschichtswellengekräusel sie wieder zurückzutragen.[5]

Es gibt zwischen den dreien gravierende Unterschiede. Aber es läßt sich **eine** Gemeinsamkeit nennen: im Anschluß an Dada und Surrealismus die Übereinstimmung in der Haltung gegenüber der gesamten bisherigen Kunst, als ein ‚Selbstbewußtsein' der Moderne. Ende 1951 drückt es Dubuffet in einem Vortrag auf seine liebenswürdige Weise aus: „Ich glaube, daß sich augenblicklich in der Kunst und in zahlreichen anderen Bereichen eine tiefgreifende geistige Wandlung und Neuorientierung vollzieht. Werte, die lange für gesichert galten und über jeder Diskussion zu stehen schienen, beginnen uns zweifelhaft zu werden – ja geradezu als falsch zu erscheinen; andere dagegen, die wir vernachlässigten oder verachteten, werden mit einem Mal bedeutungsvoll . . . Ich strebe nach einer Kunst, die direkt mit unserem täglichen Leben verbunden ist und aus ihm hervorgeht, die die unmittelbare Ausstrahlung unseres wirklichen Lebens und unserer Empfindungen ist." Aber bei aller Liebenswürdigkeit kommt es ihm auf „revolutionäre Haltung" und Kunst als „Subversion" an.[6]

Revolutionäre Haltung, Subversion: Dubuffet macht eine zweite

Gemeinsamkeit deutlich, eine eher praktische als geistige. Denn das Ende der auratischen und authentischen Kunst wird hier durch die Demontage der **kontemplativen** Produktion und Rezeption vollzogen. Kunstproduktion ist in Bewegung Bringen, Handlung, **Aktion**. Den kulturellen, gesellschaftlichen, politischen Verhältnissen werden Melodien vorgesungen – ihre eigenen und solche, die sie nicht kennen: rätselhafte, unbekannte, erschreckende –, die sie zum Tanzen bringen oder doch bringen sollten. Dabei ist der Gesang selbst Bewegung. Die Einzelnen unterscheiden sich darin, wie tief sie jeweils noch **in** den ihnen angestammten Gebieten der Malerei, Plastik, des Urbanismus, der Literatur stecken. Verschieden sind auch die Kurven, . . . in denen die Kulturspezialisten aus der Bahn geworfen werden.[7] Für viele gehört zur Organisation des ‚unverkürzten Lebens' die Unterbrechung der Künstlerlaufbahn, für andere nicht.

Cobra (1948-51)

Die Cobra schillert, je nachdem, von wo aus und wie man sie anschaut. In einer bestimmten Optik mag es erscheinen, als seien ihre antikulturellen Standpunkte durchweg und von Anfang an unmittelbar politische, linksradikale gewesen. Das mag für die Verlängerung des Surrealismus in den Surréalisme révolutionnaire hinein, vor allem für die belgische Gruppierung um Dotremont, auch gelten. 1947 formuliert ein Manifest: „Die surrealistische Suche läßt sich nur denken im Kontakt mit der gesellschaftlichen Realität und dem Ziel einer Umsetzung in die revolutionäre Praxis."[8] Auch die Holländer um Constant stehen dem nahe. Nicht ganz stimmt damit das Interesse an der Bewahrung einer künstlerischen Handlungsfreiheit der dänischen Gruppe mit dem Kristallisationspunkt Jorn überein. 1952 formuliert er Distanz: „Was die Politik betrifft, so betrachte ich sie als ein ungeheures Kunstwerk, gemalt mit Blut und Leid, Freuden und Gelüsten, und all dies kann mich nur inspirieren. Deshalb bin ich kein politisches Mittel." Es geht hier vielmehr um eine künstlerische Verjüngung im Sinne Dubuffets und eine Distanz zur gängigen Parteigebundenheit des Politischen, in der der Künstler den offiziellen Weisungen zu folgen hat. Es läßt sich auch kein grotesker Gegensatz denken als von Cobra und dem von der KP zur selben Zeit proklamierten sozialistischen Realismus. Das Wort Revolution klingt auch im Mund Constants ganz anders, wenn er die Befreiung des Lebens durch das Verlangen ankündigt: „Es ist unmöglich, ein **Verlangen** anders als durch seine Befriedigung kennenzulernen, und die Befriedigung unserer elementaren Wünsche ist die Revolution."[9]

Wenn es einen politischen Strang gibt, so ist es zumindest für Jorn ein nordischer, ‚geistiger' Anarchismus, der von Swedenborg und Kierkegaard herkommt. Er ist jedoch aufgrund der skandinavischen Situation nie unmittelbar politisch, sondern er äußert sich in der äußersten Mobilisierung innerer Kräfte, durch eine geistige Präsenz und gesteigerte Intensität in der Kunst, die verliert, wenn sie sich in soziale Ordnungen einspannen läßt.

Dies stellt Cobra in dänischer Spiegelung dar. Ihre „neue Optik für die abstrakte Kunst" (Jorn) führt sie über den spontanen Kolorismus Jacobsens und die nordischen Wurzeln zu einer neuen, populär gemeinten, spontanen, experimentellen Malerei, die die Zwänge des Kubismus, des Funktionalismus und eines leer, weil

unmalerisch gewordenen Surrealismus aufbrechen will. Elemente
des Surrealismus (Jorns Uminterpretation des Bretonschen Auto-
matismus als psychische, irrationale Malspontaneität), der Abstraktion, der Art Brut fließen zusammen zu einer Technik, die den
Gestus, die Stofflichkeit und das Leben der Farbe intensiviert:
Malfreude, Farbenfreude, Arbeitsfeuer (Jorn); Instinkt, Leiden
schaft, Launenhaftigkeit, Heftigkeit, Raserei (Dubuffet: die „Werte"
der „Wilden").
Dennoch überwiegen weder der reine Malakt (Pollock's Drippings:
private Befriedigung im Ausagieren) noch der reine Materialreiz.
Denn die entstandenen ‚Formen' werden (unter dem Einfluß von
Petersens „Symbol und abstrakte Kunst") als Zeichen, in ihrer
Beziehung zur Schrift, zur Bedeutung, und damit zur Kommunikation der produzierenden und rezipierenden Subjekte gesehen.
So erzählen die Bilder Geschichten, wie sie von Gnomen und
Trolls, Mythen und Märchen, Kindern und Naiven, den Verrückten,
den Grafitti und den banalen Alltagsgegenständen stammen.
Wollte man Cobra insgesamt charakterisieren, so würde man sie
zwischen Kunst, Gesellschaft und dem Verlangen der Umwälzung
umhergeistern sehen. In einem Manifest von 1948 spricht sie von
einer lebensnahen, kollektiven Volkskunst, deren „neue Freiheit
den Menschen erlaubt, ihr Verlangen nach schöpferischer Tätigkeit
zu befriedigen. Durch diese Entwicklung wird der Berufskünstler
seine privilegierte Stellung verlieren". Bis er sie jedoch verloren hat,
entsteht eine Zwischenlage, eine Experimentalphase, die den ständigen Konflikt mit der alten Kultur sucht. Hier „spielt die Kunst in
der Gesellschaft eine revolutionäre Rolle", d. h. sie ist kulturrevolutionär, mit dem Bewußtsein, daß es eine freie Kultur in einer
unfreien Gesellschaft nicht geben kann, oder bestenfalls als Vor-
übung.

Sieht ein vernünftiger Mensch
nicht in jedem Tag ein Fest?

(Diogenes, 350 v. Ztr.)

Das Bauhaus Imaginiste um Jorn (1953-57)

1953 bezeichnet Jorn sein Künstlerabenteuer, so schön es war,
als überwunden und beendet. Die folgende Zeit der Bewegung für
ein Bauhaus Imaginiste ist eine Zeit immer noch heftiger Aktionen
und zahlreicher Aktivitäten: ‚Anschluß' der Pittura Nucleare di
Milano (Baj, Dangelo, 1953-56) und von Sottsas, Auseinandersetzungen zwischen Jorn und Bill vom Ulmer Bauhaus (auf dem 1.
Design-Kongreß in Mailand 1954), die Keramiktreffen von Albisola
di Marina (1954 und 1955), die Gründung des Laboratorio Sperimentale di Alba (1955-57) in der Konstellation Jorn – Pinot Gallizio
und anderer, Kontakt mit und ‚Anschluß' der Internationale Lettriste
in Alba (September 1956).[10] Eine Bewegung der Begegnungen,
dazu Keramik, Teppiche, Drucke, Stadtmodelle, Objekte, indu-
strielle und nichtindustrielle Malereien . . .
Das Cobra-Abenteuer ist also beendet, und „Heil und Zufall" von
Jorn stellt egentlich seine (nordische) **Logik** dar. Denn die künstlerische Aktivität wird von diesem „Fanatiker der wissenschaftlichen Exegese" (Haftmann) in einer ganz neuen Wissenschaft des
„Wunschdenkens" (Jorn), also von der Ausstrahlung des wirklichen
Lebens und der wahren Empfindungen her untersucht. Das Denken geht so krumm wie sein Gegenstand. Das Nordische ist ein
„nacktes Imaginationsfeld" in der „extreme(n) Phänomenologie der
Ästhetik".[11] Das Ästhetische ist das Unbekannte, Rätselhafte; es

22

gibt dem Menschen überraschende innere und äußere Impulse. Wesentlich ist der Ästhetik also „das unbedingte und unmittelbare Interesse oder die spontane Reaktion" des Einzelnen und ihre Erzeugung im Spannungsfeld Bekanntes-Unbekanntes, z. B. mit den künstlerischen Techniken. Sie ist also nicht nur Phänomen, Erscheinung, sondern auch „eine unserer existentiellen Erfahrungen und Erlebnisformen".[12]

Im nackten Imaginationsfeld des Unbekannten und Rätselhaften zählt nur die Abweichung vom Normalen, Bekannten. Plötzlich weicht der Täuberich von seiner Bahn ab... „Wie von einer fremden Macht in ihm oder außerhalb seiner selbst getrieben, wird er ganz anderen Erlebnissen zugeschleudert, die ihn anziehen und locken. Es ist scheinbar nicht etwas, was er mag, geschweige denn liebt, wir sagen ausdrücklich scheinbar. Es ist im Gegenteil etwas unmittelbar Liebloses, etwas Beunruhigendes und Unangenehmes, etwas Überraschendes, das Unbekannte, und weil es neu ist, ist es sinnlos, aufreizend, unvernünftig und wertlos, aber nichtsdestoweniger eine Macht, die wie der Leuchtturm oder die Lampe den Kurs zerschlägt, ja, möglicherweise tötet und vernichtet, auf alle Fälle aber entnervt, interessiert, anregt und besessen macht kraft einer äußerlich warmen und innerlich kalten Erregung...

Solche Erschütterungen nennen wir Zufälle oder **Hasard**, und als absolutes Phänomen betrachtet, deckt sich die Ästhetik mit dem reinen Hasard oder Zufall. Aber als Wirkung im realen Zusammenhang betrachtet, ist die Ästhetik mit dem **Spiel** oder dem **Experiment** identisch, das das Wirken des Zufalls innerhalb des Gesetzmäßigen ist, das, was wir den Sinn der Ästhetik nennen."[13] Der Sinn liegt in einer Tat, der Aktion, nämlich der, sich im Zufall zu bewegen, Gesetze zu übertreten, eine Krankheit zu erzeugen, **„unverwendbare Energien und unzusammenhängende sinnliche Wahrnehmungen".**[14] Entwicklung, Spiel, Experiment: ein Prozeß der Gärung, der Produktion von Sensationen, die „ästhetische Kunst als Lebenserneuerung, das Belebende, Animierende, Agitierende, Inspirierende, Beseelende, Begeisternde, Gärende, Faszinierende, Fanatisierende, das Explosive und Empörende, die Erneuerung oder das Unbekannte", das „zur Zerstreuung oder Besessenheit wird, alle möglichen und unmöglichen Menschen in Anspruch nimmt und in einer Wolke von brodelndem Unsinn und Humbug aufwallt, von Phantasie, Aufpeitschung, namentlich in einer demokratischen Gesellschaft... Es ist die Aufgabe der Ästhetik, Aufruhr anzuzetteln."[15]

Ein Wolken- und Humbugproduzent ist nichtsnutzig, gesellschaftlich und ökonomisch gesehen ein „Auswurf... ein Parasit, ein Taugenichts, ein Schmarotzer, ein überschüssiger Mensch".[16] Er entdeckt „eine neue Möglichkeit zu sehen, die allen anderen unsichtbar ist und bis zu einem gewissen Grad auch (ihm) selbst". Sie macht ihn „besessen oder verhext ihn. Ist sie ein Teil seines Ichs geworden, so kann er sich nicht länger der Welt von Realitäten anpassen, die er bis dahin heil und richtig fand und die anderen eine Selbstverständlichkeit ist... In seinem Innern hat ein Erdbeben stattgefunden, er hat einen Splitter des Zauberspiegels ins Auge bekommen, so daß alles, was andere gut und natürlich finden, für ihn wie groteske Spiegelfechterei aussieht. Er ist verwunschen, verzaubert, hat Mucken bekommen. Er ist verhext, und um nicht zu verbluten, muß alles **sofort realisiert** werden, **jetzt und hier**".[17] Und das gilt nicht nur für den Kulturspezialisten. Versteht man die Kunst als Überwindung einer grandiosen Blockade, so trifft dies **jeden**: etwas tun, was man immer schon einmal tun

Netz die Lungen mit Wein!
Heiß über uns wandelt die
Sonne schon,
Alles schmachtet und lechzt
unter der Wut drückender Jahresglut;
Schmelzend süßes Gezirp tönt
aus dem Laub, wo die Zikade
rasch ihre Flügel bewegt,
denen der helltönende Sang
entquillt.
Jetzt, zur Zeit wo die Golddistel erblüht, rasen die Weiber
all,
Und die Männer sind schwach,
Mark und Gehirn trocknet des
Sirius Gluthauch.

(Alkaios, 600 v. Ztr.)

wollte … Realisierung jetzt und hier; dabei geht es für Jorn paradoxerweise nicht ohne eine ‚Wissenschaft', wie sie das alte Bauhaus repräsentierte: daher auch Bauhaus Imaginiste, ein Instrument zur Erforschung und Förderung der internationalen Gärung und der ästhetischen Experimente. Es gärt auch in sich selbst: es ist **imaginistisch** und versammelt daher verschiedene Individuen zu künstlerischer, wissenschaftlicher und kulturrevolutionärer Tätigkeit; es ist **imaginär,** d. h. es bleibt politisch und sozial unabhängig, hat ein doppeltes Gesicht, im phantastischen Raum. Gleichzeitig sucht es nach der **Methode,** der **Technik** des Imaginären und Imaginativen, so daß Claus von einer „Methodologie des Informel" sprechen kann. Jorn setzt bei seiner Zwischenkriegs-„Fluchtlinie" Surrealismus – Arp – Miro – Ernst und bei Klee – Wols – Tachismus an und kommt zu seiner „Situologie" und „Situgraphie", der Kritik der klassischen Geometrie, der Triolektik usw.[18] Wo ändert sich die Gesellschaft in der politischen Aktion des Ästheten, der den Aufruhr anzetteln will? Sie ändert sich in der Leidenschaftlichkeit eines künstlerphilosophisch Besessenen und zeigt sich an ihm und seinen Produkten, wobei sie andere in den Wirbel mit hineinzieht. Jorn ist sich dessen bewußt. Er schreitet nicht „auf der leuchtenden Bahn der Politik", „ausgerechnet jetzt Posie …Die jungen Herzen … haben keine Stimme in der Gemeinschaft. Sie lauschen stattdessen dem Gesang, und sie singen selbst" (Almqvist). Es bleibt der Gesang der Künstler, der Kulturspezialisten, die fragen, ob nicht die moderne Kunst den einzigen haltbaren Punkt abgibt, von dem aus man sich in der Welt noch bewegen kann. Es bleibt bei einer relativ begrenzten Aktion: der kulturellen Verjüngung Europas. Jorn: „Ich bin ein Künstler und werde es immer bleiben."

Und trotzdem: als Mitte der 50er Jahre Cobra wiederbelebt werden soll, warnen die Situationisten **mit** Jorn vor der Wiederbelebung eines Leichnams, von dem nur noch der neue Malstil übrigbleibt. Die Differenz und der Konflikt zwischen Malstil und Politik lassen sich auf dem kulturrevolutionären Gebiet nicht lösen. Paradox wird immer wieder formuliert, daß es mit der Malerei aus ist, daß sie aber doch leben soll. Schon 1954 ist Jorn von der Pittura Nucleare in den Zwiespalt gestürzt: „Die Malerei eines Baj, die wie bei Fontana eine totale Veränderung des Bildes und der Skulptur enthält, bedeutet für uns, **die wir gerade die Malerei lieben,** die Herausforderung zur **Verweigerung der Kunst,** **die widersinnigerweise die Zukunft der Kunst in Frage stellt."**[19] Und der Zwiespalt verschäft sich noch im Kontakt mit der Internationale Lettriste und Debord, die den Begriff der Kunst einfach streichen und sie in die Aktion münden lassen.

24

Die

Situationistische

Internationale

(1957 bis ?)

■m Juli 1957 gründen ein gewisser Rumney vom Psychogeographischen Institut London, Bernstein und Debord von der Internationale Lettriste (Zeitschrift Potlatch) und eine Bewegung für ein Bauhaus Imaginiste (Jorn, Olmo, Pinot-Gallizio, Simondo, Verrone) die Internationale Situationniste. Sie besteht aus Künstlern und Revolutionären. Diese Zusammensetzung wird sie spalten bzw. zu den Austritten und Ausschlüssen der Künstler (Jorn April 1961, Gruppe SPUR Februar 1962) führen. Im April 1968 teilt Debord die Tätigkeit der SI rückblickend in zwei Perioden ein: in die erste von 1957—62 als eine der Abschaffung der Kunst, in die zweite von 1962—68 als Periode der Verwirklichung der Politik — jene Differenz, „die man allzusehr vereinfachen würde, wollte man sie als die Opposition zwischen den ‚Künstlern' und den ‚Revolutionären' bezeichnen, die sich aber im Großen und Ganzen mit einem derartigen Zusammenstoß deckte."[20]
Der Zusammenstoß findet auf einem Gebiet statt, das durch die Kultur auf der einen Seite, dem Sozialen in der Mitte, und von Politik und Ökonomie auf der anderen Seite gebildet wird. Die Bewegung des Situationisten geht von der Kunst, dem Ästhetischen **in** der Kultur, zum Gesellschaftlichen als dem Ort des alltäglichen Zusammenlebens und -stoßens, bis zum Steuerungszentrum Politik.

Periode 1:

Kulturrevolution

als „Gebietswechsel

der

gesamten

kulturellen

Aktivität"

Die Fische zeigen sich da um einiges schlauer als die Menschen. Wenn es sie drängt, ihren Samen auszustoßen, verlasssen sie ihre Behausung und reiben sich an etwas Rauhem. Ich wundere mich, daß die Menschen weder ihren Fuß noch ihre Hand noch einen anderen Körperteil ‚am Silber reiben' wollen und daß nicht einmal die Steinreichen auch nur einen Pfennig dafür ausgeben. Für jenes Glied aber setzen sie oft viele Talente, Geld, ja manchmal sogar ihr Leben aufs Spiel.

(Diogenes, 350 v. Ztr.)

die Zeitdiagnose: Das Leben lebt nicht, sondern überlebt. Aufgrund eines hoch-, spät-, post-, oder sonstwie kapitalistischen Produktions- und Gesellschaftssystems hat das Überleben den Tod beinahe abgeschafft, während sich dieser „wie eine unheilbare Krankheit im Leben eines jeden niederließ." Das Spiel von Tausch, Wert-Geld, Arbeitskraftausbeutung, Technik, profitabler Reproduktion und Macht schafft das Nichts, die Leere, hüllt das Individuum in „Basisbanalitäten" ein. Das System „elementarer Strukturen der Verdinglichung": generalisierte Konditionierung, eine „Menge kleiner Hypnosen" von „Information, Kultur, Städtebau, Werbung", die Medien; dennoch die große Langeweile in den Städten, deren „geordnete Räume" ebensoviele „individuelle und kollektive Zwangsjacken" sind; die „Diktatur des

Scheins" und die „Tautologie des Spektakels" bringen das „Elend des Mopeds und der Fernsehapparate", die Identifikation des Beefsteaks mit dem Recht auf Leben (zumindest für Pariser).[21] Der große Trick des Systems ist die „enteignende Aneignung", die „Rekuperation" individueller und kollektiver **Kräfte**: der Kreativität, Spontaneität, Imagination; das Begehren wird umgeleitet und, zum konsumierenden Bedürfnis degradiert, wiederverwendet.[22] Aber nicht allein das System, sondern überall der Riß, innen und außen. **Innen,** wo das Herz blutet: „Auf welchem Umweg verfolge ich mich, daß ich mich schließlich verliere? Welche Wand trennt mich von mir unter dem Vorwand, mich zu schützen? Und wie soll ich mich in der Zerrissenheit wiederfinden, aus der ich bestehe? Ich nähere mich einer, ich weiß nicht wie großen Ungewißheit, mich niemals zu erfassen. Es ist, als ob meine Schritte vor mir hergingen; als ob Gedanken und Gefühle sich mit den Konturen einer Landschaft vereinigten, die sich zu schaffen sich vorstellen, die sie aber in Wahrheit nach ihrem Bild formt. Eine absurde Kraft — die um so absurder ist, als sie zur Rationalität unserer Welt gehört und damit unbestreitbar erscheint —, sie zwingt mich dazu, unermüdlich zu springen, um einen Boden zu erreichen, den meine Füße niemals verlassen haben. Dieser unnütze Sprung zu mir selbst hin stiehlt mir meine Gegenwart; im Rhythmus der toten Zeit lebe ich fast nie im Einklang mit mir selbst."[23]
Außen: der Riß im Verkehr, Agonie der Kommunikation, die Nichtbegegnung, Nichteinmischung, „trostlose Pseudospiele der Nichtbeteiligung".[24]
Die **Kultur:** Ästhetik und Kunst im herkömmlichen Sinne geben nichts mehr her. Der Ausdruck als autonomes Gebiet ist in Konkurs gegangen, denn er bedeutet, zumindest in der Variante bürgerlicher Reflektiertheit, den Verzicht auf Leben, Genuß, Glück.[25] Durch den gleichen warenökonomischen Trick der Enteignung kommt das „ersehnte Zusammentreffen der Ideologie mit der Wirklichkeit zustande", in dem „die moderne Gesamtwirklichkeit seit langem unemphatisch durchästhetisiert ist".[26] Lug und Trug sind ein reales Verhältnis, in dem alles, was unmittelbar erlebt wurde, sich in einer Repräsentation entfernt." Die an die Stelle tretende „Phantasmagorie" verkehrt das gesellschaftliche Verhältnis, macht es unanschaulich und überfüllt es doch zugleich mit Bildern: Gesellschaft des Spektakels (Debord).
Auch die **Sprache** ist im Besitz des Gegners. Bedeutung durch die Inszenierung der Bedeutung, Sprache als Wohnort der Macht, „Zufluchtsort ihrer Polizeigewalt."[27]
Fazit des europäischen Kulturschaffenden 1959: „Der heutige Künstler tritt einer absoluten Leere entgegen — keine Ästhetik, keine Moral, keine Lebensweise."[28] Die situationistische Diagnose ist die Phänomenologie und schließlich pathetische Reflexion der Leere, des Nichts, des ge- und erlebten Nihilismus. Dagegen wird nun gesetzt: „Alles muß erfunden werden."[29]
Alles: eine „Totalität" — das Alles der Großstädter und imaginierten Globetrotter dieser Welt—, totaler Moment, totaler Mensch, totale Kommunikation, die die „unnützen Federn" brechen und die „ganze bittere Tinte, die die Welt erniedrigt hat, bis zur letzten Spur" wegwaschen (Pinot Gallizio). Das Spektakel, die Welt der Beraubung, Ausbeutung, Entfremdung und Verdinglichung beenden. Beginnen mit einem neuen Aufenthalt in der erlebten Alltagswelt, einer globalen Umgestaltung im Gebrauch von Raum, Zeit und Gefühl hin zu vielfachen Paradiesen (Jorn), in denen die Leidenschaft das Sagen hat, eine leidenschaftlich fesselnde Umwelt, das verwirklichte Leben, die reine Gabe, die anwesende Kommunika-

Jung war ich einst,
ging allein meines Weges,
ging in die Irre —
glücklich schätzt' ich mich,
als ich den andern fand:
der Mensch ist die Freude des
Menschen.

(Edda, 500–1000)

tion zeugt. „Das ist die Bewegung der Entfremdungsauflösung, die die Geschichte auflösen und zugleich die neuen Lebensformen verwirklichen wird."[30]

Die Revolution ist eben ein „Gebietswechsel der gesamten kulturellen Aktivität"[31], der Schluß macht mit Klassik und klassischer Moderne und ihren ständigen Remakes. Martialisch: radikaler Bruch, „Liquidation" (à la Dada), organisch: Absterben, chemisch oder taktil: Auflösen, gefräßig: Verzicht auf, konziliant: Aufhebung der Kunst und Kultur unter der Formel der „Verwirklichung": „So endet die alte Spezialisierung der Kunst. Es gibt keinen Künstler mehr, wo alle Künstler sind. Das kommende Kunstwerk ist die Konstruktion eines leidenschaftlichen Lebens."[32] Und da sind natürlich auch die einzelnen Gattungen aufgegeben, aufgehoben, verschwunden, wie bei vielen Gesamtkunstwerken.[33]

Selbstverständlich können die **Mittel** zur Verwirklichung nicht aus der vergangenen Kultur stammen.[34] Da ist erstens das Mittel der **Kritik** an Gesellschaft und ‚Überbau' mit giftigen Federn und Typenhebeln. Die zweite Erfindung ist das kreative, leidenschaftliche Spiel in der **Konstruktion von Situationen**.[35]

Sie verbindet die Momente äußerster Forcierung von Subjektivität („das Erlebte"), der Verbindung zu anderen (Kommunikation in „wirklicher Anwesenheit"), der neuen Zeitlichkeit (blitzartiger, gelingender Moment)[36], der Geste (des nicht-sprachlichen Verhaltens in Reaktion auf andere) und des Spiels: „Das gesamte neue Verhalten wird ein Spiel sein, und jeder lebt sein Leben aus Lust am Spiel, indem er sich nur für die Emotionen interessiert, die beim Spiel mit seinen **endlich ausführbaren Wünschen** entstehen."[37] Definiert wird sie als „Aufbau einer vorübergehenden Mikroumgebung und eines Satzes von Ereignissen für einen einzigen Moment im Leben einiger Personen."[38]

Da die ständige Gefahr der Rekuperation der Energien durch das System besteht, ist die Situationskonstruktion ein Verhalten auf der **Grenze** mit der Gegenstrategie der Entwendung/Zweckentfremdung/Umkehrung/Verdrehung (détournement, was deutsch „Umfunktionieren" heißen wird). Sie kann Geistesgegenwart verlangen:

„Die angemessene Taktik liegt … darin, genau an dem Punkt anzugreifen, wo die Wegelagerer dem Erlebten auflauern, an der Grenze zwischen der sich entwickelnden Geste und ihrer pervertierten Verlängerung, genau in dem Moment, wo die spontane Geste in den Sog des entgegengesetzten Sinnes und des Mißverständnisses gerät. Wir haben dann für eine winzige Spanne einen Rundblick, der gleichzeitig, in derselben Momentaufnahme des Bewußtseins, die Forderungen des Willens zu leben und das, was die gesellschaftliche Organisation daraus machen will, umfaßt; das Erlebte und seine Integrierung in die autoritären Maschinen. Der Punkt des Widerstandes liegt am Aussichtsturm der Subjektivität."[39]

Oder sie operiert eher gemütlich. Ein Beispiel von Debord aus „Potlatch":

„Wählen Sie in der Absicht Ihrer Untersuchungen eine Gegend, eine mehr oder weniger dicht bevölkerte Stadt, eine mehr oder weniger belebte Straße. Bauen Sie ein Haus. Richten Sie es ein. Holen Sie das Beste heraus aus seiner Aufmachung und Umgebung. Wählen Sie die Jahreszeit und Stunde. Bringen Sie die geeignetsten Personen sowie die passendsten Platten und alkoholischen Getränke zusammen. Beleuchtung und Konversation, wie auch die äußere Atmosphäre oder Ihre (gemeinsamen) Erinnerungen müssen natürlich den Umständen entsprechen.

Wenn Sie in Ihrer Rechnung keinen Fehler begangen haben, so muß das Ergebnis Sie zufriedenstellen."[40]

Bauen Sie ein Haus: Architektur. Dabei geht es allerdings weniger um Eigenheime für Festivitäten, sondern um Maßnahmen gegen die zerstörerische Nachkriegsbauweise. Es wird dringend ein veränderter Gebrauch der vorhandenen und ein Aufbau zukünftiger Städte benötigt.[41] Dieses Projekt wird drittens **Unitärer Urbanismus** genannt. Besonders intensiv beschäftigte sich damit Cobra-Constant, der 1952 zu malen aufgehört hatte. Er berichtet: „Während ich zunächst nur aus Neugier Straßen, Bezirke und Plätze aufsuchte, die niemand erwähnte, und mit Leuten redete, von denen keiner Notiz nahm, fand ich bald zu einer Methode, die eine Mischung aus Abenteuer und Beobachtung, aus Stimmung und Reflex war. Ich sah die Leute bauen und zerstören, etwas entfernen, Straßen legen und erweitern. Der Verkehr nahm zu, der Mensch verschwand und war immer schwerer zu finden. Das Bild der Welt veränderte sich; mechanisierte technologische Gegenden entstanden. Aber der Künstler stand abseits, war offensichtlich unfähig teilzunehmen. Mich begann die Stadt als Konstruktion zu interessieren und in der Anhäufung als künstlerisches Medium."[42]

Infolgedessen beginnt Constant Stadtplastiken und -modelle zu entwerfen und zu bauen. Eine ‚spannende' Bau- und Umgebungsgestaltung kündigt sich an: „Die Architektur ist das einfachste Mittel, Zeit und Raum ineinanderzufügen, die Wirklichkeit zu modulieren, träumen zu lassen... Es wird Räume geben, die einen besser träumen lassen als Drogen, und Häuser, in denen man nur lieben kann. Andere werden den Reisenden unüberwindlich anlokken..."[43]

Zur Methode gehören die experimentelle Aneignung der Stadt, beispielsweise die psychogeographische Kartographie[44], möglicherweise eingebettet in ein „Umherschweifen". Stadtstruktur und Schweifen legen „neue Formen des Labyrinths" nahe, veränderliche Umgebungen, ganz neue Bauformen, die auch andere Beteiligte zu Prototypen reizen.[45]

Die vierte Erfindung schließlich ist eine andere **Kultur- und ‚Kunst'-Produktion** mit dem Mittel Entwendung/Zweckentfremdung: Fotoromane, Massenmedien-Guerilla, Comix, Filme, Geschmiertes, Dilettantisches, Art Brut nach Art Dubuffets, Kitsch, usw., unter dem Stichwort der Reinvestition des Scheins in die Wirklichkeit, anti-spezialistisch.[46]

Wahre Worte sind nicht schön,
Schöne Worte sind nicht wahr.
Tüchtigkeit überredet nicht,
Überredung ist nicht tüchtig.
Der Weise ist nicht gelehrt,
Der Gelehrte ist nicht weise.
Der Berufene häuft keinen Besitz auf.
Je mehr er für andere tut,
Desto mehr gesitzt er.
Je mehr er anderen gibt, desto mehr hat er.

(Lau-Dsi, 4.—3. Jh. v. Ztr.)

Periode 2:

Politik

Im Verlauf der SI-Tätigkeit verschärfen sich die politischen Intentionen. Den Auftakt bildet die Auseinandersetzung mit der Gruppe SPUR. Hier der Konflikt zwischen den ‚Fraktionen' im Spiegel der Veröffentlichungen der SI, d. h. im Spiegel der ‚Mehrheit' um Debord: Kaum sind die konstituierenden und organisatorischen ersten beiden Konferenzen vorüber, beginnt die Diskussion um das Verhältnis von Ästhetik/Kultur und Politik. Bei den Vorarbeiten zur Münchner Konferenz (17.—20. April 1959) befindet sich ein Entwurf zum „Aufruf an die revolutionären Intellektuellen und Künstler". Darin wird festgestellt, daß eine nur kulturelle Veränderung vor der Notwendigkeit des Umsturzes der bestehenden Gesellschaft haltmacht und damit nicht weit genug geht. Gegen diese Argumentation erhebt das ebenfalls im April 1959 gegründete Amsterdamer Büro für einen unitären Urbanismus Ein-

spruch, insistiert gegen eine leere Revolutionsprogrammatik auf
der praktischen Arbeit, sieht die Bedingungen für einen Umsturz
nicht gegeben und will eine Revolte gegen die bestehenden Kul-
turverhältnisse. Auch Constant mahnt, man solle weniger Programme aufstellen. Debord kontert in einer scharfen Kritik mit
dem Vorwurf des Revisionismus. Der Punkt ist in München nicht
zu klären. Man läßt die Frage der „Unterordnung oder dialektischen Verbindung von Kultur und Politik" offen.[47] Auf der folgenden Konferenz in London (24.–28. September 1960) bricht sie in
der Diskussion der nächsten Perspektiven und des politischen Charakters der SI wieder auf. Wieder repräsentiert die SPUR den Teil,
der kulturrevolutionär argumentiert, zumal auf dem Hintergrund
ihrer Randexistenz und Bedrohung in Deutschland aufgrund der
gesellschaftlich-politischen Verhältnisse (vgl. SPUR 4, „Über die
soziale Unterdrückung in der Kultur"). Debord übt wieder Kritik und
stellt klar, daß die SI sehr wohl auf der Ebene sozialer und politischer Organisation handeln könne und müsse. Der Streit wird in
London durch eine Übereinstimmungserkärung der SPUR mit der
SI-Mehrheit beigelegt, um in Göteborg (28.–30. August 1961)
noch heftiger zu entbrennen. Das Mißtrauen gegen die Künstler,
vor allem die deutsche Sektion, wird in der Frage der selbständigen Aufnahme von Mitgliedern durch die Sektionen deutlich: man
lehnt unter Hinweis auf die in London „gänzlich überstimmten"
Thesen der „Prem-Tendenz" ab. Schließlich schlägt Kotányi vor, alle
„Kunstwerke" von SI-Mitgliedern **anti-situationistisch** zu
nennen: „Ich will nicht sagen, jemand müsse aufhören zu malen,
zu schreiben usw. Ich will auch nicht sagen, es habe gar keinen
Wert. Ich will auch nicht sagen, wir könnten weiterleben, ohne es
zu tun. Wir wissen aber zugleich, daß die Gesellschaft in all das
eingreifen wird, um es gegen uns zu gebrauchen. Was unsere
Kraft ausmacht, ist die Ausarbeitung gewisser Wahrheiten, die die
Brisanz eines Sprengstoffes besitzen, wenn Leute dazu bereit sind,
dafür zu kämpfen."[48] Der Sprengstoff der SPUR ist der Mehrheit
offensichtlich nicht brisant genug. Im Streit gerät die Konferenz in
„heftige Aufregung" – es ist nur noch ein kleiner Schritt zum Ausschluß. (Auch die aufregende, nichtprotokollierte Abschlußfete der
Konferenz wird die Begierden dieser Menschen nicht mehr vereinheitlichen ...)
Die immer schon umfangreiche Literatur über das politische
Tagesgeschehen in Frankreich und aller Welt schwillt an. Das Denken richtet sich auf die Kritik der Realität und entwickelt sich zur
„revolutionären Theorie". Präzisierend wird mit Marx die Verdinglichung, der Warenfetischismus, die Entfremdung und der verkehrte
Einsatz der Technik in kapitalistischer Produktion und Gesellschaft
analysiert, von da aus begründet die Abschaffung der Arbeit, der
Arbeitsteilung, des Proletariats als Klasse in einer politischen Organisation der Räte gefordert.
Dem Rätekonzept entsprechend hat die SI ein ganz eigenartiges
Verständnis von Politik: ihre Vernichtung, Selbstabschaffung. Keine
neuen Politikspezialisten, keine Hierarchien und keine Entschei-
dungssysteme! Keine gewöhnliche Partei oder Organisation
irgendeiner Art! Da es um die ‚Spontaneität der Massen' geht, ist
die SI ein Zersetzer von Systemen und Funktionen innerhalb auch
ihrer eigenen Bewegung. Sie ist das, was man in Deutschland anti-
autoritär nennen wird. Politik ist eine Produktion von ‚scandales'.
Scandale, d. h. Anstoß Ärgernis, Entrüstung: der Skandal als ein
Ereignis (‚Situation'!), das anstößt und Anstoß, als Ärgernis erregt,
worüber sich die Gesellschaft heftig entrüstet. Diese Hyperpolitik
29 (Jorn) versteht die Rassenkrawalle von Watts, die Brandstiftungen

Schlank und erhaben der
Wuchs; Hüften wie jugendlich
voll!
Doch, was zähl ich es auf?
Untadelig alles erblick ich,
Drückte die Nackte mir fest
gegen den brünstigen Leib.
Wißt ihr das übrige nicht?
Wir ruhten ermattet vom Spiel
aus.
Mittagsstunden wie die –
würden sie oft mir gewährt!

(Ovid, 43 v. – 18 n. Ztr.)

und Ladenplünderungen der Schwarzen und die Versammlungen von Berkeley als situationistische Ereignisse und zettelt selbst scandales an. So z. B. in der Straßburger Studentenrevolte von 1966/67.

Dabei betreibt die SI keine Studentenpolitik; vielmehr kritisiert sie diese als Selbstbeschränkung nicht auf die gesellschaftliche, sondern auf die Milieuprobleme. Trotzdem: im Mai 1968 Teilnahme an Bau und Verteidigung der Barrikaden in der Rue Gay-Lussac. Und dann: wieder die Selbstauflösung, das Verschwinden. Die Situationisten gehen, wie sie es angekündigt hatten, in der sozialen und politischen ‚Bewegung' auf. Keine Spezialisten der Revolte!

Und keine eigenständige Kunstproduktion mehr! Sondern die „globale Umgestaltung unseres Gebrauchs des Raumes, der Gefühle und der Zeit... unmarkierte Verbindungsnetze herstellen — direkte und episodische Beziehungen, zwanglose Kontakte, Entwicklung von unbestimmten Beziehungen der Sympathie und des Verständnisses... alle radikalen Gesten... Aktionen, Schriften, politische Haltungen, Werke (!)... Zusammenspiel aller Menschen..."[49]

Wat nu?

Nichts

ist

mehr

erstaunlich,

das

ist

das

Drama.

(Raoul Vaneigem)

Im Beispiel der Situationisten und unter Beachtung der „europäischen Schürzung" kann ich eine Bestandsaufnahme versuchen. Beim Auftauchen und in der Hochzeit dieser Gruppe hat man sich oft gefragt, was denn das für ein Gebilde überhaupt sei. Zwar hätte Guy Debord gerne der dingfeste Zentraltechner sein wollen, doch hat sie es insgesamt (bis jetzt) geschafft, ein — nicht medial entschäftbares — Gespenst zu sein und zu bleiben. Kulturrevolutionäre Artisten haben aus dem Schrott der Kriegs- und Konsumgesellschaften ein sehr zähes Projekt der Verdrehung gebastelt. Die Situationisten bezeichnen sich als „Kosmonauten". Sie wagen es, sich in unbekannte Räume zu stürzen, um dort bewohnbare Inseln für unreduzierte und unreduzierbare Menschen zu konstruieren. Unser Vaterland liegt in der Zeit (im Möglichen dieser Epoche). Es ist beweglich."[50]

Bewegliches Vaterland mit der „Alchimie auf kleinstem Raum", auf der Grenze, mit der „Idee eines Zugangsplans, einer zugleich vernünftigen und leidenschaftlichen Konstruktion".[51]

Für den Kaiser von China haben sich schon viele gehalten. Das Projekt hat einige unabteilbare Haken.

Zunächst, daß es für Aktionen auch den „objektiven Faktor Subjektivität" geben muß. Derselbe zerfällt aber beispielsweise in Herren und Knechte oder Iche und Ese. Deren „Aufhebung" etwa in „Klassenlosigkeit" oder „Sexpol" geht aber an genau diese Doppelidentität, also an die Nieren: „Vernichte die Identität" — also diese oder jene — „und Du fliegst rapide; aber fraglich, ob Du das Tempo aushalten wirst."[52] Denn eine Extremposition zur Gesellschaft des „infamen Bankensystems" (Pinot Gallizio) führt nicht automatisch ins Jenseits. Sie schützt nicht vor dem Überbietungsritual, in dem der Radikalinski sich ans Alte heftet; in dem der Verabschieder der Kunst zugleich der Priester des letzten Schöpfungsaktes wird; der Kulturpolitiker „der eigentliche Produzent, der letzte freie Unternehmer, der seine Phantasie als Brennstoff im Stoffwechsel des Universums gewinnbringend einsetzt."[53] Was heißt da schon „gefährlich leben"?[54]

Das zweite Problem: Der Sturz ins (romanisch) Phantastische, (deutsch) Einbildungskräftige ist auch nicht ohne. Wenn Jorn den Spruch der Pariser Studentenbewegung: „Die Phantasie an die Macht" mit dem Plakatspruch kontert: „Keine Macht der Phantasie ohne mächtige Bilder" — dann ergibt sich eine interessante Mehrdeutigkeit. Es ist nämlich keineswegs klar, auf wessen Seite die Phantasie ist: von Herr oder Knecht, von Macht oder Ohnmacht, von Bild oder Abgebildetem? Es wurde hier immer vorausgesetzt daß „Imagination", „Kunst", „Leben" Gegner von „Macht" seien, und daß jene diese „schlagen" würden. Nicht nur durch den kulturindustriell-kritischen, sondern mit dem bürgerlichen, kunst- und kulturgeschichtlichen Blick bereits darf man das bezweifeln. Die Phantasie hat doppeltes Gesicht: als entfesselnde und bannende, und als **Vermittlung** zwischen beidem. Bezogen auf das Verhältnis von Sinnlichkeit und Verstand ist sie als Wahrnehmungsurteil zu sehen, in dem die Imagination zwar Wünsche trägt, so aber auch nur Begriffe veranschaulicht, d. h. sie spielt im Grunde eine kognitive, dem eigentlich Ästhetischen abgekehrte Rolle. Ebenso doppelgesichtig ist ihr Verhältnis zur Gesellschaft: auf der einen Seite machtfeindlich, weil die Ordnung störend, auf der anderen machtfreundlich, weil kompensierend. Die Institutionen und Produktionssysteme „sind an der Entstehung der Phantasmen nicht unbeteiligt, die Phantasie liefert aber die Grundfiguren der Anschaulichkeit ... Die Imagination machte Geschichte, indem sie seit eh und je ihren Tribut an die Eruptionen der Mächtigen zahlte, die systematische Konstruktionen der Vernünftigen stützte und an der Wiederholung der immer gleichen Wünsche und unerfüllten Begierden beteiligt war."[55]

Aber sie ging auch weiter. Wie Mainberger am Surrealismus zeigt, hat sie sich von Ordnung und Sinn zu lösen gewagt. Dieses Wagnis muß sie gleichzeitig mit der Beliebigkeit einer zweiten Warenästhetik bezahlen. Denn sie gibt die grenzenlose Freiheit zum beliebigen Einfall: „Jede mögliche Welt kann durch Einbildungskraft hervorgebracht werden." Aber das eben kann sie unbrauchbar machen: „Die Kette der Phantasmen ist potentiell unendlich" und repetiert wie eine Maschine.[56] Inzwischen hat ein Überfluß der Bilder alle Erwartungen der Surrealisten übertroffen, er zersetzt selbst ihre Träume zu einem billigen Schein. Man fragt sich inzwischen, ob die Sinnlichkeit nicht selbst nur noch Zeichen ist.[57]

Das revolutionäre Verlangen, die skandinavische Präsenz und Intensität, die schöpferische Tätigkeit, das methodische Abenteuer eines Parasiten, Taugenichtses, Schmarotzers im Anzetteln eines ästhetischen Aufruhrs — unverwendbarer Energien, unzusammenhängender sinnlicher Wahrnehmungen, nun aber plötzlich, jetzt und hier, und in farbigen Bildern —, das Ende von Kunst, Kultur, Gesellschaft, Politik in einem leidenschaftlichen Leben: die Zärtlichkeit, auch die Raserei der Imagination hat die Härte der Realität nicht gebrochen.

Dieses „direkte negative Gesamtkunstwerk", das ein „theatralisches Bündnis der Kunst mit der politisierten Straße" (Odo Marquard) geschlossen hatte, scheint durch die technische Verfassung der Realität gescheitert.[58] „Ereignisse" sind womöglich „nicht mehr herzustellen", sie „entfallen". Die „Konzeption eines phantasievollen Lebens" hat anscheinend an die Gegenpartei einer „phantastischen Realität, die ins Imaginäre verschwimmt", verloren.[59]

Drittes Problem: Stürze in den freien Raum sind selbst in der Raumfahrt oft nur vor-bildlich, vor-schriftlich, modellhaft. Ihr Modellhaftes selbst provoziert empirisches Scheitern. Sodann sind sie nicht allgemein, sondern nur für die Technokratie und die

Ich sage die Wahrheit,
aber du kommst langsam
voran auf deiner Fahrt;
weit wärest du schon gekommen Thor,
hättest du deine Gestalt
gewechselt.

(Edda, 500—1000)

am Flug beteiligten Kosmonauten brauchbar. Die im Namen der kleinen radikalen Minderheit erhobene Forderung, daß das Volk die Ästhetik oder die Situationskonstruktion realisieren solle, hat das Volk nicht interessiert. Ebensowenig läßt sich aber ein Allgemein-Kriterium für Verwendbarkeit angeben, das dem der technischen Nützlichkeit nachgebaut wäre. In denkwürdiger Weise hat dies vor Zeiten Dieter Hoffmann-Axthelm für die „künstlerische Arbeit" versucht.[60] Ihm zufolge geht es nicht um die sensibel gestalteten Phantasmen, die er ein unglückliches Bewußtsein der bürgerlichen Intellektuellen nannte, sondern um den Stellenwechsel zur unmittelbar politischen Aktion der Bedürfnisbefriedigung.[61] Das stimmt völlig mit der situationistischen Forderung überein. Jedoch scheinen solche Bemühungen naturnotwendig in die Selbstbeschäftigung der Intellektuellen, und verstünden sie sich auch als Handwerker von Farbe und Form, zurückzuschlagen — in das Gewimmel von ‚Ungeziefer im Ameisenhaufen, das die Gesellschaft versteht und gründet', wie Pinot Gallizio es nannte. Die SI hatte davon immer ein Bewußtsein. Sie bemerkte wiederholt selbstkritisch, die Konstruktion der Situationen sei durch sie selbst noch gar nicht eingelöst und laufe immer Gefahr, ein persönliches Spiel zu bleiben. So geht die Debatte immer wieder darauf aus, in welchen Formen die Abschaffung vor sich zu gehen habe und wie die Avantgarden vorzugehen hätten. Dagegen wendet Hoffmann-Axthelm ein: „Die Frage ist nicht mehr die nach der Zukunft der Kunst, nach den möglichen Inhalten, nach den systemtranszendenten Formen. Derart lauten die Fragen des Eigeninteresses, der Selbstvoraussetzung, den Fortgang der Gesellschaftsgeschichte nur unter dem Blickwinkel des mitgebrachten Privilegs sehen zu können."[62]

Viertens: Die Totalabschaffung von Kunst und Kultur führt in einige Schwierigkeiten, vor allem die einer eigentlich konservativen Kunst oder Ästhetikfeindschaft. Ästhetisches Handeln wird als Widerspruch oder als Unerheblichkeit zum politischen gesehen. Als anerkanntes Medium des Betragens bleibt dann das dem Intellektuellen gewissermaßen natürliche: die Sprache. Am ‚Ende' kehrt Debord zum ‚Anfang' zurück: „Ich wollte die schöne Sprache meines Jahrhunderts sprechen."[63]

Der Portier mit der kurfürstlichen Nase, welcher überhaupt viele Kenntnisse von der Weltgeschichte hatte sagt oft zu mir: Wertgeschätzter Herr Einnehmer! Italien ist ein schönes Land, da sorgt der liebe Gott für alles, da kann man sich im Sonnenschein auf den Rücken legen, und wenn einem die Rosinen ins Maul, und wenn einen die Tarantel beißt, so tanzt man mit ungemeiner Gelenkigkeit, wenn man auch sonst nicht tanzen gelernt hat. — Nein, nach Italien, nach Italien! rief ich voller Vergnügen aus und rannte, ohne an die verschiedenen Wege zu denken, auf der Straße fort, die mir eben vor die Füße kam.

(Joseph von Eichendorff, 1826)

Hier herein nicht, verfressene Richter,
Aktenvolk und Teufelsgelichter,
Rechtsschinder, Schreiber und Pharisäer,
Blutsauger der Armen, Wahrheitsverdreher!
Ihr Hetzer zum Streit und zu bösem Hohn,
holt euch zum Dank vom Galgen den Lohn!

(Rabelais, 1533)

Konstruktionen

für

Paradiese

auf Erden:

Stinkige

Schwachströme

Was

Ihnen,

mein Lieber,

fehlt,

ist

das Wunder.

Merken

Sie

jetzt,

warum

Sie

von

allen Sachen

und Dingen

abgleiten?

Sie

sind

ein

Phantast

mit

unzureichenden

Mitteln.

(Carl Einstein, Bebuquin)

Solche Forderungen wie die von Hoffmann-Axthelm lesen sich heute vergleichsweise grob und brutal, zumal nachdem allerlei Bewegtes den Bach runtergegangen ist. Auch machen Kunst- und Kulturproduktion unbeirrt weiter und der politische Beschiß nimmt zunehmend Züge des Hinterherschleifens an. Kritisch distanziert werden kann da vieles vom Alten, sogar alles. Interessant ist allein die (situationistische) „Verwendung" unserer Leichenfledderei. Auffällig an den Entwürfen ist die Art, wie **erkannt**, aber nicht **anerkannt** Gutes in die subkulturelle Maschine überführt und damit in die systemische Anerkennung zurückgeführt wird. Beispiel Surrealismus. Von der Poesie wünscht Breton: „Die Zeit komme, da sie das Ende des Geldes dekretiert und allein das Brot des Himmels für die Erde breche! Es wird noch Versammlungen auf den öffentlichen Plätzen geben und Bewegungen, an denen teilzunehmen ihr nicht zu hoffen gewagt habt."[64] Wie viele Versprechungen solcher Art wird man noch brauchen? Beispiel Benjamin: „Unsere Kneipen und Großstadtstraßen, unsere Büros und möblierten Zimmer, unsere Bahnhöfe und Fabriken schienen uns hoffnungslos einzuschließen. Da kam der Film und hat diese Kerkerwelt mit dem Dynamit der Zehntelsekunden gesprengt, so daß wir nun zwischen den weitverstreuten Trümmern gelassen abenteuerliche Reisen unternehmen."[65] Bekannt ist, wie der Film stattdessen an der Wiederverwendung unordentlicher Energien beteiligt war.[66]

Alle diese poetisch-kritischen Modelle haben einen entscheidenden kleinen Fehler: sie laufen statt auf Effekte auf Selbstverzehr hinaus und bestätigen damit, daß die Aufständischen gezwungen sind, noch einmal Jesus zu sein, d. h. sich stellvertretend für das Wohl einer äußerst zweifelhaften Menschheit zu opfern. In diesem Komplott führt natürlich nichts aus dem Gefängnis hinaus. Das sind „Geschichten über Maschinen, die sich selbst in Stücke beißen."[67]

Dagegen ist unter folgenden Bedingungen zu arbeiten:

1) Wir haben nun die ‚Qualitäten' der vorhandenen gesellschaftlichen Systeme und der möglichen individuellen Aktivitäten besser im Blick. Deshalb sollten nach den Extrempolitiken die Extremästhetiken ausgesetzt werden. Denn sie wollen in der Regel nur das **eine** Paradies, das nachchristliche, und das mit aller Gewalt, und nicht die **vielfachen Paradiese**. Also sind auch die großen Gegenzüge — Traumarbeit, Gelächter, Wahnsinn, Potlatch, unbandige Expression, Fest, Urbanismus — vorläufig zu suspendieren. Es gibt einfach nicht genügend, d. h. vielzahlig ausgebildete Ekstasenexperten — wenn auch das Überangebot in Paris für einen in Wäldern großgewordenen Germanen beängstigend aussehen muß.

2) Stattdessen empfehlen sich der nicht im Gegensatz zum Großen stehende kleine Standpunkt und der Schwachstrom. Für die Kleinheit hat Kafka das Beispiel gegeben.[68] Schwachstrom-Dispositionen sind nicht nur wegen einer zeitgemäßen Nähe zur Steuerkunst (Kybernetik), zur Medien-Problematik und Vernetzung etc. angeraten,[69] sondern weil sich damit auch historische Irrtümer ausbügeln lassen. Kommunismus („Gemeinsamismus") ist nun nicht länger „Sowjetmacht plus Elektrifizierung" (Lenin), d. h. vor allem ein „Muß-Plus". Vielmehr verwandelt die (situationistische) Energieumschaltung das „Äußerste Kraft Voraus!" und damit Tragödie wie Komödie (in einem!) zur posthistorisch folgenden Farce.

3) Ein solcher schwieriger Standpunkt benötigt einen Zweitkörper, also ein Wappen,[70] damit den Rat- und Hoffnungslosen ein beredtes Zeichen, ein Wegweiser, ein Schutz und Schild gegeben sei. Zur angemessenen Kleinheit wird ein Tier benötigt. Vorfahre ist zwar der Igel der Romantik;[71] aber heute fehlt noch eine echte Alternative. Es ist also an eine Kreuzung bzw. Mutation zwischen Stinktier und Stachelschwein zu denken.

4) Der wiederverwendete Kollektiv-Komplex Cobraismus-Imaginismus-Situationismus ergibt einen **farcierten** und **schwach strömenden** Situationismus. Entwendung und Reinvestition legen weniger Betonung auf die nun reichlich vorliegenden Denkbilder und Modelle, sondern auf **Verhalten** und **Herstellbarkeit**. Erst hier ist das „Phantastische die Naturwissenschaft der Lösungsmöglichkeiten".[72] Die Oszillation zwischen Wirklichem und Möglichem wird durch Begriff und Bewegung der **Verwirklichungsermöglichung** mittels **Zugangsplan** ersetzt. Garantie für das Verfahren können nur das ZUREICHEN DER MITTEL FÜR DIE PHANTASTEN und die gezielte Verbesserung der TECHNIK sein.[73]

5) Eine Besonderheit ist noch zu berücksichtigen, leider ein Paradox. „Geschichte machen" kann man weder mit Planwirtschaft noch mit kapitalistischem Anarchismus, sondern nur als „Konstruktion des Wunders": d. h. als Kombination des Machbaren mit dem unwillkürlich Zustoßenden.[74]

6) Unbedingt aufgegeben werden muß die konservative Entgegensetzung von Ästhetik und Politik. Dafür kann wieder einmal der — sinnvollerweise harmlos, privatistisch, evtl. kunstmarktisch klingende — Begriff der „Lebenskunst" vorgeschlagen werden. Will man das Unmögliche verwirklichen, braucht es also unbedingt praktische **Ausführungen**. Ich versuche eine Anzahl von Möglichkeiten zu formulieren.

A
Basteln
Arbeiten mit Bruchstücken, Schrott, Abfall, Vorgefertigtem vergangener Epochen, Montage, Collage.[75] Dazu Kräftigung des Epigonalen, Dilettantischen, der Entwendung, des Plagiats, des Parasitären, Idiotischen usw. usf.[76]

B
Vergnügen
Angesichts der grausigen Humorlosigkeit der Weltveränderer muß unbedingt das Vergnügen an Dingen, Menschen, Situationen wiedereingeführt werden. Zu denken ist an die Wiederverwendung der „Leidenschaft" in geschwächter Form; d. h. an ein so geschwächtes „Begehren", daß es nicht-unendlich, auf Verwirklichung bedacht, nicht-zirkulativ ist.[77]

C
Spielkonstruktion mit schiefen Figuren
Die Ereignisse fallen zwar aus, Ereignisproduktion ist aber weiterhin die Alternative zur Erfüllung leerer, nutzlos verbrachter Zeit.[78] Erfüllte Zeit als Hier und Jetzt, Plötzlichkeit, überraschende Befriedigung ist doch prima. Mittel können sein: „Ironie, metasprachliches Spiel, Maskerade hoch zwei."[79] Hier müßte noch differenziert werden: Vermutlich wären die Lebenstechniken der Ironie (Figur: Sokrates), des Cynismus (Figur: Diogenes) und der denunzierenden Demonstration (Figur: Eulenspiegel, Hanswurst) miteinander zu kreuzen, um eine den „Systemen" adäquate ernste Spielform zu finden.[80]

D
Verbindlungslust
Nach ihrem Hoch in den Sechzigern und Siebzigern ist ein fataler Rückgang in der Bildung experimenteller Neigungsgruppen zu beobachten. Die „straßenbeleuchtete Gemeinschaft" (Seitter) weiß gar nicht, was sie das kostet! Eine an Fourier erinnernde Spielart[81] des Begriffs der Kommunikation wird ihrer Grundstruktur des Ankommens-Verfehlens, ihrem „Unruheprinzip" (Luhmann) gerecht.[82] Der Situationist Leopold von Wiese hat die Grundformel genannt: $P = H \times S$ (Prozeß = Haltung der Handelnden x gegebene Situation).[83]

Dazu kommen beispielsweise:
a) „Geistesgegenwart": > Wahrnehmung des Kontextes, > ‚Sinn' für die Szene aus dem Blickwinkel von Nebenpersonen, > Anfälligkeit durch die Dinge, > Beziehung zum Irdischen;[84]

b) „Mißverständnis im Dialog": als die „Rhythmik, mit welcher die allein wahre Wirklichkeit sich ins Gespräch drängt. Je wirklicher ein Mensch zu reden weiß, desto geglückter mißversteht man ihn."[85]

D-dr
Neues Deutschland machen

Eine besondere Bewährungsprobe für „Verbindungslust" bildet als Untergruppe die aktuelle Verbindung der zwei Deutschländer. Zwar spaziert das Kapital als phantasievolle Avantgarde immer frisch vorneweg, aber in der Kreation unvorhergesehener Effekte ergibt sich ein breites Feld von Handlungsmöglichkeiten, die durch allzu glatte Realitäten verdeckt werden. Die gegenwärtigen Situationisten sind die Ossis und Wessis, die angesichts der neuen Verhältnisse ihr Leben vollkommen neu erfinden müssen.

E
Wissenschaftliche Produktion

Nachdem erkannt wurde, daß die Wissenschaft nichts „Erhabenes" darstellt, sondern z. B. als Soziologie „in ihrem eigenen Gegenstandsbereich vorkommt" (Luhmann), eröffnen sich ungeahnte Möglichkeiten der Anwendung.[86] Da die intelligente Arbeit aber „von sich aus nur schwer feststellen kann, ob sie etwas Wirkliches bearbeitet oder spinnt",[87] ist in Zukunft der größte Wert auf eine zunehmende empirische Kontrolle und präzise Bewertung der Ergebnisse posthistorischer Lebenskunst in wissenschaftlicher Bearbeitung zu legen. Ein amerikanischer Pragmatismus hält Einzug. Pfüat Gott und Grüß Gott Teifi!

MERKE (zwei Schlußsätze):
1. „Es ist nicht egal, was man macht." (Walter Seitter)
2. „Man macht eine Revolution nicht, um arm zu werden." (Asger Jorn)

Anmerkungen

Dieser Text ist neugemacht und zusammengebastelt aus: „Die ästhetische und die politische Aktion: Cobra, Bauhaus Imaginiste, Situationistische Internationale, in: Schriften zur Kunst. 25 Jahre Galerie von de Loo, München 1982, S. 241ff.; und: „Kunst als Leben. Situation(ist)en und k(l)eine Folgen"; letzterer Text wurde von Suhrkamp für Kamper/Taubes (Hrsg.), „Nach der Moderne" bereits 1986 angekündigt, dann aber in der unseldigen Schublade in Staub abgeschmort.

Das waren deutsche Erst- und Zweitarbeiten. Inzwischen ist der Schauplatz sehr intensiv und nützlich ausgeleuchtet worden von Roberto Ohrt: Phantom Avantgarde. Eine Geschichte der Situationistischen Internationale und der modernen Kunst, Hamburg 1990.

Das Leben allein schafft freiwillig die Dinge und alle wirklichen Wesen. Die Wissenschaft schafft nichts, sie konstatiert.

(Michail Bakunin, 1871)

1 In unserem Zusammenhang Trend damit gemacht hatte bereits Emil Kaufmann ausgerechnet im Katalog zur Gruppe SPUR, die zeitweise zu den Situationisten gehörte. Es reichte ihm noch nicht aus, ironisch die Absicht der SPUR-Künstler, ein Leben ohne Chefs zu verwirklichen, als schöne Illusion erscheinen zu lassen. Auch die Studentenbewegung muß pauschal als Negativfolie herhalten und vom selbsternannten Nachlaßverwalter denunziert werden. So ist ihr politisch das „missionarische Selbstbewußtsein des intellektuellen Berufsrevolutionärs" vorzuwerfen. (SPUR-Essay, in: Gruppe SPUR 1958 – 1965, Ausstellungskatalog, München 1979, S. 160 – 162, 172). Indem man die Erfahrungen Anderer verwertet und abtut, allenfalls guten Willen unterstellt, kann man wieder zum Metier übergehen, die Expansion der Kunst rückgängig machen, zur elementaren Sinnlichkeit zurückkehren. Das „einfache Hinschauen, die plötzliche Betroffenheit in der ‚Natur', die unwillkürliche Erinnerung ... rufen vielmehr das befreiende Bewußtsein von Ungezwungenheit, Überfluß, Bedürfnislosigkeit und die Freude am reinen Lebensvollzug in uns wach ... (versetzen) uns in eine gelöste, heitere und klare — tänzerische — Beweglichkeit". (Ders., Das Tier, der Tod und die Kunst, in: Konkursbuch Nr.1, Tübingen 1978, S.181, und: Die Aktualität von Jean Dubuffet, in: dubuffet retrospektive, Ausstellungskatalog, Berlin 1980, S.136. Die wiederum neue Ästhetik erscheint auch als Sprachästhetisierung. In ihr schweifen neue Sensibilitäten und Feste aus zu den ganz einfachen, „elementare(n) Fragen des Zusammenlebens, des Todes, der Intimität", „der Zärtlichkeit des Grazilen und der Trauer, de(m) Wissen um den Tod". (SPUR-Essay, a. a. O., S. 168 und: Die Aktualität von Jean Dubuffet, a. a. O.) — Kaufann hatte schon an Spezi Nietzsche nicht verstanden, daß dieser sich zwar als einen „kleinen Schwanz von Posse", aber ebensosehr als „zentnerschweren Geist" begriff. Denn wenn solch einer das Tanzbein schwingt, dann kommt der Kater promt. — Und das alles geht bis zur von Werckmeister gut analysierten „Zitadellenkultur", d. h. zum permanenten, post-linken Kulturkater.

2 F. Nietzsche, Die Geburt der Tragödie, Sämtliche Werke (Kritische Studienausgabe, hg. Colli/Montinari), Bd.1, München/Berlin/NY 1980, S.14.

3 Die in gewisser Weise vollständige Erklärung von Jacques Lacan, es handele sich um ein komplettes System des Realen-Imaginaren-Symbolischen, das sprachlich-gesetzlich funktioniere, ist in praktischer Hinsicht leider arm. „Volles Sprechen" hinter verschlossenen Türen nützt nur den kapitalkräftig Eingeschlossenen.

4 Zu dem Wort „Bewegung": das ist immer schon ein Gemisch aus Selbststilisierung und mediengerechter Aufbereitung. Gegen diesen schlechten Mythos stellen die Situationisten klar: die von ihnen aus im Mai 1968 Teilnehmenden „waren unabhängige Individuen, die für einen bestimmten Kampf auf einer bestimmten Grundlage und in einem bestimmten Augenblick zusammengekommen waren; nach diesem Kampf wurden sie wieder autonom." (Situationistische Internationale 1958 – 69. Gesammelte Ausgaben des Organs der Situationistischen Internationale, Bd. II, Hamburg 1977, S.354; im folgenden zit. nur noch mit SI, Bandangabe/Seitenzahl) Gedenken wir also eine Situation lang der nicht zählbaren Namenlosen, der toten Rädelsführer, der mumifizierten Oktoberrevolution und ihrer Anhänger, der Selbstmorde, Krankheiten, Neurosen, derer, die alles vergessen oder rechtzeitig umgeschaltet haben, und der berufsmäßigen Verwerter ihres Leidens. Und wer weiß schon, wieviel Doppelgänger, Simulierte, Agenten des Verfassungsschutzes die Liste der Mitglieder der SI enthält?

5 Anläßlich der Wiederkehr des nicht immer Gleichen empfiehlt sich als Methode der Wiederverwendung die ergebnisreiche Leichenfledderei. Vorbildlich dafür immer schon die NLF = Necrophiliacs Liberation Front, in: Neues Lotes Folum. Zeitschrift für die Poesie und die Revolution, I/27, Hamburg 1975. Es ist aber auch eine sehr ‚schöne Leich', wie die Bayern sagen.

6 J. Dubuffet, Antikulturelle Standpunkte, in: Dubuffet Retrospektive, a. a. O., S. 65, ders., Kunst und Subversion, ebd., S. 281; Kultur und Subversion, in: Konkursbuch, Nr.1 a. a. O., S.196.

7 Auch „Fluxus" beispielsweise bietet „dem Schönen Künstler beste Berufsmöglichkeiten". (Bf. G. Maciunas an T. Schmit vom Januar 1964, zit.n.: Adriani/Konnertz/Thomas, Joseph Beuys, Köln 1981, S.96).

8 A. Anglieviel de la Beaumelle, Cobra, in: Paris 1937 – 1957, Ausstellungskatalog, München 1981, S.146.

9 Constant, Es ist das Verlangen, das die Revolution zustande bringt, in: L. Gloszer (Hrsg.), Westkunst, Köln 1981, S.164.

10 Vgl. M. Bandini, L'Estetico Il Politico, Rom 1977 und R. Ohrt, a. a. O.

11 A. Jorn, Gedanken eines Künstlers, München 1966, S.123, S.13.

12 Ebd., S.20.

13 Ebd., S.34, 52.

14 Ebd., S.102, 67.

15 Ebd., S.97, 107.

16 Ebd., S.137.

17 Ebd., S.138.

18 Vgl. seine Aufsätze in der SI, Bd. I, Hamburg 1976, und „Die Ordnung der Natur" in: Gedanken eines Künstlers, a. a. O.

19 Ders., Schwarze Malerei, in: Asger Jorn in Silkeborg — Die Sammlung eines Künstlers. Textauswahl anläßlich der Ausstellung, Bern 1981, S.74.

20 SI II/461, 450 f.

21 I/286, 285, II/181. R. Vaneigem, Handbuch der Lebenskunst für die jungen Generationen, Hamburg 1983, 3. Aufl., S.15. II/178, I/49.

22 I/290, II/26 (Technisch ist Rekuperation z. B. die Wiederverwendung heißer Abgase zur Anwärmung von Luft.), I/268.

23 Vaneigem, a. a. O., S. 90.

Die Wissenschaft ist dagegen die beständige Opferung des flüchtigen, vorübergehenden, aber wirklichen Lebens auf dem Altar der ewigen Abstraktionen.

(Michail Bakunin, 1871)

24 II/180, I/16, I/152. In der Welt der Zufallsbegegnungen „gibt es noch keine Individuen, sondern nur Gestalten, die mit Dingen umgehen, die ihnen von anderen anarchisch gegeben werden. In Zufallssituationen treffen wir getrennte, ziellos umherziehende Individuen, ihre voneinander abweichenden Gemütsregungen heben sich gegenseitig auf und erhalten ihre feste Umwelt der Langeweile aufrecht." (I/17).

25 Kunst als „Form des Opfers": Vaneigem, a. a. O., S. 109. Vgl. D. Hoffmann-Axthelm, Theorie der künstlerischen Arbeit, FfM 1974: Vernichtung der Kunst in der durchkapitalisierten Gesellschaft (S. 7), Verzichtsglück (S. 17), und H. Kutzner, Nietzsche, Hildesheim 1978, S. 6.

26 Hier bringe ich zitatmäßig zur Begegnung Jean Garnault (II/184) und O. Marquard, Gesamtkunstwerk und Identitätssystem, in: Der Hang zum Gesamtkunstwerk, Ausstellungskatalog, Aarau/Frankfurt/M. 1983, 2. Aufl., S. 47. „Sobald der Gebrauchswert verschwindet, geht die allgemeine Identität der Dinge vom erlebten Trugbild zur phantasmagorischen Verwirklichung über." (II/185).

27 II/195.

28 I/105.

29 Ebd.

30 Vaneigem, a. a. O., S. 71.

31 I/9.

32 I/119; Vaneigem, a. a. O., S. 200.

33 Sogleich wetteiferten sie miteinander. Constant z. B. mit Jorn um die Malerei.

34 II/279.

35 I/16.

36 „Mich verlangt nicht nach einer Folge von Augenblicken, sondern nach einem großen Moment. Nach dem Erlebnis einer zeitlosen Totalität." (Vaneigem, a. a. O., S. 88).

37 I/109.

38 I/72; weitere Formulierungen: Verwirklichung eines höheren Spiels, Aufforderung zum Spiel der menschlichen Anwesenheit, Hineinbringen einer Struktur in die Gegegnung, Organisation des erlebten Augenblicks usw. (I/152, I/126, I/153).

39 Vaneigem, a. a. O., S. 93, vgl. S. 244.

40 Abgedruckt in: SPUR Heft 5, Sommer 1961.

41 I/87 ff.

42 Constant, zit. J. Claus, Expansion der Kunst, Reinbek b. Hamburg 1970, S. 98.

43 SI I/21, 24 (Ivain).
Es ist kein beliebiger Zu- und Einfall, daß sich die Situationisten für die Stadtarchitektur interessieren. Abgesehen davon, daß sie in den Nachweltkriegsaufbau und -funktionalismus geraten sind, orientieren sie sich intuitiv sachlich und ihren kollektiven Zielen entsprechend. Denn nach Benjamin ist die Architektur Urbild kollektiv und simultan rezipierter Umwelt, und zwar in doppelter Weise: „durch Gebrauch und Wahrnehmung. Oder besser gesagt: taktisch und optisch." W. Benjamin, Das Kunstwerk im Zeitalter seiner technischen Reproduzierbarkeit, Frankfurt/M. 1970[4], S. 46.

44 I/34. „Die Psychogeographie als die Erforschung der Gesetze und der genauen Wirkungen einer bewußt oder unbewußt gestalteten geographischen Umwelt, die einen direkten Einfluß auf das Gefühlsverhalten ausübt, bietet sich nach Asger Jorns Definition als Science-Fiction des Urbanismus an." (I/52 f.).

45 I/63, vgl. das Modell des SPUR-Baus im SPUR-Katalog, a. a. O., S. 181.

46 Vaneigem, a. a. O., S. 244.

47 SI I/99.

48 I/280.

49 II/18, 58; 187.

50 II/71.

51 Vaneigem, a. a. O., S. 226, 273.

52 C. Einstein, Bebuquis, Stuttgart 1985, S. 34.

53 D. Kamper, Die Revolution des Orion, unveröff. Msk. (der 1. Vorlesung von „Theorie und Phantasie II") FU Berlin 1984, S. 3. In der gleichen Vorlesungsreihe hat Jean-Luc Evard auf die Dialektik von Produktion und Schöpfung („Kunst... das Ritual eines verletzten Schöpfens") und die Unbekümmertheit der Proklamation des „Emanzipationspotentials der Produktivkräfte", die „Technolatrie" der Situationisten hingewiesen. (Technik der Metapher, Metapher der Technik, 8. Vorlesung „Theorie der Phantasie II", unveröff. Msk. Berlin 1984, S. 9 f.).

54 Neo-Situationist Helmut Höge berichtet unter Lebensgefahr über eine Veranstaltung von Merve-Verlag und Kunstverein Gianozzo mit dem Titel „Gefährlich leben", das auf dem „sichersten Terrain von Potsdam" stattfand. (Die verzogene Gefahr, in: Die Tageszeitung 11. 7. 1991, S. 24 (Berlin-Kultur).

55 G. K. Mainberger, Imagination, in: G. Condrau (Hrsg.), Tanszendenz, Imagination und Kreativität, Zürich 1979 (die Psychologie des 20. Jahrhunderts, Bd. XV), S. 40.

56 Ebd., S. 35.

57 Vgl. D. Kamper, Zur Geschichte der Einbildungskraft, München/Wien 1981, S. 30 ff.; H. M. Bachmayer, Zur Phänomenologie der Kunst und des Nihilismus, in: Texte zur Kunst, a. a. O., S. 99 ff.

58 Bei einer heißen deutschen Fleischwurst (die er wohl für eine Lyoner hielt), teilte Baudrillard vor Jahren im Berliner Tattersall mit, daß er die Situationisten nicht mehr für „witzig" halte. Kürzlich hat er sich als solchen wiederentdeckt, das „ist auch in Ordnung so, denn Baudrillard schafft Arbeitsplätze" (Thomas Kapielski) — während „Habermas nur Parkplätze schafft" (ders.).

59 Nach D. Kamper, Das leere Paradox des Scheins, in: Spiegel und Gleichnis, Fschr. f. Jacob Taubes, Würzburg 1983, S. 374, 373; ders., Zur Geschichte der Einbildungskraft, a. a. O., S. 35, 36.

60 Theorie der künstlerischen Arbeit, a. a. O. „Denkwürdig" deshalb, weil in der Zeit allgemeiner Kunstfeindschaft von linker Politik oder gröbster Agitprop-Vorstellungen jemand
sich immanent und differenziert auf die Kunst einließ.

61 Ebd., S. 7.

62 Ebd., S. 192.

63 Zit. n. Ohrt, a. a. O., S. 62.

64 A. Breton, Erstes Manifest des Surrealismus, in: G. Metken (Hrsg.), Als die Surrealisten
noch Recht hatten, Stuttgart 1976, S. 31.

65 Walter Benjamin, a. a. O., S. 41.

66 Bekannt ist auch, daß am selben Problem immer wieder neu angesetzt wird, Beispiel
Coppola, Syberberg, Kluge, van der Keuken usw.

67 R. Rorty, Solidarität oder Objektivität, Stuttgart 1988, S. 70. Er bezieht das auf Diderot,
Freud, Dostojewskij; aber auch auf Horkheimer/Adorno: „Festzustehen scheint jedenfalls, daß freudomarxistische Analysen des ‚Autoritarismus' keine besseren Vorschläge
machen, wie man die Missetäter von der Macht fernhalten könnte." (ebd., S. 80, Anm.
37) „Sie, die in vielem Walter Benjamin ähneln und bisweilen wie er an der eigenen Erfahrung zerschellen." (Neues Lotes Folum, a. a. O., S. 14).

68 Vgl. diesen selbst und seine — zwar in der Spezialsprache steckenden, aber doch knak-
kigen — Ausleger: Deleuze/Guattari, Kafka. Für eine kleine Literatur, Frankfurt/M. 1976.
Die „Position des Kleinen" ist traditionell, kulturell usw. von den Kindern „usurpiert",
wie Canetti sich ausdrückt. (Der andere Prozeß, München/Wien 1984).

69 Vgl. Eckhard Siepmann, „Rotfront Faraday", in: Kursbuch, H.20, März 1970.

70 Vgl. W. Seitter, Menschenfassungen, München 1985.

71 Vgl. Evard, a. a. O., S. 1.

72 Vaneigem, a. a. O., S. 269.

73 Vgl. die als Motto angeführte Rede Böhm's zu Bebuquin. Darüber hinaus: „Man muß
das Unmögliche so lange anschauen, bis es eine leichte Angelegenheit ist. Das Wunder ist eine Sache des Trainings." Bebuquin, a. a. O., S. 19.

74 Diese Figur ist verrückt, oder „heilig" oder sowas.

75 „Die Collage ist kein Werk mehr im überkommen Sinne, es fehlt ihr die innere Einheit
und Kohärenz. Das Herstellen und Machen — und das gilt längst nicht mehr nur für
künstlerische Tätigkeit — ist immer mehr zu einem Entdecken, Wahrnehmen, Finden,
geglückten Herausgreifen, Sammeln, Zitieren und Zusammenstellen geworden.
Schließlich erkennt sich der Monteur, das Subjekt der montierten Wahrnehmung,
selbst als Montage und Collage. Als exemplarischer Mensch erscheint in der Postmo-
derne der Schizophrene, die gespaltene Persönlichkeit ohne Zentrum." (H. Boehringer,
Die Ruine in der Posthistoire, in: ders., Begriffsfelder. Von der Philosophie zur Kunst,
Berlin 1985, S. 29).

76 Vgl. G. Mattenklott, Epigonalität, in: ders., Blindgänger, Frankfurt/M. 1986, S. 72 ff.;
Carl Einsteins „geniale Dilettanten"; Neues Lotes Folum, a. a. O., S. 7 ff.; M. Serres,
Der Parasit, Frankfurt/M. 1981; Cl. Rosset, Das Reale. Traktat über Idiotie, Frankfurt/M.
1988.

77 Blochs „Prinzip Hoffnung" bis zu Ecos „Nachschrift zum ‚Namen der Rose'", München/
Wien 1984[2]. S. 76 ff.: „Postmodernismus, Ironie und Vergnügen".

78 J. Hörisch, Gott, Geld und Glück, Frankfurt/M. 1983, S. 280. Leider wird hier der Standpunkt wiederum so furchtbar klein: „Unwissenschaftliche Nachrede zum Verhältnis von
Poesie und Theorie oder: Kleine Apologie des literaturwissenschaftlichen Dilettantis-
mus" (274). Soll man dies einem professionellen Sprachkünstler glauben?: „Auch
heute, da sich das systematische Scheitern von Experten herumzusprechen beginnt,
ist, Dilettant zu sein, eine Lust." (281).

79 Eco, a. a. O., S. 79.

80 Vgl. Klaus Heinrich, Versuch über die Schwierigkeit nein zu sagen, Basel/Frankfurt/M.
1982, S. 89 f.; P. Sloterdijk, Kritik der zynischen Vernunft, Bd. 1, Frankfurt/M. 1983, S.
214 ff. „Die Kunst schreit nach Leben, sobald der kynische Impuls in ihr wirksam ist."
(S. 218); M. Serres, Einsatz, Fetisch, Ware, in: Ablösung, München 1988, S. 85 (über
Diogenes); dazu den, mit dem der Ironie gegebenen Begriff der „Dissimulation" (Ver-
stellung): E. Behler, Klassische Ironie, romantische Ironie, tragische Ironie, Darmstadt
1972, S. 16.

81 Vgl. N. Sombart, „L'Imagination au Pouvoir!" — Der Beitrag Charles Fouriers, 6. Vorlesung
„Theorie der Phantasie I", Ringvorlesung der FU Berlin 1983.

82 Unter Einfluß von Schwachheit und Kleinheit wird Debords Devise des „Vorrangs der
Kommunikation" bzw. der „höheren Formen der Kommunikation" wieder ermäßigt.
(SI I/276 und I/233).

83 L. v. Wiese, System der Allgemeinen Soziologie als Lehre von den sozialen Prozessen
und den sozialen Gebilden der Menschen (Beziehungslehre), München/Leipzig 1933[2],
S. 425.

84 Nach D. Kamper, Zur Soziologie der Imagination, München/Wien 1986, S. 57.

85 W. Benjamin, Traumkitsch, in: GW II, Frankfurt/M. 1977, S. 621. Vgl. dazu die romantische „Unmöglichkeit und Notwendigkeit einer vollständigen Mitteilung" bei Friedrich
Schlegel (Lyceums-Fragment 108, zit. n. E. Behler, a. a. O., S. 72).

86 Auch durch die genialen Dilettanten-Profis: Bismarc Media, Babelsberg.
Eine Endlos-Recherche, Hamburg 1991.

87 Negt/Kluge, Geschichte und Eigensinn, Frankfurt/M. 1981, S. 433.

6/20   HP Zimmer 1961

HP Zimmer, SPUR-Prozeß, Radierung, 1961

6/20   HP Zimmer 61

HP Zimmer, Kunzelmanns Abschied, Radierung 1961

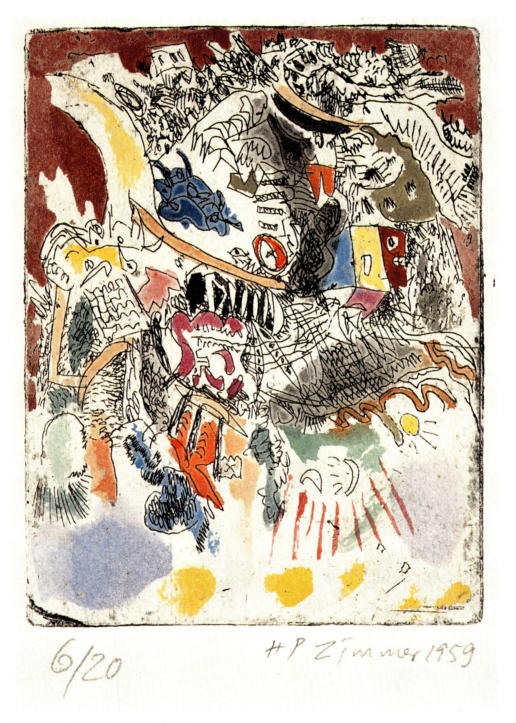

6/20   HP Zimmer 1959

HP Zimmer, Dérive, Radierung, 1959

Heimrad Prem und Helmut Sturm, Aquarell 1960

43 HP Zimmer, Antiobjekt, 1967

Walasse Ting, übermaltes Foto, 1963

HP Zimmer, Postkarte 1961

HP Zimmer, Papst I – III, Postkarten 1960 – 61

Postkarten der Gruppe SPUR

Helmut Sturm, 1961, Aquarell

Zeichnung von Dubuffet, von Jorn mit Farbstift vollendet, 1961

Asger Jorn

Intime

Banalitäten

es ist wichtig zu betonen, daß die Grundlage der Kunst im ewig Gemeinen bleibt, im Einfachen und Billigen, das sich in Wirklichkeit als das uns Teuerste und Unverzichtbare erweist. (...)
Meine schönste musikalische Erfahrung hatte ich in einem Provinznest, in dem die Einheimischen plötzlich von einem mitreißenden Eifer ergriffen wurden, auf kleinen, plastikverzauberten Flöten zu spielen. Man war wie verwandelt von diesem kleinen Instrument, das zarte und schrille, steigende und fallende Triller von sich gab. Man spielte es im ganzen Dorf, Tag und Nacht, und schließlich nur die steigenden und fallenden Triller. Jeder Junge, jedes Mädchen, die Männer und die Frauen, selbst die ehrwürdigen Alten des Dorfes hatten, versteckt in ihrer Tasche, eine kleine Panflöte, die sie hervorzogen, wenn sie sich allein glaubten, um einige Thriller dieses fesselnden Wunders zu trinken. Wem die musikalische Neigung abhanden gekommen war, der litt unter dem Krach, vor dem er ein Fremder blieb. Man schickte Briefe an die Zeitungen oder hielt Reden, um den „Heidenlärm" – wie man es nannte – zu bekämpfen... umsonst.
Es endete nicht eher, bis die einflußreichsten Einwohner des Dorfes sich mit der Polizei in Verbindung setzten, die gegen die Anstifter der Unordnung vorging, den Verkauf der Flöten verbot und alle anhielt, bei denen sich das ausgezeichnete kleine Plastikwerk fand, so daß der Kleinmut von neuem, sehr langsam, die Bevölkerung des winzigen Dorfes einnahm. Man konnte alsdann zum normalen Trübsinn zurückkehren, der für die Ruhe und den Ernst der Gesellschaft so wertvoll ist. Ich habe viele Zeugen, die die Wahrheit dieses Ereignisses bestätigen können, aber soweit ich weiß, hat noch niemand die Ursachen untersucht. (...)
Wer gegen die Produktion der schönen, grellen, sorgfältig ausgeführten Bilder zu kämpfen versucht, ist der Gegner der besten zeitgenössischen Kunst. Diese Seen in den Wäldern und diese röhrenden Hirsche, die in Tausenden von Wohnzimmern in Goldverzierung auf gemusterten Tapeten hängen, gehören zu den tiefsinnigsten Eingebungen der Kunst. Es ist immer ein wenig ermüdend zu sehen, wie die Menschen daran gehen, den Ast, auf dem sie sitzen, abzusägen. (...)
Um sich tatsächlich als das Bewegliche zu konstituieren, das in sich das Werden und das Sein vereint, muß man in sich selber den Eindruck des Leichterwerdens realisieren. Sich in einer Bewegung zu bewegen, die das Sein in ein Werden der Leichtigkeit mit einbezieht, das bedeutet dann schon, sich in ein sich bewegendes Wesen zu verwandeln. Wir müssen eine imaginäre Masse sein, damit wir uns als autonome Begründer unseres eigenen Werdens fühlen. (...)
Das Problem, das ich hier tastend behandle, ist so intimer Art, daß es jeden betrifft. Niemand kann sich ihm entziehen. Es gibt heute keine Zuschauer mehr und kann sie nicht geben.

(Auszüge aus der ersten Veröffentlichung von Asger Jorn, erschienen 1941 in der von ihm mitgegründeten Zeitschrift „Helhesten" (I,2) Kopenhagen. Zit. nach Asger Jorn, Heringe in Acryl, Hamburg und Zürich 1987.)

Asger Jorn

Am

Anfang

war

die

Tat

Vor einigen Jahren verursachte ein betrunkener skandinavischer Seemann in Paris einen peinlichen Skandal. Er pißte die heilige Flamme am Grabe des Unbekannten Soldaten unter dem Triumphbogen aus. Die Franzosen kennen die Skandinavier aus Erfahrung und erkannten sofort, daß dies keine bewußte Provokation darstellte. Im Gegenteil, dieser Seemann wird wegen seiner Schandtat sein ganzes Leben lang von Gewissensbissen geplagt werden. Solche Handlungen werden immer als Vandalismus bezeichnet. Die Franzosen gestatten gerade hier den Skandinaviern eine kleine Handlungsfreiheit. Der Vorfall schafft ein theoretisches Problem, das mein Hauptproblem darstellt, da ich Skandinavier bin. Wir Skandinavier gehören bekanntlich von den unzivilisierbaren Völkern zu den am meisten kultivierten. Die Beziehung zwischen Zivilisation und Kultur ist ja auch ein semantisches Problem. (...)
Die Tat des Seemannes wird wahrscheinlich als eine momentane Geistesverwirrung abgetan werden. Als eine bedingte Reflexhandlung kann sie jedenfalls nicht erklärt werden. Für ihn war seine Tat einmalig, die man keinesfalls sinnlos nennen kann. Es hat sich eine ganz rationale Frage gestellt: Kann ich die Flamme auf einmal auslöschen? Er wußte also, was er wollte. Er hat sich nicht nur rational in Bezug auf sein Vorhaben benommen, es ist ihm sogar gelungen. Ist das nicht genau das, was man Kunst nennt? (...)
Die Fähigkeit, auf die ich hier Wert lege, ist die Fähigkeit, von vorgegebenen Symbolkomplexen abzusehen, vom konventionellen Funktionsverhalten Abstand zu nehmen und seine persönliche Intention in ein Pluralitätsverhältnis zu etablierten Signal- und Symbolsystemen zu bringen. Solange der Mensch nicht automatisiert handelt, wird der Konflikt zwischen dem toten Unbekannten Soldaten und dem lebendigen Menschen bestehen.

(aus: Asger Jorn, Am Anfang war die Tat, deutsch 1966, hier zit. nach: A. J., Heringe in Acryl, Hamburg und Zürich 1987.)

Auf dem Portal die „Spes"
Andrea de Pisanos. Sie sitzt,
und hilflos erhebt sie die Arme
nach einer Frucht, die ihr uner-
reichbar bleibt. Dennoch ist
sie geflügelt. Nichts ist wahrer.

(Walter Benjamin, 1928)

Redaktionsversammlung im Atelier von Atlan in Paris, 1949; v.l.n.r.: Doucet,
Constant, Dotremont, Mme Atlan, Atlan, Corneille, Appel.

Dichter – es hatte zunächst jene der extremen
Avantgarde und später auch die gemäßigteren
getroffen – kannten und deshalb unsere
Anstrengungen unterstützten.
Fassen wir zusammen: Der heute wachsende
Kontakt kann uns in dem Bemühen helfen, das
Wesen der skandinavischen Kunst zu verändern (diese ständige Bereitschaft, im Kleinbür-
gertum aufzugehen, allen Schwierigkeiten und
Qualen des schöpferischen Aktes auszuweichen und sich der bequemeren Arbeit zuzu-
wenden). Im Laufe der Geschichte haben die
Maler und Dichter der skandinavischen Länder
von den Künstlern anderer Nationen viel übernommen und gelernt, aber noch nie haben sie
etwas zurückgegeben, geschweige denn gegeben.
Wir wissen, daß ihr uns erwartet; wir werfen
unsere alten Minderwertigkeitskomplexe über
Bord. Wir wollen die Welt und das Leben verändern; mit euch gemeinsam werfen wir
unsere Augen in die Waagschale.

(Asger Jorn, „Erklärung der dänischen experimentellen
Gruppe", abgedruckt im Bulletin international du Surréalisme révolutionnaire Nr. 1, 1948.)

Constant

Manifest

die Verwässerung der klassischen Kultur der westlichen
Welt ist eine Erscheinung, die
nicht anders erklärlich ist als
vor dem Hintergrund einer
gesellschaftlichen Entwicklung,
die nur enden kann mit einem
totalen Zusammenbruch eines
Jahrtausende alten Gesell-
schaftsprinzips und der Entstehung eines
Systems, das seine Gesetzlichkeit aus den
direkten Erfordernissen der menschlichen Vitalität entwickeln wird. Der Einfluß, den die herrschenden gesellschaftlichen Klassen auf das
kreative Bewußtsein ausgeübt haben, hat die
Kunst in eine immer abhängigere Position
gebracht, bis ihre eigentliche physische Funktion schließlich nur noch für einige geniale
Geister erreichbar war, die sich in ihrer Unzufriedenheit nach einem kämpferischen Leben
von den herrschenden Formgesetzen zu lösen
wußten und den Ausgangspunkt jeder schöpferischen Aktivität wiederentdeckten.
Die so entstandene Kultur des Individuums
steht mit der Klassengesellschaft, aus der sie
entsprungen ist, vor dem Untergang, und ihre
Institutionen, obwohl noch künstlich instand
gehalten, bieten keine Möglichkeit mehr zur
Entfaltung von Aktivitäten der schöpferischen
Phantasie und behindern die freie Äußerung

Asger Jorn

Die

Welt

und

das

Leben

verändern

als während des zweiten großen
Weltkonfliktes in ganz Europa
Hitlers Zuchtrute auf alle kühnen Leistungen des menschlichen Geistes niederging,
gewährte Nazi-Deutschland
aufgrund eines Abkommens
dem Königreich Dänemark, das auch „der Gim-
pel des Mörders" genannt wurde, ein gewisses
Maß an gedanklicher und künstlerischer Freiheit – natürlich erst, nachdem die aktivsten
kommunistischen Kämpfer inhaftiert waren.
Das hinderte jedoch die dänischen Surrealisten nicht daran, sich innerhalb der verbote-
nen kommunistischen Partei mit aller Kraft am
bewaffneten Kampf gegen die Welle des
Schmutzes zu beteiligen . . .
Da die Ideen unserer Gruppe einhellig als Symbol des Widerstandes der freien Kunst gegen
die Massenverdummung der Nazis verstanden
wurden, konnten sie sich auch weiterhin verbreiten. Sie verhinderten, daß die Besatzungs-
macht, die die Unwirksamkeit ihres „Liberalismus" auf politischer und kultureller Ebene
erkannte, wieder Fuß fassen konnte, um so
einen Zustand zu beenden, der ganz offensichtlich dem allerschmutzigsten ihres
Schmutzes schadete. Es sei noch erwähnt,
daß die meisten sogenannten modernen
Künstler das Schicksal anderer Maler und

Sich dem Schicksal fügen,
ist der Heroismus des
Masochisten, das Schicksal
ändern, der des Revolutionärs.

(Max Horkheimer, 1935)

Constant, 1949

der menschlichen Vitalität. Die Ismen, die die künstlerische Entwicklung des letzten halben Jahrhunderts sehen läßt, sind ebenso viele Bemühungen, dieser Kultur neues Leben einzublasen und ihre Ästhetik dem ihres verkümmerten gesellschaftlichen Nährbodens anzupassen. Die moderne Kunst, die an einer unablässigen Tendenz zum Konstruktiven leidet, an Sucht nach Objektivität (eine Folge des Leidens, an dem unsere beschaulich-idealisierende Kultur untergegangen ist), steht isoliert und ohnmächtig in einer Gesellschaft, die all ihre Kräfte auf ihre eigene Vernichtung konzentriert zu haben scheint. Als Verlängerungsstück eines für die gesellschaftliche Elite geschaffenen Stils hat sie mit deren Verschwinden jede soziale Basis verloren, sie trifft auf keinen anderen Widerstand als die kultivierte Kritik einer Clique von Kennern und Liebhabern.

Nach Verherrlichung der Macht der Kaiser und Päpste und der Begünstigung ihres Ansehens hat sich die westliche Kunst dem neuen Machthaber, der Bourgeoisie, dienstbar gemacht und wurde zu einem Instrument der Verherrlichung der bürgerlichen Ideale. Nachdem nunmehr diese Ideale durch das Verschwinden ihrer ökonomischen Voraussetzung zur Fiktion geworden sind, bricht eine neue Periode an, in der das gesamte kulturelle Netzwerk an Konventionen seine Bedeutung verlieren wird und eine neue Freiheit gewonnen werden kann. Doch wie auf gesellschaftlichem Gebiet vollzieht sich diese geistige Revolution nicht ohne Hervorrufung von Konflikten. Hartnäckig klammert sich der bürgerliche Geist an sein ästhetisches Ideal, und mit Manifestationen aller Art unternimmt man eine letzte, forcierte Anstrengung, der gleichgültigen Masse dieses Ideal glaubhaft zu machen. Von der allgemeinen Bequemlichkeit profitierend, versucht man also, ein gesellschaftliches Bedürfnis an dem, was man die Schönheit zu nennen pflegt, glaubhaft zu machen und zugleich dadurch zu verhindern, daß aus den vitalen Gefühlen ein neues Schönheitsempfinden erblühen könnte, das dem alten widerspricht. Schon nach dem Ersten Weltkrieg versuchte die Dada-Bewegung, sich mit Gewalt von diesem alten Schönheitsideal loszureißen. Obwohl diese Bewegung ihre Aktivität notgedrungen mehr und mehr auf den politischen Kampf ausrichtete, nachdem die dadaistischen Künstler erfahren hatten, daß ihr Freiheitsstreben sie mit den Gesetzen, auf die sich ihr Gemeinschaftsleben stützte, in Konflikt brachte, hat die in dieser Auseinandersetzung entwickelte vitale Kraft doch auch die Geburt eines neuen künstlerischen Bewußtseins stimuliert.

1924 erschien das surrealistische Manifest, in dem eine bisher verborgene Basis der Kreativität freigelegt wurde und ein neuer Inspirationsquell gefunden zu sein schien. Doch die Bewegung von Breton erstickte in ihrem Intellektualismus, ohne daß es ihr gelang, ihren Grundgedanken in einen greifbaren Wert umzusetzen. Die surrealistische Kunst war nämlich eine Kunst von Ideen und als solche noch stets mit dem Leiden der vergangenen Klassenkultur behaftet, wobei die Konventionen, die von dieser Kultur zur Selbstinstandhaltung ins Leben gerufen wurden, von ihr nicht völlig vernichtet wurden.

Dennoch war diese Vernichtung, und sie ist es noch stets, eine Grundvoraussetzung für die **52**

Befreiung des menschlichen Geistes aus der Passivität und für das Erblühen einer allumfassenden Volkskunst. Die allgemeine gesellschaftliche Impotenz, die Passivität der breiten Masse sind eine Folge der Hindernisse, die die kulturellen Normen vor dem natürlichen Ausleben des Lebensdranges aufwerfen. Die Befriedigung dieses primitiven Bedürfnisses nach Lebensexpression ist es, die das Leben aktiviert, jede Erschlaffung der Vitalität zu genesen vermag und die Kunst zu einer Einrichtung für geistige Hygiene macht.

Und als solche ist sie Eigentum von allen; es ist wichtig, daß jede Beschränkung, die sie zum Besitz eines Korps von Spezialisten, Kennern und Virtuosen macht, aufgehoben wird. Eine Volkskunst ist jedoch keine Kunst, die den vom Volk gestellten Normen entspricht; denn das Volk erwartet nichts anderes als das, womit es erzogen worden ist, solange nicht etwas anderes in seinen Gesichtskreis fällt, das heißt solange das Volk nicht selbst in die Entstehung von Kunst einbezogen wird. Eine Volkskunst aber ist eine Äußerung des Lebens, die ausschließlich gespeist wird von einem natürlichen und demzufolge allgemeinen Trieb nach Lebensexpression. Eine Kunst, die nicht das Problem einer im voraus vorhandenen Schönheitsauffassung löst, sondern keine andere Norm als die der Expressivität anerkennt und spontan schafft, was die Intuition eingibt. Der große Wert einer Volkskunst liegt darin, daß sie, gerade weil sie eine Äußerung von Unausgebildeten ist, den größtmöglichen Spielraum für die Aktivität des Unterbewußten läßt und dadurch für das Begreifen des Lebens immer weitere Perspektiven eröffnet. Auch in der Kunst des Genies hat die westliche klassische Kultur die Aktivität des Unterbewußtseins als eine Wertbestimmung erkannt. Gerade diese Wirkung war es, die eine teilweise Befreiung von den Formgesetzen ermöglichte, denen diese Kunst unterworfen war. Doch diese Möglichkeit ergab sich erst nach einem langwierigen persönlichen Entwicklungsprozeß und wurde auch immer als eine revolutionäre Tat angesehen. Der Zyklus der revolutionären Taten, die man die Entwicklung der Kunst nennt, ist jetzt in ihre letzte Phase eingetreten; die Lösung von stilistischen Fesseln, die durch den Impressionismus erschlafft und den darauf reagierenden Kubismus (und später den Konstruktivismus und Neoplastizismus) bloßgelegt sind, bedeutet zugleich eine Aufhebung der Kunst als über dem Leben stehender, ästhetischer Idealismus.

Es ist schließlich klar, daß das, was man als Genie bezeichnet, nichts anderes ist, als die Macht der Persönlichkeit, sich von der herrschenden Ästhetik zu lösen, sich geradezu darüber zu erheben, und daß das „Genie" Gemeingut sein wird, sobald die Ästhetik ihren bindenden Griff verloren hat und daher mit dem Verschwinden der außergewöhnlichen Leistung der Begriff Kunst eine völlig andere Bedeutung bekommen wird. Dies bedeutet nicht, daß die Äußerungen aller Menschen dann den gleichen allgemeinen Wert bekommen werden, sondern daß für jedermann Äußerungsmöglichkeiten vorhanden sein werden, weil das Volkseigene, die Quelle, an der sich alle laben können, den Platz des individuell Erworbenen einnimmt.

In dieser Periode des Umsturzes kann der schöpferische Künstler keine andere Rolle als

Aus dem „Laboratoire Expérimental d' Alba", 1956

eine revolutionäre spielen, und er ist verpflichtet, die letzten Reste einer leeren und hinderlich gewordenen Ästhetik zu vernichten, um die schöpferischen Instinkte, die noch unbewußt im Menschen schlummern, zum Erwachen zu bringen.

Die Masse, die mit außerhalb ihrer selbst entstandenen Schönheitsbegriffen erzogen worden ist, kennt ihre eigenen kreativen Möglichkeiten noch nicht. Diese werden von einer Kunst angeregt, die nicht präzisiert, sondern suggeriert, die durch das Erwecken von Assoziationen und deren Vorbereitung eine neue, phantastische Art des Sehens zustandebringt. Da eine eigene kreative Tätigkeit des Betrachters angesprochen wird, eine Aktivität, die in der Natur des Menschen enthalten ist, liegt diese Art des Sehens in jedermanns Bereich und jedermanns Begriffsvermögen, sobald die ästhetischen Konventionen die Wirkung des Unterbewußten nicht länger behindern. Der Betrachter, dessen Rolle in unserer Kultur bisher eine ausschließlich passive war, wird nun selbst in den Schöpfungsprozeß einbezogen. Die Wechselwirkung zwischen Erschaffenem und Betrachter verleiht der Kunst in dieser Periode einen kraftvollen stimulierenden Effekt für den Entstehungsprozeß einer Volkskreativität.

Die immer größer werdende Verwässerung und die nicht zu verbergende Impotenz der Kulturform erleichtern den Kampf des schöpferischen Künstlers unserer Zeit, und man kann sagen, daß die Zeit für sie arbeitet. Die Erscheinung Kitsch hat sich von dem Augenblick an, in dem sie aufzutreten begann, immer weiter ausgebreitet, und in der gegenwärtigen Periode ist sie über kultivierte Äußerungen hinausgewachsen oder so sehr damit verbunden, daß sich eine Grenze schwer ziehen läßt. Die Macht, die die alten Schönheitsideale über den Geist ausüben, ist bei diesem Lauf der Dinge zum Schwinden verurteilt, und ein neues künstlerisches Prinzip, das gegenwärtig vorbereitet wird, nimmt dann automatisch ihren Platz ein.

Dieses neue Prinzip beruht auf dem uneingeschränkten Einfluß der Materie über den schöpferischen Geist. Der schöpferische Gedanke besteht nicht aus Ideen und nicht aus Formen, die man eher Gerinnungen aus der Materie nennen könnte, sondern ist eine Reaktion auf eine Begegnung des menschlichen Geistes mit der rohen Materie, die ihm die Formen und Ideen suggeriert. Jede Präzisierung der Form tut der materiellen Wirkung und damit der von ihr ausgehenden Suggestion Abbruch. Eine suggestive Kunst ist eine materialistische Kunst, weil nur die Materie die Kreativität zur Wirksamkeit einsetzt, wobei die fortschreitende ideelle Bestimmtheit der Form die Aktivität des Betrachters im gleichen Ausmaß abnehmen läßt. Da wir die Aktivierung des Schöpfungsdranges als wichtigste Aufgabe der Kunst in der vor uns liegenden Periode erachten, werden wir nach einer so materiell und damit so suggestiv wie möglichen Wirkung streben.

In diesem Licht betrachtet ist die Erschaffungstat von viel größerer Bedeutung als das Erschaffene, wobei letzteres an Bedeutung gewinnen wird, je mehr es Spuren der Arbeit aufweist, die es zustande gebracht hat und weniger auf die schöpferische Vollendung ausgerichtet ist. Vorbei ist die Illusion, daß das Kunstwerk als solches einen festen Wert verkörpert: der Wert hängt ab von der schöpferischen Leistung des Betrachters, die wiederum stimuliert wird von den Suggestionen, die das Kunstwerk erweckt. Nur die lebende Kunst ist in der Lage, den schöpferischen Geist zu aktivieren, und nur diese Kunst ist damit von allgemeiner Bedeutung. Nur die lebende Kunst nämlich vermittelt den Gefühlen, Wünschen, Reaktionen und Bestrebungen Ausdruck, die in Folge der gesellschaftlichen Unzulänglichkeit bei allen gemeinsam vorhanden sind.

Eine lebende Kunst kennt keinen Unterschied zwischen häßlich und schön, weil sie keine ästhetischen Normen stellt. Das Häßliche, das in der künstlerischen Produktion der Kultur der letzten Jahrhunderte seinen Platz als Ergänzung des Schönen eingenommen hat, war eine permanente Anklage gegen die Unnatur dieser Klassengemeinschaft und ihrer Ästhetik auf der Grundlage von Virtuosentum, eine Demonstration des hemmenden und einschränkenden Einflusses, den diese Ästhetik auf den natürlichen Schaffensdrang ausübte. Betrachten wir eine Äußerung, die jede Kategorie des Lebens umfaßt, beispielsweise die Äußerung des Kindes (das noch nicht in den sozialen Verkehr aufgenommen worden ist), so entdecken wir diesen Unterschied nicht. Das Kind kennt kein anderes Gesetz, als sein spon-

Pierre und Mickey Alechinsky in den Ateliers du Marais, Brüssel 1950, mit Ankündigung von Cobra Nr. 7

tanes Lebensgefühl, und hat kein anderes Bedürfnis, als dieses zu äußern. Dasselbe gilt auch für die primitiven Kulturen, und es ist auch diese Eigenschaft, die diesen Kulturen einen so großen Zauber auf den heutigen Menschen vermittelt, der in einer morbiden Atmosphäre der Unechtheit, Lügen und Unfruchtbarkeit leben muß.

Eine neue Freiheit beginn zu entstehen, die den Menschen in die Lage versetzen wird, sich so zu äußern, wie sein Instinkt es verlangt. Es veranlaßt zu heftigem Widerstand, daß der Künstler durch diese Entwicklung seine Ausnahmeposition verlieren wird. Da nämlich seine individuell eroberte Freiheit zum Besitz aller erklärt werden soll, wird die gesamte persönliche und gesellschaftliche Position des Künstlers durch diese Entwicklung angegriffen.

Unsere Kunst ist die Kunst einer Umbruchperiode, gleichzeitig die Reaktion auf eine untergehende Welt und die Ankündigung einer neuen, und deshalb beantwortet sie nicht die Ideale der ersteren, während sie die der anderen noch nicht zu verwirklichen vermag. Sie ist jedoch die Ausdrucksweise eines Lebenswillens, der sich akzentuiert, weil er bedroht wird und als solcher von großer psychologischer Bedeutung ist in dem Kampf, den die Menschheit zur Errichtung einer neuen Gemeinschaftsform führt. Noch beherrscht der Geist der Bourgeoisie faktisch das gesamte Leben, und hier und dort beginnt er gar zu beanspruchen, daß er dem Volk (eine speziell dafür aufbereitete) Kunst darbringt.

Doch diese Kunst ist zu muffig, um noch als Betäubungsmittel dienen zu können; und während auf den Gehsteigen und Mauern in Kreide Beweise dafür zu sehen sind, daß der Mensch als ein Wesen geboren wird, das sich manifestieren will, ist der Streit überall in vollem Gang gegen die Macht, die ihn in die Zwangsjacke des Angestellten oder Heringsbändigers stecken will, um ihm dieses primäre Lebensbedürfnis unmöglich zu machen.

Corneille, K. O. Götz, Doucet, Dotremont in der
COBRA-Ausstellung, Amsterdam 1949

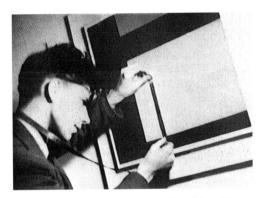

Christian Dotremont vermißt einen Mondrian
in der Wohnung Aldo van Eycks.

Ein Gemälde ist nicht ein Bauwerk aus Farben
und Linien, sondern ein Tier, eine Nacht, ein
Schrei, ein Mensch oder dies alles zusammen.
Der objektive, abstrahierende Geist der bürgerlichen Welt ist es, der die Erzeugnisse der
Malerei auf die Mittel reduziert hat, mit denen
sie zustande gebracht worden sind; die schöpferische Phantasie sucht jedoch in jeder Form
ein Wiedererkennen und hat in der sterilen
Atmosphäre des Abstrakten eine neue Beziehung zur Wirklichkeit bewirkt, die auf der Suggestion beruht, die von jeder natürlichen oder
künstlichen Form auf den aktiven Betrachter
ausgeht. Diese Suggestion ist unbegrenzt,
und darum kann man sagen, daß die bildende
Kunst nach einer Periode, in der sie NICHTS
vorstellte, jetzt in eine Periode eingetreten ist,
in der sie ALLES vorstellt.
Die kulturelle Leere hat sich noch niemals so
stark und in so allgemeinem Ausmaß fühlen
lassen wie nach dem letzten Weltkrieg. Die
Kontinuität in der kulturellen Entwicklung der
letzten Jahrhunderte ist mit einem Ruck zer-
brochen. Die Surrealisten, die in ihrer Reaktion
auf die kulturelle Ordnung die künstlerische
Expression ausschließen mußten, um mit dieser Kultur brechen zu können, und die sich in
einem Bereich bewegten, der somit vorsätzlich
außerhalb der Grenzen des Künstlerischen
gesucht wurde, ließen die Enttäuschung und
ihren Groll über ein nunmehr nutzloses Talent
auswuchern in eine Zerstörungskampagne
gegen die Kunst, gegen die Gesellschaft, die
sie dafür verantwortlich wußten, die jedoch
noch stark genug war, sich ihre Geltung zu ver-
schaffen.
Die Künstler dieser Nachkriegszeit sehen sich
jedoch einer Welt der Dekors und Scheinfassa-
den gegenüber, zu der jeder Kontakt zerbro-
chen und an die jeder Glaube verschwunden
ist. Das Fehlen eines Zukunftsbildes als Fortsetzung dieser Welt macht jede aufbauende,
konstruktive Auffassung ihrer Aufgabe unmöglich. Ihre einzige Rettung liegt in einer völligen
Loslösung vom gesamten Kulturrudiment (ein-

schließlich moderner Negativismus, Surrealismus und Existentialismus). Und in diesem
Befreiungsprozeß hat sich ihnen erwiesen und
wird immer mehr bestätigt, daß es nicht im
Wesen der Kultur liegt, die künstlerische
Expression möglich zu machen, sondern sie
vielmehr zu verhindern. Die materialistische
Basis, auf die sie sich gestellt hatten, führte
weder, wie die bürgerlichen Idealisten drohten,
in ein geistiges Nichts (gleich dem, in dem sie
selbst untergehen?) noch in eine kreative
Impotenz; sondern es wurde vielmehr jetzt
jede Fakultät des menschlichen Geistes zur
Wirkung gebracht und in ein fruchtbares Verhältnis zur Materie versetzt. Gleichzeitig hat
ein Prozeß begonnen, in dem die Bindungen
und spezifisch kulturellen Formen, die den
Geist in dieser Phase noch teilweise bestimmen, auf natürlichem Wege aufgelöst werden,
so wie dies auch der Fall ist auf den anderen
Gebieten des Lebens.
Die problematische Periode in der Entwicklung
der modernen Kunst ist zu Ende, und ihr folgt
eine experimentelle Periode. Das bedeutet,
daß aus der in diesem Stadium der ungebun-
denen Freiheit gewonnenen Erfahrung (expe-
rience) die Gesetze abgeleitet werden, denen
die neue Kreativität gehorchen wird. Aus dem
noch mehr oder weniger unbewußt Entstandenen wird gemäß der dialektischen Methode
ein neues Bewußtsein gebildet werden.

(Constant, Reflex Nr. 1, 1948.)

Die Begründung der Abschaffung des Kapitalismus durch
die Notwendigkeit eines der
Produktivität günstigeren Aus-
wahlprinzips ist verkehrt, weil
sie die Kategorien des herrschenden ökonomischen Sy-
stems als Norm nimmt.
Sie glaubt, es sei mit Repara-
turen getan.
Nicht damit die Tüchtigen an
die erste Stelle kommen, d. h.,
uns beherrschen, müssen wir
die Gesellschaft verändern
sondern im Gegenteil, weil die
Herrschaft dieser „Tüchtigen“
ein Übel ist.

(Max Horkheimer, 1934)

Volkskunst bedeutet nicht etwa, für das Volk zu singen, sondern vielmehr das Volk zum Singen zu bringen. Volkskunst besteht nicht darin – wie viele Demokraten so gern glauben –, lediglich eine Kunst zu machen, die dem Volk gefällt, sondern vielmehr das Volk zum Blühen zu bringen, was als Kunst aus dem Volke wächst. Die einzige demokratische und volkhafte Kunsttendenz besteht darin, aus dem Volk der Zuschauer ein Volk der Mitarbeiter zu machen. Aber man tut das Gegenteil. Die Kluft zwischen Künstler und Volk ist heute so unüberwindlich tief, daß die Kunst dazu verdammt ist, ein Leben außerhalb der Gesellschaft zu führen. Ja, man geht dabei so weit, daß man die Kunstkritik zwischen Künstler und Volk schiebt, die auf der einen Seite dem Volk zu erklären sucht, was es über die Kunst denken soll – auf der anderen Seite dem Künstler vorschreibt, was er und wie er malen soll ...

Und der Künstler sitzt daneben, ausgeschlossen – und eingeschlossen in seinem Elfenbeinturm, seinem Gefängnis, seiner Irrenanstalt.

(aus: Asger Jorn, „Sozialistische Heringe, realistische Ölfarben und Volkskunst", Ausstellungskatalog Spiralen, Kopenhagen 1950, und Cobra Nr. 5, 1950)

Asger Jorn

Aus dem Volk der Zuschauer ein Volk der Mit-arbeiter machen

Asger Jorn

Bauhaus Imaginiste

Ich hatte 1936 meine kleine Provinzstadt verlassen und war direkt nach Paris gegangen, um Künstler zu werden. Ich wußte, daß Kandinsky sich dort aufhielt, und ich war der Meinung, er hätte dort eine Schule. Aber er bekam nicht einmal eine Sonderausstellung vor seinem Tod; ich ging also an die Akademie von Fernand Léger, was den Vorteil hatte, daß ich gezwungen war, alles auf eine ganz neue Art und Weise zu sehen und mich an die französische Sicht zu gewöhnen. Das hat mir in der Folge hier die Möglichkeit offengelassen, die ganze hier nachgezeichnete Entwicklung aus einer gewissen Distanz zu betrachten. Darüber hinaus sollten andere entscheiden sollen andere.

Das alte Bauhaus hatte gezeigt, daß eine neue künstlerische Entwicklung technische Konsequenzen haben kann, was ja schon die Grundthese von Ruskin und Morris gewesen war. Das alte Bauhaus hatte die künstlerischen Ergebnisse der Gruppierungen „Der blaue Reiter" und „De Stijl" aufgenommen, indem es sie ausnutzte, ohne den Künstlern ihrerseits etwas zu bieten. Es ist bezeichnend, daß der einzige Maler mit revolutionärer Wirkung, der in direkter Beziehung zum alten Bauhaus stand, kein Maler war, sondern ein Fotograf, der dann in Paris zu dem Maler Wols werden sollte.

Diese verheerende Entwicklung, die sehr deutlich die vorangegangenen Entwicklungen widerspiegelte, die sich genausowenig der Beziehungen zwischen Kunst und Technik bewußt waren, brachte die Konturen einer festgelegten Struktur zum Vorschein, die eine verkennbare Wiederholung bei der neuen künstlerischen Revolution wahrscheinlich machte. Aber diese allmähliche Bewußtwerdung konnte gleichzeitig dazu dienen, eine Methode zu finden, die geeignet war, diese Konsequenzen zu vermeiden, indem sie eine Wechselbeziehung zwischen künstlerischen und technischen Entwicklungen herstellte, das wurde durch die Tatsache erleichtert, daß das Hin und Her immer schneller wurde, bis zu dem Punkt, an dem sich die Reaktion schon gleichzeitig mit der Aktion selbst ankündigte.

Das Programm habe ich bereits in der Studie über Stil und Ornament, die 1947 in der Architekturzeitschrift „Forum" in Holland veröffentlicht wurde, vorgestellt und erklärt. Das Ziel der Aktivitäten für ein imaginäres Bauhaus, das ich in dieser Studie dargelegt habe, war die Formulierung jener Taktik-Methode oder, wenn man ganz ehrlich sein will: Technik. Wenn man eine Technik auf die Kunst anwendet – selbst wenn das Ziel antitechnisch ist –, endet das unter Umständen mit einem Verrat an oder einer Negation der freien Kunst. Ich sehe jedoch keine Möglichkeit, dieser Notwendigkeit auszuweichen. Ich glaube nicht, daß die künstlerische Kraft an diesem Wandel der Bedingungen zugrunde gehen wird, aber ich bin überzeugt, daß dann, wenn nichts geschieht, die Kunst aufhören würde zu existieren und damit auch der Mensch, und zwar in dem Sinn, in dem wir hier das Wort Existenz letztlich verwendet haben – als Ausdruck der Situation. (...)

Zur gleichen Zeit, als die Gruppe „Cobra" sich bemühte, das experimentelle Stadium der Kunst zu erreichen, bildete sich in Paris eine Gruppe und fast ein künstlerisches Klima, vor allem im literarischen und filmischen Bereich, die unter dem Namen Lettrismus eine experimentelle Semantik ausarbeitete. Es ist bezeichnend, daß in unserer Epoche, die so begierig auch auf die winzigsten Pseudo-Neuheiten ist, diese Umschichtung, die sich daraus ergab, daß das Wort Kunst aus dem Wortschatz verbannt und durch die experimentelle Aktion ersetzt wurde, stattgefunden hat, ohne daß man sich je überlegt hat, was für eine Bedeutung dies haben könnte. Die aufsehenerregenden Spektakel in Saint-Germain-des-Prés wurden als gewagte Exzesse verurteilt, ohne daß man sich klarmachte, daß ein solcher Gärungsprozeß nicht zu einem Abschluß kommen kann, ohne daß irgend etwas sich rührt. Es war klar, daß zukünftige Entwicklungen von einer Gegenüberstellung der von der „Internationale des artistes expérimentaux" und denen der „Internationale lettriste" ausgehen mußten. Das Resultat war, nach dem Kongreß von Alba im Sommer 1956, bei der Konferenz von Cosio d'Arroscia im Juli 1957, die Gründung einer Situationistischen Internationale.

(aus: Asger Jorn, Plädoyer für die Form, München 1990; Titel der Originalausgabe: Pour la Forme, Paris 1958.)

Pinot-Gallizio mit Zigeunerin Alba.
Quelle: P. G. Heft
E 3 (Cobra und Bauhaus Imaginisten)

Peter Wollen

Die

Bewegung

für

ein

Imaginistisches

Bauhaus

ach einem Aufenthalt in einem Schweizer Sanatorium 1954 reiste Jorn wegen seiner Gesundheit und auch weil dort das Leben relativ billig war, nach Italien. Unermüdlich wie immer hatte er noch während seines Klinikaufenthaltes die Bewegung für ein Imaginistisches Bauhaus gegründet, und bald darauf war es ihm möglich, einige der alten Cobra-Künstler mit neuen italienischen Freunden zusammenzuführen, die zuerst aus der „nuclear painting" Bewegung kamen. Später (nach 1955) sammelte sich die Gruppe um Pinot Gallizio in Alba. Dieses neue Unterfangen von Jorn begann, nachdem sich der Schweizer Künstler Max Bill an ihn gewandt hatte, dem die Aufgabe übertragen worden war, die neue Hochschule für Gestaltung in Ulm aufzubauen, die als eine Art „neues Bauhaus" geplant war. Am Anfang war Jorn begeistert von dem Projekt, aber schon bald kam es zu heftigen Meinungsverschiedenheiten mit Bill.

Jorn favorisierte ein ideales Bauhaus, das in einem kollektiven Projekt Künstler im Geiste William Morris' oder des belgischen Sozialisten Van de Velde, der Gropius inspirierte, zusammenbringen würde. Aber er befand sich in entschlossener Opposition zum Funktionalismus und zu dem, was er einen moralischen Rationalismus nannte, der drohe, Spontaneität, Unregelmäßigkeiten und Ornamente im Namen von Ordnung, Symmetrie und Puritanismus auszuschließen. Seine Polemik gegen das technologische Denken von Bill brachte Jorn dazu, einen theoretischen und polemischen Gegenangriff gegründet auf allgemeiner Ästhetik und Stadtplanung zu formulieren. Auf der Triennale für Industrielles Design 1954 in Mailand ließ sich Jorn mit Bill in eine öffentliche Debatte über das Thema „Industrielles Design in der Gesellschaft" ein. Jorn argumentierte, daß das Bauhaus und Le Corbusier für ihre Zeit revolutionär waren, aber daß sie falsch damit gingen, die Ästhetik der Technologie und Funktion unterzuordnen, was unvermeidlich zu Standardisierung. Automatisierung und stärker regulierter Gesellschaft führen mußte. So fing Jorn an, in Gebiete vorzudringen, die ihn in größere Nähe sowohl zu Constant als auch zur Lettristischen Internationale brachten; beide entwickelten zu dieser Zeit ihre eigenen Theorien der nach Einheitlichkeit strebenden Stadtplanung, der Psychogeographie und des dérive.

1955 traf Jorn Pinot Gallizio, der während des Krieges Partisan

gewesen war und jezt ein unabhängiger linker Stadtrat in seiner Heimatstadt Alba, und der Jorns Interesse für Volkskultur und Archäologie teilte. Zusammen richteten sie ein Werkstatt-Laboratorium als Prototyp eines imaginistischen Bauhauses ein, – libertär (ohne Lehrer und Schüler, allein mit Kooperierenden) – das alle Künstler vereinen sollte und sich einer antiproduktivistischen Ästhetik widmete. Im folgenden Jahr organisierten Pinot Gallizio und Jorn eine Konferenz in Alba, großartig betitelt als „Erster Weltkongreß Freier Künstler", zu der Constant und Gil Wohmann erschienen als Repräsentanten der Lettristischen Internationale (obwohl Debord selbst nicht teilnahm). Damit waren alle Voraussetzungen geschaffen für die Gründung der Situationistischen Internationale.

(aus: Peter Wollen, „A Bitter Victory", in: Endess adventure, endless passion, endless banquet, London 1989)

lettristische

internationale

elles s'arrêt car des aussi bien cela patientes, invisibles y et destruction découvrir une romantique et une phase douces changez de et

Isidore ISOU

Die

Lettristische

Internationale

Im Jahr 1946 gründet Isidore Isou die lettristische Bewegung. Doch wenn auch der Lettrismus damals das Erbe einer mehr als hundert Jahre alten künstlerischen Avantgarde antritt, stellt sich doch Isous Kritik der Künste zunehmend als mystische Sackgasse heraus. Die jungen Lettristen, die 1952 die lettristische Internationale bilden, lehnen diese Kritik ab, sie geben dagegen sogleich die neue Richtung an: „Wir arbeiten am bewußten und kollektiven Aufbau einer neuen Zivilisation". Diese Aufgabe gilt als „definitiver Umsturz der Ästhetik und, über die Ästhetik hinaus, allen Verhaltens". Da dieser Umsturz nicht vom Leben und den Sehnsüchten der Individuen getrennt werden kann, lehnen sie die soziale Revolution, die Abstraktionen der traditionellen Politik ab: „Wir müssen einen Aufruhr unterstützen, der uns betrifft, der dem Maß unserer Forderungen entspricht. Wir stehen für eine bestimmte Idee des Glücks, selbst wenn sie bisher immer verloren hat, eine Idee, nach der sich jedes revolutionäre Programm zuerst ausrichten muß." (...)

Der zweite angesprochene Punkt, die Architektur, besagt, daß die Befreiung des Lebens aus der Befreiung der Stadt, der unmittelbaren Umgebung des Lebens, folgt. Dies heißt vor allem, daß die Gesamtheit der Künste und zeitgenössischen Techniken nicht mehr bloß ästhetische Werke oder von der alltäglichen Wirklichkeit abgeschnittene Praktiken sein dürften. Sie müßten sich auf eine übergeordnete Aktivität stützen, die allein lebenswert wäre: den Neuaufbau des Lebens selbst durch die Zerstörung seines bisherigen einengenden Rahmens. Dieser Wille, einen befreienden Städtebau auf der Suche nach einem neuen Lebensstil zu schaffen, ist das positive Gegenstück zur Auflösung der Kunst und zum Sturm gegen die Kultur, ihre dialektische Aufhebung. Hier liegt die hauptsächliche und unleugbare Originalität der vorsituationistischen Periode zwischen 1952 und 1957. (...)

Indem sie diesen Kampf für „eine neue Sensibilität und eine neue Kultur" als das unerläßliche Triebwerk einer allgemeineren Bewegung aktueller revolutionärer Kämpfe sieht, an der sie selbst teilhat, begreift die lettristische Internationale wohl die Wechselwirkung ihres Eingriffs in die Kultur mit der globalen gesellschaftlichen Bewegung – aber diese beiden Seiten bleiben noch getrennt. Der situationistischen Internationale gelingt es schließlich, diese Voraussetzungen von Potlatch durch die Wiedervereinigung der kulturellen Schöpfungen einer Avantgarde mit der revolutionären Gesellschaftskritik in ein- und derselben Bewegung zu erweitern. (...)

Über einen weitreichenden dadaistischen und surrealistischen Einfluß hinaus zeigen sich die jungen Lettristen von Anfang an extremistisch, sie entwickeln eine ultralinke politische Vision, die man als anarchotrotzkistisch bezeichnen könnte. Aber sie gebrauchen diese Ideologien auf ihre eigene Weise, indem sie den erstarrten dogmatischen Teil zurückweisen und nur das übernehmen, was ihnen erlaubt, noch weiter zu gehen.

Diese doppelte Herkunft, anarchistisch und leninistisch zugleich, wird ihre Stellungnahmen zu damals aktuellen Ereignissen bestimmen: Kalter Krieg und McCarthy-Ära, Volkskampf gegen das

Die

Formel

zum

Umsturz

der Welt,

wir

haben

sie nicht

in

den

Büchern

gesucht,

sondern

umherirrend.

(Guy Debord)

Diese Wissenschaft der wunderbaren Industrie ist zugeleich die Wissenschaft der Askese, und ihr wahres Ideal ist der asketische aber wuchende Geizhals und der asketische aber produzierende Sklave.

(Karl Marx, 1844)

„Pronunciamento" in Guatemala, Ende des Indochina-Krieges und Beginn des Algerien-Aufstands. Potlatch weist die bürgerliche Ästhetik und den sozialistischen Realismus gleichermaßen ab, stellt sich entschieden an die Seite der antikolonististischen und antiimperialistischen Revolten und unterstützt die Arbeiterstreiks überall dort, wo sie ausbrechen, nicht ohne den gewerkschaftlichen Reformismus zu kritisieren. (...)
In der französischen Gesellschaft der fünfziger Jahre kann man bereits die Vorzeichen einer Umwälzung des täglichen Lebens durch den Massenkonsum nachweisen, der sich dann im Gaullismus noch erweitern wird: Fernsehen, serienmäßig hergestellte Autos, erste große Wohnanlagen etc. Die Lettristische Linke ist also unter den ersten, die radikal die Freizeit problematisieren:
„Das wirklich revolutionäre Problem ist das der Freizeit. Die ökonomischen Grenzen und ihre moralischen Folgen werden jedenfalls bald zerstört und überholt sein. Die Organisation der Freizeit, die Organisation der Freiheit einer Masse von Menschen, die schon etwas weniger in die fortwährende Arbeit eingebunden sind, wird eine Notwendigkeit für den kapitalistischen Staat wie für seine marxistischen Nachfolger. Überall hat man sich auf den obligatorischen Stumpfsinn der Sportstadien oder der Fernsehprogramme beschränkt. (...) Nach einigen mit Nichtstun – im allgemeinen Sinn des Begriffs – verbrachten Jahren können wir von unserer gesellschaftlichen Avantgarde-Position sprechen. Denn in einer nur noch provisorisch auf die Produktion gestützten Gesellschaft wollen wir uns vor allem ernsthaft mit der Freizeit beschäftigen. Wenn diese Frage nicht offen vor dem Zusammenbruch der gegenwärtigen ökonomischen Ausbeutung gestellt wird, ist die Veränderung nichts als purer Hohn."
Zur gleichen Zeit interveniert die Lettristische Internationale direkt und mit verschiedenen Methoden: Proteste gegen die Zerstörung bestimmter Stadtviertel oder gegen die strafrechtliche Verfolgung der konsequentesten Antikolonialisten, Provokation von Skandalen wie in Notre Dame 1950, verschiedene Umfragen. Eine Propagandasendung im Radio besteht gänzlich aus umgekehrten Sätzen. Und bestimmte Pariser Straßen werden mit ausgesuchten Inschriften geschmückt, die der wesentlichen Bedeutung dieser Orte entsprechen; diese Inschriften sollten „von psychogeographischen Anspielungen bis zur einfachsten Subversion" reichen, so etwa das großartige „Ihr schlaft für den Chef" rund um die Renault-Werke und in einigen Arbeitervierteln.

(aus: Jean-Francois Martos, Historie de l'Internationale situationiste, Paris 1989.
Übersetzung aus dem Französischen: Carolin Förster)

internationale lettriste

Il faut Recommencer La Guerre en Espagne

Voilà déjà quinze ans que Franco s'accroche au pouvoir, salit cette part de notre avenir que nous avons laissé perdre avec l'Espagne. Les églises que nos amis ont brûlé dans ce pays sont reconstruites, et les bagnes refermés sur les meilleurs de nous. Le Moyen-Age commence à la frontière, et notre silence l'affermit.
Il faut cesser d'envisager cette situation d'une manière sentimentale, ne plus laisser les intellectuels de gauche s'en amuser. C'est uniquement une question de force.
Nous demandons aux partis révolutionnaires prolétariens d'organiser une intervention armée pour soutenir la nouvelle révolution dont on a vu récemment les prodromes à Barcelone, révolution qui devra cette fois ne pas être détournée de ses fins.

Pour l'Internationale lettriste :
P.J. Berlé, Bull D. Brau, Hadj Mohamed Dahou, Guy-Ernest Debord, Gaëtan M. Langlais, Jean-Michel Mension, Gil J Wolman.

Dimensions du Langage

Le récit se poursuit dans tous les sens. Après les premières ébauches de l'écriture métagraphique, une expression illimitée s'offre à nous, très au delà de l'explosion verbale que James Joyce a menée à bien.
Ecrit avec des photos et des fragments de journaux collés sur des bouteilles de rhum, le roman tridimensionnel de G.-E. Debord, HISTOIRE DES GESTES, laisse au gré du lecteur la suite des idées, le fil perdu d'un labyrinthe d'anecdotes simultanées.
Les « NOUVELLES SPATIALES » de Bull D. Brau trouvent la composante des vecteurs de la dynamique conceptuelle. Les lettres cinématiques préfigurent le caractère ontologique de la réversibilité du concept, « il s'agit de discerner les lettres qualitatives qui sont le corps même du concept, au delà de leur ordre accidentel d'assemblage ». (Brau)
Gaëtan M. Langlais mettant en présence les différents paragraphes de JOLIE COUSETTE avance vers celui de nos résultats sans doute le plus décisif pour l'avenir de la communication : le détournement des phrases.

Tout article publié engage la responsabilité de l'ensemble des collaborateurs de ce numéro.
Internationale Lettriste N° 3.
Août 1953.
50 francs.
Directeur-Gérant : B.-D. BRAU.
Rédacteur en chef : G.-E. DEBORD.
1, rue Racine - Paris (6°).
Dépôt légal 3e tri. 1953
Imp. Spéciale de l'Internationale Lettriste

Pour en finir avec le Confort Nihiliste

Nous savons que toutes les réalités nouvelles sont elles-mêmes provisoires, et toujours trop peu pour nous suffire. Nous les défendons parce que nous ne nous connaissons rien de mieux à faire ; et parce qu'est, en somme, notre métier.
Mais l'indifférence ne nous est pas permise devant les étouffantes valeurs du présent ; quand elles sont garanties par une Société de prisons, et quand nous vivons devant les portes des prisons.
Nous ne voulons à aucun prix participer, accepter de nous taire, accepter.
Ne serait-ce que par orgueil, il nous déplaît de ressembler à trop de gens.
Le vin rouge et la négation dans les cafés, les vérités premières du désespoir ne seront pas l'aboutissement de ces vies si difficiles à défendre contre les pièges du silence, les cent manières de SE RANGER.
Au-delà de ce manque toujours ressenti, au-delà de l'inévitable et inexcusable déperdition de tout ce que nous avons aimé, le jeu se joue encore, nous sommes. Toute forme de propagande sera donc bonne.
Nous avons à promouvoir une insurrection qui nous concerne, à la mesure de nos revendications.
Nous avons à témoigner d'une certaine idée du bonheur même si nous l'avons connue perdante, idée sur laquelle tout programme révolutionnaire devra d'abord s'aligner.

Guy-Ernest DEBORD.

Allez-y voir vous-mêmes

Après « L'Anticoncept » (Wolman), « Hurlements en faveur de Sade » (G.-E. Debord) et « La Barque de la vie courante » (Brau), l'Internationale Lettriste tourne actuellement quatre nouveaux films :
FAUT M'AVOIR CE MEC et ORAISON FUNEBRE, de Gil J Wolman.
LA CITADELLE, de Bull D. Brau.
LA BELLE JEUNESSE, mis en scène par Guy-Ernest Debord, assisté Gaëtan Langlais.

Acte Additionnel à la Constitution d'une Internationale Lettriste

Au début de juin, le « cercle international de recherches esthétiques Paul Valéry » avait organisé au dancing Bagatelle une séance contradictoire au cours de laquelle Isou devait présenter sa défense. L'Internationale Lettriste refusa d'engager le débat et fit lire la déclaration suivante, cependant qu'un piquet d'intervention interdisait l'entrée de la salle à l'Hervé Bazin de l'avant-garde.
Nous refusons la discussion qui nous est proposée maintenant. Les rapports humains doivent avoir la passion pour caractère et la vie pour Terreur.
En se plaçant délibérément sur le terrain de la basse police, Isidore Isou a rendu tout dialogue impossible.
Nous avons reconnu la valeur de sa critique des arts, en suspectant ses mobiles mystico-giratoires.
Les problèmes dépassés que tente de remuer ce sous-kafka des urinoirs ne nous détourneront pas de notre but : un bouleversement définitif de l'Esthétique et, au-delà de l'Esthétique, de tout comportement.

Pour l'Internationale Lettriste :
Bull D. Brau, Guy-Ernest Debord, Gaëtan M. Langlais, Gil J Wolman.

Principes d'un Théâtre Nouveau

Notre camarade Hadj Mohamed Dahou, dont on n'a pas oublié la courageuse intervention à propos des massacres de Sétif, achève actuellement dans le sud-algérien sa pièce LA MITE QUI NE S'ATTAQUE QU'A LA LAINE DES ORPHELINS, bouleversement total de la représentation théâtrale, où la phrase est considérée comme unité scénique.

Totem et Tabou

Présenté le 11 février 1952 et immédiatement interdit par la Censure pour des motifs demeurés vagues, le premier film de Gil J Wolman « L'ANTICONCEPT » n'a pu être revu, depuis, même en exploitation non commerciale.
Ce film qui marque un tournant décisif du Cinéma est défendu au public par une Commission composée de pères de familles et de colonels de gendarmerie.
Quand on ajoute à l'aveuglement professionnel du critique les pouvoirs du flic, les imbéciles interdisent ce qu'ils ne comprennent pas.
« L'ANTICONCEPT » est en vérité plus chargé d'explosifs pour l'intelligence que l'ennuyeux camion du « SALAIRE DE CLOUZOT »; plus offensif aujourd'hui que les images d'Eisentein dont on a eu si longtemps peur en Europe.
Mais le côté le plus ouvertement menaçant d'une telle œuvre est de contester absolument les critères et les périssables convenances de ces pères de familles et de ces colonels de gendarmerie ; de rester, à l'origine des troubles qui viendront, quand les censeurs fantoches seront oubliés.

Guy-Ernest DEBORD.

Le scandale n'est pas qu'on se tue, c'est qu'on nous fasse vivre comme ça.

Jean-Michel MENSION.

Manifeste Du Groupe Algérien De L'Internationale Lettriste

Nul ne meurt de faim, ni de soif, ni de vie. On ne meurt que de renoncement.
La société moderne est une société de flics. Nous sommes révolutionnaires parce que la police est la force suprême de cette société. Nous ne sommes pas pour une autre société parce que la police est la force suprême de toute société. Nous ne sommes pas nihilistes parce que nous n'accordons aucun pouvoir au rien.
Nous sommes lettristes en attendant mieux parce que, faute de mieux.
Nous avons pris conscience du caractère éminemment régressif de tout travail salarié. La non-résolution de problèmes complexes détermine une période d'attente dans laquelle tout acte pragmatique constitue une lâcheté car la vie doit être asymptotique et bénévolente.
Nous sommes au demeurant des génies, sachez-le une fois pour toutes.
Alger, avril 1953 :
HADJ MOHAMED DAHOU, CHEIK BEN DHINE, AIT DJAFER.

A la Recherche De l'Asymptote

(Fragments)

Il y a quelques semaines, les journaux annonçaient en cinq ou six lignes qu'en étudiant des clichés obtenus dans certaines conditions, un groupe d'universitaires américains avait constaté que la vitesse de la lumière était variable.
En février 1950, Einstein écœuré de l'incertitude scientifique adoptait le dieu harmonisateur de Spinoza, déclarant dans la préface de la troisième édition de « Meaning of relativity » qu'il ne pouvait admettre que « Dieu joue aux dés avec le Cosmos ».
Partant de la théorie des « quantas » Werner Heisenberg affirme le principe de l'incertitude, rejetant la trinité — immuable, pensait-on — de toute science : la continuité, le déterminisme et la causalité.
Le seul principe d'investigation scientifique est, en fin de compte, le calcul des probabilités. Les sciences dites exactes se voient violentées, après coup, à la suite de chaque découverte et acceptent l'humour détourné comme moyen de connaissance. (N'ont-ils pas eu leur Lautréamont en Evariste Gallois ?)
La biologie de Pavlov et la génétique mitchourinienne infirment toute règle et introduisent dans ces disciplines l'empirisme artisanal des plasticiens. Chaque fois qu'une école littéraire apportait une idée nouvelle de la beauté, ses manifestes prêtaient à sourire alors qu'il ne s'agissait que de domaines — pouvait-on croire — rhétoriques. Quelle attitude sied-elle devant ce renversement des vérités ?
La philosophie, de combinaison d'idées est devenue combinaison de mots. « On ne pense plus, on compile. On ne crée plus, on collationne les mots vides. Les systèmes se traduisent les uns les autres par synonimie et truquage. » La philosophie est science morte.
Toute activité est d'Avant-Garde dans sa phase de valabilité. La consécration (phase de compréhension) est ponctuelle, passage immédiat de l'élaboré au consommé, de l'individuel au foulique.
L'Atonalisme de Schoenberg se retrouve dans les mambos d'Eddie Warner, l'éclatement de l'Objet par Picasso, dans les affiches de Colin et la poétique d'Eluard dans les slogans publicitaires.
Si tant est que, porteurs de certaines idées sur l'expression ou le comportement, nous avons investi l'Esthétique. ce ne fut pas par un choix arbitraire. Si les mathématiques ou la physique avaient gardé un peu de sérieux, nous aurions été mathématiciens ou physiciens.

Bull D. BRAU.

Les Chinoises pour Gaëtan.
Gaëtan M. LANGLAIS.

Vagabondage Spécial

Ecœurants et fornicatoires comme un couple d'inspecteurs en civil, Dédé Breton et le « Soulèvement de la Jeunesse » continuent un flirt assez poussé. Cela avait commencé par un article d'un certain François Du... dans le bulletin d'informations surréalistes ; cela doit continuer par la collaboration de Dédé-les-Amourettes au « Soulèvement ».
Quand Beylot remplace Nadja, le voilà l'amour fou... En 1927, les surréalistes demandaient la liberté de Sacco et Vanzetti ; en 1953 il se commettent avec une publication qui tire ses subsides des Renseignements Généraux et de l'Ambassade américaine.
Les Lettristes écrivaient déjà en 1947 : « ... d'ailleurs Breton n'a jamais prétendu être un bon stratège ; il s'est offert, lui et sa génération, à toutes les croyances, à tous les espoirs, à toutes les boutiques. On n'a pas su le prendre et il est resté. »
Mais les faits et gestes du vieux beau sur le retour ne nous intéressent plus. Il n'est pas question de mettre en cause le Surréalisme de l'âge d'or. Il faut seulement séparer certaines valeurs déjà historiques de l'activité sénile du partisan chauve du mac-carthysme, de l'actionnaire de l'assassinat des Rosenberg.

Internationale Lettriste.

Internationale Lettriste N° 3 août 1953

Henry Lefebvre

Kritik

des

Alltagslebens

 uf dem fast stillstehenden Wasser des Alltagslebens entstanden Trugbilder, glitzernde Wellen. Diese Illusionen waren nicht wirkungslos, um ihrer Wirkungen willen sind sie da. Doch wo finden wir die wirkliche Realität? Wo spielen sich tatsächliche Veränderungen ab? In den Tiefen des Alltagslebens, die ganz ohne Mysterium sind! Die Geschichte, die Psychologie, die Wissenschaft müssen Studium des Alltagslebens werden. (...) Der Marxismus beschreibt und analysiert das Alltagsleben der Gesellschaft und zeigt die Mittel, es zu verändern. Er untersucht das Alltagsleben der Arbeiter, die – von den Produktionsmitteln getrennt – zu den materiellen Bedingungen ihrer Arbeit nur Zugang haben über den „Vertrag", der sie an den Kapitalismus bindet, die auf dem Arbeitsmarkt unter dem (rechtlichen und ideologischen) Schein des „freien" Arbeitsvertrags als Ware gehandelt werden, usw.
Das reale Alltagsleben des Arbeiters ist das einer Ware, die zu ihrem Pech mit Leben, Aktivität und Muskelkraft ausgestattet ist – und mit einem Bewußtsein, das der massive Einfluß der Herren (oft ohne bewußte Absicht: Wir sagen dies, um nicht in den proletarischen Mythos vom sadistischen, bis ins Mark verdorbenen Bürger, einem bewußten und planmäßigen Lügner, zu verfallen – dieser Mythos hat sich übrigens im Faschismus sehr deutlich realisiert) auf ein Mindestmaß zu reduzieren oder auf unkritische Betätigung abzulenken sucht. Der Marxismus ist in seiner Ganzheit vor allem eine kritische Erkenntnis des Alltagslebens. (...)
Schein und Wirklichkeit vermischen sich. Der Schein legt sich über die Wirklichkeit, hüllt sie ein, verdrängt sie. Denen, die nicht direkt an die Entfremdung gebunden sind, erscheint die „entfremdete" Welt – die diese Scheinformen ausdrücken – als die einzig reale. So wird jede Kritik des Lebens, die nicht von einem klaren Begriff der menschlichen Entfremdung ausgeht, nur diese Pseudowirklichkeit kritisieren. (...) Die wirkliche Kritik zeigt im „Realen" des Bürgertums eine Unwirklichkeit, eine Ansammlung von bereits durch das Leben und Denken widerlegten und doch realen Erscheinungen, an denen sich das Bewußtsein orientierte und noch gegenwärtig klammert. Unter dieser allgemeinen Unwirklichkeit läßt die wahre Kritik das wirklich Menschliche erscheinen, die menschliche „Welt", die sich in uns und um uns bildet: in unseren Augen, unseren Händen, in den belanglosen Objekten und den (scheinbar) einfachen und tiefen Gefühlen. Eine menschliche Welt, zerissen, aufgeteilt, aufgelöst durch die Entfremdung, bildet den nicht weiter spaltbaren Kern der Erscheinungen.

Eine seltsame Sucht beherrscht die Arbeiterklasse aller Länder, in denen die kapitalistische Zivilisation herrscht, eine Sucht, die das in der modernen Gesellschaft herrschende Einzel- und Massenelend zur Folge hat. Es ist dies die Liebe zur Arbeit, die rasende, bis zur Erschöpfung der Individuen und ihrer Nachkommenschaft gehende Arbeitssucht. Statt gegen diese geistige Verirrung anzukämpfen haben die Priester, die Ökonomen und die Moralisten die Arbeit heiliggesprochen.

(Paul Lafargue, 1848)

Aus: Isidore ISOU Initiation à la haute volupté

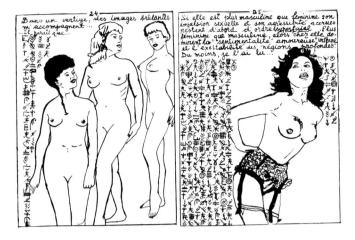

Die Philosophie der Tat unterscheidet sich von der bisherigen Philosophie der Geschichte dadurch, daß sie nicht mehr bloß Vergangenheit und Gegenwart, sondern mit diesen beiden Faktoren und aus ihnen heraus die Zukunft in den Bereich der Spekulation zieht...

(Moses Hess, 1841)

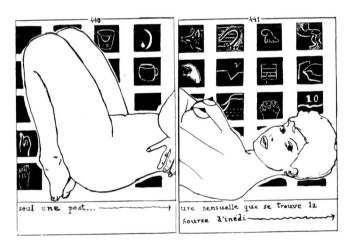

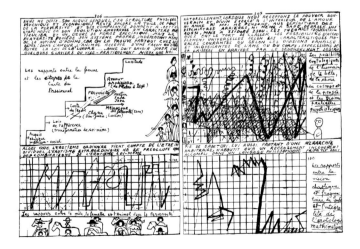

(...) Er ist ein Schlüsselbegriff und ersetzt die überholten ideologischen „Interessenzentren" durch ein neues Interesse am individuellen und sozialen Menschen. Mit ihm entdecken wir, wie der Mensch (jeder Mensch) den Illusionen nachgibt und glaubt, daß er sich in ihnen findet und besitzt; welche Ängste er auf sich nimmt; wie er kämpft, um seinen „Kern" an menschlicher Wirklichkeit zutage zu bringen.

(...) Das Auto ist ein Gebrauchsgut, ein Gegenstand, dessen Gebrauch Befriedigungen verschafft und der einen funktionalen Nutzen hat. Zwischen diesem Gegenstand und den Individuen bilden sich Beziehungen, die sowohl über seinen Gebrauch als auch über seinen Genuß hinausgehen. Viele Leute „realisieren" sich am Steuer ihres Wagens. Sie entfalten Eigenschaften, die anderswo unentfaltet bleiben; Kühnheit, Männlichkeit, Selbstbeherrschung, Energie und sogar Sexualität (so heißt es) sind Bestandteile ihrer Beziehung zum Auto. Sie lädt sich auf mit einer Ideologie: Das ist der Anfang einer recht traurigen Komödie: Autogeschichten beherrschen die Unterhaltungen, Anekdoten, Unfallberichte usw. Leicht stellt man fest, daß Autofahrer, die durch Identifikationsbande an ihr Auto fixiert sind, oft aggressiv, vulgär und brutal werden, auch außerhalb der Zeit, die sie am Steuer verbringen. Worin liegt die Entfremdung? Im Nutzen und im Genuß des Objekts oder in der Art, wie man es benutzt und genießt, in der Haltung, die zum Verhalten geworden ist? Die Antwort liegt auf der Hand. Hier also, anders als bei der weiblichen Entfremdung (die auf die Gesamtgesellschaft verweist), können wir die Entfremdung auf der Ebene der Unmittelbarkeit fassen, d. h. unmittelbar die entfremdend-entfremdete Situation.

(...) Definition des Moments. Als „Moment" bezeichnen wir jeden Versuch zur totalen Verwirklichung einer Möglichkeit. Die Möglichkeit zeigt sich; sie gibt sich zu erkennen; sie ist bestimmt und folglich begrenzt und partiell. Wer sie als Totalität durchleben will, kommt also nicht umhin, sie voll auszuschöpfen und zugleich zu vollenden. Das Moment will in Freiheit total sein, es erschöpft sich, sobald es durchlebt wird. Jede Verwirklichung als Totalität impliziert einen konstitutiven, inaugurierenden Akt. Dieser enthüllt und erschafft zugleich einen Sinn. Er setzt eine Strukturierung auf dem ungewissen und verschwimmenden Hintergrund der Alltäglichkeit (die er als solche enthüllt: als ungewiß und verschwimmend, während sie zuvor als sichere und solide „Wirklichkeit" erschien).

(...)

Was diese Theorie ins Auge faßt, ist eine Art von kritischer und zugleich totalisierender Erfahrung, eine „Programmatik", die sich weder auf Dogmatismus noch auf reine Problematik reduziert: die höhere Einheit — höher als das bislang Vollendete — von Moment und Alltag, von Poesie und Prosa der Welt, kurzum von Fest und Alltagsleben.

(...) Analyse der Momente. Jedes Moment hat demnach die folgenden Merkmale: Es ist herausgehoben, situiert und distanziert, und zwar ebenso im Verhältnis zu anderen Momenten wie zur Alltäglichkeit. Gleichwohl bestimmt sich die Beziehung des Moments zum Alltag nicht allein durch Äußerlichkeit. Das Moment entsteht im Alltag und erhebt sich aus ihm. Es nährt sich an ihm, schöpft aus ihm seine Substanz und negiert ihn nur in dieser Weise. Mitten im Alltag zeigt sich eine Möglichkeit (das Spiel, die Arbeit, die Liebe usw.) im spontanen, zweideutigen Rohzustand. Inmitten des Alltags wird jene inaugurierende Entscheidung getroffen, die das Moment konstituiert und gleichsam eröffnet.

(aus: Henry Lefebvre, Kritik des Alltagslebens, Paris, 1947, dt. Ausgabe: München/Wien 1974/75)

Antwort

auf

die

Frage

„Erleuchtet uns und unsere Handlungen

das Denken mit derselben Gleichgültigkeit

wie die Sonne, oder was ist

unsere Hoffnung und

welchen Wert hat sie?"

Die Gleichgültigkeit hat diese Welt gemacht, aber sie kann in ihr nicht leben. Das Denken zählt nur, wenn es Forderungen aufzudecken weiß und zu deren Einlösung drängt.
Die revolutionären Studenten, die 1927 nackt in Kanton demonstrierten, starben im nächsten Jahr in den Heizkesseln von Lokomotiven. Da waren die Feste des Denkens zuende. Wenn wir mit einiger Genugtuung an der Intelligenz festhalten, die man uns im allgemeinen zugesteht, dann wegen der Möglichkeiten, mit denen sie einem Extremismus zu Diensten sein kann, für den wir uns entschieden haben und den wir nicht zur Diskussion stellen.
Es genügt, neue Lebensumstände für den Menschen zu diktieren. Die ökonomischen Verbote und ihre moralischen Folgerungen werden ohnehin bald im Einverständnis aller Menschen zerstört werden. Die Probleme, denen wir heute noch eine gewisse Dringlichkeit einräumen müssen, werden überwunden sein, zusammen mit den heutigen Widersprüchen, denn die alten Mythen beherrschen uns nur bis zu dem Tag, an dem wir sie umso gewalttätiger ausleben.
Eine umfassende Zivilisation muß errichtet werden, in der jede Art Aktivität fortwährend eine leidenschaftliche Umwälzung des Lebens vorantreibt.
Für das Freizeitproblem, von dem man schon zu reden beginnt, während die Massen noch kaum von ununterbrochener Arbeit befreit sind – und was morgen das einzige Problem sein wird – kennen wir bereits die ersten Lösungen.
Diese große kommende Zivilisation wird Situationen und Abenteuer konstruieren. Eine Wissenschaft des Lebens ist möglich. Der Abenteurer ist derjenige, der die Abenteuer geschehen läßt, weniger der, dem sie geschehen. Der bewußte Gebrauch des Dekors wird Verhaltensweisen hervorbringen, die sich beständig erneuern. Der Anteil jener kleinen Zufälle, die man das Schicksal nennt, wird sich verringern. Für dieses eine Ziel werden den eine Architektur, ein Urbanismus und ein einflußreicher plastischer Ausdruck zusam-

menfinden, von denen wir die ersten Grundlagen besitzen.
Die Praxis des Sich-Verlierens und die Wahl der Begegnungen, der Sinn für das Unvollendete und Vergängliche, die Liebe zur Geschwindigkeit übertragen auf das geistige Gebiet, das Auffinden und das Vergessen sind einige Bestandteile einer Ethik des Dérives, mit der wir schon begonnen haben, in der Armut unserer Städte und unserer Zeit Erfahrungen zu sammeln.
Eine Wissenschaft der Beziehungen und der Umgebungen (ambiances) wird erarbeitet, die wir Psychogeographie nennen. Sie wird dem Gesellschaftsspiel seinen wahren Sinn zurückgeben: eine auf das Spiel gegründete Gesellschaft. Nichts verlangt mehr Ernst. Die Zerstreuung ist das königliche Zeichen, das zu einem Gut aller werden muß.
Das Glück, sagt Saint-Just, ist eine neue Idee in Europa. Dieses Programm hat heute seine ersten konkreten Chancen.
Die souveräne Anziehung, die Charles Fourier im freien Spiel der Leidenschaft aufdeckte, muß beständig wiederentdeckt werden. Wir werden daran arbeiten, neue Begierden zu

erfinden, und wir werden die größte Propaganda für diese Begierden machen.
Wir sind diejenigen, die in die sozialen Kämpfe den einzig wahren Zorn hineintragen werden. Man macht die Revolution nicht, indem man 25216 Francs im Monat fordert. Sofort muß man sein Leben gewinnen, sein vollständig irdisches Leben, in dem alles machbar ist: Von der Kraft der Stärke des Geistes kann man gar nicht genug erwarten.
Paris, 5. Mai 1954

Für die Internationale Lettriste:
Henry de Bearn, André Conord, Mohammed Dahou, Guy-Ernest Debord, Jacques Fillon, Patrick Straham, Gil J. Wolman.

(Antwort der „Internationale Lettriste" auf eine Umfrage von René Magritte, Paris 5. 5. 1954, in: La carte d'après nature, hrsg. v. René Magritte, Brüssel 1954)

66

George Robertson

Die

Lettristische

Internationale

1946 gab Isidore Isou, ein in Paris lebender Rumäne, die Bildung
der Lettristischen Bewegung bekannt. Lettrismus, verkündete er,
würde die erste Bewegung sein, die „jedwede ästhetische Disziplin ihrer Zeit revolutionieren wird, von der Dichtung zum Theater,
mithilfe des Malens, um dann die anderen kulturellen Domänen,
die philosophischen wie wissenschaftlichen, zu erneuern." [1]
Der zentrale Grundsatz des Lettrismus war, daß die Sprache – das
Wort – als kreative Quelle erschöpft sei und daß deshalb ästhetische Produktion auf ein „reineres und tiefgründigeres Element des
Poesie-Machens" gründen sollte – „den Buchstaben". [2] Entsprechend glaubten die Lettristen, daß Figürlichkeit (und Abstraktion)
in der Malerei durch Buchstaben und Zeichen ersetzt werden sollten. Schließlich sollten alle Disziplinen in eine einzige Disziplin
übergeführt werden, die Isou „Hypergraphologie" nannte.
Er erklärte mit dem allen lettristischen Verlautbarungen eigenen,
aggressiven Größenwahn, daß Hypergraphologie eine neue Form
hervorbringen würde, „bereichert durch Graphologie, Kalligraphie,
durch alle Arten von Rätseln und Bilder-Puzzles, durch Fotografie,
durch die Möglichkeiten des Überdruckens, durch Tonwiederga-
ben, Kino, Architektur, genauso wie durch alle Arten symbolischer
Inhalte, die im Leben existieren, ehe sie alle Philosophien und Wissenschaften integriert, vom Zeichen zur Grammatik, hin zu den
Drucktechniken, mithilfe der Mathematik." [3]
Innerhalb der Lettristen begannen sich zwei verschiedene Strömungen herauszubilden; die eine kristallisierte sich um Isou und
den Schriftsteller Maurice Le Maitre und beschäftigte sich mit
Kunst und Ästhetik, die andere um Guy Debord tauchte in dadai-
stische „Anti-Kunst" und kulturelle Sabotage ein. Diese zweite
Gruppe erlangte in Frankreich Aufmerksamkeit, als sie einen Priester „entführte" und einer aus ihren Reihen (ein Ex-Seminarist) seinen Platz einnahm, um die Oster-Hochmesse in Notre Dame zu
unterbrechen. Als sie sich anschickten, 1952 eine Pressekonferenz für Charlie Chaplin im Pariser Ritz zum Scheitern zu bringen,
verriet sie Isou vor der Presse: dies hatte die Spaltung der
Gruppe von den Haupt-Lettristen und die Gründung der Lettristischen Internationale mit ihrem eigenen Magazin POTLACH
zur Folge.
Auch wenn innerhalb der Lettristischen Internationale einzelne
noch weiterhin „Avant-Garde Art" produzierten (Debords in Sand-
papier gebundenes Buch „Mémoires" oder sein lettristischer Film
„Hurlement en faveur de Sade"), waren ihre Hauptaktivitäten
DERIVE (Umherschweifen/Driften) und PSYCHOGRAPHOLOGIE.
Erstere bestand aus einem „flüchtigen Durchstreifen verschiede-
ner Umgebungen" (d. h. zielloses, zufälliges Umherwandern in der
Stadt, nur geleitet und gestoßen durch den unterbewußten „Zug"

Schirm und Robert fliegen
dort
durch die Wolken immerfort
Und der Hut fliegt weit voran,
stößt zuletzt den Himmel an.
Wo der Wind sie hingetragen,
ja, das weiß kein Mensch zu
sagen.

(Struwwelpeter)

La Guerre de la Liberté doit être faite avec Colère

pour l'Internationale Lettriste :

Henry de Béarn, André-Frank Conord, Mohamed Dahou, Guy-Ernest Debord, Jacques Fillon, Gilles Ivain, Patrick Straram, Gil J Wolman.

Vorwärts mit der Lettristischen Internationale, links: Guy Debord

der Architektur); letztere bezeichnete das Studium und die Wechselbeziehungen des „Driftens" und das Herstellen neuer, emotional begründeter Stadtpläne, die als Grundlage zur Konstruktion neuer, utopischer Umgebungen dienen sollten. In der Folge führte dies zu dem Wunsch, die zeitgenössische Stadtplanung zu ersetzen („Keine neue Lehre der Stadtplanung, sondern eine Kritik der Stadtplanung")[4] durch Schöpfung einer „einheitlichen Stadtentwicklung": „mit welcher wir eine lebendige Kritik meinen, die aufgeladen ist durch die Spannungen des gesamten Alltagslebens und dessen Einwirken auf die Städte und ihre Einwohner."
Der Schlüsseltext für dieses utopische Projekt, das „Formular für eine neue Stadt", wurde 1953 von dem neunzehnjährigen Ivan Chtcheglov geschrieben und in der ersten Ausgabe der Zeitschrift „INTERNATIONALE SITUATIONISTE" veröffentlicht[5]: „Ein jeder wird in seiner eigenen Kathedrale wohnen. Es wird Räume geben, die lebhaftere Träume erwachen lassen als jegliche Drogen.
Es werden Häuser stehen, in denen es unmöglich sein wird, sich nicht zu verlieben."
Die Motivation der einheitlichen Stadtentwicklung, die Konzeption der Stadt als Ganzes – in Chris Gray's Worten: „Die pulsierende Ganzheit des wirklichen Lebens, nach der man sich so lange gesehnt hat" – wurde zum Ausgangspunkt der Kritik an der Gesamtheit der sozialen Beziehungen, wie sie im Alltag zu erfahren sind. Ganzheitliche Stadtentwicklung („unitärer Urbanismus") bedeutet die „Zerstörung der heutigen Konditionierung und gleichzeitig die Konstruktion von Situationen. Das ist die Befreiung der ungezügelten Energie, die unter der Oberfläche des Alltags gefesselt ist."[6]

[1] Isidore Isou, The Creation of Lettrism, Times Lit. Sup., 6. August 1964.
[2] Ebd.
[3] Ebd.
[4] M. Bernstein, The Situationist International, T. L., S. 6. Aug. 1964.
[5] Ivan Chtcheglov, Formular for a New City, in: Chris Gray, Leaving the 20th Century, London 1974.
[6] I. S. Nr. 6, Chris Gray.
(Übersetzung aus dem Englischen: Edith Kloft)

Mit einem Wort, wir weisen alle privilegierte, patentierte, offizielle und legale Gesetzgebung, Autorität und Beeinflussung zurück, selbst wenn sie aus dem allgemeinen Stimmrecht hervorgegangen sind, in der Überzeugung, daß sie immer nur zum Nutzen einer ausbeutenden Minderheit gegen die Interessen der ungeheueren geknechteten Mehrheit sich wenden können.

(Michail Bakunin, 1871)

Ivan Chtcheglov (Gilles Ivain)

Herr ich bin aus einem anderen Land

Formular

für

einen

neuen

Urbanismus

Die Hacienda muß gebaut werden.
Allen Städten haftet etwas Geologisches an, und bei jedem Schritt begegnet man dem ganzen Zauber ihrer Legenden bewaffneten Gespenster. Wir bewegen uns in einer geschlossenen Landschaft, deren Markierungen uns ständig zur Vergangenheit hinziehen. Zwar erlauben uns gewisse bewegliche Winkel und flüchtige Perspektiven in originale Auffassungen des Raumes zu blicken, aber dieser Blick bleibt bruchstückhaft. Man muß sie wohl in den magischen Stellen der Volksmärchen und der surrealistischen Texte suchen – Schlösser, endlose Mauern, kleine, vergessene Bars, Mammuthöhlen, Spielbankenspiegel ... Diese veralteten Bilder haben immer noch ein wenig die Fähigkeit zur „Katalyse", es ist aber fast unmöglich, sie in einem symbolischen Urbanismus zu gebrauchen, ohne sie zu verjüngen, indem man sie mit einem neuen Sinn belädt. Unsere durch alte Schlüsselbilder umnebelte geistige Welt ist weit hinter den vervollkommneten Maschinen geblieben. Die verschiedenen Versuche, die moderne Wissenschaft in neue Mythen einzugliedern, sind immer noch ungenügend. Seitdem ist die Abstraktion in alle Künste und besonders in die heutige Architektur eingedrungen. Das reine anekdoten-, aber auch leblose Plastische beruhigt das Auge und „kühlt" es ab. Anderswo findet man andere, bruchstückhafte Schönheiten und langsam entfernt sich das Land der versprochenen Synthesen immer mehr. Jeder schwankt zwischen der im Gefühl lebendigen Vergangenheit und der heute schon gestorbenen Zukunft. Wir werden die mechanischen Zivilisationen und die kalte Architektur nicht verlängern, die am Ende ihres Wettrennens zur Langeweile der Freizeit führen. Wir haben vor, neue

n der Stadt langweilen wir uns – einen Sonnentempel gibt es nicht mehr. Zwischen den Beinen der vorübergehenden Frauen hätten die Dadaisten gerne einen Schraubenschlüssel gefunden und die Surrealisten eine Kristallschale – eine verlorene Wette. Aus den Gesichtern können wir all die Versprechungen herauslesen: das ist der letzte Stand der Morphologie. 20 Jahre hat die Poesie der Plakate gedauert. Wir langweilen uns in der Stadt, und nur wer sich enorm müde läuft, kann noch geheimnisvolle Namen auf den Straßenschildern entdecken – den letzten Stand also des Humors und der Poesie:

Bade- und Duschanstalt zu den Patriarchen
Maschinen zum Fleischaufschneiden
Notre Dame Zoo
Apotheke zum Sport
Lebensmittelgeschäft zu den Märtyrern
Lichtdurchlässiger Beton
Sägewerk zur goldenen Hand
Zentrum der funktionellen Wiederverwertung
Unfallstation zur Heiligen Anna
Café Fünfte Avenue
Verlängerte Straße der Freiwilligen
Fremdenheim im Garten
Hotel der Fremden
Wilde Straße

Und das Schwimmbad der Mädelstraße. Und das Polizeirevier der Straße des Stelldicheins. Die ärztlich chirurgische Klinik und die kostenlose Arbeitervermittlung des Kais zur Goldschmiede. Die künstlichen Blumen auf der Straße zur Sonne. Das Hotel zu den Schloßkellern, die Ozean-Bar und das Café zum Hin und Her. Das Hotel der Epoche. Das seltsame Denkmal des Doktor Philippe, dem Irrenwohltäter, in den letzten Sommerabenden. Eine Entdeckungsreise durch Paris. Und Du, Vergessene, mit Deinen durch die Erschütterungen der Welt verwüsteten Erinnerungen, ohne Musik und Heimat in den Roten Kellern von Pali-Kao gestrandet, die Du nicht mehr zur Hacienda fährst, „wo die Wurzeln an das Kind denken und der Wein mit Kalendergeschichten zuende geht". Jetzt ist das Spiel aus. Die Hacienda wirst Du nicht sehen – es gibt sie nicht.

bewegliche Szenarien zu erfinden(...)

Wie die Dunkelheit vor der Beleuchtung, so weichen die Jahreszeiten vor den Klimaanlagen; die Nacht und der Sommer büßen ihre Reize ein und das Morgengrauen verschwindet. Der Mensch in den Städten denkt, sich von der kosmischen Wirklichkeit zu entfernen, dafür aber träumt er nicht mehr als früher. Aus einem offensichtlichen Grund: der Ausgangspunkt des Traumes liegt in der Wirklichkeit und in ihr verwirklicht er sich.

Der letzte Stand der Technik ermöglicht einen ständigen Kontakt zwischen dem Individuum und der kosmischen Wirklichkeit, wobei er seine Unannehmlichkeiten beseitigt. Durch Glaswände kann man die Sterne und den Regen sehen. Das bewegliche Wohnhaus dreht sich mit der Sonne zusammen. Seine Schiebewände machen es möglich, daß die Pflanzenwelt in das Leben eindringt. Auf Gleitschienen gestellt kann das Haus morgens der See näher kommen und am Abend in den Wald zurückgleiten.

Die Architektur ist das einfachste Mittel, Zeit und Raum ineinanderzufügen, die Wirklichkeit zu modellieren, träumen zu lassen. Es handelt sich nicht nur um eine plastische Gliederung und Modulation, um den Ausdruck einer vorübergehenden Schönheit, sondern um eine beeinflussende Modulation, die in Zusammenhang mit der ewigen Kurve des menschlichen Verlangens und des Fortschritts in der Verwirklichung dieser Verlangen steht.

Morgen wird also die Architektur ein Mittel sein, die heutigen Auffassungen von Zeit und Raum zu modifizieren. Sie wird ein Mittel zur Erkenntnis und zur Handlung sein.

Der Baukomplex wird modifizierbar sein. Er wird sich je nach dem Willen der Bewohner teilweise oder ganz wandeln. (...)

Die vergangenen Kollektivitäten haben den Massen eine absolute Wahrheit und unbestreitbare mythische Beispiele angeboten.

Der Einzug des Begriffs der Relativität in den modernen Geist erlaubt es, die experimentelle Seite der nächsten Zivilisation zu erahnen, obwohl dieses Wort mich nicht zufriedenstellt. Sagen wir also lieber: die geschmeidigere, „vergnügtere" Seite. Auf der Grundlage dieser beweglichen Zivilisation wird die Architektur – wenigstens am Anfang – ein Mittel sein, die unzähligen Arten zu experimentieren, das Leben zwecks einer Synthese zu modifizieren, die nur legendär sein kann.

Eine Geisteskrankheit hat unsere Welt befallen: die Herrschaft der Banalität. Jeder ist durch die Produktion und den Komfort – Kanalisation, Fahrstuhl, Badezimmer, Waschmaschine . . . – hypnotisiert.

Diese aus einem Protest gegen die Armut entstandenen Zustände gehen über ihr fernes Ziel – die Befreiung des Menschen von den materiellen Sorgen – hinaus, und sie werden zum unmittelbar quälenden Bild. Zwischen Liebe und dem automatischen Müllschlucker hat die Jugend aller Länder gewählt: sie zieht den Müllschlucker vor. Eine völlig geistige Wendung muß unumgänglich dadurch bewirkt werden, daß vergessene Begierden ins helle Licht gesetzt und vollkommen neue geschaffen werden. Sowie dadurch, daß eine intensive Propaganda zugunsten der Begierden getrieben wird.

Wir haben schon auf das Bedürfnis, Situatio-Die Hacienda muß gebaut werden.

Allen Städten haftet etwas Geologisches an,

nen zu konstruieren, als eine der Grundbedingungen aufmerksam gemacht, auf die sich die nächste Zivilisation gründen würde. Dieses Bedürfnis nach einer absoluten Schöpfung war immer mit dem nach einem Spiel mit der Architektur, der Zeit und dem Raum verquickt. (...)

Chirico wird einer der bedeutendsten Vorläufer der Architektur bleiben, denn er hat sich an die Probleme der Ab- und Anwesenheit in Zeit und Raum herangewagt.

Bekanntlich ruft ein bei einem ersten Besuch nicht bewußt bemerkter Gegenstand durch seine Abwesenheit bei den folgenden Besuchen einen unbestimmbaren Eindruck hervor: Durch eine Berichtigung in der Zeit wird die Abwesenheit des Gegenstandes zur wahrnehmbaren Anwesenheit. Noch besser: obwohl die Qualität des Eindrucks im allgemeinen unbestimmbar bleibt, wechselt sie doch der Natur des weggenommenen Gegenstandes und der ihm vom Besucher beigemessenen Bedeutung gemäß, so daß sie von der heiteren Freude bis zum Schrecken gehen kann (unwichtig ist, daß in diesem besonderen Fall der Stimmungsträger das Gedächtnis ist – dieses Beispiel habe ich nur seiner Bequemlichkeit halber gewählt).

In Chiricos Malerei der „Arkaden"-Periode schafft ein leerer Raum eine recht volle Zeit. Man kann sich die Zukunft leicht vorstellen, die wir solchen Architekten zudenken, und was für einen vielfältigen Einfluß sie auf die Massen ausüben werden. Heute können wir ein Jahrhundert nur verachten, das solche Modelle auf sogenannte Museen verweist.

Diese neue Auffassung von Zeit und Raum, die die theoretische Grundlage der zukünftigen Konstruktionen sein wird, ist noch nicht reif und wird es nie ganz sein, bevor die Verhaltensweisen in dazu bestimmten Städten nicht ausprobiert worden sind, in denen man außer den zu einem Minimum an Komfort und Sicherheit unbedingt notwendigen Einrichtungen Gebäude mit einer großen Andeutungs- und Beeinflussungskraft, symbolische Bauwerke, die die vergangenen, gegenwärtigen und zukünftigen Begierden, Kräfte und Ereignisse darstellen, systematisch zusammenbringen würde. Eine rationale Erweiterung der alten religiösen Systeme, der alten Märchen und besonders der Psychoanalyse zugunsten der Architektur wird jeden Tag dringender, je mehr die Begeisterungsgründe verschwinden. Jeder wird sozusagen seine persönliche „Kathedrale" bewohnen. Es wird Räume geben, die einen besser träumen lassen als Drogen, und Häuser, in denen man nur lieben kann. Andere werden die Reisenden unüberwindlich anlocken . . .

Dieses Projekt ist den nach dem Prinzip der optischen Täuschung angelegten chinesischen und japanischen Gärten vergleichbar (mit dem Unterschied jedoch, daß diese nicht dazu bestimmt sind, daß man ganz in ihnen lebt) oder dem lächerlichen Labyrinth im Pariser Botanischen Garten, an dessen Eingang die Dummheit ihren Gipfelpunkt mit einem Schild erreicht, auf dem zu lesen ist: Spielen ist im Labyrinth verboten – o arbeitslose Ariadne! Man könnte diese Stadt als eine willkürliche Zusammenstellung von Schlössern, Grotten, Seen usw... ins Auge fassen. Sie würde dann die barocke Stufe des Urbanismus als eines Erkenntnismittels darstellen. Aber diese theo-

71

NOUVEAU THÉATRE D'OPÉRATIONS DANS LA CULTURE

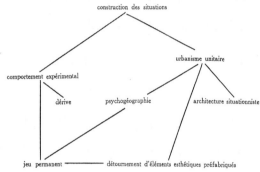

LA DISSOLUTION DES IDEES ANCIENNES VA DE PAIR AVEC LA DISSOLUTION DES ANCIENNES CONDITIONS D'EXISTENCE :

INTERNATIONALE SITUATIONNISTE

édité par la section française de l'I.S. — 32, rue de la montagne-geneviève, paris 5e

retische Phase ist schon überholt. Wir wissen, daß man ein modernes Wohnhaus bauen kann, das zwar keineswegs an ein mittelalterliches Schloß erinnert, und dennoch die romantische Ausstrahlung des Schlosses (durch die Aufrechterhaltung eines Minimums an Linien und die Veränderung von anderen, die Lage von Fenstern und Türen, die topographische Lage usw.) erhalten und sogar verfielfachen würde.

Die Viertel dieser Stadt könnten den verschiedenen Gefühlen entsprechen, die man im gewöhnlichen Leben zufällig trifft.

Ein seltsames, ein glückliches – und ganz besonders dem Wohnen zugedachtes –, ein edles und tragisches (für die braven Kinder), ein historisches (Museen, Schulen), ein nützliches (Krankenhaus, Werkzeugausstattung), ein finsteres Viertel usw. Dann ein „Sternengarten", in dem man die Gattungen der Pflanzenwelt nach den Beziehungen gruppieren würde, die sie mit dem Sternenrhythmus unterhalten, eine Art Planetengarten; dem vergleichbar, den der Astronom Thomas auf dem Laaer Berg in Wien errichten will – unbedingt notwendig, damit sich die Bewohner des Kosmischen bewußt werden. Vielleicht auch ein Todesviertel, nicht um dort zu sterben, sondern um im Frieden zu leben – hierbei denke ich an Mexiko und an ein Prinzip der unschuldigen Grausamkeit, die mir jeden Tag teurer wird.

Das schauerliche Viertel würde z. B. vorteilhaft jene Löcher oder Mündungen zur Hölle ersetzen, die früher in den Hauptstädten mancher Völker zu finden waren und die unheilbringende Lebensmächte versinnbildlichten. Dieses Viertel hätte es nicht nötig, wirkliche Gefahren – wie z. B. Fallen, Verliese, oder Minen – zu verbergen. Nur schwer zugänglich und häßlich ausgeschmückt – mit schrillen Pfeifen, Alarmglocken, periodischem Sirenengeheul unregelmäßigen Tempos, gräßlichen Skulpturen, mechanischen Mobiles mit Motoren (Auto-Mobile genannt) – wird es nachts wenig beleuchtet sein, dafür um so stärker am Tag, durch einen übertriebenen Gebrauch der Reflektion. Im Mittelpunkt der „Platz zum schreckenerregenden Mobile". Die Sättigung des Marktes mit einem Produkt zieht dessen Rückgang nach sich – so würden Kinder und Erwachsene durch die Erforschung des schauerlichen Viertels lernen, die beängstigenden Erscheinungen des Lebens nicht mehr zu fürchten, sondern ihren Spaß mit ihnen zu treiben.

Die Hauptbeschäftigung der Bewohner wird das ständige Umherschweifen sein. Der Landschaftswechsel von einer Stunde zur anderen wird dafür sorgen, daß man sich völlig fremd fühlt. (...)

Später wird bei der unvermeidlichen Abnutzung der Gesten dieses Umherschweifen vom Gebiet des Erlebten teilweise in das der Darstellung übergehen. (. . .)

Der ökonomische Einwand hält schon beim ersten Betrachten nicht stand. Es ist wohlbekannt, daß, je mehr ein Ort der Spielfreiheit zugedacht ist, desto größer dessen Einfluß auf das Verhalten und dessen Anziehungskraft ist. Ein Beiweis dafür ist der ungeheure Reiz von Monaco oder Las Vegas – sowie von Reno, dieser Karikatur der wilden Ehe. Handelt es sich doch um bloße Geldspiele. Diese erste Experimentalstadt würde reichlich von einem geduldeten und kontrollierten Fremdenverkehr zehren. Die nächsten Avantgardeaktivitäten und -produktionen würden sich spontan dort konzentrieren. Nach einigen Jahren wäre sie zur intellektuellen Hauptstadt der Welt geworden und überall als solche anerkannt.

(Paris 1953, wiederabgedruckt in: Internationale Situationiste Nr. 1, Juni 1958. Deutscher Text in: Der große Schlaf und seine Kunden. Situationistische Texte zur Kunst. Edition Nautilus, Edition Moderne, Hamburg/Zürich 1990)

Guy Debord

Surrealismus,

Lettristen,

Situationisten*

ie Gründer des Surrealismus, die in Frankreich an der Dada-Bewegung teilgenommen hatten, waren darum bemüht, das Feld einer konstruktiven Aktion zu bestimmen, indem sie von der moralischen Revolte und dem äußersten Verschleiß der traditionellen Kommunikationsmittel ausgingen, die durch den Dadaismus an den Tag gelegt wurden. Der Surrealismus ging von einer poetischen Anwendung der Freudschen Psychologie aus und übertrug die von ihm entdeckten Methoden auf die Malerei, den Film und einige Aspekte des alltäglichen Lebens; dann in einer verschwommenen Form, auch sehr weit darüber hinaus. Denn es kommt für ein Unternehmen solcher Art nicht darauf an, absolut oder relativ recht zu haben, sondern für eine gewisse Zeit erfolgreich zum Katalysator der Begierden einer Epoche zu werden. Die durch Liquidierung des Idealismus und einen kurzfristigen Anschluß an den dialektischen Materialismus gekennzeichneten Periode des Fortschritts des Surrealismus endete kurz nach 1930, aber sein Zerfall wurde erst mit dem Ende des Zweiten Weltkrieges offenbar. Der Surrealismus hatte zu dieser Zeit schon in einer größeren Zahl von Ländern Fuß gefaßt. Er hatte außerdem eine Disziplin eingeführt, deren durch kommerzielle Erwägungen oft gemäßigte Strenge nicht überschätzt werden darf, die aber eine wirksame Kampfmaßnahme gegen die konfusionistischen Mechanismen der Bourgeoisie darstellte.

Das surrealistische Programm ist in seiner Behauptung der Souveränität der Begierde und der Überraschung und seinem Vorschlag einer neuen Anwendung des Lebens viel reicher an konstruktiven Möglichkeiten, als man allgemein annimmt.

Sicher hat der Mangel an materiellen Verwirklichungsmöglichkeiten den Umfang des Surrealismus stark eingegrenzt. Aber das spiritistische Ende seiner ersten Führer und vor allem die Mittelmäßigkeit der Epigonen führen zwangsläufig dazu, die Ursachen für die Negation der Weiterentwicklung der surrealistischen Theorie im Ursprung dieser Theorie selbst zu suchen.

Der an der Wurzel des Surrealismus liegende Irrtum ist die Idee des unendlichen Reichtums der unbewußten Phantasie. Der Grund für den ideologischen Mißerfolg des Surrealismus besteht darin, die Wette eingegangen zu sein, das Unbewußte sei die endlich entdeckte große Lebenskraft; weiter darin, daß er die

Geschichte der Ideen dementsprechend überprüft und sie nicht weitergeführt hat. Wir wissen schließlich, daß die unbewußte Phantasie arm und die automatische Schrift eintönig ist, sowie daß eine ganze Art von „Ungewöhnlichkeit", die von weitem die unveränderliche surrealistische Attitüde zur Schau trägt, außerordentlich wenig überraschend ist. Jede formale Treue gegenüber diesem Phantasiestil führt letztlich zu etwas zurück, das den modernen Bedingungen des Imaginären genau entgegengesetzt ist: zum herkömmlichen Okkultismus. Wie stark der Surrealismus von seiner Hypothese über das Unbewußte abhängig geblieben ist, kann man an der Arbeit der theoretischen Vertiefung messen, die von der zweiten surrealistischen Generation versucht wurde: Calas und Mabille verknüpfen alles mit den beiden aufeinanderfolgenden Aspekten der surrealistischen Praxis des Unbewußten – der erste mit der Psychoanalyse und der zweite mit den kosmischen Einflüssen. Praktisch ist die Entdeckung der Rolle des Unbewußten eine Überraschung und eine Neuigkeit gewesen, aber kein Gesetz für zukünftige Überraschungen und Neuigkeiten. Das hatte auch Freud schließlich entdeckt, als er schrieb: „Alles das, was bewußt ist, nützt sich ab. Das, was unbewußt ist, bleibt unverderblich. Ist es aber einmal befreit worden, wird es nicht auch wieder zerfallen?"

(aus: Guy Debord, Rapport zur Konstruktion von Situationen, Paris 1957. Deutsche Ausgabe bei Edition Nautilus, Hamburg 1980)

situationistische
internationale 1

Guy Debord

Auf dem Weg zu einer Situationistischen Internationale

Unser Hauptgedanke ist der einer Konstruktion von Situationen — d. h. der konkreten Konstruktion kurzfristiger Lebensumgebungen und ihrer Umgestaltung in eine höhere Qualität der Leidenschaft. Wir müssen eine geordnete Intervention in die komplizierten Faktoren zweier großer, sich ständig gegenseitig beeinflussenden Komponenten durchführen: die materielle Szenerie des Lebens und die Verhaltensweisen, die sie hervorbringt und durch die sie umgestaltet wird. (...)

Die situationistische Theorie vertritt entschieden eine nicht-kontinuierliche Lebensauffassung. Der Begriff der Einheitlichkeit wird von der Perspektive eines ganzen Lebens — in der er eine reaktionäre Mystifizierung ist, die sich auf den Glauben an die unsterbliche Seele und in letzter Konsequenz auf die Arbeitsteilung gründet — auf die von isolierten Lebensmomenten und deren jeweiliger Konstruktion durch den einheitlichen Gebrauch der situationistischen Mittel verlagert. In einer klassenlosen Gesellschaft, kann man sagen, wird es keine Maler mehr geben, sondern Situationisten, die unter anderem auch malen. (...)

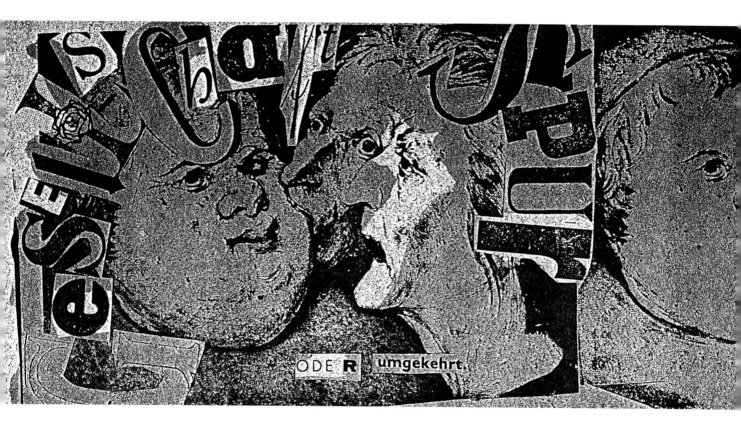

ODE R umgekehrt.

Unsere unmittelbaren Aufgaben

Wir müssen in den Arbeiterparteien oder den in ihnen vorhandenen extremistischen Tendenzen die Notwendigkeit verfechten, eine konsequente ideologische Aktion ins Auge zu fassen, um auf dem Gebiet der Leidenschaften gegen den Einfluß der Propagandamethoden des hochentwickelten Kapitalismus zu kämpfen: bei jeder Gelegenheit konkret dem Spiegelbild der kapitalistischen Lebensweise andere, wünschenswerte Lebensweisen entgegensetzen; mit allen hyper-politischen Mitteln die bürgerliche Glücksvorstellung zerstören. Indem wir in der herrschenden Klasse der Gesellschaften das Vorhandensein von Elementen berücksichtigen, die aus Langeweile und Bedürfnis nach Neuigkeit immer wieder zu dem beitragen, was schließlich die Beseitigung dieser Gesellschaften bewirkt, müssen wir gleichzeitig die Personen, die einige grössere, uns fehlende Hilfsmittel besitzen, dazu anregen, uns die Mittel zu geben, unsere Experimente durchzuführen, indem sie uns einen ähnlichen — und ebenso rentablen — Kredit geben wir derjenige, der für die wissenschaftliche Forschung investiert wird.

Wir müssen überall eine revolutionäre Alternative zur herrschenden Kultur bieten; alle Forschungen koordinieren, die zur Zeit ohne Gesamtperspektive sind; durch Kritik und Propaganda die fortgeschrittensten Künstler und Intellektuellen aller Länder dazu bringen, zwecks gemeinsamer Aktion den Kontakt zu uns herzustellen.

(aus: Guy Debord, Rapport zur Konstruktion von Situationen, Paris 1957. Veröffentlicht als Gründungstext der Situationistischen Internationale. Deutsche Ausgabe bei Edition Nautilus, Hamburg 1980)

Kritik

des

Surrealismus

außer in Belgien, wo eine aus dem Surrealismus hervorgegangene Fraktion weiter eine gültige experimentelle Position behaupten konnte, haben sich alle weltweit zerstreuten surrealistischen Tendenzen dem Lager des mystischen Idealismus angeschlossen. Eine „Internationale der experimentellen Künstler — sie gab die Zeitschrift „Cobra" (Kopenhagen/Brüssel/Amsterdam) heraus — schloß sich einem Teil der surrealistisch-revolutionären Bewegung an: sie bildete sich zwischen 1949 und 1951 in Dänemark, Holland und Belgien, und dehnte sich dann nach Deutschland aus. Diese Gruppen haben sich dadurch verdient gemacht, daß sie verstanden, daß die komplizierten und umfangreichen aktuellen Probleme eine solche Organisation verlangen. Aber der Mangel an ideologischer Strenge, der hauptsächlich plastische Aspekt

Aus: SPUR, Nr. 6, 1961

ihrer Forschung und vor allem der Mangel an einer Gesamttheorie der Bedingungen und Perspektiven ihres Experiments führten zu ihrer Auflösung.

In Frankreich war der Lettrismus aus einer völligen Opposition gegen die gesamte bekannte ästhetische Bewegung hervorgegangen, deren ständiges Absterben er richtig analysierte. Die lettristische Gruppe, die das ununterbrochene Schaffen neuer Formen auf allen Gebieten beabsichtigte, betrieb zwischen 1946 und 1952 eine heilsame Agitation. Nachdem sie aber allgemein die Meinung vertrat, daß die verschiedenen ästhetischen Zweige einen neuen Anfang in einem dem alten ähnlichen, allgemeinen Rahmen erfahren sollten, wurden ihre Produktionen durch diesen idealistischen Irrtum auf einige lächerliche Experimente beschränkt. 1952 organisierte sich die lettristische Linke in der „Lettristischen Internationale" und schloß die rückständige Fraktion

aus. Innerhalb der „Lettristischen Internationale" wurde durch lebhafte Kämpfe zwischen den Tendenzen die Suche nach neuen Interventionsverfahren in das alltägliche Leben fortgesetzt. (...)
In den Arbeiterstaaten steht nur das von Brecht in Berlin durchgeführte Experiment den Konstruktionen nah, auf die es uns heute ankommt, da es den klassischen Begriff des Schauspiels in Frage stellte. Allein Brecht ist es gelungen, sich der Dummheit des sozialistischen Realismus an der Macht zu widersetzen.

(aus: Guy Debord, Rapport zur Konstruktion von Situationen, Paris 1957. Deutsche Ausgabe bei Edition Nautilus, Hamburg 1980)

Guy Debord

Der unitäre Urbanismus

der unitäre Urbanismus steht der Festlegung der Städte in der Zeit entgegen. Im Gegenteil führt er dazu, die permanente Umänderung und eine beschleunigte Bewegung des Verlassens und des Wiederaufbaus der Stadt in der Zeit und sogar gelegentlich im Raum zu befürworten. So könnte man die Ausnutzung der klimatischen Verhältnisse ins Auge fassen, in denen sich schon zwei große Architekturzivilisationen entwickelt haben – in Kambodscha und im Südosten Mexikos –, um bewegliche Städte im Urwald zu bauen. In einer solchen Stadt könnten die neuen Viertel immer weiter in den nach Bedarf erschlossenen Westen gebaut werden, während man gleich große Gebiete im Osten der Verwilderung durch die überwuchernde tropische Pflanzenwelt preisgeben würde, die selbst Zonen eines stufenweisen Übergangs von der modernen Stadt zur wilden Natur schaffen würde. Diese durch den Wald verfolgte Stadt würde außer der unvergleichlichen, sich hinter ihr bildenden Zone zum Umherschweifen und einer kühneren Verbindung mit der Natur als die der Versuche Frank Lloyd Wrights, noch den Vorteil einer Inszenierung des Zeitvergehens in einem sozialen Raum anbieten, der sich ständig schöpferisch erneuern muß. (...)
Da das situationistische Experiment des Umherschweifens gleichzeitig ein Mittel zur Erforschung der städtischen Umwelt und ein Spiel mit ihr ist, führt es zum unitären Urbanismus. Die Theorie von der Praxis nicht trennen wollen, was den unitären Urbanismus betrifft – das heißt, nicht nur die Konstruktion (bzw. die Forschung auf diesem Gebiet, wie z. B. die Entwürfe) zusammen mit dem theoretischen Denken voranzutreiben, sondern vor allem den unmittelbaren, kollektiv empfundenen, spielerischen Gebrauch der Stadt vom Urbanismus als einer Konstruktion nicht zu trennen.

(aus: Der unitäre Urbanismus am Ende der fünfziger Jahre, IS 3, Dez. 1959)

Raoul Vaneigem

Détournement

die Entwendung. - Im weiten Begriffssinn bedeutet „entwenden" etwas global ins Spiel bringen. Die Entwendung (oder radikale Umfunktionierung) ist die Geste, mit der sich die spielerische Einheit der Lebewesen und der Dinge bemächtigt, die in einer Ordnung hierarchisierter Teilbereiche erstarrt sind.
Meine Freunde und ich sind einmal bei Einbruch der Dunkelheit in den Justizpalast in Brüssel eingedrungen. Dieser unförmige Koloß erdrückt die unterhalb gelegenen armen Viertel und stellt sich schützend vor die reiche Avenue Louise, die wir eines Tages in einen erregenden Bauplatz verwandeln werden. In dem Irrgarten von Gängen, Treppen und Zimmerfluchten machten wir uns zunächst ein Bild von unseren Gestaltungsmöglichkeiten, richteten uns dann auf dem eroberten Territorium ein und verwandelten diesen Galgenpalast auf einem Spaziergang unserer Phantasie in einen traumhaften Jahrmarkt, in einen Palast der Lüste, in dem die reizvollsten Abenteuer dem Privileg entsprachen, daß wir sie wirklich erlebten. Kurz: Die Entwicklung ist die elementarste Ausdrucksweise der Kreativität. Die subjektive Träumerei entwendet die Welt.

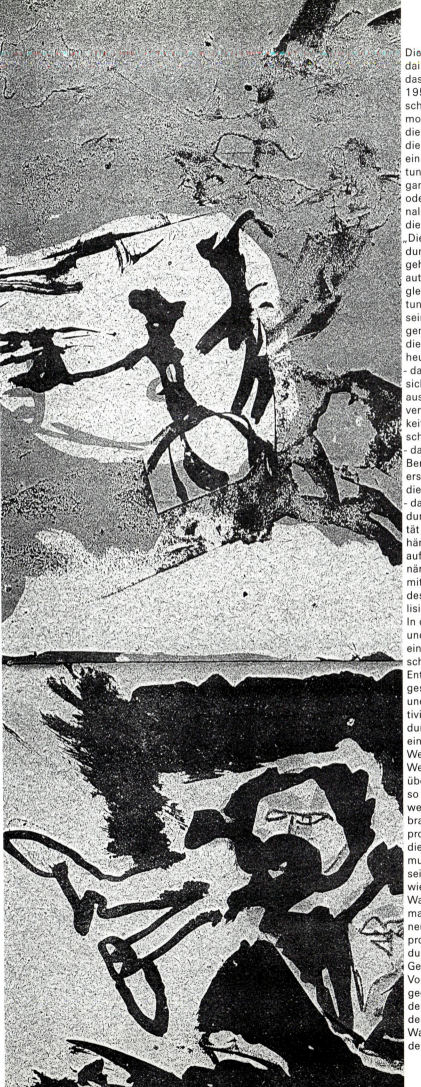

Die Menschen entwenden so, wie Herr Jourdain Prosa und James Joyce Ulysses schrieb; das heißt spontan und mit viel Reflexion.
1955 lenkte Debord, der von dem systematischen Gebrauch der Entwendung bei Lautréamont frappiert war, die Aufmerksamkeit auf die Fülle der Möglichkeiten einer Technik, über die Jorn 1960 schrieb: „Die Entwendung ist ein Spiel, das auf der Fähigkeit der Entwertung beruht. Alle Elemente der kulturellen Vergangenheit müssen neu eingesetzt werden oder verschwinden." In der Revue „Internationale Situationniste" (No. 3) kam Debord auf dieses Problem zurück und präzisierte: „Die zwei grundlegenden Gesetze der Entwendung sind die bis zum völligen Verschwinden gehende Bedeutungsminderung eines jeden autonomen entwendeten Elements und der gleichzeitige Aufbau einer anderen bedeutungsvollen Gesamtheit, die jedem Element seine neue Tragweite verleiht." Die gegenwärtigen geschichtlichen Bedingungen bürgen für die Richtigkeit diese Bemerkungen. Es ist heute offensichtlich,
- daß die Entwendung spontan überall dort um sich greift, wo sich der Morast des Zerfalls ausbreitet. Die Epoche konsumierbarer Werte verstärkt auf einzigartige Weise die Möglichkeit, neue bedeutungsvolle Gesamtheiten zu schaffen;
- daß der kulturelle Bereich kein privilegierter Bereich mehr ist. Die Kunst der Entwendung erstreckt sich auf alle Formen der Ablehnung, die das Alltagsleben bezeugt;
- daß die Diktatur des Stückwerks die Entwendung zur einzigen Waffe im Dienst der Totalität macht. Die Entwendung ist die zusammenhängendste, populärste und am besten der aufständischen Praxis angepaßte revolutionäre Geste. Durch eine Art natürliche, mitreißende Bewegung – die Leidenschaft des Spiels – führt sie zur extremen Radikalisierung.
In dem Zerfall, der die Gesamtheit geistiger und materieller Verhaltensweisen erreicht – ein Zerfall, der den Geboten der Konsumgesellschaft folgt – wird die Entwertungsphase der Entwendung in gewisser Weise von den geschichtlichen Bedingungen übernommen und gesichert. Auf diese Weise führt die Negativität, die die Wirklichkeit der Verhältnisse durchzieht, die Entwendung tendenziell zu einer Taktik der Aufhebung hin, zu einem dem Wesen nach positiven Akt.
Wenn auch der Überfluß der Konsumgüter überall als erfreuliche Evolution begrüßt wird, so korrumpiert doch ihre gesellschaftliche Verwendung bekanntlich ihren richtigen Gebrauch. Weil das „gadget" vor allem anderen profitabler Vorwand für den Kapitalismus und die bürokratischen Herrschaftssysteme ist, muß es zu anderen Zwecken unbrauchbar sein. Die Ideologie des Konsumierbaren wirkt wie ein Fabrikationsfehler, sie sabotiert die Ware, die sie umgibt, sie entwickelt aus den materiellen Voraussetzungen des Glücks eine neue Knechtschaft. In diesem Zusammenhang propagiert die Entwendung eine neue Verwendungsweise, sie erfindet einen überlegenen Gebrauch, bei dem die Subjektivität zu ihrem Vorteil das manipuliert, was verkauft wird, um gegen sie manipuliert zu werden. Die Krise des Spektakels beschleunigt den Übergang der Kräfte der Lüge in das Lager der erlebten Wahrheit. Die Kunst, die Waffen, die der Feind den kommerziellen Erfordernissen folgend zu

verteilen hat, gegen ihn zu richten, ist das vorherrschende Problem von Taktik und Strategie. Die Methoden der Entwendung müssen als Abc des Konsumenten propagiert werden, der aufhören möchte, einer zu sein.

Die Entwendung, die ihre ersten Waffen in der Kunst geschmiedet hat, ist heute zur Kunst der Handhabung aller Waffen geworden. Sie ist zuerst im Wirbel der kulturellen Krise der Jahre 1910 bis 1925 aufgetaucht und hat sich dann allmählich auf alle vom Zerfall betroffenen Bereiche ausgedehnt. Das schließt nicht aus, daß die Kunst den Techniken der Entwendung immer noch ein gültiges Experimentierfeld bietet, wenn man die Erfahrungen ihrer Vergangenheit zu verwerten versteht. So zeigt etwa der verfrühte neue Einsatz alter Werte durch die Surrealisten, die die unvollständig zerstörten dadaistischen Anti-Werte in durchaus gültigem Zusammenhang darstellten, daß der Versuch, auf nur teilweise entwerteten Werten aufzubauen, unweigerlich zur Integrierung durch die herrschenden Mechanismen der gesellschaftlichen Organisationen führt. Das „kombinatorische" Vorgehen der heutigen Kybernetiker gegenüber der Kunst geht bis zu einer stolzen, völlig bedeutungslosen Anhäufung von irgendwelchen Elementen, die in keiner Weise entwertet worden sind. POP-ART und Jean-Luc Godard sind Rechtfertigungen von Abfallprodukten.

Der künstlerische Ausdruck ermöglicht auch eine vorsichtig tastende Suche nach neuen Agitations- und Propagandaformen. In diesem Sinn erlaubten die Kompositionen von Michele Bernstein 1963 (modellierter Gips, in dem Miniaturen von Bleisoldaten, Fahrzeugen und Panzern eingebrannt waren), die mit Titeln versehen waren wie „Sieg der Bonnot-Bande", „Sieg der Pariser Kommune", „Sieg der Budapester Arbeiterräte" eine gewisse Korrektur von Ereignissen, die künstlich in der Vergangenheit eingefroren waren, und einen Anlauf, die Geschichte der Arbeiterbewegung neu in Angriff zu nehmen und Kunst in die Wirklichkeit zu übertragen. Wie begrenzt eine derartige Agitation auch sein und wie spekulativ sie auch bleiben mag, so öffnet sie doch den Weg zur spontanen Kreativität aller, und sei es durch den Beweis, daß ein Bereich besonders verfälscht ist und daß die Entwendung die einzige Sprache, die einzige Geste ist, die ihre eigene Kritik in sich trägt.

Die Kreativität ist unbegrenzt, die Entwendung ohne Ende.

(aus: Raoul Vaneigem, Handbuch der Lebenskunst für die jungen Generationen, Paris 1967. Deutsch bei Edition Nautilus, 3. Aufl. Hamburg 1980.)

Manifest

eine neue menschliche Kraft, die der jetzige Rahmen nicht fassen kann, und die Unzufriedenheit über ihre möglichen Anwendungen in unserem sozialen Leben, das seines Sinnes beraubt ist, wachsen täglich mit der unwiderstehlichen technischen Entwicklung.

Die Verfremdung und Unterdrückung in der Gesellschaft können nicht – auch nicht im Detail – wieder in Ordnung gebracht werden, sondern nur im ganzen mit dieser Gesellschaft selbst verworfen werden. Jeder wirkliche Fortschritt ist offensichtlich mit der revolutionären Lösung der vielschichtigen Krise der Gegenwart verknüpft.

Welches sind die Perspektiven für eine Organisation des Lebens in einer Gesellschaft, die unverfälscht die Produktion auf der Basis einer freien und gleichen Verknüpfung der Schaffenden reorganisieren wird? Die Automatisierung der Produktion und Sozialisierung der Lebensgüter werden mehr und mehr die Arbeit zur äußeren Notwendigkeit degradieren und schließlich dem Individuum die vollständige Freiheit geben. So befreit von seiner ganzen wirtschaftlichen Verantwortung, befreit von seinen Schulden und Schuldigkeiten gegenüber der Vergangenheit und seinen Nächsten, wird der Mensch über einen neuen Mehr-Wert verfügen, unwägbar in Geld, weil er unmöglich auf das Maß der bezahlten Arbeit zurückgeführt werden kann: den Wert des Spiels, des frei aufgebauten Lebens. Die Ausübung dieser spielerischen Schöpfung ist die Garantie für die Freiheit des einzelnen und aller im Rahmen der Gleichheit, die allen durch die Nicht-Ausbeutung des Menschen durch den Menschen garantiert ist. In der freien Entfaltung des Spiels besteht die schöpferische Selbständigkeit des Menschen, die über die alte Teilung zwischen der auferlegten Arbeit und den passiven Mußestunden hinausgeht.

Die Kirche hat früher die sogenannten Schwarzkünstler und Hexen verbrannt, um die spielerischen ursprünglichen Tendenzen zu unterdrücken, die in den Volksfesten enthalten sind. In der heute herrschenden Gesellschaft, die monströse Pseudo-Spiele hervorbringt, die durch die Teilnahmslosigkeit verödet sind, wird eine echte künstlerische Aktivität zwangsläufig als kriminell klassifiziert. Sie geschieht halb mit schlechtem Gewissen. Sie erscheint in der Form des Skandals.

Was ist in der Tat die „Situation"? Sie ist die Verwirklichung eines höheren Spiels, genauer gesagt, die Provokation zu dem Spiel, das die menschliche Gegenwart ist. Die revolutionären Spieler aller Länder können sich in der Situationistischen Internationale – Anm. d. Hrsg.) vereinigen, um dann zu beginnen, aus der Nichtgeschichtlichkeit des alltäglichen Lebens hervorzutreten. (...)

Welches müssen die grundlegenden Eigenschaften einer neuen Kultur sein, und zwar im Vergleich zur jetzigen Kunst?

Entgegen dem Schauspiel führt die realisierte situationistische Kultur die umfassende Teilnahme ein.

Entgegen der konservierten Kunst ist sie eine Gemeinschaft des direkt erlebten Augenblicks.

Entgegen der Teilkunst wird sie eine globale Ausübung sein, die gleichzeitig alle verfügbaren Elemente betrifft. Sie trachtet natürlich nach einer gemeinsamen und zweifellos anonymen Schöpfung. (Mindestens in dem Maß, in dem diese Kultur nicht durch das Bedürfnis beherrscht werden wird, Spuren zu hinterlassen, da diese Werke nicht als Handelsware gelagert werden.) Ihre Versuche beabsichtigen wenigstens eine Revolution des Verhaltens und einen dynamischen Unitären Urbanismus, fähig, sich über den ganzen Planeten auszudehnen und darauf über alle bewohnbaren Planeten verbreitet zu werden.

Entgegen der einseitigen Kunst wird die situationistische Kultur eine Kunst des Dialogs und

der Wechselwirkung werden. Die Künstler –
zusammen mit der gesamten sichtbaren Kultur – sind innerlich von der Gesellschaft
getrennt, wie sie unter sich durch die Konkurrenz getrennt sind. Aber selbst vor der Sackgasse des Kapitalismus war die Kunst hauptsächlich einseitig, ohne Widerhall. Der Kapitalismus wird über diese abgeschlossene Ära
seines Primitivismus hinausgehen zu einer
umfassenden Kommunikation.

Wenn jeder in einem höheren Stadium Künstler wird, sozusagen untrennbar Produzent-Kon-
sument einer umfassenden kulturellen Schöpfung, wird man zu einer schnellen Lösung des
linearen Kriteriums der Neuheit beitragen,
wenn die ganze Welt – sozusagen – situationistisch wird, wird man zu einer vieldimensiona-
len Inflation der radikal verschiedenen Tendenzen, Experimente und „Schulen" beitragen;
und dieses nicht nacheinander, sondern simultan.

Wir eröffnen nun das, was geschichtlich der
letzte der Berufe sein wird. Die situationistische Rolle, Amateur-Professionell, Anti-Spe-
zialist, ist noch eine Spezialisierung bis zum
Augenblick des wirtschaftlichen und geistigen
Überflusses, wo jeder „Künstler" werden wird,
in einem Sinn, den die Künstler nicht erreicht
haben: die Gestaltung ihres eigenen Lebens.
Indessen steht der letzte Beruf der Geschichte
in so engem Zusammenhang mit einer Gesellschaft ohne permanente Teilung der Arbeit,
daß man ihm im allgemeinen die Qualität
eines Berufes abspricht, seit er in der I. S.
erscheint.

Jenen, die uns nicht gut verstehen sollten,
sagen wir mit unwiderruflicher Verachtung:
„Die Situationisten, über die ihr euch vielleicht
als Richter erhaben fühlt, werden euch eines
Tages richten. Wir erwarten euch bei der
Umkehr, welche die unvermeidliche Liquidierung der heutigen Welt der Beraubung in allen
ihren Formen ist. Solcher Art sind unsere Ziele,
und sie werden die zukünftigen Ziele der
Menschheit sein."

17. Mai 1960

Guy Debord – Frankreich
Asger Jorn – Dänemark
Constant – Holland
Maurice Wyckaert – Belgien
Pinot Gallizio – Italien
SPUR – Deutschland u. andere

(Aus dem Französischen ins Deutsche übertragen und
in der hier abgedruckten Fassung erschienen in:
„SPUR", Nummer I, München August 1960, S. 2 ff.
„Spur" erschien ab August 1960 als Publikation der
Münchner Künstlergruppe SPUR und als deutschspra-
chiges Organ der Situationistischen Internationale, ei-
ner internationalen Künstlervereinigung, der die
Gruppe SPUR seit Frühjahr 1959 angehörte.
S. I. 4, 1960)

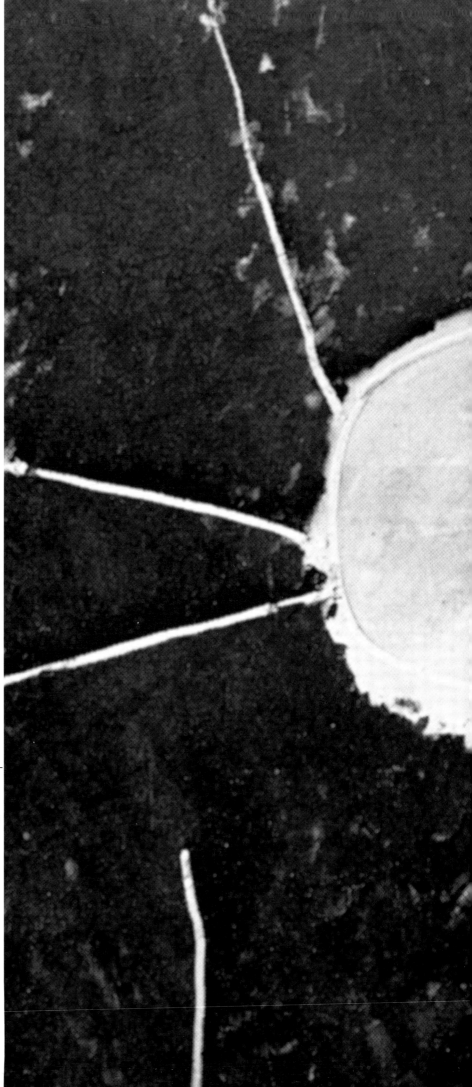

Constant

Die

Welt

des

kreativen

Menschen

Kreativität

und

gesellschaftliche

Organisation

ern der kulturellen Revolution
des 20. Jahrhunderts ist das
Umschalten der Kreativität von
einem fixierten individuellen
Ausdruck nach einer kollektiven experimentellen Praxis.
Diese Umschaltung geschieht
jedoch abrupt, ohne inneren
Zusammenhang; denn es han-
delt sich hier um einen unüberbrückbaren
Gegensatz. Es wird immer deutlicher, daß
jeder Versuch, die individuellen Kunstformen
zu erneuern oder sie auch nur fortzusetzen,
scheitern muß.
Der Künstler ist gezwungen, die Grenze des
individuellen Schaffens zu überschreiten, die
Fesseln der Tradition zu zerbrechen, die statische Erscheinung der Kunst, im Sinne des
fixierten persönlichen Kunstwerks, aufzuge-
ben. Der nächste Schritt kann nur ein entschie-
dener, zu einer neuen, wesentlich veränderten
Auffassung der Kreation sein.
Im Vergleich mit ihm erscheinen alle sogenannten Umwälzungen in der modernen Kunst
als nur kleine Variationen innerhalb eines eng
begrenzten Gebietes, in dem der Künstler
mehr und mehr ein Gefangener geworden ist.
Seine negative Reaktion auf die Industrialisierung, seine Angst vor der Maschine, seine
Furcht vor ‚Vermassung' haben ihn der Wirklichkeit entfremdet. Seine unrealistische Haltung hat ihn isoliert, ihn in die Regression
gejagt.
Die Wahnidee einer ‚technisierten Massengesellschaft' muß er loswerden, will er die neue
Domäne der Kreativität betreten können: die
Domäne, in der Kreativität und gesellschaftliche Organisation untrennbar sind.
Die individualistische Kultur ist zu Ende, ihre
Institutionen sind erschöpft. Die gegenwärtige
Aufgabe des Künstlers kann nur sein, eine

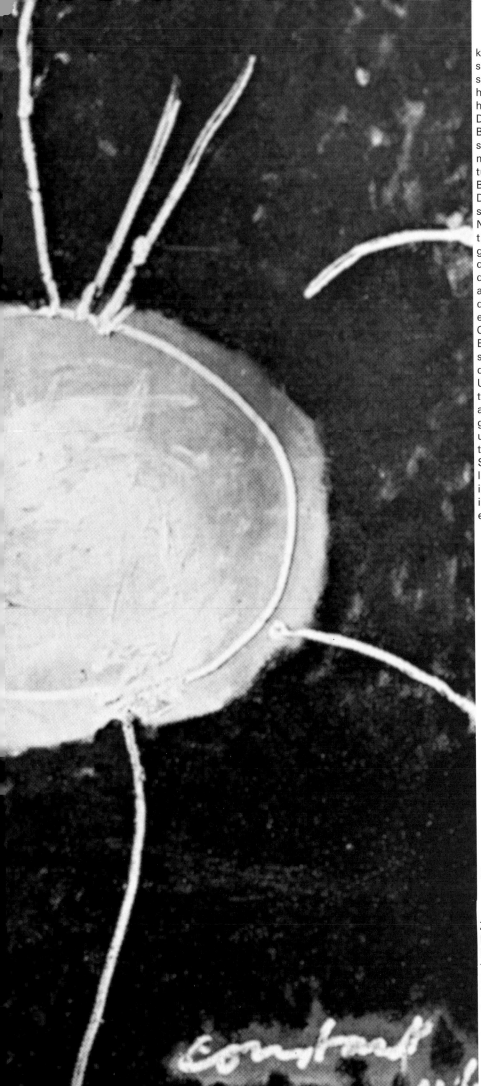

künftige Massenkultur vorzubereiten. Denn soll überhaupt von Kultur noch die Rede sein, so wird sie eine Massengesellschaft zu tragen haben, und dann können die Mittel nur innerhalb der Mechanisierung gesucht werden. Die Gestaltung der materiellen Umwelt, die Befreiung und Organisation des Alltagslebens sind die Ausgangspunkte zu neuen Kulturformen. Als skizzenhafte Illustration und Bearbeitung dieser Gedanken ist mein Projekt New Babylon entstanden. Es ist das experimentelle Denk- und Spielmodell zur Bildung von Grundsätzen für eine neue, andersartige Kultur. New Babylon ist das Objekt einer Massenkreativität, es rechnet mit der Aktivierung der riesigen kreativen Potenz, die, jetzt unbenützt, in den Massen vorhanden ist. Es rechnet mit dem Verschwinden der nichtkreativen Arbeit, als Folge der Automatisierung; es rechnet mit der Umwandlung der Moral und des Denkens; es rechnet mit einer neuen gesellschaftlichen Organisation.

Es rechnet aber auch mit Tatsachen wie der schnellen Ausbreitung der Weltbevölkerung, dem ständigen Anwachsen des Verkehrs, der Urbarmachung des gesamten Planeten, der totalen Urbanisierung. Das Projekt kalkuliert also die rein funktionellen Fragen des derzeitigen Städtebaus, Verkehr und Wohnen, mit ein und strebt extreme Lösungen dazu an. Hauptthema ist eine neue Berücksichtigung des Sozialraums. Er wird das Medium für eine kollektive Kreativität, die sich manifestieren soll im täglichen Leben, mittels einer ständig variierten Anordnung der Umwelt, im Einklang mit einer dynamischen Lebensweise.

Der

homo

ludens

ist

eine

Nomade

die Frage, wie der freigewordene Mensch, der homo ludens also, sein Leben leben wird, diese entscheidende Frage kann nicht ausreichend beantwortet werden, ohne daß man sich eine Vorstellung von der artifiziellen Welt macht, die sich der Mensch in seinem arbeitsfreien Zeitalter errichten wird.

Der homo ludens wird nicht nur frei über seine Lebenszeit verfügen, er bewegt sich auch freier als der utilitäre Mensch in seinem Lebensraum. Ihn bindet keine Arbeit an einen bestimmten Siedlungsort, und ihm stehen in großem Ausmaß die technischen und ökonomischen Mittel bereit, um größte räumliche Distanzen zu überwinden und in ihnen seinen Lebensraum abzustecken.

Der homo ludens ist eine Nomade, dessen Aktionsradius den ganzen Globus umspannt. Selbstverständlich wird dieser Mensch seine Umwelt in stärkstem Maß beanspruchen. Seine Ansprüche zielen vor allem darauf, alle Bedingungen des Spiels, des Aufbaus neuer, geeigneter Ambiente für sich zu erschließen und so eine phantastische, vielfältige Umwelt an die Stelle einer verschwundenen Naturwelt zu setzen. Er schafft sich künstlich eine technische Welt, die nicht wetteifern will mit der Natur, sondern die sie an Abenteuerlichkeit und an Entdeckungsreichtum übertrifft.

An das Abenteuer anknüpfen

In der heutigen, funktionellen Stadt befinden wir uns ständig auf der Suche nach dem Illegalen. Das Abenteuer besteht zwar, doch fristet es ein kümmerliches Dasein auf den Flohmärkten, in den verbliebenen Resten der Altstadt, in obskuren Kneipen oder notfalls in den Spielhallen und Eisdielen.

Wenn wir uns jetzt eine Stadt des freien kreativen Menschen vorstellen wollen, von Menschen also, die ihr Leben frei gestalten, dann ziehen wir vielleicht am besten den Vergleich zu solchen Akkulturations-Zonen gegenwärtiger Großstädte heran. Diese Zonen scheinen allen Säuberungsaktionen der Utilitaristen und Funktionalisten entwischt zu sein. In diesen Zonen scheinen sich alle diejenigen zu sammeln, die sich von der utilitaristischen Gesellschaft absondern oder die von ihr abgewiesen werden.

Diesen nicht-funktionellen Sozialraum kann man als ein Gärungsreservoir kreativer Triebe auffassen, als eine Domäne, in der Zufall oder Berechnung zu Kontakten, Beziehungen und Begegnungen führen und die daher wie ein Magnet wirkt auf alle Vergnügungssuchenden, Touristen oder sonstigen Menschen der Freizeit.

Das Gesellschaftsmuster von New Babylon ist ganz auf die permanente Veränderung abgestimmt. Der Umweltcharakter New Babylons wirkt sich auf das Individuum so aus, daß gerade die Kräfte in Fluß gebracht werden, die von der utilitaristischen Gesellschaft entweder unterdrückt sind, oder die – wie beim Künstler – in beschränkter Form toleriert werden, mit der Absicht, sie allmählich in das System einzufügen.

Die flexiblen urbanen Trag-Systeme Constants sind keine technologischen Utopien. Es sind Sozialmodelle. Constant ist nicht einmal ein Städtebauer. Er entwirft die Lebens- und Umwelt-Strukturen einer neuen Kultur spielerischer Massen-Kommunikation. Weder setzt er Technologien und gesellschaftlichen Reichtum mit sozialen Prozessen gleich noch erklärt er sie zu bloßen Mitteln, die für beliebige Zwecke verwendet werden können. Er kennzeichnet einen geschichtlichen Prozeß (der Bewußtwerdung und Herausbildung kreativer, spielerischer Bedürfnisse), in dem bestimmte Mittel (Produktivkräfte, rationalisierte Ökonomie des Überflusses, Systeme mobiler Bauteile auf Basis-Konstruktionen) im Zusammenhang mit der weitgehenden Abschaffung der Arbeit, dem Abbau der Herrschaft von Menschen über Menschen und einer revolutionären Veränderung der Verhaltensnormen entwickelt und eingesetzt werden. Darin unterscheidet sich Constant von allen Städteplanern, Futurologen und Baukünstlern.

(Frank Böckelmann, Befreiung des Alltags, München 1970)

Der Untergrund ist gleich einer Haltung, die sich deutlich von der Repräsentation und der sogenannten Erfüllungsleistung unterscheidet. Er ist genau der Verzicht auf diese. Er ist die Anerkennung des Problems, und er ist deshalb selbst problematisch. Er ist ein Durchgang und ein Übergang, und er ist die Übung, die geübt werden kann. Erfüllung ist problematischer.

(A. R. Penk, 1973)

Gerade aber die bei politischen Aktionen stets sich ganz informell und spontan anbahnenden neuen Freundschafts-, Liebes- und Bekanntschaftsverhältnisse, d. h. die unmittelbaren Kontakte und die unmittelbare Kommunikation machen die Versammlungsplätze und die Straßenzüge, in denen diese Aktionen stattfinden, zu libidinös besetzten Punkten ersten Ranges innerhalb von Stadtstrukturen. Psychogeographie wäre demnach die Verteilung solcher libidinös besetzten Plätze und Straßen innerhalb einer Stadtstruktur und zugleich die über diese Plätze und Straßen gewonnene Selbsterfahrung und Identität der Individuen. Werden nun derartige Straßen und Plätze etwa auf die bloße Funktion des individuellen Automobilverkehrs reduziert ..., werden der politischen Studentenschaft durch bloße, zunächst ganz unpolitische stadtplanerische Maßnahmen wesentliche Identifikationsmuster und Ausgangspunkte, über deren stets erneute Benutzung für politische Aktionen das schon einmal dort gewonnene Selbstvertrauen immer wieder erneuert werden kann, sozialtechnisch entzogen.

(Gertraud Schmidbauer, Zum Verhältnis von Städtebau und politischem Handeln, Studentenzeitschrift der TH München, Dezember 1968)

Die

Sektorenstadt

ew Babylon ist eine flexible Umwelt – und zwar vom Grundriß bis in das kleinste Detail. New Babylon ist eine offene Stadt, die sich frei nach allen Richtungen ausbreitet. Sie folgt den Spuren, die der Mensch bei seinen Wanderungen über die Erde hinterläßt. Die Bau-Einheit New Babylons, der Sektor, ist das Glied einer langen Kette. Die Sektorenketten sind in sich wieder zu einem Netz verflochten, das sich über die Erdoberfläche legt. New Babylon ist nirgendwohin abgeschlossen, es kennt keine Grenzen und keine Barrieren – jeder Ort ist jedermann zugänglich. Der Grundriß zeigt eine klare Verteilung zwischen den Sektorenstreifen und den freigebliebenen offenen Flächen, die vollständig unbebaut bleiben sollen. Im Prinzip ist das Sektorennetz ein ununterbrochenes Ganzes, das wie eine zweite Haut über die Erdoberfläche gespannt ist. Die Konstruktion des einzelnen Sektors beschränkt sich auf ein Basis-Gefüge an sich leerer, möglichst ausgedehnter Horizontalschichten. Der Erdboden wird weitgehend freigehalten, indem die Kontaktpunkte der Konstruktion mit dem Erdboden möglichst gering gehalten werden. Außerdem soll die Konstruktion der räumlichen Unterteilung des Inneren eine maximale Freiheit zur Variation anbieten. Je nach den Umständen wird ein gestützter, ein freitragender oder ein aufgehängter Konstruktionstyp vorgezogen.
Der Sektor nimmt in sich zu einem Teil Wohnelemente und andere permanente Einrichtungen auf, während der größere Teil als variabler Sozialraum der Lebensaktivität dient, an der jeder teilhat. Um eine optimale Variations-

Der Holländer Constant vor den Entwürfen zu >New Babylon<, dem experimentellen Denk- und Spielmodell.

breite des Ambiente zu erreichen, benötigt man eine umfangreiche Apparatur, die der Öffentlichkeit zugänglich ist. Im Sektoreninnern besteht die Freiheit, jeden gewünschten Zustand künstlich herzustellen.

Der New Babyloner steht von Anfang an mit jeder Aktionsphase in einer spontanen Verbindlichkeit zu seiner Umwelt; denn jede Geste findet in der Öffentlichkeit statt und betrifft das allgemeine Ambiente und ruft deshalb unmittelbare und spontane Reaktionen hervor, die den Akt jeweils wieder sofort neutralisieren und individuell unverbindlich machen.

Jede schöpferische Initiative des einzelnen wird in New Babylon zu einem Eingriff in das kollektive Lebensambiente und provoziert deshalb die unmittelbare Gegenaktion der anderen. Jede einzelne der Reaktionshandlungen

kann wiederum zur Quelle neuer Reaktionen werden. So entsteht eine Art Kettenreaktion kreativer Akte, die nur enden kann, wenn eine Klimax erreicht wird. Der Klimaxpunkt stellt dann ein Ambiente-Moment dar, das als eine kollektive Kreation aufgefaßt werden kann. Der Rhythmus von Entstehen und Verschwinden der Ambiente-Momente bildet so das Raum-Zeit-Maß New Babylons.

(aus: de New Babylon, informatief Nr. 4, 1966)

Peter Wollen

Zwischen

Marxismus

und

Surrealismus

Der folgende Text umfaßt zwei Kapitel der umfangreichen Studie **Bitterer Sieg: Die Kunst und Politik der Situationistischen Internationale** von Peter Wollen. Diese sehr empfehlenswerte Untersuchung ist vollständig und mit allen bibliographisch interessanten Fußnoten abgedruckt in den beiden englischsprachigen Katalogen zu der Ausstellung über die S. I., die 1989 in Paris, London und Bosten zu sehen war. Beiden Büchern verdanken wir wichtige Anregungen. Die Überschrift des Textausschnitts wurde von den Übersetzern formuliert. (Anm. d. Übersetzer)

der westliche Marxismus entwickelte sich in zwei Phasen. Die erste folgte dem 1. Weltkrieg und der Revolution der Bolschewiki. 1923 veröffentlichte Lukács seine Aufsatzsammlung „Geschichte und Klassenbewußtsein" und Karl Korsch sein Buch „Marxismus und Philosophie". Die unmittelbaren Nachkriegsjahre brachten Europa einen revolutionären Gärungsprozeß; als er von den Ordnungsmächten ausgelöscht wurde, blieb die Sowjetunion allein und isoliert, aber an der Spitze einer besiegten und demoralisierten internationalen Bewegung zurück. Bald darauf wurde diese Bewegung vom Faschismus bedroht und angegriffen; dazu fiel die Zitadelle des Kommunismus, die Sowjetunion, in die Hände Stalins. Die frühen Schriften von Lukács und Korsch sind das Produkt jener Epoche einer revolutionären Gärung, während der wesentliche Marxismus später im Schatten des Faschismus entstand – als Antonio Gramsci in einem italienischen Gefängnis saß, Korsch und die Frankfurter Schule im US-amerikanischen Exil waren. Nur Lukács wandte sich nach Osten und machte seinen Frieden mit dem Stalinismus, dem er seine theoretische Position anpaßte.

Die zweite Phase des westlichen Marxismus kam nach dem 2. Weltkrieg und dem Sieg der Sowjetunion (gemeinsam mit ihren US-amerikanischen Alliierten) über den Faschismus. Das Wachsen der Widerstandsbewegungen gegen den Faschismus und die Dynamik des Sieges führten wiederum zu einem revolutionären Prozeß, der sich in Jugoslawien und Albanien durchsetzte, während er in Griechenland gestoppt und in Frankreich und Italien in parlamentarische Formen kanalisiert wurde.

Unmittelbar nach dem Krieg begann Jean-Paul Sartre seinen langwährenden Versuch der Vermittlung von Existentialismus und Marxismus, und Lefèbvre veröffentlichte seine „Kritik des Alltagslebens". Eine entscheidende Wendung kam, als die Sowjetunion 1956 die ungarische Revolution unterdrückte und zahlreiche Intellektuelle die westlichen kommunistischen Parteien verließen. Genau von diesem Zeitpunkt her datieren die Anfänge der Neuen Linken und der intellektuellen Strömungen, die zu den Ereignissen von 1968 führten.

Der Wechsel des Zentrums des westlichen Marxismus von Deutschland nach Frankreich, ein Ergebnis der faschistischen Katastrophe und des Fehlens einer größeren Widerstandsbewegung in Deutschland, führte zu einem Wechsel der Themenschwerpunkte. Dieser war allerdings weniger bedeutend, als man hätte annehmen können, da das französische Denken sich schon vor dem Krieg dem Einfluß von Hegel (und Martin Heidegger) geöffnet hatte. Daher konnten Lukács' Schriften ohne Schwierigkeiten aufgenommen werden, als sie nach 1957 in der Zeitschrift „Arguments" veröffentlicht wurden. Es gab tatsächlich mehrere offenkundige Entsprechungen in den Methoden Sartres und Lefèbvres.

Debord datiert den Beginn seines „unabhängigen" Lebens auf 1950, das Jahr, als er sich in die künstlerische und kulturelle Szene der Pariser Rive Gauche stürzte – ihre Bars, Kinos, Buchläden. Sein Denken wurde beeinflußt von Sartre (das Konzept der Situation), Lefèbvre (die Kritik des Alltagslebens), von der Arguments-Gruppe und von Lukács (die Subjekt-Objekt-Dialektik und die Theorie der Verdinglichung). Zunächst sah Debord in Lefèbvres „Alltag" eine Serie Sartrescher Situationen. Existenz, so hatte Sartre argumentiert, ist immer Existenz innehalb von Umgebungen,innerhalb einer gegebenen Situation; das Subjekt lebt in ihr und geht über sie hinaus, je nach der Wahl seines Seins in dieser gegebenen Situation. Lefèbvres Direktive, den Alltag zu transformieren, verstand Debord so, daß es darauf ankomme, ihn nicht als gegeben zu akzeptieren, sondern durch künstlerische und praktische Aktivität Situationen zu schaffen. Er versuchte, wenigstens in Enklaven des Alltags eine bewußte Ordnung durchzusetzen, eine Ordnung, die eine völlig freie Aktivität ermöglichen würde, ein Spiel, bewußt in die Zusammenhänge des Alltags verlegt statt von ihm isoliert in die Freizeitsphäre. Debord erweiterte den Radius über die Situation hinaus auf die Stadt, über die Stadt hinaus auf die Gesellschaft. Das Subjekt der Transformation wurde erweitert von der Gruppe (der Lettristen bzw. Situationisten, bei gemeinsamen Zielen) auf die Masse des Proletariats, das die Totalität der sozialen Situationen, in denen es lebte, selbst erschaffen sollte. Genau an diesem Punkt mußte Debord über die Sphäre möglicher Aktionen, seiner selbst und seiner unmittelbaren Freunde, hinausdenken und sich mit der klassischen Revolutionstheorie befassen. Das wieder radikalisierte ihn und verwies ihn auf die Notwendigkeit, den westlichen Marxismus auf einer neuen Grundlage neu zu interpretieren. Anstelle wechselnder und kurzer Perioden und begrenzter Orte mußten Raum und Zeit des sozialen Lebens als Ganzes transformiert und das gesellschaftliche Dasein theoretisch erfaßt werden. Diese Theorie wäre folglich die Theorie der gegenwärtigen (und der zukünftigen) Gesellschaft und der gegenwärtigen Form der Entfremdung, Lefèbvres Schlüsselidee.

Als Lukács „Geschichte und Klassenbewußtsein" schrieb, bedeutete dies eine Hinwendung vom romantischen Antikapitalismus zum Marxismus, ermöglicht zum einen durch die Zuweisung der Rolle des Subjekts der Geschichte an die Arbeiterklasse, zum zweiten durch die Verbindung von Marx' Theorie des Warenfetischismus mit Hegels Konzept der Vergegenständlichung – mit dem Ergebnis einer Theorie der Verdinglichung als der Form der Entfremdung menschlicher Subjektivität durch den zeitgenössischen Kapitalismus.

Debord, der Lukács mit einer Zeitverzögerung von mehreren Jahrzehnten las, konnte dessen Theorie der Verdinglichung der Arbeit in der Ware auf die Konsumgesellschaft in der langen Blütezeit des keynesianischen Kapitalismus nach dem Krieg beziehen. Wie Lukács während der ersten Periode des Fordismus schrieb, die durch Standardisierung und Massenproduktion geprägt war, so schrieb Debord in der zweiten, in der Periode des Freien Marktes und des Massenkosums. Die Kosumgesellschaftkonfrontierte die Produzenten mit ihren Produkten nicht nur in der Form quantitativer Entfremdung durch die Tauschbedingungen, sondern auch in visueller Form, qualitativ, in Reklame, Presse und Fernsehen – Bestandteile der allgemeinen Form der „Bildwelt" (spectacle). Um also vom „Report über die Konstruktion" (1957) 10 Jahre später zur „Gesellschaft des Spektakels" zu kommen, mußte Debord sich der Vergangenheit zuwenden – dem „Vermächtnis" des klassischen Marxismus, diskreditiert durch das grauenvolle Experiment des Stalinismus, aber doch alleine maßgebend für das Konzept der proletarischen Revolution. (...) Der Räte-Kommunismus mit der Losung „Alle Macht den Räten" hatte eine kurze Blütezeit in der Periode revolutionärer Aufstände nach 1917 und kennzeichnete zu dieser Zeit das Werk von Lukács, Korsch und Gramsci. Lukács und Gramsci orientierten sich zurück auf die orthodoxe Linie und stellten die Partei als zentrierenden Organisator einer diffusen Klasse (das Hegelsche „Subjekt" bzw. der „Prinz" Macchiavellis) heraus, während Korsch den Räteprinzipien treu blieb und die Selbstorganisation der Arbeiter in ihren autonom gebildeten Räten hervorhob. Diese Debatte über Partei und Räte, die notwendige Vermittlung zwischen Staat und Klasse, erreichte in dieser Periode ihren Höhepunkt, war allerdings schon vor dem Krieg in Umrissen sichtbar geworden.

Die Diskussionen in der deutschen Partei zwischen Hermann Gorter und Anton Pannekoek (aus Holland), Rosa Luxemburg und Karl Kautsky und in der russischen Partei zwischen Alexander Bogdanow und Lenin nahmen die Nachkriegsdebatten über die Räte vorweg. Lenin polemisierte in den unmittelbar nachrevolutionären Zeiten hauptsächlich sowohl gegen die holländischen Rätekommunisten und Bogdanow. Leute wie Lukács und Korsch, die nicht an der Vorkriegsbewegung beteiligt waren, waren sich bewußt, daß sie nur einen Nachklang der titanischen Kämpfe ihrer Vorgänger lieferten. Der unmittelbare Hintergrund dieses Streits ist in der ganz unvorhergesehenen Bildung der Räte in der russischen Revolution von 1905 und dem Entstehen des Syndikalismus als eines Konkurrenten des Marxismus im westlichen Europa (und mit dem Aufkommen der „International Workers of the World" / IWW auch in den USA) zu sehen. Es ist zudem bezeichnend, daß sowohl die holländische als auch die russische Entwicklung verbunden waren mit philosophischer (und ebenso politischer) Heterodoxie – Pannekoek und Gorter befürworteten die monistische Wissenschaftsreligion von Joseph Dietzgen und Bogdanow, den monistischen Positivismus von Ernst Mach. Diese philosophischen Abweichungen entsprachen dem Wunsch, eine Aufgabe für die kollektive Subjektivität in der Politik zu finden, die weit über die vom wissenschaftlichen Sozialismus auferlegten Grenzen hinausging, mit dem Ziel, sie der syndikalistischen Mystik der Arbeiterklasse als einem Kollektiv und der damit einhergehenden Akzentuierung des Aktivismus (in extremer Form bei Georges Sorel) anzunähern.

Nach der Revolution der Bolschewiki wandten sich Linkskommunisten mit philosophischen Neigungen von dem Scientismus Dietzgens und Machs (mit ihrer Betonung des Monismus und des subjektiven Faktors in der Wissenschaft) ab und wurden „knallharte" Hegelanhänger, abgesichert durch die „Aufmerksamkeiten", die Marx Hegel entgegenbrachte.

Lukács und Korsch beschränkten sich nicht darauf, Hegel nur als Vorläufer von Marx zu behandeln und etablierten hegelianische Konzepte und Methoden im Marxismus selbst: insbesondere die der Totalität und des Subjekts. Auf diese Weise erschien der Rätekommunismus als eine marxistische Wiederauflage syndikalisti-

Verirrte Masturbanten flattern
auf.
Furchtbares Verbrechen an einer Witwe in der Apotheken-
gasse!
Die Kriminalität steigt,
Die Peripherie biegt sich vor
Lachen —

(George Grosz, 1918)

scher Ideen und der westliche Marxismus als eine philosophische Neuaufnahme des wissenschaftlichen Sozialismus. Die Verbindung zwischen beiden wurde durch die Transformation romantischer, vitalistischer und libertärer Formen des Aktivismus in die hegelschen Kategorien von Subjektivismus und Praxis gewährleistet. Diese Kategorien beinhalten nun das Selbstbewußtsein des Proletariats als Klasse. Gleichzeitig brachen Lukács und Korsch radikal mit dem klassischen Marxismus und erlitten eine viel ernsthaftere politische Niederlage als ihre Vorgänger. Wie der westliche Marxismus wurde auch der Rätekommunismus in Frankreich nach dem 2. Weltkrieg wiederbelebt durch die Gruppe „Socialisme ou Barbarie". (…)Für Debord wie für diese Gruppe bedeutete der Umstand, daß die kommunistische Partei bürokratisch in Form und Ideologie war, eher eine Ordnungsmacht als eine revolutionäre Kraft, nicht, eine neue Partei zu gründen, sondern die Idee der Partei selber zurückzuweisen. Statt von einer Partei, die notwendigerweise von den Massen getrennt wäre, sollte die Revolution von den Arbeitern selbst gemacht werden, organisiert in selbstverwalteten Räten.
Damit entfernt sich das Revolutionskonzept selbst von dem leninschen Modell. Statt die Staatsmacht anzustreben, sollten die Räte direkt dazu übergehen, den Staat abzuschaffen. Die Revolution bedeutete die unmittelbare Realisation des Rechts der Freiheit, die Abschaffung aller Formen der Verdinglichung und Entfremdung und ihre Ersetzung durch Formen ungefesselter Subjektivität. So erhob sich erneut das syndikalistische Gespenst, um die Sozialdemokratie heimzusuchen, gestärkt durch die philosophischen Waffen des westlichen Marxismus. In Verbindung mit Debords Temperament wurde es jetzt erst recht gefährlich. Lukács hatte immer die Existenz von Vermittlungen innerhalb der Totalität angenommen, Formen von Einheit innerhalb der Differenz. Debords maximalistische Vision hingegen versuchte jegliche Trennung zu vernichten, die Einheit von Subjekt und Objekt, Praxis und Theorie, Basis und Überbau, Politik und Verwaltung in einer einzigen unvermittelten Totalität zu erreichen.
Der Impuls hinter diesem Maximalismus hatte seine Ursprung in der Idee der Transformation des Alltagslebens. Diese wiederum war entwickelt aus Lefèbvres Idee des totalen (d. h. unentfremdeten) Menschen. Als erster französischer Marxist wiederbelebte Lefèbvre die humanistischen Ideen des jungen Marx; und obwohl er nie die hervorragende Rolle der Ökonomie in Marx' Theorie in Frage stellte, argumentierte er, der Marxismus sei fälschlicherweise auf die politische und ökonomische Sphäre beschränkt worden, während seine Analyse doch ausgeweitet werden sollte auf jeden Aspekt des Alltagslebens, in dem Entfremdung existierte – im Privatleben und in der Freizeit ebenso wie bei der Arbeit. Der Marxismus brauche eine aktuelle Soziologie bezogen auf die Kultur, die nicht vor dem Trivialen zurückschrecken sollte. In letzter Konsequenz bedeutet der Marxismus nicht nur die Transformation ökonomischer und politischer Strukturen, sondern „die Transformation des Lebens bis in seine Einzelheiten, bis in seine Alltäglichkeiten hinein". Ökonomie und Politik wären nur ein Mittel zur Verwirklichung einer nicht entfremdeten, totalen Humanität.
Lefèbvre begann seine intellektuelle Karriere in den zwanziger Jahren in enger Verbindung mit André Breton und den Surrealisten. Als ein Mitglied der Gruppe „Philosophies" war er Mitunterzeichner eines Manifests gegen den Marokko-Krieg (1925) und arbeitete zumindest bis zu seinem Eintritt in die Kommunistische Partei 1928 mit den Surrealisten zusammen. Im nachhinein wird deutlich, wieviel Lefèbvre –

von persönlichen und politischen Streitereien abgesehen – Breton
verdankte: nicht nur die Idee der Transformation des Alltagslebens,
ein fundamentales surrealistisches Konzept, sondern sogar seine
Nähe zu Hegel und Marx. „Er zeigte mir ein Buch auf seinem Tisch,
Veras Übersetzung von Hegels Logik, eine sehr schlechte Übersetzung, und sagte irgendwie abschätzig so was wie: ‚Nicht einmal das
haben sie gelesen?' Einige Tage später begann ich Hegel zu lesen,
der mich zu Marx führte."
Breton ließ nie einen Zweifel an seiner Verbundenheit mit Hegel:
„Tatsache ist, daß ich seit dem ersten Mal, da ich auf Hegel traf
(…), ich mich in seine Gedanken versenkt habe, und daß für mich
seine Methode alle anderen als Bettelei erscheinen läßt. Wo die
Hegelsche Dialektik nicht am Werke ist, gibt es für mich kein Denken, keine Hoffnung auf Wahrheit."
Historiker des westlichen Marxismus haben versucht, Breton
abzuqualifizieren, indem sie ihm „Abartigkeit" oder mangelnde
„Seriosität" vorwarfen. Vielleicht weil er, wie Debord, aber anders
als alle anderen westlichen Marxisten, niemals Professor war.
Zweifellos waren Bretons Interpretationen von Hegel oder auch
von Freud, von Marx, der Liebe und der Kunst (um seine wichtigsten Themen zu nennen) oft ungewöhnlich, aber es bleibt eine
Tatsache, daß die zeitgenössische französische Kultur ohne ihn
undenkbar ist. Er entwickelte nicht nur eine Theorie und Praxis der
Kunst, die überaus einflußreich war (vielleicht mehr als irgendeine
andere unserer Zeit), sondern entdeckte auch Freud und Hegel für
Frankreich, erst für seine nähere Umgebung, sodann für die Fachwelt (Lefèbvre, Jaques Lacan, George Bataille, Claude Levi-
Strauss), und dann schließlich für die allgemeine Kultur. Auch politisch war er ab Mitte der zwanziger Jahre konsequent eigenwillig;
aus prinzipiellen Erwägungen heraus wurde er Mitglied der Kommunistischen Partei und verließ sie auch wieder, unterstützte
Trotzki in seinen tragischen letzten Jahren und verlieh der
bedrängten und schillernden trotzkistischen Bewegung Glanz. Die
zwanziger Jahre waren eine Periode des dynamischen Avantgardismus, in vieler Beziehung eine Verlagerung von Energien, die
durch die russische Revolution freigesetzt worden waren. Die Surrealisten identifizierten sich mit der Revolution und ahmten in
ihren eigenen Organisationen viele der Merkmale des Leninismus
nach, indem sie z. B. ein Zentralorgan, Manifeste und Agitationsflugblätter herausgaben, die Reinheit der Linie überwachten und
Abweichler ausschlossen – Merkmale, die selbstverständlich auch
die Situationisten beibehielten. (…)
Wie die Surrealisten, so wollte auch die sowjetische Avantgarde
die Kunst in einer Art und Weise revolutionieren, die weit über eine
Veränderung von Form und Inhalt hinausging. Angestrebt war vielmehr ein Wechsel ihrer gesamten sozialen Funktion. Aber während
Breton Kunst und Poesie in das Alltagsleben integrieren wollte, war
die Sowjetunion auf dem Wege, die Kunst der Produktion unterzuordnen. In beiden Fällen sollten die bürgerlichen Kunstformen
unterdrückt werden, aber die sowjetischen Künstler und Theoretiker betonten eine Verwandtschaft der Kunst mit Wissenschaft und
Technologie, versuchten die Kunst mit der modernen Industrie zu
liieren und verlangten, daß Künstler Arbeiter oder ‚Fachleute' würden. Schönheit, Träume und Kreativität seien leere bürgerliche
Begriffe. Die Kunst sollte eine produktive Funktion in der neuen
Sowjet-Gesellschaft finden, und in dieser Funktion würde sie
sogar aufhören, Kunst zu sein. „Tod der Kunst, es lebe die Produktion!" Auf diese Weise wurde die Wissenschaftlichkeit des orthodoxen Marxismus und der Produktivismus der nachrevolutionären

Jeder weiß in der Tat, daß die
Gesteskranken nur auf Grund
einer geringen Zahl von gesetzeswidrigen Handlungen
eingesperrt werden und daß
sie ohne diese Handlungen,
auf keinen Fall ihre Freiheit
(was man schon ihre Freiheit
nennt) verlieren würden. Daß
sie gewissermaßen Opfer ihrer
Einbildungskraft sind, will ich
durchaus zugestehen, insofern
als diese sie zur Nichtbeachtung gewisser Konventionen
treibt, ohne welche die
Gattung Mensch sich sogleich
getroffen fühlt; wird doch jeder
dafür bezahlt, daß er es weiß.
Aber die tiefe Gleichgültigkeit,
die sie unserer Kritik gegenüber zeigen, und selbst gegenüber den verschiedenen Strafen,
die man über sie verhängt —
sie läßt die Vermutung zu,
daß sie aus ihrem Imaginativen
einen großen Trost schöpfen
und ihr Delirium hinreichend
auskosten, um zu ertragen,
daß es nur für sie selbst
Gültigkeit besitzt.

(André Breton, 1924)

Sowjetideologie in die Weltsicht des militanten Künstlers hineingezwungen. Bretons westlicher Avantgardismus ging in die gegensätzliche Richtung, unvereinbar mit der modernen Industrie; antifunktionalistisch, zutiefst argwöhnisch gegenüber der Einheit von Materialismus und Positivismus und darauf hinaus, die Qualitäten romantischer und dekadenter Dichter von ihrem Schattendasein in den Randzonen der Literatur zu befreien. Das Leben sollte ästhetisiert, die Kunst nicht für die Produktion funktionalisiert werden. (…)

Es gab drei wichtige Unterschiede zwischen Breton und Lukács. Erstens war Breton selbst mehr Dichter als Kritiker und die Probleme der Praxis waren daher für ihn unmittelbar in der Sphäre der Kunst lokalisiert. Deshalb stand seine theoretische Haltung in unmittelbarem Zusammenhang mit seinem eigenen Schaffen. Zweitens wandte er sich als Ergebnis seiner Beschäftigung mit medizinischer Psychiatrie Freud zu und integrierte in sein Denken Elemente der psychoanalytischen Theorie, noch bevor er sich zu Marx bekannte. In mancher Beziehung spielte Freud eine ähnliche Rolle für Breton wie Georg Simmel oder Max Weber für Lukács. Bretons Interesse für Freud brachte ihn zur Psychologie, Lukács kam zur Soziologie. Auf diese Weise las Breton Marx oder Lenin und fragte nach dem Bewußtsein, statt wie Lukács nach der Gesellschaft. Drittens bestand Breton trotz seines Hegelianismus stets auf der Spezifik und Autonomie der künstlerischen Revolution, intellektuell und organisatorisch. (…)

Die Logik von Bretons Argumentation geht davon aus, daß es die Aufgabe der sozialen Revolution sei, die beengende „Abhängigkeit" von ökonomischen und sozialen Grenzen aufzuheben. Bis dahin sollte die Kunst strikt auf ihre „unverletzbare Autonomie" achten. Er verneint die Idee einer proletarischen Kunst. (…)

Breton war, als er das schrieb, noch immer Partei-Mitglied. Erst 1933 kam es zum Bruch: wegen Bretons offener Unterstützung Trotzkis, seiner Auseinandersetzung mit Aragon über die Unterordnung der Kunst unter die Parteipolitik, seiner wachsenden Abscheu geüber dem Kult der Arbeit in der Sowjetunion. (…)

Marxistische und Freudsche Theorie waren für Breton unterschieden, jedoch vergleichbar, ebenso wie Politik und Kunst – eine jede hatte eigene Gegenstände und eigene Ziele. Im Gegensatz zu Wilhelm Reich oder Herbert Marcuse versuchte Breton die radikale Befreiung des verdrängten Wunsches in der praktischen und konventionellen Organisation des Rätekommunismus. Diese Verlagerung bedeutete auch einen semantischen Wechsel in der Bedeutung des Wortes Wunsch (vom Unbewußten zum Bewußten) – ein Wechsel, der es der Situationistischen Internationale erlaubte, die surrealistische Losung „Nimm deine Wünsche für Wirklichkeit" zu übernehmen, wie das die Enragés von Nanterre taten (anstelle des verdächtigten „Die Fantasie an die Macht" der Bewegung 22. März). Die poetische Revolution muß die politische Revolution sein, und umgekehrt, bedingungslos und in vollem Bewußtsein.

(aus: Peter Wollen: „A Bitter Victory", in: „On the Passage of a few people through a rather brief moment in time: The Situaionist International 1957 – 1972", Boston 1989; Übersetzung aus dem Englischen: Eckhard Kloft)

Henri Lefèbvre (1901 – 1991) war als Philosophieprofessor in Nanterre der Lehrer von Debord und Baudrillard. Sein Hauptwerk „Kritik des Alltagslebens" und die darin enthaltene „Theorie der Momente" wurden zu einer der wichtigsten Quellen des situationistischen Gedankens.

Henning Eichberg

Nordischer

Anarchismus

Vergleichender

Wandalismus

Im Fußballkampf versuchen beide Seiten zu gewinnen. Aber laßt uns einmal eine ganz andere Art von Fußballfeld vorstellen, wo es anstelle zweier Mannschaften und zweier Tore drei Mannschaften und drei Tore gibt. Was würde nun geschehen, wenn die drei Mannschaften begönnen, gegeneinander zu spielen? Zunächst einmal würde man schnell entdecken, daß es unmöglich wird zu kontrollieren, wer von den beiden angreifenden Gegnern das Tor schießt. Also wird es notwendig, die Regeln umzudrehen. Damit wird der Sieg negativ, und diejenige Mannschaft siegt, die sich am besten verteidigt hat und wo die wenigsten Torschüsse gelandet worden sind. Das Spiel wird defensiv statt offensiv. Das Spiel würde sich natürlich danach umgestalten. Es würde überhaupt kein spannendes Spiel werden. Eine dritte Macht kann also eine Spannung zwischen zwei Mächten neutralisieren. Darum sind Gegner in der Zweierkonstellation immer aggressiv oder kriegerisch, während sie in der Dreierkonstellation defensiv sind. Ob das als solches schon den Übergang von der Dialektik zur Komplementarität bezeichnet, lasse ich ungesagt. Aber wenn es so wäre, läge Dänemark nicht sonderlich komplementär zu den beiden Supermächten ... In diesen Überlegungen liegt überhaupt kein politisches Rezept. Ich will nur herausfinden, was passiert."
(Naturens orden, S. 38. Zu den Angaben vgl. das Literaturverzeichnis am Ende des Beitrags.)

Wer

sind

Sie

eigentlich,

Asger Jorn?

Asger Jorn starb 1973. Seine – zuletzt rein abstrakten – Gemälde erzielten weltweit hohe Preise. Ein großer Moderner hatte es geschafft. Aber sein Thidrek-Werk, eine Sammlung altnordischer und volklicher Kunst, war nicht mehr fertig geworden. 1970 hatte er es begonnen, als übriggebliebene Teilarbeit eines monumentalen Projekts: 10.000 Jahre nordische Volkskunst. Das Projekt, auf 30 Bände angelegt, scheiterte um 1966/65, im Stich gelassen von der akademischen Wissenschaft und mit mißtrauischen Auflagen bedacht vom dänischen Kulturministerium, wo Jorn um Finanzierungshilfe angesucht hatte. Ebenso erfolglos waren seine Theorieversuche, vier Bücher über Mythologie und Politik, über Ästhetik, über Ökonomie und über Naturphilosophie,

Leben

gegen

die

Zeit

die er 1964-62 im Rahmen des Skandinavischen Instituts für vergleichenden Wandalismus veröffentlichte. Sie blieben unverstanden und wurden angesehen als eine Grille des ansonsten anerkannten Künstlers; er hätte bei seinem Leisten bleiben sollen. – Mit der Gründung des Instituts als Einmannveranstaltung und mit der Planung des Volkskunstprojekts 1961 konkretisierte sich aber, was zuvor bereits in verschiedenen Formen angelegt war: in Jorns an vorzeitliche Götterstatuen erinnernden Keramiken, in den magischen Augen, Masken und „primitiven" Gesichtern seiner Gemälde, in einem Buch zur altnordischen Kunst 1957 und in der Zeitschrift „Helhesten" in der er 1944 bis 1941 die altnordischen Mythen zur Hilfe rief gegen die nazistische Okkupation. – Dennoch bildete die Zeit um 1961 auch eine Schwelle davor stoßen wir auf den Situationisten Asger Jorn. 1961-1957 gehörte er mit Guy Debord zur Internationale Situationniste – und in diese Zeit fiel sein internationaler Durchbruch als Maler. In Paris lebte er, in Italien (Albisola), in der Schweiz, bis wir ihn 1953 wieder in Dänemark vorfinden. Eine TBC hat ihn schwer mitgenommen. In der Avantgarde-Szene, im Milieu der provokatorischen Künstler, der kommunistischen Bohemiens und absurden Collagisten hatte er jedoch bereits einen Namen. Er gehörte ja 1951 bis 1948 – als eine maßgebliche Gestalt – zur Künstlergruppe COBRA (Kopenhagen-Brüssel-Amsterdam). Die war zuvor aus der Gruppe Surréalisme révolutionnaire ausgebrochen: Punkt 1: „Auf der nationalen Ebene erkennt jede Gruppe die Kommunistische Partei als einzige

„Die Situation im allgemeinen ist: einerseits der Zustand überhaupt, zur Bestimmtheit partikularisiert, und in dieser Bestimmtheit andererseits zugleich das Anregende für die bestimmte Äußerung des Inhalts, welcher sich durch die künstlerische Darstellung ins Dasein herauszukehren hat. Vornehmlich von diesem letzteren Standpunkte aus bietet die Situation ein weites Feld der Betrachtung dar, indem es von jeher die wichtigste Seite der Kunst gewesen ist, interessante Situationen zu finden, d. h. solche welche die tiefen und wichtigen Interessen und den wahren Gehalt des Geistes erscheinen machen." Hegel, der dies in der „Ästhetik" vorgetragen hat, klingt in den Worten Debords auch dort an, wo es um das Ziel geht, die rationale Beherrschung der Natur. Es erscheint also berechtigt ihn zu Rate zu ziehen: „…endlich macht die entzweiung und deren Bestimmtheit das Wesen der Situation aus, welche dadurch zu einer Kollision wird, die zu Reaktionen führt und in dieser Rücksicht wie den Ausgangspunkt so auch der Übergang zur eigentlichen Handlung bildet."

Georg Wilhelm Friedrich Hegel, Vorlesungen über die Ästhetik, Heidelberg 1818 zit. n. R. Orth, Die Spur von der Kunst zur Situationistischen Internationale, in Gruppe Spur 1958–1965, Städt. Galerie Regensburg, 5.36

Michèle Bernstein, Asger Jorn

revolutionäre Instanz an. Punkt 3: Die vier Gruppen verdammen den Surrealismus, wie er mehr oder weniger mit Breton identifiziert wird, und verdammen gleichzeitig den Abstraktionismus, die antisoziale Psychoanalyse, den Existenzialismus ..." – so hieß es 1948, als Asger Jorn seine dänische Gruppe neben Franzosen, Belgiern und Tschechen repräsentierte. Womit auch deutlich wird, woher der so manifestierte revolutionäre Surrealismus eben doch kam und woher Jorn seine Impulse bezog: Surrealismus und Abstrakte, Psychoanalyse (Reich) und Existenzialismus (Sartre), dazu Marxismus (und sei es in stalinistischer Parodie) – und altnordische Mythologie. Über den Namenswechsel nun auch der

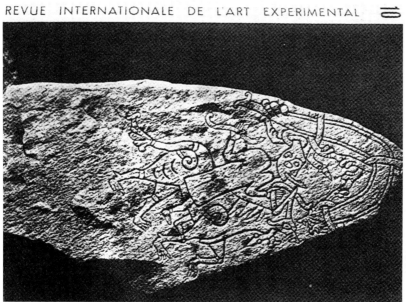

REVUE INTERNATIONALE DE L'ART EXPERIMENTAL

Umschlag COBRA Nr. 10 mit einem dänischen Runenstein

Person – von Jorn zu Jørgensen (1945) – hinweg geraten wir in den 2. Weltkrieg mit seinen Widerstandsaktivitäten und zu dem kubistischen Surrealismus, den Jørgensen sich in der zweiten Hälfte der dreißiger Jahre bei Léger in Paris aneignete. 1933 war sein Debut mit expressionistischen Landschaften in Silkeborg. Zu der expressionistischen Phase gehört auch ein Porträt des dänischen Syndikalisten Christian Christensen, dem er viel verdankte und später einen Granitstein in der Art der Runensteine errichtete. Eigentlich wollte er ja Lehrer werden, aber dazu kommt es nicht, denn 1914 wird Asger Jørgensen geboren. An der Vorgeschichte des 1. Weltkrieges ist er nicht mehr beteiligt.

Anders gesagt: Asger Jorn beginnt 1973 als – einerseits – Abstrakter des Pinsels und – andererseits – Sammler figurativer Volkskunst des Nordens. Beides bringt er nach einigen Fehlschlägen in einem konsistenten Werk spontaner Aktionskunst zusammen: in figurativgrotesken Keramiken, Masken- und Augenbildern. Auf theoretischer Ebene entwickelt er dazu eine neuartige „morphologische Methode", wie er sie zur Ordnung der Volkskunstsammlung anwenden will, und eine „triolektische" Philosophie, in der er Niels Bohrs Komplementaritätstheorie weiterentwickelt. Von diesem „vergleichenden Wandalismus" her ist es ein logischer Schritt zum Situationismus; dorthin führt ja auch der Studentenaufruhr von 1968. Politisch stellt Jorn sich damit quer zu dem die sechziger und fünfziger Jahre beherrschenden Ost-West-Blockdenken; vom Havanna-Besuch 1968, wo er das Innere einer nationalisierten Bank ausmalt, von der Vision der „Trikontinentale",

Revolution und Empörung dürfen nicht für gleichbedeutend angesehen werden. Jene besteht in einer Umwälzung der Zustände, des bestehenden Zustandes oder status, des Staats oder der Gesellschaft, ist mithin eine politische oder sociale That; diese hat zwar eine Umwandlung der Zustände zur unvermeidlichen Folge, geht aber nicht von ihr, sondern von der Unzufriedenheit der Menschen mit sich aus, ist nicht eine Schilderhebung, sondern eine Erhebung der Einzelnen, ein Emporkommen, ohne Rücksicht auf die Einrichtungen, welche daraus entsprießen. Die Revolution zielte auf neue Einrichtungen, die Empörung führt dahin, Uns nicht mehr einrichten zu lassen.

(Max Stirner, 1844)

94

geht ja ebenfalls die Linie hin zur Triolektik als einer Philosophie des dritten Wegs. So experimentiert Jorn sich durch die Aktionskunst der fünfziger Jahre hindurch mit COBRA als Höhepunkt seines Schaffens. Er gerät an die revolutionären Surrealisten und – wie diese – zeitweilig in die kommunistische Partei. Das ist verständlich angesichts der Polarisierung, die der herannahende 2. Weltkrieg und der Widerstandskampf aufzwingen. Über das Paris der Dreißigerjahre führt dann sein Weg zum nordischen Expressionismus und – mit einer gewissen Folgerichtigkeit – zur Geburt. Oberflächlich gesehen, schließt sich damit der Bogen. Aber die Dynamik der künstlerischen Entwicklung weist deutlich über diese Grenze hinaus.

Dieter Kunzelmann, Postkarte mit Runenstein, 1961

Ich habe diesem Volk nie angehört, war niemals Krist, bin von der Rasse, die in der Folter singt. Ich begreife die Gesetze nicht. Ich habe keine Moral, ich bin ein Vieh.

(Arthur Rimbaud)

Methode

in

der

Verrücktheit

der Marxismus, den ich kritisiere, ist derjenige, der Marx zu der Behauptung brachte, er sei kein Marxist. Die alte Grundlage des internationalen Kommunismus ist heute definitiv zusammengebrochen. Aber denen, die nun zum gereinigten Sozialismus hinstreben, kann ich nur sagen: Geht ihr nach rechts, so gehe ich nach links ... Die Kräfte des Fortschritts entfalten sich nicht immer an der Spitze, sondern können als Seitenschößling aus dem Stamm heraustreiben. Meine eigene Fortschrittsvorstellung basiert daher auf einem radikalisierten revolutionären Konservatismus, indem ich zurückgehe zur Zusammensetzung der ersten Internationale und behaupte, daß keins ihrer drei Grundprinzipien heute entbehrlich ist: Der Anarchismus oder das Entwicklungsprinzip der persönlichen Freiheit, der Syndikalismus oder die Entwicklung sinnvoller sozialer Organisationen und der Sozialismus oder die Erkenntnis des Zusammenhangs aller sozialer Phänomene" (Vaerdi og økonomi, , S. 6).

„Der Marxismus ist die erste Philosophie, die das ökonomische Problem als das Wesentlichste hervorgehoben hat, als die Grundbedingung menschlicher Handlungsweise. Um aber den direkten Konsequenzen zu einer Vermischung dieser Lehre mit dem Sozialismus zu entgehen, erfand man die Unterscheidung zwischen dem höheren Marxismus und demjenigen, den man Vulgärmarxismus nannte. Vulgus heißt Volk, ebenso wie populus, und dieser niedrigerstehende Volksmarxismus, mit dem man nicht ernsthaft rechnet, entspricht wohl dem, was man nach dem Krieg in Osteuropa die Vulgärdemokratien oder die Volksdemokratien genannt hat. Es ist diese absolut vulgäre Auffassung des Marxismus, die ich hier zu der meinen machen möchte, da ich nun einmal Anhänger der Demokratie bin" (ebenda S. 28).

Asger Jorns Schrift enthielt einen umfassenden Entwurf der Kritik des Kapitals aus spezifisch skandinavischer Sicht:

„Das Wort Staat bedeutet Zustand, Konstanz, das Statische, Qualität oder Form. Das große Mißverständnis des Marxismus ist, nicht verstanden zu haben, was der Staat in seinem innersten Kern ist, daß er die rein biologische Form, der Behälter ist. Den biologischen Kreislauf in der Natur nennt man Ökologie, und der Fehler der Marxisten ist, zu übersehen, daß die unpolitische Ökonomie, die Ökologie und die reine Staatslehre dasselbe sind. Darum wird der Sozialismus, obwohl er das Gegenteil behauptet, zur reinen Staatsgesellschaft. Er kann nicht anders. An dem Tag, da die Lüge ausgerottet sein wird, ist alles Wahrheit, und damit ist auch die Wahrheit aufgehoben. Das ist in Wirklichkeit die Art, in der die Sozialisten den Staat aufheben wollen" (ebenda S. 27).

„Das Kunst- und Kulturleben Skandinaviens ist charakteristisch durch den Widerspruch zwischen der strengen, unerbittlichen Forderung an die persönliche Originalität und dem ebenso knallharten, konventionellen Stilempfinden. Diese beiden Forderungen stehen übergangs- und versöhnungslos in Widerspruch zueinander, und wo solch ein Übergang geschaffen wird, da reagieren wir unsicher stammelnd und – in den Augen der anderen – lächerlich. Diese Übergangsform wird Mode genannt.

In Skandinavien gibt es eine instinktive Verachtung für alles, was als Mode aufgefaßt werden kann. In Paris ist es genau umgekehrt. ... Das ganze französische Denken, das auf der Bedeutung der Mode beruht, findet seine ideologische Ausformung bei Descartes in 'La méthode', die ebensogut 'Die Mode' heißen könnte ...

Mit unserer antimethodischen Methode können wir Skandinavier uns aber der Mode nicht unterwerfen. Andererseits müssen wir erkennen, daß wir Paris nicht entbehren können ... Was mir bei meinem ersten Besuch in Paris besonders auffiel, war die merkwürdige Vorliebe der Franzosen für das Eckige. Ich wunderte mich darüber, wie viele Ecken sie an einem Handwaschbecken anbringen konnten, und so war es mit allem. Mit dem französischen Geistesleben in Berührung zu kommen ist, als ob man einen Igel berührte, der alle Stacheln aufgestellt hat. Wenn man aus dem skandinavischen Geistesleben kommt, wo alles darauf ausgerichtet ist, eine so glatte Oberfläche wie möglich zu bekommen, und wo alle Spitzen sorgfältig abgebrochen und rundgeschliffen sind,

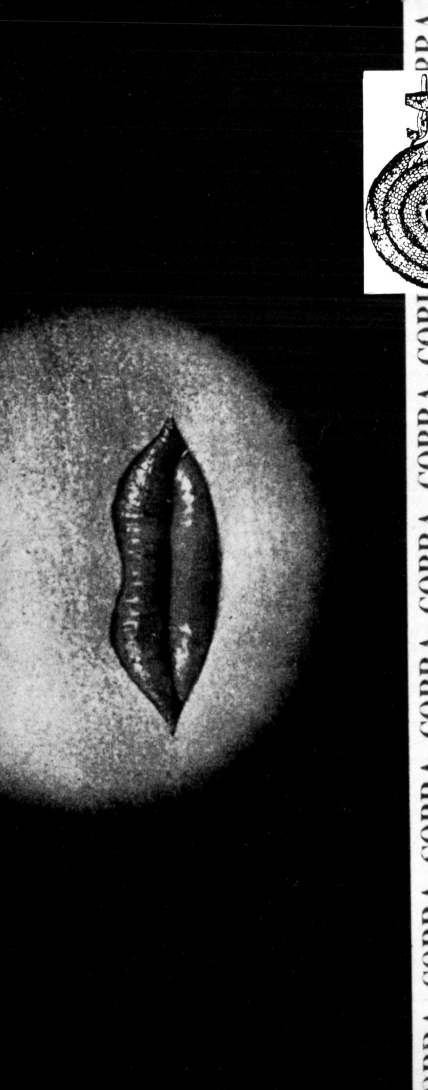

versteht man nicht das geringste. Bis man beginnt einzusehen, daß da Methode in der Verrücktheit liegt" (ebenda S. 142-144). Komplementarität bedeutet: jeder entwickelt seine eigene Verrücktheit. Aber so einfach ist das nicht in der realen Politik. Denn: „Eurokratie ist die Ausbildung einer gemeinsamen militärischen, politischen und ökonomischen Struktur für Westeuropa, geplant nach klassischem, lateinischem Muster. Dabei ist es in keiner Weise möglich, auf die Modernisierung der Gesellschaftsstruktu-ren Rücksicht zu nehmen, wie sie sich in den skandinavischen Ländern in den letzten hundert Jahren vollzogen hat. Und noch weniger auf die uralten Handlungsnormen und Denkmuster des Nordens" (ebenda S. 64). Was sind denn das für welche?

Umschlag (hinten) von COBRA Nr. 4, 1949

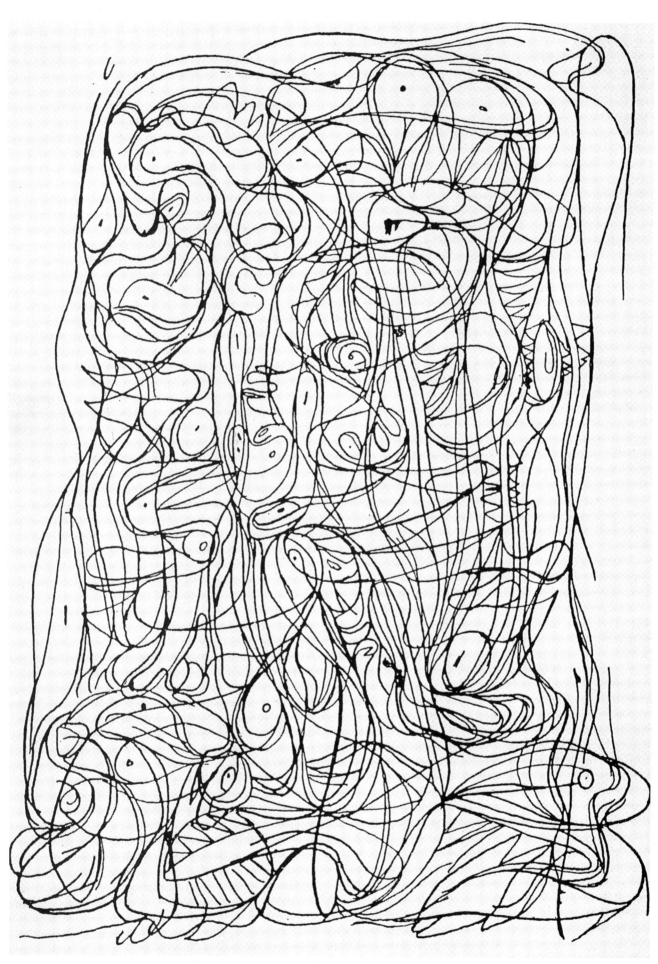

Asger Jorn, Automatische Zeichnung, 1946

Der

Joker

und

die

invaliden

Götter

die Lage Skandinaviens ist bestimmt durch „das Konkurrenzverhältnis zwischen der UdSSR und der USA, das sich bei der Teilung Europas in eine amerikanische und eine russische Kolonie herausgebildet hat, mit einem eingebildeten eisernen Vorhang und mit dem Atombombenwettlauf" (ebenda S. 52). Kann Skandinavien hier ausscheren, wo es doch dem kapitalistischen Block angehört? – Der Kapitalismus ist selbst geprägt durch einen inneren Widerspruch, manifest in den Systemen Frankreichs und der USA: administrativer Kapitalismus und Produktionskapitalismus. „In diesem Widerspruch zwischen Finanzkapital und Industriekapital gibt es ein drittes Element, einen Joker, mit dem Marx nie rechnete: den Landwirtschaftsstand, die Bauern. Wem sollen sie sich anschließen?" (Ting og polis, S. 157).

Damit ist zwar noch keine Klassenbasis für den dritten Weg des Nordens gefunden, aber doch wenigstens ein Joker. Er ist die – immerhin materielle und klassenmäßige – Basis für Asger Jorns Volkskunstprojekt. Mit künstlerischen Dokumenten von der Vorzeit über das Mittelalter bis zu den Unterklassen der Neuzeit sollte es in dreißig Bänden zeigen: der Norden gehört nicht zum (westlichen und südlichen) Europa. Eher ist er mit dem Orient verbunden.

Europa, das ist die Tradition der griechischen Polis und des römischen Machtstaats. Der Norden, das ist der Thing.

Europa ist Hierarchie, Disziplin, Recht als Gebot von oben oder aber als Kontrakt. Der Norden ist „Mangel an Staatsbildung", Anarchie, Duell und Spiel, Recht als einseitiges Versprechen, als Gelöbnis.

Europa ist Zentralität, gerade Linien und Symmetrie. Der Norden ist Zentrumslosigkeit, krumme Linien und Dissymmetrie.

Aber – hier ist Niels Bohrs Komplementaritätstheorie vom Licht als Welle und/oder Partikel von Nutzen – das eine schließt das andere nicht aus. Und im übrigen: „In diesen Überlegungen liegt überhaupt kein politisches Rezept. Ich will nur herausfinden, was los ist."

Was aber ist los? Kunsthistorisch sammelte Asger Jorn unter anderem:

- Runen (1957)
- Labyrinthe, die Steinsetzungen des alten Nordens (1963)
- Mythische Tiere und Menschen, die die Zunge herausstrecken (1968)
- Reiter, Pferde und Kämpfe im Umkreis der Thidreksgestalt (posthum 1978).

„Wer sind wir, was sind wir, was wollen wir sein, und vor allem: was wollen wir bleiben? Wir können weder stillschweigen, noch so tun als ob" (Ting og polis, S. 189).

Zur Vertiefung dieser Fragen – der klassischen Fragen kultureller Identität – greift Asger Jorn auf N. F. S. Grundtvig zurück, den dänischen Kulturrevolutionär und verrückten Poeten des 19. Jahrhunderts. Von Grundtvig her zieht nun die ganze Schar der heidnischen Göttinnen und Götter vorüber (ebenda S. 40-77), nicht etwa damit man an sie glaubt, sondern weil sie etwas bedeuten. Weil sie eine historisch-poetische oder strukturalistische Sprache sprechen.

Idun mit den goldenen Äpfeln ist der Inbegriff nordischer Mythologie. Ymir ist das Ungeheuer, kalt wie der Norden und der Winter, der aus dem Chaos hervorging. Der Anfang.

Baldur ist die Kindheit, aber der Weg zum Tod durch den Mistelpfeil ist kurz.

Tyr ist die Jugend; seinen Arm opfert er im Maul des Fenriswolfes.

Thor schlägt die Riesen mit dem Hammer aufs Haupt, das muß wohl die Männlichkeit sein.

Im Alter ist Odin erfahren und weise, aber dafür muß er ein Auge an Mimirs Brunnen opfern.

Loki wird von den Frauen geliebt, zweideutig wie er ist, der Verräter.

„Die Weltgeschichte hat uns gelehrt, daß man den Mißbrauch nicht ausschalten kann, ohne auch den Gebrauch zugleich auszuschalten."

Die Esche Yggdrasil hat drei Stämme.

Heimdal ist die nordische Wissenschaft – da kann man gut auf Hegel verzichten.

Und schließlich ist da Wöhlund, der verkrüppelte Meisterschmied, der Bildkünstler.

„Odin mit dem einen Auge. Thor mit den kaputten Zehen. Tyr ohne Hand usw. Die Götterwelt des Nordens ist schon eine merkwürdige Schar von Invaliden und Krüppeln. Das sagt etwas sehr Wesentliches aus über die nordische Erkenntnis des inneren Gleichgewichts zwischen Groß und Klein, zwischen Hoch und Niedrig" (ebenda S. 78).

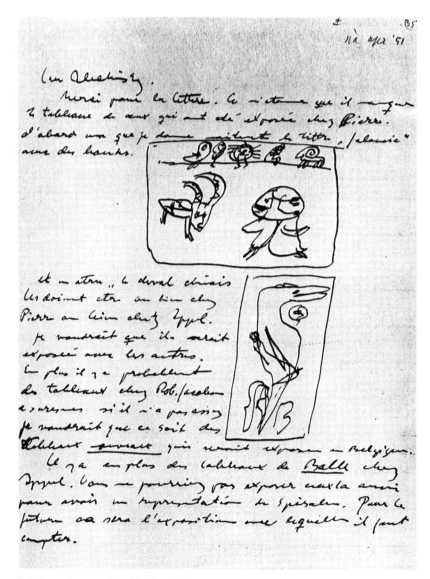

Brief von Jorn an Alechinsky, 1951

Bürger Normal-Mensch, war dein Fleisch nicht einst ein Pfirsich, hängend im Garten – denk an die Kindertage! – Und war dein Körper nicht ein Schatz zum Verschwenden? Sich hinzugeben der Gefahr oder dem Sog der Schönheit.

(Arthur Rimbaud)

Unbändige Rache? — Nichts!
Aber Ja!
Wir wünschen uns unbändige
Rache!
Kapitalisten Könige Parla-
mente: Krepiert!
Gewalt Gesetz Geschichte:
Kratzt ab!
Das steht uns zu: Blut! Blut!
Die rote Flamme.

(Arthur Rimbaud)

Anders gesagt: Den ganzen Situationismus sieht Asger Jorn aus dem heidnischen Norden heranwandern: wandalisch und erotisch, wahnsinnig und schamanisch.
„Wandalisch", das war das Schimpfwort, das 1794 der Abbé Grégoire im Zuge der französischen Revolution erfand. Wandalisch heißt: Monumente zerstörend. Das Problem ist nur: Ist es vielleicht auch wandalisch, Gebäude verfallen zu lassen, sie nicht zu restaurieren? Ist also die Natur wandalisch? Oder sind gar die Restauratoren die eigentlichen Wandalen? – Wie auch immer: Die Wandalen stammen aus dem Norden (ebenda S. 5-30).
Vielleicht ist gar „die Erotik die Wurzel des Wandalismus"? Erotik – darum lebenskräftige Bevölkerung – darum Sturz von Monumenten und Bau von neuen. Wie auch immer: Es bedarf der Wissenschaft vom vergleichenden Wandalismus.
„Es gibt heute immer mehr Individuen, die für verrückt erklärt werden, und immer mehr Handlungen, die als wahnwitzig angesehen werden. Aber der einzige Fleck auf Erden, der bis dato in der Kosmo-Polis oder in der Mythologie der Öffentlichkeit als das Land des Wahnsinns angesehen wird, ist Skandinavien" (Ting og polis S. 31).
Hamlet aus Jütland ist eine dafür bezeichnende Gestalt. Der Witz, die Rätsel, die magische Sprache, in der er sich ausspricht, „lenken den Gedanken hin zum Schamanen. Die Runen, so weiß man, hatten Zauberkraft, und der Galder, der Zaubergesang, muß irgendeine gefürchtete und bewunderte Beherrschung der Sprache gewesen sein. Das war die Kunst des Amlod (Hamlet). Möglicherweise war er ein Landstreicher. Aber in die Höfe der Reichen ist er nicht gekommen ... Die Saga vom Wikingerprinzen Amled ist an sich nicht interessanter als andere Wikingersagen. Was sie von den übrigen unterscheidet, ist die Zauberkunst, die sie enthält. Die verbindet sie mit den schamanenhaften Narren, den Amlods, die wir aus Jütland kennen, wunderliche Krüppel, die keine normale Arbeit verrichteten, sondern eine Macht besaßen, die alle mit einer schauerlichen Mischung aus Schreck und Lust erfüllte, sobald ihre Ankunft in Dorf oder Hof gemeldet wurde. Wesentlich unterschieden sie sich offenbar nicht von den Zigeunern, Gauklern und fremden Vagabunden, mit der Ausnahme: daß sie dazugehörten. Sie waren fremd und gehörten doch zur Familie" (ebenda S. 85, 87).

Wie

fragt

man

eigentlich?

Schön sind die Dinge, die wir sehen. Schöner ist, was wir verstehen. Aber gewißlich am schönsten ist, was wir nicht begreifen" (Naturens orden, S. 109, nach Niels Steno).
In Konflikt mit diesem Schönheitsstreben drängte es Asger Jorn doch, zum Begreifen der Dinge beizutragen. Ergebnis war eine Wissenschaftstheorie, die sich vor allem aus seiner Auseinandersetzung mit Niels Bohrs Kopenhagener Schule der Atomphysik heraus entfaltete. Die Kopenhagener Schule führte eine skandinavische Denktradition fort, in die sich Jorn hineinstellte: Tycho Brahe, Emanuel Swedenborg, H. C. Ørsted, Søren Kierkegaard. Das verband er mit Goethes und Carl Otte Runges Farbenlehre zu einer philosophischen und „morphologischen", nichtklassischen Naturphilosophie. Und diese war nicht zuletzt situationistisch und geriet als solche zugleich in Konflikt mit der eben doch noch klassischen Begrifflichkeit von Bohr und Heisenberg.

Unter den zahlreichen Pointen, Entdeckungen und Erfindungen Asger Jorns können drei seine Vorgehensweise besonders verdeutlichen: die Fragetheorie, die Theorie der Drei (Triolektik) und die volkliche Komplementarität.

„Man kann nichts beantworten, was nicht als Frage gestellt werden kann. Aber man kann sich über vieles wundern, das man nicht in einer konkreten Frage ausdrücken kann. Alle möglichen Fragen sind bedingt durch die Worte, die uns zu ihrer Formulierung zur Verfügung stehen: Was, wo, wer, dazu die Variationen: wie, warum, wozu, woher, wann usw. Jede dieser Fragen kann Ausgangspunkt für ein philosophisches Prinzip sein" (Naturens orden, S. 20. Die Worte wie, warum und wann sind auf dänisch Ableitungen des Stammes „wo").

„Wissenschaft kann nur auf Fragen antworten, die eine Antwort bereits enthalten. Das ist das technische Handicap der Wissenschaft: Ihre Antwortmöglichkeiten sind dadurch begrenzt, daß die Frage 'richtig' gestellt wird. Man hat gesagt, die Wissenschaft sei die Antwort auf die Frage 'was'. Aber dabei vergißt man, daß sie nur antworten kann, wenn man gelernt hat, 'wie' die Frage zu stellen ist. Alle Fragen, die sich dieser Instrumentalisierung nicht fügen, sind wissenschaftlich schlechterdings irrelevant, und das ist der Grund für die anhaltende Stagnation der Wissenschaft. Das bringt die besten Wissenschaftler zu der Feststellung, der wissenschaftliche Apparat selbst sei das größte Hindernis wissenschaftlicher Erneuerung" (ebenda S. 62)

An den Bedingungen des Fragens läßt sich auch der strukturelle Unterschied von Zeitzuständen messen. „Die Zukunft, das sind Fragen ohne Antwort. Die Vergangenheit besteht aus Antworten, die mit keinem Fragezeichen mehr versehen sind. Die Realität (Gegenwart) ist der Dialog" (ebenda S. 65).

„Die Marxisten haben die These aufgestellt, daß der Mensch sich überhaupt keine Frage stellen kann, auf die es nicht im voraus schon eine Antwort gibt, und daß die Formulierung von Problemen nur die Reaktion des menschlichen Gehirns auf die bereits in der Materie und in der Gesellschaft aktualisierten Antworten sei. Da mußten im Laufe der Zeit einige intelligente Köpfe rollen, bevor die übrigen darauf kommen konnten, daß Fragen, die zu den vorgegebenen Antworten nicht passen, 'konterrevolutinär' seien . . ." (ebenda S. 67).

für die Beschreibung einer Situation ist allerdings das Stellen einer einzigen Frage offenbar nicht genug. Darum entwickelte die Dialektik den Widerspruch. Aber auch der genügte nicht.
„Die Triolektik ist die Lehre von der Notwendigkeit und Hinlänglichkeit dreier komplementärer Informationen für die Beschreibung einer Situation" (Naturens orden, S. 108).
Wieso dann das?

Zum einen leitet sich auch dies aus der neuen Physik der Kopenhagener Schule ab. Was ist das Licht? Darauf antworteten bis dahin die Wellentheorie und die Partikeltheorie auf die Weise des Widerspruchs, gewissermaßen dialektisch, entweder – oder. Die Komplementaritätstheorie fügte mit ihrem „Sowohl-als-auch" ein Drittes hinzu. – Das wiederholt sich auf anderen Ebenen. Der Widerspruch zwischen Subjektivismus und Objektivismus in der Naturbeobachtung ist zu eng. Neben Subjekt und Objekt gibt es ein Drittes: das Instrument. Es ist weder Objekt (Ding an sich) noch Subjekt (Ich für mich), sondern: Ding für mich. Es produziert die Relativität, die im Verhältnis zwischen Subjekt und Objekt liegt, Relativismus also.

Fängt es im Winter zu
schneien an,
so schneit es nichts als
Marzipan,
Rosinen auch und Mandeln,
und wer sie gerne knabbern
mag,
der hat einen guten Handel.
Wer sich will machen auf die
Reis
und selbst dahin den Weg
nicht weiß,
der mag einen Blinden fragen.
Ein Stummer ist auch gut
dazu,
wird ihm nicht unrecht sagen.

(Kinderreim)

Triolektik,

Dreikopf

und

Dritte

Welt

Aber die Philosophie – auch diejenige der Triolektik – kommt nie einfach aus den Köpfen hier und jetzt, und schon gar nicht nur aus der Physik. Die Triolektik „geht zurück auf vorchristliche gnostische Vorstellungen, die möglicherweise ihrerseits aus pythagoreischen Prinzipien entsprangen. Sie war die Grundlage für die spätere christliche Dreieinigkeitslehre, die von den Katharern als Prinzip festgehalten wurde; darum wurden diese dann im 12. Jahrhundert von den Katholiken dezimiert und verbrannt in einer Weise, die die römischen Christenverfolgungen als eine Art Kinderspiel erscheinen läßt" (ebenda S. 108). – Letztlich liegt dem also mehr zugrunde als nur Philosophie: Kultur der Völker – und Kulturkampf. Besonders der Norden hat eine alte volkliche Beziehung zum triolektischen Denken. Dreiköpfige oder dreigesichtige Göttergestalten in Jütland, auf dem einen der Goldhörner von Gallehus, an norwegischen Stabkirchen und auf einem schwedischen Bildteppich zeugen davon. Der vom christlichen Katholizismus ausgerottete germanische Arianismus mit seiner Dreifaltigkeitslehre beschäftigte Asger Jorn besonders. Und nicht zuletzt lagen die Voraussetzungen in der nordischen Dissymmetrie – im Kontrast zur europäischen klassischen Symmetrietradition.

Oder, um wieder in die Gegenwart zurückzukehren: Im Ost-West-Dualismus ist die klassisch-europäische Dialektik zum atomaren Widerspruch, zum Kalten Krieg gefroren. Vor diesem Hintergrund werden vorgeschichtliche Spekulationen ebenso wie naturphilosophische Theorien politisch. Dritte Welt und Trikontinentale, neutraler Norden als dritter Weg – geht es etwa um den Bruch mit dem Blockdenken in den Köpfen? Asger Jorn als Vordenker des skandinavischen Maoismus, Weltdörfer gegen die Weltstadtmetropolen? Oh nein, sagt Asger Jorn. Es dreht sich einfach um unsere Art, Fußball zu spielen.

Egal, ob man nun an die Atomphysik denkt oder den Ost-West-Konflikt: in keinem Fall läuft das ohne die Völker, ohne das Volkliche. Weil das Volkliche in den Köpfen sitzt: die historischen Wurzeln denken mit, das kulturelle Kollektiv.

„Ich meine, das für uns Charakteristische liegt in unserer Auffassung von dem, was man das Volkliche (det folkelige) nennt, – eine Auffassung, die weder das Provinzielle meint, also räumlich-geographisch bestimmt ist, noch isolationistisch und rassemäßig, noch rein numerisch. Dies ist der Grund dafür, daß das Nordische ins Zentrum von Diskussionen gelangt ist, mit denen sich die Elite der Weltkultur heute um das Volkliche auseinandersetzt. Da gibt es zwei Extrempositionen, die wir im Norden niemals werden akzeptieren können: weder den herabsetzenden Pop-Begriff, der 'plebs' meint, noch den autoritären und symbolischen Volksbegriff, den Ludwig XIV. auf die Formel brachte: Das Volk bin ich. Unsere Aufgabe ist es, unseren nordischen Volkbegriff zu präzisieren, der weder auf dem Internationalen beruht (das sich von dem Nationalen herleitet) noch auf dem Kosmopolitischen (das sich vom Polis-Begriff herleitet, vom Einheitsbegriff der Zivilisation). Volk ist etwas Drittes, grundverschieden von diesen beiden Begriffswelten. Es ist das, was Grundtvig das Allgemeinmenschliche genannt hat" (Ting og polis, S. 202).

Darin liegt zweierlei: eine analytische Vorgehensweise und ein kulturpolitisches Programm. Analytisch heißt das: Es gibt keine Philosophie, keine Naturwissenschaft und keine Gesellschaftstheorie ohne die materielle Grundlage der Völker. Diese verhalten sich

Die Regelmäßigkeit schläfert den fragenden Instinkt ein: „erklären" d. h. eine Regel des Geschehens aufzeigen. Der Glaube an das „Gesetz" ist der Glaube an die Gefährlichkeit des Willkürlichen. Der gute Wille, an Gesetze zu glauben, hat der Wissenschaft zum Siege verholfen.

(Friedrich Nietzsche, 1886)

Das

volkliche

Relativitätsprinzip

zueinander nicht ausschließend, sondern komplementär. „Die Erneuerung in Europa in den letzten paar hundert Jahren war das Resultat eines komplementären Zusammenwirkens deutscher Erfindung, französischer Initiative und englischer Nützlichkeit. Neutralisiert wurde diese Dynamik durch die Synthese, die Karl Marx aus deutscher Philosophie, französischem sozialistischem Revolutionsprogramm und englischer Ökonomie ableitete, also das, was er den dialektischen Materialismus nannte ... Franzosen fassen den dialektischen Materialismus daher als eine Ästhetik auf, als ein Zukunftsprogramm. Sartre ist das leuchtendste Beispiel dafür. Die Russen machen daraus eine Wissenschaft, während man denselben Sozialismus in germanischen Ländern als eine Ethik versteht, etwa Reales und Gegenwärtiges. Das Ergebnis war, daß die nordischen Länder zu sozialisieren begannen, sobald die sozialistische Theorie sich durchsetzte" (Naturens orden, S. 8).

Das Programm, das sich aus der volklichen Relativität ergibt, ist vor allem eine neue Form des Dialogs, des innervolklichen und des intervolklichen Gesprächs. Den passendsten Rahmen dafür bietet – bisher – „die freie Volkshochschule". Also jene spezifisch dänische (und bisher in kaum einem anderen Land verwirklichte) Lern- und Lebensform im staatsfreien Raum, ohne Zensuren und Zeugnisse, eine selbsttätige Bildung für das Leben ohne Karriereorgaben, eine volkliche Kulturarbeit quer zu den (Arbeiter-, Bauern- und Intelligenz-)Klassen. Asger Jorn ruft dafür die poetisch-antipädagogische Vision von Grundtvig zu Hilfe, dazu die sozialistische Kritik von Jeppe Aakjær und von Martin Andersen Nexø: Die freie Volkshochschule – jenseits ihrer dänischen Ansätze – ist erst noch zu schaffen. Wie wäre es, die Unesco in eine Volkshochschule umzuwandeln? Und sollte man nicht das Bauhaus als Volkshochschule neu erstehen lassen?

Unpolitisch? „Ich erkläre hiermit, daß ich nur ein solches Land als mein Vaterland anerkenne, das es konsequent ablehnt, auch nur das geringste mit den Mächten zu tun zu haben, die Atombomben besitzen. So mag man das gern Landesverrat nennen" (Naturens orden, S. 25).

Literatur

Aus dem Skandinavischen Institut für Vergleichenden Wandalismus:

Asger Jorn: Naturens orden. De Divisione naturae. Silkeborginterpretation contra Københavnerinterpretation. (Die Ordnung der Natur. Silkeborger Interpretation gegen Kopenhagener Interpretation). (= S.I.S.V. 1) Borgens 1962.

Asger Jorn: Værdi og økonomi. Kritik af den økonomiske politik og udbytningen af det enestående. (Wert und Ökonomie. Kritik der ökonomischen Politik und der Ausbeutung des Einzigartigen). (= S:I:S:V: 2) Borgens 1962.

Asger Jorn: Held og hasard. Dolk og guitar. (Glück und Zufall. Dolch und Guitarre). (= S.I.S.V. 3) Borgens 1963.

Asger Jorn: Ting og polis. Komplementariteten mellem sandhedskrav og retskrav i vesteuropæisk kultur. (Thing und Polis. Die Komplementarität zwischen Wahrheitsforderung und Rechtsforderung in der westeuropäischen Kultur). (= S.I.S.V. 4) Borgens 1964.

Asger Jorn: Magi og skønne kunster. (Magie und schöne Künste). Borgens 1971.

Zur altnordischen Kunst:

Asger Jorn: Guldhorn og lykkehjul. (Goldhorn und Glücksrad). Kopenhagen 1957.

Jacqueline de Jong (Hrsg.): The Situationist Times 4. International Edition. Kopenhagen: Rhodos 1963. (Ein Buch über Labyrinthe aus Asger Jorns Sammlung).

Asger Jorn: Signes gravés sur les églises de l'Eure et du Calvados. Kopenhagen 1964.

Asger Jorn: Skånes stenskulptur under 1100-talet. 10.000 års nordisk folkkonst, Bd. 1. (Steinskulptur Schonens im 12. Jahrhundert. 10.000 Jahre nordische Volkskunst Bd. 1). Privatdruck 1965.

Asger Jorn: La langue verte et la cuite. Etude gastrophonique sur la marmythologie musiculinaire. Turin 1968.

Asger Jorn: Tegn og underlige gerninger. (Zeichen und wunderliche Taten). Århus 1970.

Asger Jorn: Indfald og udfald. Om billedtematiske sammenhæng mellem nordisk oldtids- og middelalderkunst. (Einfall und Ausfall. Über bildthematische Zusammenhänge zwischen nordischer Vorgeschichts- und Mittelalterkunst). Århus 1972.

Asger Jorn: Folkekunstens Didrek. (Didrek in der Volkskunst). 0. 0. 1978.

Asger Jorn/Armin Tuulse u. a.: Gotlands Didrek. (Didrek in Gotland). Kopenhagen 1978.

in solches Denkprojekt, situationistisch und politisch zugleich, läßt sich das überhaupt durchhalten?

„Das Systematische ist das Unkünstlerische, und die allgemeine Systematisierung heißt letztlich: die Möglichkeiten in einem Prinzip festzuschreiben. Das ist der Grund dafür, warum ein Künstler als schöpferischer Faktor erledigt ist, sobald er seine Prinzipien festgelegt hat. Und er ist erledigt als soziale Aktualität, sobald er diejenigen Prinzipien dargetan hat, aus denen heraus seine Produktion erklärt werden kann. Meine eigene Situation ist also diese: Entweder ist das, was ich hier herausgefunden habe, kompletter Nonsens. Damit erhalte ich mir meinen künstlerischen Erfolg intakt. Oder aber die Systematik stimmt. Dann muß ich mit einem Schwinden meiner künstlerischen Popularität rechnen. Angesichts dessen, daß ich Kunst liebe und Prinzipien hasse, wäre solch ein philosophischer Erfolg teuer erkauft. Ein philosophischer Erfolg wäre für mich das Peinlichste und Lächerlichste, das ich erreichen könnte. Es wäre, als gäbe man einem Mann, der Frauen liebt, das rasanteste Wachsmannequin der Welt – mit echtem Haar" (Naturens orden, S. 6-7).

Die Besorgnis war unbegründet. Nach den Reaktionen zu urteilen, blieben die Theoriebücher Asger Jorns ungelesen, und seine Gemälde verkauften sich prächtig. Bis heute hat niemand Fußball zwischen drei Toren gespielt.

Wer sind Sie eigentlich, Asger Jorn? (fragte ihn 1961 Gunnar Jespersen.)

„Kennen Sie den Dorfschamanen, den weisen Mann mit Sinn für das Übernatürliche und etwas Magie? Diese Einzelgänger sitzen in den Dörfern herum, stochern in der Asche und kommen auf die merkwürdigsten Dinge. Man nennt sie Psychopathen. ... und gleichzeitig hat man Respekt vor ihnen. Denn sie verkörpern die Magie und das Merkwürdige und Unerklärliche im Dasein."

Sind Sie so ein Schamane?

„Nun, was soll man da antworten ... Kennen Sie die Schamanen nicht?"

Wachsmannequin

und

Dorfschamane

Sonstiges:

Asger Jorn: Gedanken eines Künstlers. Heil und Zufall. Die Ordnung der Natur. München: Galerie van der Loo 1966.

Asger Jorn: Gedanken und Betrachtungen über Kunst und zur Arbeit einiger seiner Künstlerfreunde. Hrsg. Troels Andersen. bern 1981.

Troels Andersen/Aksel Erik Olesen (Red.): Erindringer om Asger Jorn. (Erinnerungen an Asger Jorn). Galerie Moderne 1982.

Troels Andersen (Red.): Asger Jorn - Malerier, keramik, vævninger. (Gemälde, Keramik, Webstücke). Silkeborg Kunstmuseum 1985.

Jean-Clarence Lambert: COBRA. Humblebæk: Louisiana Museum 1983.

Karel P. Van Stuivenberg: COBRA er mit spejl. COBRA is my Mirror. Odense 1988.

Ann-Charlotte Weimarck: „Nordisk anarkism". Asgr Jorn och projektet 10.000 års nordisk folkkonst. („Nordischer Anarchismus". Asger Jorn und das Projekt 10.000 Jahre nordische Volkskunst). Schweden. Kalejdoskop 1980.

Die
Gesetzlichkeit
des
Ungesetzlichen

D ie Ästhetik ist der unaufhörliche Trieb des Universums, der Natur und des Menschen, zu beweisen, daß etwas Übernatürliches nicht existiert. Die Wahrheit der Ästhetik ist nämlich nichts weiter als die Natürlichkeit des Unnatürlichen, die Menschlichkeit des Unmenschlichen, die Gesundheit im Unnormalen und Kranken, die Klarheit des Dunkels, das Glück des Unglücks, die Würde und Kraft des Unwürdigen und Kraftlosen, die Bedeutung des Bedeutungslosen, die Spur der Spurlosen, die Wirklichkeit des Unwirklichen, Recht und Wahrheit der Unduldsamkeit, des Widerwillens, des Ekels, der Treulosigkeit, der Respektlosigkeit, des Ungehorsams, der Ungerechtigkeit, der Rücksichtslosigkeit, des Zynismus, des Mißtrauens, der Unaufrichtigkeit, der Falschheit, der Amoralität, der Verantwortungslosigkeit, der Unwahrhaftigkeit, des Verbrechens und der Gesetzlosigkeit, die Ordnung und Nützlichkeit des Launenhaften, Flüchtigen, Fürchterlichen, Entsetzlichen, Zweifelhaften, Unebenen, Ungewöhnlichen und Deplacierten wie ferner des Unanwendbaren, Unnützen, Untauglichen, des Unordentlichen und Unpraktischen, kurzum, das, was nicht interessant ist, ausgenommen durch seine unmittelbare Wirkung, das Neue, Radikale, Originale und Experimentelle, die Fruchtbarkeit des Erdbebens.

... Dies und nichts anderes ist die unmittelbare Wirkung des Unbekannten im Bekannten, die primäre oder extreme ästhetische Wirkung, die reine Ästhetik. Es ist weder schön noch angenehm, sondern es ist der Rohstoff, aus dem das Schöne geboren wird, und, was mehr ist, dasjenige, woraus Leben selber geschaffen wird.

(aus: Asger Jorn, Gedanken eines Künstlers, München o. J. (1975). Erste Ausgabe dänisch, Privatdruck 1953.)

Tagungsort der Göteborger Konferenz der Situationistischen Internationale, 1961

Babylonisches Himmelssymbol, seit 1950 von COBRA mehrfach als Signet verwendet.

Asger Jorn

Kunst

ist

Anarchie

Diese antiästhetische Konzeption von Kunst und Schönheit führt automatisch zu einer Gesellschaftskritik, indem sie der sozialen Realität eine ersehnte Utopie entgegensetzt. Ruskin repräsentiert, zusammen mit seinem Schüler Morris, eine bemerkenswerte Spielart des sozialen Utopismus des letzten Jahrhunderts, dessen Ergebnis die Erste Internationale war, in der im Keim die drei neuen Strömungen des Denkens angelegt waren, die das moderne Leben in immer stärkerem Maße bestimmen sollten: Anarchismus – Syndikalismus – Sozialismus.

Zwischen diesen drei Strängen des kommunistischen Denkens entsteht bald, aufgrund ihrer Widersprüchlichkeit, eine extreme Spannung. Der Anarchismus (der im modernen Denken den Platz der Hexerei oder des Zauberns einnimmt) zielt auf einen absoluten Ästhetizismus in Form eines Kults des Einzigartigen und der Propaganda durch die Tat, die Gewalt oder Aktion an sich: „Was bedeutet schon die Opfer, wenn nur die Geste schön ist. Was bedeutet schon der Tod unbestimmter Menschengeschlechter, wenn sich dadurch die Individualität bestätigt?" Diese Parolen von Tailhade finden sich später bei dem Futuristen Marinetti und, angereichert mit Heuchelei, im modernen Journalismus der Sensationspresse wieder.

Henri Arvon hat geschrieben, daß vor allem zwischen dem Symbolismus und dem Anarchismus eine Art Symbiose entstand. Stuart Merrill, ein symbolistischer Dichter amerikanischer Herkunft, dessen Ansicht nach die moderne Gesellschaft einem schlecht gemachten Gedicht ähnelt, stellt sich selbst eine doppelte Aufgabe: mit Hilfe der symbolistischen Doktrin die Poesie und mit Hilfe der Anarchie die Gesellschaft zu retten.

Evolutionistische Theorien halten den Anarchismus für eine Begleiterscheinung des Sozialismus, die von diesem absorbiert wird. Das ist ein Irrtum. Marx hat den Anarchismus richtiger eingeschätzt, indem er ihn als eine neue Interpretation der existierenden Welt bezeichnete. Als soziale Kraft ist der Anarchis-

mus schlichtweg konterrevolutionär und reaktionär, vor allem aber antisozial und antiorganisatorisch. Der organisierte Anarchismus ist deshalb per se eine Absurdität, während der Anarchismus als Einstellung die wesentliche Grundlage der Kunst ist. Die Folgerungen, die sich aus dem anarchistischen Programm ergeben, müssen sich daher gegen jegliche organisierte Gewalt wenden und über den Kult der Tat an sich die Nicht-Gewalt und den Pazifismus anstreben. (...)

Der Anarchismus hat ganz klar und deutlich zwei entgegengesetzte Tendenzen: den vitalistischen Anarchismus und den mystischen Anarchismus. Der Anarchismus, dessen Ziel die Veränderung ist, der Nihilismus des Augenblicks, ist dem „Existentialismus" unserer Zeit sehr ähnlich. So verkündet Nietchajev: „Das Wort hat für den Revolutionär keinen Wert, wenn ihm nicht unmittelbar die Tat folgt."

Dieser Wille, dem Wort eine direkte und konkrete Bedeutung zu geben, schließt unmittelbar an das alte magische Denken an: „Wir müssen mit einer Serie von Attentaten in das Leben des Volkes einbrechen, um ihm den Glauben an seine Macht zu geben, es aufzurütteln, es zu vereinen und zum Sieg zu führen." Dieses Programm, das an den „Lettre du voyant" von Rimbaud denken läßt, proklamiert den antisozialen Akt des „Volksfeindes", wie Ibsen ihn beschreibt. Die Anarchisten übersehen einfach, daß, wenn aggressiver Widerstand die Tat provoziert, sich die Aggression automatisch gegen sie selber wenden wird.

Der ganze Sieg, den der Anarchismus errang, war die Unterdrückung aller anarchistischen Aktionen und die Normalisierung des sozialen Lebens. Arvon schreibt: „Indem er die konstruktive Seite des Systems vernachlässigt, die der Synthese entspricht, betont er die Notwendigkeit einer permanenten Destruktion, wie sie sich aus dem unvermeidlichen Konflikt der Gegensätze ergibt".

Der Sozialismus, der sich konträr zum Anarchismus entwickelte, vernachlässigt seinerseits die destruktive Seite des Systems, die sich ebenfalls in der Synthese ausdrücken wird, und neigt dazu, die Möglichkeit einer permanenten konstruktiven Entwicklung anzunehmen, der keinerlei Widerstand entgegengesetzt wird. „Ich habe meine Sache auf nichts gegründet." Das ist das große anarchistische Motto von Max Stirner. Seine Sache auf die Absurdität oder den reinen Zufall zu gründen, ist in der revolutionären Entwicklung der Menschheit eine Losung von universeller Gültigkeit. Leider hielten sich die Anarchisten nicht an diesen Leitspruch, sondern gründeten vielmehr ihre Sache auf Dogmen und Organisationen. (...)

Der Anarchismus ist der Versuch, den alten aristokratischen Geist zu bewahren, der nun auf nichtprivilegierte Individuen übertragen wird, die außer sich selbst keine materiellen Güter besitzen. Es scheint fast so, daß die Feststellung Bakunins: „Der – sei es politisch, sei es wirtschaftlich – privilegierte Mensch ist ein des Geistes und der Seele beraubter Mensch" uneingeschränkt auf ihn selber zutrifft, wenn man hinzufügt: privilegiert durch ein außerordentliches Talent. Diesbezüglich hat einmal jemand gesagt: „Tief in der Natur dieses Mannes liegt der Keim zu einer ungeheuren Aktivität, für die er keine Verwendung hat." Das ist das eigentliche Problem des Anarchismus: der Mangel an außergewöhnlichen Betätigungsmöglichkeiten für den Außergewöhnlichen in der modernen Gesellschaft. Das Abenteuer und damit das Risiko des Todes waren beide, seit der Mensch sich vom Tier unterscheidet – und schon früher –, anspruchsvolle Begleiter und forderten, die besten und die schlechtesten Eigenschaften zu entwickeln; diese dem Menschen äußerliche Kraft, die in der Lage war, seine extremsten Fähigkeiten freizusetzen, gibt es nicht mehr. Folglich ist der Anarchismus nichts weiter als der Wille, die natürliche und persönliche Beziehung zur unmittelbaren Realität aufrechtzuerhalten. Der rationalistische Extremismus von William Godwin, der individualistische Extremismus von Max Stirner, der moralistische Extremismus von P.-J. Proudhon, der religiöse Extremismus von Leo Tolstoj, der kollektivistische Extremismus von Bakunin, der naturalistische Extremismus von Kropotkin, der Extremismus der Gewalt von Ravachol und der nihilistische Extremismus von Nietschajev haben nur eines gemeinsam: den Extremismus. Der Anarchismus, der die Ohnmacht des Extremismus erwiesen hat,

Lucebert, Die saftige Böschung, Zeichnung, 1951

Keines unserer Gebilde darf mehr selbständig werden, der Mensch darf sich nicht weiter von den Mitteln und falschen Versachlichungen seiner selbst aufsaugen lassen.

(Erst Bloch, 1919)

ist selber der Ausdruck der extremen Ohnmacht des Individuums in der modernen Gesellschaft.

(aus: Asger Jorn, Plädoyer für die Form. München 1990; Originalausgabe: Pour la Forme, o. O. 1958)

Lieber Hans Peter.

(...) Die Situationen sollen aus der jeweiligen Bodenbeständigkeit (sagt Jorn) gebildet werden und nicht eine vage kosmopolitische Angelegenheit sein. Debord greift auch die kosmopolitische Attitüde der internationalen Snobs an. Bei dem Situationisten handelt es sich auch nicht um eine neue Kunstrichtung, sondern das steht außerhalb. Jorn sieht sich sehr dem dänischen Boden verwurzelt, Debord ist echter Pariser, Pinot echter Italiener (nein er geht weiter echter Piemonteser). Wichaert typischer Flame, Nieuwenhus Constant echter Holländer usw. und trotzdem oder gerade deshalb international. Der Kongreß findet unter strengstem Ausschluß der Öffentlichkeit und ohne Journalisten statt (dafür eigene Pressekonferenz)

(Brief von Helmut Prem an HP Zimmer, Paris 24. 2. 1959)

Über die von Drakabygget, über das Spirallabyrinth und den internationalen Situationismus

das Spirallabyrinth ist eine Satire auf die abgenutzten Thesen im internationalen Situationismus und zugleich ein Abschied von denselben. Außerdem ist es ein Fingerzeig; welchen Weg die von Drakabygget in der Zukunft gehen wollen. Die erste situationistische Internationale war eine lammfromme Organisation, und man hatte immer die von Drakabygget als verdächtige Revolutionäre angesehen, denn die von Drakabygget waren die radikalsten. Sie wollten das realisieren, worüber die anderen nur geredet hatten. Man sprach immer davon, ein Experimentierzentrum für diese Bewegung auf internationaler Basis zu gründen, aber als der dänische Schriftsteller, Bildhauer und Bauer Jørgen Nash seinen Hof Drakabygget auf Hallandsåsen als Bauhaus des Situationismus anlegte, wurden die Pariser Situationisten von einer gewissen Panik ergriffen. Die Franzosen schlossen auf eigene Faust alle die aus, die Verbindung zu Drakabygget hatten: die Gruppe Spur in München, Jaqueline de Jong, Holland, Redakteurin der Zeitschrift „The Situationist Times", Ansgar Elde und Hardy Strid aus Schweden, Patric O'Brien aus Irland, Fazakerley aus London und Ambrosius Fjord aus Norwegen. Auch Pinot Gallizio aus Italien wurde verdammt, als sein „centro sperimentale" in Alba ernsthaft zu wachsen anfing. Asger Jorn zog sich aus Protest zurück.

Seit dem Ausschluß haben die von Drakabygget in fünf Monaten mehr geleistet als die erste situationistische Internationale in fünf Jahren. Die zweite situationistische Internationale wurde unter Beteiligung von Schweden, Dänen, Norwegern, Holländern, Engländern, Deutschen, Iren, Australiern, Amerikanern, Franzosen und Türken gegründet. Drei Zeitschriften und fünf Manifeste sind publiziert worden, und die Ausstellung „Seven Rebels" in Odense fand in der ganzen dänischen Presse ein lebhaftes Echo. Die Ausstellung „Seven Rebels" wurde in Göteborg gezeigt; Filmaufnahmen in München begannen, eine Konferenz fand in Stockholm statt, das Zentrum auf Hallandsåsen wurde durch einen zweiten Hof „Kärnabygget" erweitert und die Ausstellung „Co-Ritus" in Kopenhagen wurde in Leitartikeln in der dänischen Tagespresse diskutiert und weckte Aufsehen weit über die Grenzen Skandinaviens hinaus.

Das Spirallabyrinth zeigt aber auch den dogmatischen Franzosen, daß ein Plan sehr gut labyrinthische Eigenschaften haben kann, ohne verwirrt zu sein. Es veschlingt den Menschen, da der, der eindringen will, nicht herauskommen kann, aber es ist nicht hoffnungslos, da jeder, der es verlassen will, herauskommen kann. Hier unterscheidet sich auch das Spirallabyrinth von der Spirale Hegels, die eine gewisse Bedeutung als Entwicklungssymbol für einen Theoretiker des Situationismus (Asger Jorn) gehabt hat. Hegels Labyrinth geht immer nach außen wie eine Schraube ohne Ende und formt dabei das Bild aller Entwicklung zu einem Bild eines unendlich großen Gefangenseins um.

Unser Spirallabyrinth stellt die Möglichkeit des modernen Menschen dar. Wer darin vordringen will, muß ganz allein auf sich selbst gestellt in der Mitte der Spirale stehen. Wer dabei sein will, muß dort hingehen, wo es Platz für mehrere und die Möglichkeit der Zusammenarbeit gibt. Wer nicht im „Co-Ritus" der Spirale, in deren schaffendem Spiel mitmachen will, braucht sie nur zu verlassen.

(Flugblatt, unterzeichnet von Jörgen Nash, Jens Jörgen Thorsen und Hardy Strid, 1962)

Wir geben zu, daß die Skandinavier schwache Planer sind und wahrscheinlich noch schwächer im Ausführen von Plänen anderer Völker. Wir unterscheiden nicht immer zwischen Theorie und Praxis. Wir neigen dazu, unsere Theorien nach dem Ereignis zu formulieren. Jetzt, wo wir in die situationistische Evolution einbezogen sind, planen wir durchführbare Objekte. Die Franzosen arbeiten genau in umgekehrter Richtung. Sie wollen alle sofort bevor sie beginnen, und jeder muß sich korrekt in die Reihe einordnen. Bei ihnen heißt es: Rege Dich oder verschwinde. Was die Strategie anbelangt, glauben sie an frontale Attacken ohne nach den Verlusten zu fragen. Sie scheinen nicht zu verstehen, daß sie durch schwache frontale Attacken dem Feind in die Hände spielen und ihre einzige Kraft vergeuden. Es macht sich für den Feind bezahlt, solche Attacken zu provozieren. Wir glauben nicht an solche Strategie.

Ein anderer bedeutender Unterschied ist dies: Die Skandinavier streben einer Reform zu, wo die Franzosen auf Revolution zielen. Wir bauen auf der Vergangenheit und lassen neue Ideen aus der vergangenen Erahrung wachsen. Dies kann ein organisches Prinzip genannt werden, es kann auch Ultrakonservatismus genannt werden.

Heute werden Begriffe wie konservativ, Fortschritt, Revolution und Reaktion bedeutungslos. Die Terminologie des Liberalismus ist ebenso albern und hat verspielt. Es gibt keinen Anhaltspunkt, um Phrasen dieser Art für die nordische Philosophie der Situationen, die wesentlich traditionsbestimmt ist, zu gebrauchen. Hierauf gründen wir unsere Ideologie und unsere Arbeitsprinzipien. Wenn die französischen Situationisten unsere Ansicht nicht akzeptieren können, müssen sie ihre eigenen Pläne machen und unabhängig vorangehen. Es gibt einige Leute, die nicht fähig sein werden, die Bedeutung des situationistischen Kampfes zu verstehen. Das gegenseitige Einschlagen der Köpfe, in das wir verstrickt sind, wird Ihnen unerklärlich sein. Aber wir sind überzeugt, daß eines Tages diese Phase als ein Ereignis von primärer Bedeutung für Europa gesehen wird: Der Moment vor einem entscheidenden Durchbruch. Jenen, die denken, daß ein Wortkrieg einen Kampf nicht wert ist, möchten wir dieses sagen: Ein Wortkrieg ist besser als ein Weltkrieg.

Gezeichnet:

Jörgen Nash; Jens Jörgen Thorsen (Dänemark); Gordon Fazakerly (England); Hardy Strid; Ansger Elde (Schweden); Jacqueline de Jong (Holland); S. Larsse Patrick O'Brien (Irland); HP Zimmer (West-Deutschland) (Mitglieder auf der Konferenz in Stockholm im August 1962).

(Flugblatt, 27. 6. 1962)

Situationisten

und

nordische

Rebellen

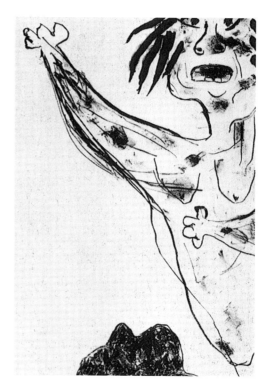

Constant, Der Krieg, Litho-Mappe 1951

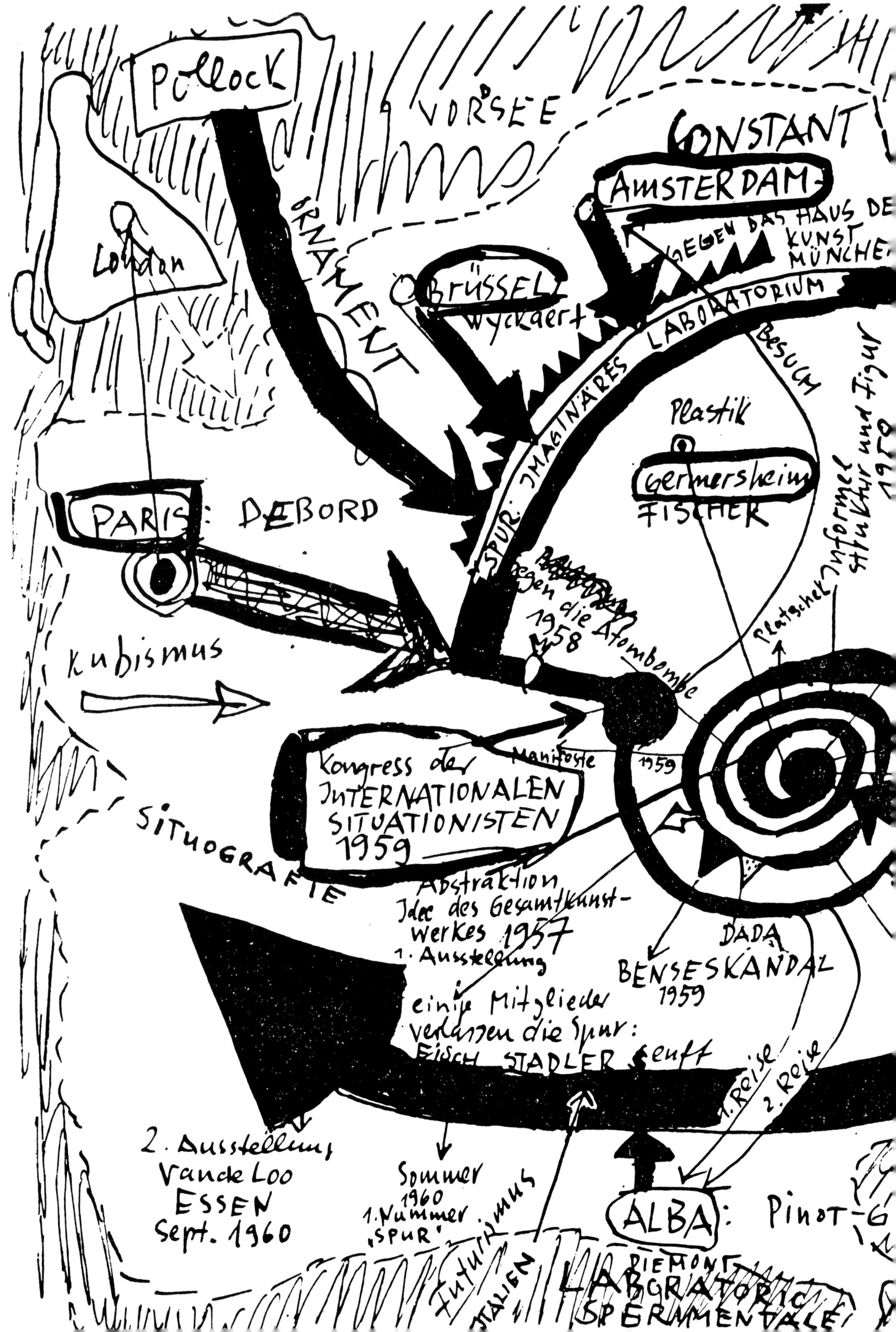

Pollock
VORSEE
CONSTANT
AMSTERDAM
GEGEN DAS HAUS DE
KUNST
MÜNCHE
ORNAMENT
London
Brüssel
Wyckaert
SPUR IMAGINÄRES LABORATORIUM
BESUCH
Plastik
Germersheim
FISCHER
Informel
Struktur und Figur
PARIS: DEBORD
gegen die Atombombe
1958
Platschek
Kubismus
Manifeste
1959
Kongress der
INTERNATIONALEN
SITUATIONISTEN
1959
SITUOGRAFIE
Abstraktion
Idee des Gesamtkunst-
werkes 1957
1. Ausstellung
einige Mitglieder
verlassen die Spur:
FISCH STADLER Senft
DADA
BENSESKANDAL
1959
1. Reise
2. Reise
2. Ausstellung
Van de Loo
ESSEN
Sept. 1960
Sommer
1960
1. Nummer
„SPUR"
Futurismus
ITALIEN
ALBA: Pinot-G
PIEMONT
LABORATORIO
SPERIMENTALE

SPUR

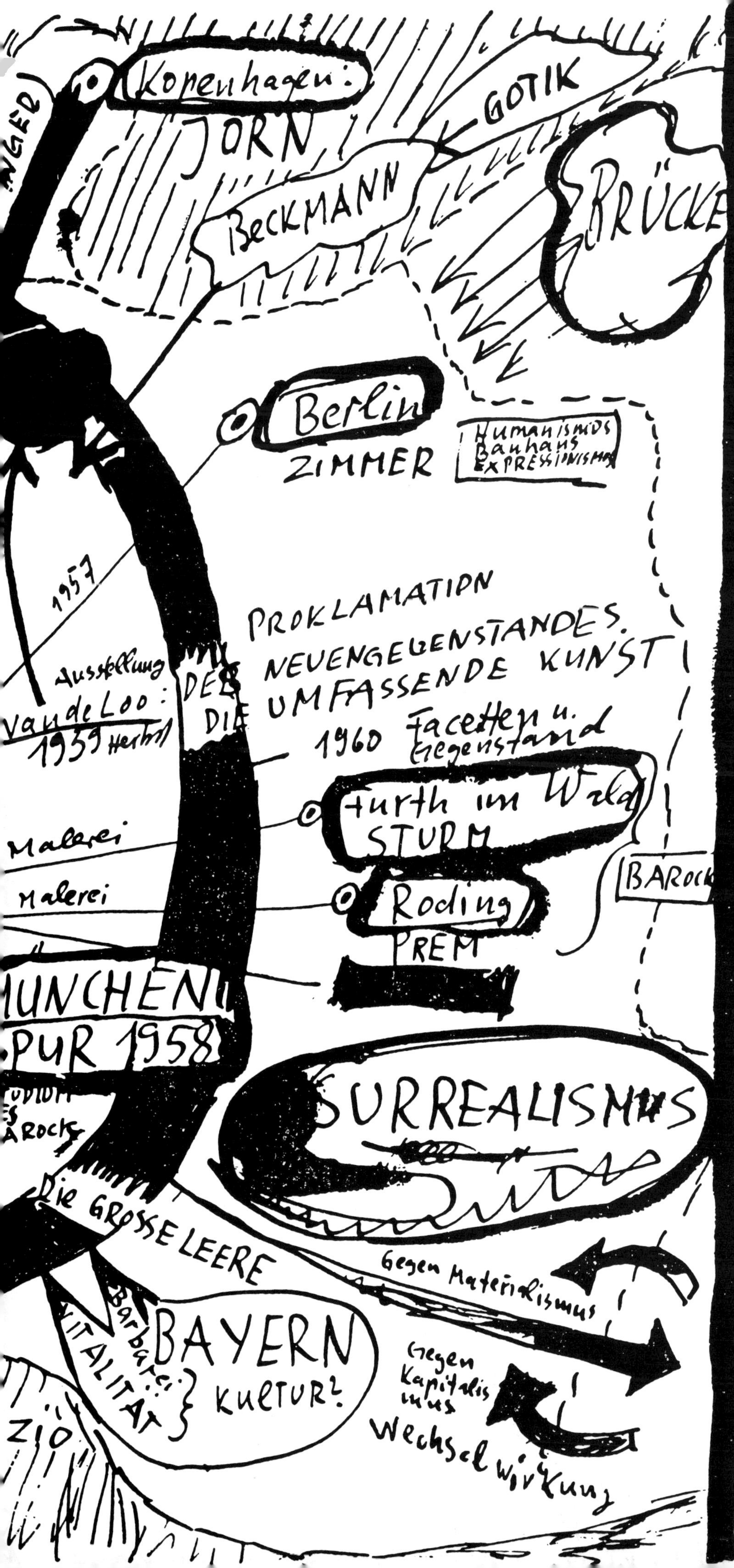

Kopenhagen

JORN

GOTIK

BECKMANN

BRÜCKE

Berlin

ZIMMER

Humanismus
Bauhaus
Expressionismus

1957

Ausstellung
van de Loo: DER
1959 Herbst DIE

PROKLAMATION

NEUENGEGENSTANDES.
UMFASSENDE KUNST
1960 Facetten u.
Gegenstand

turth im Wald
STURM

BAROCK

Malerei

Malerei

Roding
PREM

MÜNCHEN
SPUR 1958

SURREALISMUS

Die GROSSE LEERE

Gegen Materialismus

BAYERN

kultur?

Gegen
Kapitalismus

Wechselwirkung

Zeichnung: H. P. Zimmer

Manon Maren-Grisebach

Wie

sie

malten...

die 20-jährige Monika lief über die sommerheiße Mühlenwiese, verlor einen Halteriemen ihrer Sandalen, fiel hin und die im Baumschatten malenden SPUR-Leute lachten. Einer verankerte das schmale Lederband mitsamt Messingschnalle im Gewirr seiner Pinselstriche, und seitdem spannt es sich wie eine Brücke über den Farbfluß, der mit Gelb oder Ocker, mit Grün und Grau zwischen dunkelblauen Felsen schräg übers Bild fließt. Mit der Rückseite der Pinselhölzer hat der Maler Kerben und Einritzungen in die Farben gemacht und unten wächst in Dunkelgrün sumpfpflanzenartig der Name „Prem", mit breitem Finger reingeschrieben.

So waren sie, die SPURenmaler – direkt, schnell witzig. Drei an der Zahl: HP Zimmer, Helmut Sturm, Heimrad Prem; und dazu der Denker Dieter Kunzelmann, der nicht malte, sondern nur als dampfende Lokomotive die Gesprächsaufregung in Gang hielt. Juni 1961. Alle vier Ende 20, aus München angereist, erfüllt mit bayerischer Volkskunst, abhold jeder anständigen bürgerlichen Zivilisation, 6 Tage zu Malbesuch in der Windmühle am Rand der Lüneburger Heide und am Rand der Gesellschaft.

Eine noch unbekannte Gruppe, ebenso unbekannt wie wild. Was sie vor allen mir bekannten Gruppem auszeichnete, besonders vor intellektuellen Schriftstellergruppen, war ihre schier platzende Vitalität, ihr anarchistisches Temperament. Tempo hatten sie drauf – beim Malen, Reden und Trinken und eine Intensität, die sie eigentlich selbst nicht ertrugen. Der eine stöhnte vor Bauchschmerzen, der andere über blaue Flecken am Bein und der dritte über die Hitze – na schön, ja, es war ein Junianfang, wie ich ihn so heiß in 25 Jahren dort nie erlebte, und zugegeben: wir hatten gerade ein uneingerittenes Islandpferd aus dem Hamburger Hafen geholt, das hatte den armen Prem abgeworfen – aber deshalb stöhnen? – Ihr seid mir schöne Revolutionäre! Wißt Ihr was? Ihr seid ganz alltägliche Menschen, ja ganz normale Bürger! – Der Chefideologe und rotbärtige Derwisch Dieter Kunzelmann hat gleich den Bezug der französischen Revolution ausgenutzt und fortan nannten wir uns „Bürger Sturm", „Bürger Zimmer", „Bürgerin Manon" usf. Intensivmalkurs also. Mit ausholenden Bewegungen schleiften sie, wichsten und warfen sie die Farben über die Leinwände.

Die lagen auf dem Boden, mal im Gemäuer, mal draußen, mit den Händen fuhrwerkten sie in der Luft herum, traten breitbeinig zurück und sandten von dort aus Spritzer Rots und Blaus in Streifen über die leinene Flur. Dann wieder nahe daran, mit den Fingern im Farbbrei streichelnd und schnalzend vor Freude, wenn ein Gegenstand auftauchte im Farbgestrudel. Gesichter, Augen, waldschratige Köpfe. Wiedergewinnung des Konkreten, nannten sie es, mitten aus dem Geflecke des Informel.

Farben waren damals teuer und Geld rar. Für uns malten sie überhaupt nur der bereitgestellten Farben und Leinwände wegen. Für sich zu Lust und Spiel, und zur Untermalung der Tag- und Nachtdispute über Künstler und Gesellschaft, an deren Ende sie in München meist mit Lokalverbot von dem jeweiligen Kneipenwirt belegt wurden. Intensivdispute.

Postkarte HP Zimmer, 1943

Es wurde auch über kreuz gemalt: Du bei mir, ich bei Dir. Denn
der Gruppengeist war aktiv, in einer dichten voluminösen Aura, die
immer wieder aufgeladen wurde mit neuen Heftigkeiten: Architek-
turentwürfe für neue Städte, Kampfstrategien gegen Kirchen und
Bürokratien, Planung von Büros gegen die Büro, Beschwörungen
von Wikingertrieben mit Lobgesängen auf Schnur- und sonstige
Nordornamentik. Lovis Corinth-Toasts und solche auf Karl Marx
und den Jugendstil-Baumeister Gaudi erhöhten die allgemeine
Gaudi.
Ihre Albernheiten, ihren Witz und die Verdrehungsgelüste darf niemand unterschätzen. Alles war möglich. Zahnarztgips wurde
angerührt und den Farben unterschoben. „Monika, hol doch bitte

i n t e r v i e w

mit

Dieter Kunzelmann

Juni/Juli 1991

Teil I

„Phantasie

wird

zum

Meer,

das

die

bürgerliche

Welt

wegspült"

Frage: Ich habe einen Brief an den Bürgermeister von Bamberg, Grafberger, gerichtet, ebenfalls an die Fraktion der Grünen im Stadtrat von Bamberg und schließlich, als Hauptadressaten, an Herrn Dr. Hennig, Heimatmuseum Bamberg, und ich wäre Dir sehr dankbar, wenn Du ihn uns vorlesen könntest.
Kunzelmann: „Werkbund-Archiv. Sehr geehrter Herr Hennig ... Das Werkbund-Archiv bereitet z. Zt. eine Ausstellung vor über das Verhältnis von Ästhetik und Politik in den 60er Jahren unseres Jahrhunderts mit dem Arbeitstitel „Situationistische Internationale, Gruppe Spur, Subversive Aktion, Kommune I". Eigenartigerweise gibt es einen Menschen, der an allen diesen kulturgeschichtlich so bedeutungsvollen Gruppen beteiligt war. Ja man darf sogar sagen, in führender Position. Dieser Mensch heißt Dieter Kunzelmann und ist gebürtiger Bamberger. Zweifellos wird Dieter Kunzelmann in nicht allzuferner Zeit zu den bedeutendsten Persönlichkeiten der politischen Geschichte Deutschlands nach 1945 zählen, neben Brandt, Wehner, Adenauer und Ulbricht. Schon heute sind seine Verdienste um die Stabilität der Demokratie in der Bundesrepublik völlig unumstritten. Wir können uns vorstellen, daß Sie, um diesen großen Sohn Ihrer Stadt zu ehren, die o.g. Ausstellung in Bamberg an einem hervorragenden Ort zeigen möchten. Herr Kunzelmann könnte vielleicht bei der Eröffnung anwesend sein, in seiner alten Heimatstadt. Bitte, antworten Sie uns recht bald."
Hast du irgendwelche Erinnerungen an die Zeit vor deiner Geburt?
Leider nicht. Das ist die Tragik meines Lebens, daß ich mich nicht mehr an den pränatalen Zustand erinnern kann.
Und deine Geburt, verlief die irgendwie besonders lustvoll?
Habe meine Mutter nie hierzu interviewt ... Ich weiß nur, daß ich, was der Astrologe Troinski 1967 erforscht hat, zur selben Stunde, zur selben Minute, 150 Jahre nach dem Sturm auf die Bastille geboren worden bin. 14. Juli 1789 plus 150 Jahre = 14. Juli 1939. *Und seit wann weißt du das? Wurde dir das schon als Kind erzählt?*
Das weiß ich nicht mehr, da bin ich irgendwann in meiner frühen Jugend draufgekommen, als ich mich mit der französischen Revolution beschäftigt habe. Dann stößt man ja immer auf den 14. Juli.
Und deine frühesten Erinnerungen an Krieg oder Nazizeit?
Da sind verschwommene Bilder: die Regnitz, die Brücke, in Bamberg waren die Luftschutzkeller in alten Bierkellern, unheimliche Felsenkeller, die waren gleich auf der anderen Regnitz-Seite gegenüber meinem Geburtshaus. Da mußten wir immer über die Brücke. Ich kann mich aber nur erinnern, weil meine Mutter natürlich ihren Pelzmantel retten wollte. Da habe ich als Steppke immer den Pelzmantel angehabt, der bis zum Boden ging. Dann erinnere ich mich nebulös an Luftangriffe, wo wir im Keller unseres Hauses sind. Dort haben wir auch wochenlang gelebt.
Hast du Geschwister?
Na, drei.
Die einzig zentrale Frage bei den Geschwistern ist doch, in welcher Reihe man steht, und bei allen 4-Kinder-Familien stellt sich immer raus, daß das 3. Kind das entscheidende Kind ist. Das ist eine ganz einfache Sache: die beiden vor dir setzen alles durch, und du hast als drittes Kind einen größeren Spielraum.
Und was machte dein Vater beruflich?
Sparkassendirektor. Ist gestorben am 12. Februar 1990.
... CDU-Wähler.
Mein Vater war in den 20er Jahren in Berlin. Er hat bei der Berliner Disconto-Gesellschaft in der Behrenstraße gearbeitet. Mein Vater war sehr aufgeschlossen, ein im besten Sinne liberaler Mensch.
Und das Kriegsende, wie hat er das verwunden, erleichtert, betrübt, erschüttert?
Das weiß ich nicht.
War er Soldat ...?
Ja natürlich, aber immer nur Gefreiter. In Frankreich war er die meiste Zeit, in Limoges und vorher in Smolensk.
Und lag Bamberg da in Trümmern?
Nein. Dann, als die Amerikaner eingerückt sind, ist unsere ganze Straße von den Amerikanern als Quartier genommen worden. Alle Familien, alle Hausbewohner mußten raus. Wir sind dann ins Hinterhaus gezogen. In unserem Wohnzimmer war die Küche für alle in der Straße einquartierten Soldaten. Da war ich sechs.
Und der erste Schultag?
Kann ich mich auch nicht mehr erinnern.
Gab's ne Schultüte?
Bestimmt! Natürlich.
Und wie fandest du die Volksschule, ist sie dir auf die Nerven gegangen, oder fandest du das lustig?

mal ein scharfes Küchenmesser", und dann zerschnitt der Zimmermaler ein noch halbnasses Bild und klebte die Teile auf andere Bilder. Packpapier und Wellpappefetzen aus dem Schuppen wurden für nützlich befunden, ebenso wie Kochlöffel und Gabeln zwecks Farbgestaltung. Mein kleines Revoluzzertalent hat lebenslang von der Vorführung absoluter Freiheit profitiert. Und nie wieder habe ich gewagt, ein braves Mosaik zu legen, wie weiland an einem Mühlenbetonsockel. Zimmer sah es im Zimmer, nahm den breitesten Pinsel und strich eckig und fech über die kleinen Steinchen, das saß und ist noch heute hieb- und kitschfest.

In dem Jahre währenden SPUR-Prozeß (1962–64), wegen lappalienhafter angeblicher Gotteslästerung und Pornographie, angezettelt gegen die ungeliebten Avantgardisten, habe ich ein bißchen Hilfe leisten können durch meine Freundschaft mit dem damaligen Generalstaatsanwalt Ernst Buchholz in Hamburg, der gegen den Pornographie-Vorwurf die Literatur des Franzosen Genet vorbildlich verteidigt und kunsteigene Begründungen geliefert hatte. Er nun beriet uns in Sachen SPUR. Aber es ist ein Segen, daß selbst eine so hohe Beratungsstelle für die Bayerischen Gerichte von nichtigem Belang war, sonst wär uns viel Spaß vorenthalten worden. „So ein Prozeß ist ein permutationelles Kunstwerk" schrieb mir Zimmer noch 1964, und 62 hatte er nach dem Urteilsspruch von 5 Wochen Gefängnis auf Bewährung berichtet: „Nur Sturm, der, als wir die Zeitschrift machten, sowieso in der Nase gebohrt hatte, wurde freigesprochen. Ich nehme das Urteil an. Kunzelmann und ich hatten erklärt, die Pornographie gehöre zur Kunst – wie seien Pornographen, usw., daraufhin ließen uns noch unsere Anwälte im Stich. Sie waren sehr vertrottelt ... Als Nash als Zeuge auftrat, brach ein Lachsturm los. Er sagte: früher, als ich jung war, war ich auch aggressiv, aber nun bin ich mehr kultiviert und ein schönes Mensch ... Kunzelmann bescheinigte dem Richter, er sein schon irgendwo intelligent und hielt eine Vorlesung über Religionspsychologie. Danach beschimpfte er den Staatsanwalt. Prem forderte das Gericht auf, ihm doch lieber Malverbot zu geben, und ich stotterte etwas übers Militär, weil mir über Kunst gerade nichts einfiel ... Bei der Urteilsverkündung führten wir einen Freudentanz auf, so daß der Richter wutentbrannt abbrach ..."

117 Nash, Strid, J. J. Thorsen, Kunzelmann in Kopenhagen

Also Volksschule, das ist irgendwie noch sehr interessant, weil man mit anderen Kindern Zoff gemacht hat nach der Schule und Streiche. Der richtige Schulterror fing erst an auf dem Alten Gymnasium, ein Humanistisches Gymnasium in Bamberg.
Was meinst du mit Schulterror? Der Terror von seiten der Lehrer oder von euch?
Der Terror der Lehrer hat den Terror der Schüler produziert.
Weißt du noch, in welcher Klasse das anfing?
Ich weiß nur, daß sich das immer mehr zugespitzt hat. Auf der einen Seite war ich Leistungssportler, Fußball und Tischtennis, und Lernen war nicht meine Sache. Und dann bin ich laufend sitzengeblieben, und dann haben wir laufend irgendwelchen Zoff gemacht, einen Adventskranz brennend in den Schulhof geworfen und solche Geschichten.

Und gab's von deinen Eltern Leistungsdruck?
Nein, überhaupt nicht. Mein Vater war ein sehr großzügiger Mensch. Meine Mutter wollte zwar, daß er mehr eingreift. Eine meiner intensivsten Kindheitserinnerungen: ich habe ja laufend Verweise gekriegt, weil ich gelesen habe unter der Bank oder einen Streich gemacht hab; ich saß immer in der letzten Bank, und wenn der vorn herumgetobt hat, was ist da hinten los, hab ich mich immer umgedreht von der letzten Bank und hab hinter mich geschaut. Immer habe ich Schulverweise bekommen, da geht eine Mitteilung an die Eltern, und die lag dann in der Postschale. Und wenn mein Vater von der Sparkasse zum Mittagessen nach Hause kam – wir hatten ja ein ausgeprägtes Familienleben –, der hat das überhaupt nicht aufgemacht. Bei einer bestimmten Anzahl von Verweisen kommt ein Direktoratsverweis, und bei

drei Direktoratsverweisen
fliegt man von der Schule.
Und in dem einen Jahr hatte
ich schon drei Direktoratsver-
weise. Wenn's zuviel geworden ist, hat er dann mal ein
Machtwort gesprochen, da
hab ich mich auch zeitweise
dran gehalten und bin etwas
ruhiger geworden.
Bist du mal sitzengeblieben?
Natürlich! Zweimal!
... haben die Eltern das auch
nicht so übel genommen?
Nein. Na ja, mein älterer Bruder, das ist das erste Kind, der
war mehrere Klassen über mir
und war der Liebling aller Professoren; hat Altphilologie studiert und ist heute Oberstu-
diendirektor in Alzenau. Der
war fleißig und Klassensprecher
der Abiturklasse. Dadurch
hat sich das nicht groß zugespitzt. Mein Vater hat gesagt,
du mußt das selbst wissen;
wenn du nicht studieren willst,
so ist das dein Problem.
Und habt ihr euch in der Schule
auch gemeinsam gewehrt?
Ja: Pausenstreik. Da gab es
Händler auf dem Schulhof, die
haben Brötchen verkauft und
haben mehr verlangt als in ihrem Laden. Da haben wir einen
Boykott gemacht. Dann die Sache mit dem Adventskranz, in
Bamberg hing vor Weihnachten in jedem Klassenzimmer
ein Adventskranz, und den haben wir angesteckt und aus
dem 4. Stock rausgeworfen.
Das ging bis zum bayerischen
Kultusministerium, weil die dahinter irgendeine antichristli-
che Aktion vermutet haben.
Man darf dabei nicht vergessen:
Bamberg ist eine stockkatholi-
sche Stadt. Mein Vater war
Atheist, was in Bamberg und
bei seiner Position eine unheimliche Provokation war. Üb-
licherweise mußt du in so einer Stadt – das ist ja heute
noch so – CSU-Mitglied sein,
in die Kirche gehen am Sonntag usw. Das gehört eben
dazu. Mein Vater lehnte das

Situationisten-Aktion im italienischen Alba

Die ganze SPUR-Gruppenmalerei ist auch wie ein einziger Prozeß
gewesen, mit sich selbst und den umlaufenden Gesellschaften.
Sie waren SPUR-Vagabunden zwischen München, Kopenhagen,
Odense, Amsterdam und Mailand; die Unruhe mit dem Sturm, der
zeitweise nicht mehr malen, sondern nur noch agitieren wollte. Für
den Außenstehenden skurril ist, wieso das Gruppenhafte so zer-
fiel. Den Heimrad Prem stützte nichts mehr, als seine schon in
Mühlentagen sichtbare Melancholie sich verstärkte und den Tod
brachte, als er ihn sich brachte und die antikünstlerische Gesellschaft ihm. Sie ließ ihn arm, er konnte seine vielen Kinder nicht
ernähren, wie in alten Märchen. Und die Gruppe bot ihm keine
Spur mehr von Auffangnetz, so verfallen war sie. In sich und an
neue individual-entwickelte und neue gesellschaftliche Zwänge.
Kunst und Geld? Damals als sie den Sammelband der SPUR-Zeitschrift rausbrachten mit dem herrlichsten aller Einbände, konnten
sie kaum einen verkaufen. Zimmer bat mich dringend um Vermittlungen, aber die Kunstbegeisterten aller Länder lehnten ab. Heute
bringt der Band auf einer „ganz normalen Auktion" (Zeitungsnotiz
vom 14. 11. 1985) 2.000,-- DM, in Worten zweitausend!
Am letzten Abend der vollen Malaktionswoche im Juni 61 war
Farbe übrig, aber keine Leinwand. Also bearbeiteten alle drei die
bis dato noch leere Wohnraumtür. Zusammen fugenlos miteinander. Kunzelmann flätzte sich im Schaffelsessel und feuerte Breit-
seiten neuer Gesellschaftsformationen auf uns, während er seinen
Kamillentee trank gegen die Bauchschmerzen. Dann bekam Prem
kalte Umschläge auf die blauen Flecken, und wir spielten allesamt
glückliche Bürger.

(aus: Gruppe SPUR 1958 – 1965, Städtische Galerie Regensburg)

Ottmar Bergmann

Zur

Gruppe

Spur

der Gedanke, den die Künstler der GRUPPE SPUR in die Situationistische Internationale einbringen wollten und den sie eigentlich auch hätten einbringen können, ist das Bild als ein Modell für Verwandlungen, Veränderungen, die sich aus dem lebendigen Prozeß des Malens ergeben. Sie sind den Abläufen einer Dérive vergleichbar, in denen der Umherschweifende auf die Gegebenheiten des Lebens reagiert, Stoffe einbezieht, verarbeitet und mit seinen Initiativen konfrontiert.
Veränderung ist in den Werken der SPUR-Maler offen ablesbar; die Methode ist aufgedeckt, der Einsicht zugänglich gehalten. In ihren Bildern wollten sie die schlechte, vom Kapitalismus besetzte Realität nicht wiederholen, illustrieren oder nachahmen, sondern ihr eine andere, schönere Wirklichkeit entgegensetzen, eineSchönheit, die Kräfte und Widerstände zu entfesseln vermag. Der Vergleich zwischen der schlechten Realität und einer auf den Begriff gebrachten, künstlerischen Wirklichkeit, einer wirkungsvollen Konkretion, würde im Betrachter die Notwendigkeit einer tatsächlichen Veränderung schon hervorrufen. Die alltägliche Realität der Arbeit und des Verzichts würde an den Kräften, die die Imagination von einem „anderen" Leben wachgerufen hat, versagen. Dazu äußert sich die Gruppe selbst im Jahre 1959 in einem Katalogtext: „Der Anspruch unserer Gruppe zielt auf die Schaffung einer ganzen und umfassenden ‚Welt' ab. In diesem Sinn ist die GRUPPE SPUR die bereits realisierte Utopie einer zukünftigen, umfassenden kulturellen Umwelt". Und: „Dem Auseinanderfallen der Kultur in einzelne Künste und dem Auseinanderfallen der Kunst in einzelne Teilstücke stellen wir den Versuch der Bildung einer ganzen Welt entgegen. Aber nicht, indem wir auf Malerei verzichten, sondern indem wir aus ihr einen Totalitätsanspruch entwickeln. Malerei ist für uns das Experimentierfeld der zukünftigen Kultur."
Eine für die GRUPPE SPUR charakteristische Stärke konte oder wollte die Situationistische Internationale nicht nutzen. Für die Fragen eines gelungenen, produktiven kollektiven Zusammenlebens war diese beinahe taub. Hier hätte sie etwas lernen können. Die gegenseitige Steigerung der Produktivität der einzelnen Künstler innerhalb der Gruppe ist einzigartig. Lothar Fischer, der Plastiker, hatte seine Arbeitskonzeption schon früh gefunden. Asger Jorn wurde durch eine Plastik Fischers auf die Gruppe aufmerksam. Lothar Fischer konnte (und meisterlich) künstlerische Probleme in der Arbeit der Maler analysieren und artikulieren. Vielleicht kann man behaupten, er sei so etwas wie das handwerkliche künstlerische Gewissen der Gruppe gewesen.
Die anerkannte, von breiteren Schichten gelesene Literatur in der BRD dümpelt dumpf zwischen Bernd von Heisseler, Manfred Hausmann oder den christlich katholischen Schriftstellern Reinhold Schneider und Bergengruen. Die öffentliche Diskussion über moderne Malerei wiederholt sich in der Fragestellung: „abstrakt oder gegenständlich?" Die große Picasso-Ausstellung von 1954 reizte zum Disput: „Könner oder Scharlatan?"

ab. Einer der ersten großen Kräche war, daß er urspünglich die Kinder nicht taufen lassen wollte. Das kann sich heute niemand mehr vorstellen, was das bedeutet hätte. Meine Mutter, und die Eltern meiner Eltern wollten uns taufen lassen. Mein Vater hat dann nachgegeben. Also sind wir getauft worden. Er ist nie in die Kirche gegangen und er hat auch nie irgendeinen Druck ausgeübt, daß die Kinder in die Kirche gehen sollten, und das in einer Stadt, wo die Politik vom Domberg gemacht wurde.
Auf dem Domberg steht der Bamberger Dom. Und nicht weit vom Dom ist das Erzbischöfliche Palais, wo der Erzbischof von Bamberg residiert. Die Lokalpolitik ist vom Domberg dominiert worden, vom katholischen Klerus. Nicht nur ideologisch durch den Glauben, auch ökonomisch. Die größte Wohnungsbaugesellschaft Bambergs z. B. ist eine katholische Stiftung, – die haben Riesengrundbesitz, Liegenschaften usw.
Bist du denn zur Kirche gegangen?
Ich bin in die Kirche gegangen, ich war Ministrant, den Job hat mir mein Bruder besorgt, da hat man immer gutes Taschengeld gehabt. In der Entbindungsanstalt, also der Frauenklinik, habe ich vor der Schule ministriert. In der Hauskapelle bei meinem Religionslehrer, der hat da die Messe gelesen. Dieses Ministrantendasein würde ich nicht geringschätzen, denn Ministranten schauen hinter die Kulissen, Ministranten sind sehr pfiffige Leute.
Du ministrierst in der Kirche, bist Helfer bei der Heiligen Messe, und dann gehst du raus aus der Kirche in die Sakristei, ziehst deine Ministrantenkleidung aus, der Pope macht seinen Schluck Wein und wir konnten uns an die

anfangs bei dunklen Grautönen. Machmal wird rosige Fahlheit gewagt. Das ändert sich, als Asger Jorn den jungen Menschen Mut macht, sich nicht ständig zurückzunehmen, sondern auch Ausbrüche in die Heiterkeit zu wagen. Die Frage, ob Kinder von Eltern aus der Nazigeneration sich lebensbejahend selbst behaupten dürften, wird von dem Widerstandskämpfer gegen die deutsche Besatzung in Dänemark positiv beantwortet. Das kommt auch der Malerei zugute.

Zuerst gelangt Heimrad Prem zu Bildern, in denen sich seine vielseitige Begabung zeigt. Er war frühvollendet. Später platzte der Knoten bei Helmut Sturm, der nun seine theoretischen Dispositionen direkt in die Malerei einbringen konnte. Der Spätentwickler der Gruppe war HP Zimmer, der sich bislang überwiegend um die schriftlichen Äußerungen der Gruppe kümmerte. Für alle Beteiligten überraschend „legte" er etwa 1962 „mächtig los". Tatsächlich hat er bis 1964 die imponierendsten malerischen Bilder, die über die vorherrschende Kleesche Ästhetik hinausgingen, gemalt. Während des Aufenthalts in Drakkabygget staunten die Kollegen über seine Produktivität und Schöpferkraft. Heimrad Prem sprach seine Anerkennung aus: er sei nun ein richtiger Maler. Die Qualität des Gruppenzusammenhangs ist daran abzulesen, daß HP Zimmer in der Zeit seiner stärksten Malerei, von anderen Arbeiten freigestellt wurde. Unbehindert konnte er sich in seiner Malerei entfalten.

Fronleichnam 1949
Dieter Kunzelmann als Ministrant (3. in oberer Reihe)

Situationisten-Kongreß in Göteborg, 1961; oben v. l.: Ansger Elde, Dieter Kunzelmann, Jörgen Nash, Hardy Strid, R. Vaneighem, Helmut Sturm, Gretel Stadler, Guy Debord, Martin, A. Kottany; mitte v. l.: Jacqueline de Jong, ein Walzenfahrer, HP Zimmer, H. Prem; unten: Arbeiter

ten eine sehr gute Schüler-Fußballmannschaft, da spielte ich, und dann hatten sie eine Tischtennisabteilung, und ich bin dann immer mehr Tischtennisfreak geworden. Wir waren bayerischer Tischtennis-Jugendmannschaftsmeister. Ich war mal oberfränkischer Schüler-Tischtennismeister. Dann kann ich mich erinnern, bei Bundestagsdebatten, da war ich schon so politisiert, mit 15, 16, habe ich das Ohr am Radio gehabt. Ich habe alle Life-Übertragungen gehört, es ging um militärische Wiederaufrüstung oder Neutralität. *Du hattest ein gutes Verhältnis zu deinem Vater?* Ich hatte einen unheimlichen Freiraum für die damalige Zeit. Das habe ich meinem Vater zu verdanken. *Habt ihr die Fußballweltmeisterschaft gehört im Radio?* Natürlich, Bern! Da waren wir gerade in Bayreuth auf einem

Die Dynamik der Gruppe trieb die individuelle Entwicklung der einzelnen Künstler weiter. Die Ausprägung spezifischer, manchmal arbeitsteiliger Eigenarten bei den Einzelnen lockert den Gruppenzusammenhang auf. In dieser Phase werden kollektive Arbeitssitzungen abgehalten, in denen nach festen Spielregeln gemeinsame Bilder erarbeitet werden. 1963 malen sie gemeinsam für die Ausstellung „Visione colore" in Venedig an Ort und Stelle im Palazzo Grassi ein 30 Meter langes Wandbild: „Canale grande cresente". Im Jahre 1964 gelingt etwas, worüber alle anderen Kolleginnen und Kollegen vor Neid erblaßten: sie haben eine Ausstellung in New York. Ein für die damalige Zeit beachtlicher Erfolg.

1965 erweitert sich die GRUPPE SPUR, indem sie sich mit Künstlern der „Gruppe Wir" zusammenschließt, die sich ebenfalls an der Münchener Akademie – in den Fußstapfen der SPUR – gefunden hatte. Neue Arbeitsansätze entstanden, doch die Konflikte wirkten lähmend, weil auch noch der Neid derer hinzukommt, die zu kurz gekommen waren. Ein kleiner Katalog über die Arbeit der GRUPPE SPUR aus Italien löst die kleinliche Debatte aus, die GRUPPE SPUR profiliere sich auf Kosten der anderen. Gutmütig geben die Mitglieder der GRUPPE SPUR ihre Vorteile ab. So bildet sich die „Gruppe Geflecht", deren Dogmatik sich zuerst Lothar Fischer und Heimrad Prem, später HP Zimmer nicht länger unterwerfen wollen. Helmut Sturm bleibt im Zusammenhang von Gruppen; in den 70er Jahren beteiligt er sich mit Heimrad Prem am sogenannten Kollektiv Herzogstraße.
Mit der Auflösung der GRUPPE SPUR im Jahre 1965 endet auch der Erfolg der Künstler; die imperialistische Invasion der amerikanischen Pop-Art überschwemmt das deutsche Kunstleben. Die Eigenart der Münchener Künstler wird nicht mehr gesehen. Heimrad Prem begreift früh, daß sein Wirken in der GRUPPE SPUR die entdeckungsreichste und fruchtbarste, ja die schönste Zeit seines Lebens war. Etwa 1978, dem Todesjahr von Heimrad Prem, beginnt die langsame Wiederentdeckung der GRUPPE SPUR.
Asger Jorn verstarb 1973. Die Künstler der GRUPPE SPUR erfüllen auch noch heute in ihren Werken eine grundlegende Forderung, die Asger Jorn bei seiner ersten Begegnung mit der „Internationale lettriste" 1955 in deren Zeitschrift „Potlatch" (Nr. 15) abdrucken ließ: „Man muß zu einem dynamischen Konzept der Form kommen, man muß sich jener Wahrheit stellen, daß jede menschliche Form sich im Zustand fortwährender Veränderung findet."
Mit diesem Quatsch bundesdeutscher Alltagskultur konnte man ganze Hörsäle füllen. Die Malerei der GRUPPE SPUR liegt

Tischtennisturnier und kommen raus, wollten nach Bamberg mit dem Zug fahren, und es war kein Mensch auf den Straßen. Wir haben uns nur an ein offenes Fenster gestellt und haben die ganze Übertragung gehört.
Aber in der Schule gab's keine Lehrer, von denen du irgendwas gelernt hast?
Es gab einen Deutschlehrer, der war ein aufgeschlossener Typ. Der hat Heinrich Böll mit uns gelesen.
Der Geschichtslehrer hat immer nur runtergespult. Wir hatten – mit wenigen Ausnahmen – eine Professoren-Mischpoke, wo du nur Antipathien entwickeln konntest.
Wie lange warst du auf der Schule?
Alles verdrängt! Es war, glaube ich wenigstens, so: Ich bin vor der mittleren Reife geflogen, weil ich die 6. Klasse beim zweitenmal Wiederholen wieder nicht geschafft hätte.
War das ein negativer Einschnitt?
Im Gegenteil, ich war glücklich, als es hinter mir war. Die Schule war für mich nur Terror.
Und was hast du dann gemacht?

Dann habe ich in Coburg eine Banklehre begonnen. Ich bin aus Bamberg weg und bin nach Coburg gezogen.
Und wie hast du da gewohnt?
Zuerst in einem völlig offenen Lehrlingsheim mit Persern, in Coburg ist eine große Werkzeugmaschinenfabrik, die hat-

Das früheste Foto von Dieter K.

Ottmar Bergmann

Détournement

Wenn in Paris der Verkehr umgeleitet wird, weil Straßenarbeiten zu machen sind, dann liest man auf dem Verkehrsschild „détournement" — was im anderen Zusammenhang mit Entführung, Verführung, Mißbrauch oder Abweichung übersetzt wird und wofür in den deutschen Übersetzungen der situationistischen Texte der Begriff „Zweckentfremdung" oder „Entwendung" gewählt wurde." (Roberto Ohrt, „Phantom Avantgarde".)

In der Studentenbewegung wurden Häuser, Konsulate oder wissenschaftliche Institute einfach „umfunktioniert". Man raubt einer Sache die ihr auferlegte Bedeutung und Funktion, bringt sie in einen anderen, ungewohnten Zusammenhang und nutzt sie im erweiterten Sinn. So wird aus zwanghafter Normalität und alltäglicher Einfalt lebendige Vielfalt. Entfaltung. Bert Brecht nennt dieses Verfahren „Verfremdung", ein Begriff, der vielleicht undeutlich macht, daß es sich bei dieser Umdeutung, Umnutzung oder „Umwidmung" (wie die Juristen sagen) häufig gerade um Aufhebung von Entfremdung handelt, wenn revolutionärer und fortschrittlicher Geist dieses Verfahren aufgreift.

Die Maler der Gruppe SPUR bauen ihre Bilder in Schichten auf. Der Anlaß, die erste Schicht, kann etwas Triviales sein: eine Postkarte, ein Plakat, die einfach hingeworfene oder ausgebreitete Farbe. Der transformierende Eingriff des Künstlers eignet sich die „Unterlage", das Ausgangsmaterial, an. Er hebt aber manche formalen und inhaltlichen Teile in die nächste Schicht, die ihrerseits eine Reaktion auf die „Vor-Lage" ist. Dieses zweite Bild liegt zeitlich später als das erste. Im Malprozeß reagiert nun der Künstler auch auf die zweite Schicht mit einer weiteren. Der Prozeß endet, wenn das raum-zeitliche Schichtengefüge zu einer formalen und inhaltlichen Sättigung gelangt ist, die dem Künstler genügt. Ideal ist es, wenn sich dem Betrachter, der sich in die Schichten des Bildprozesses nachvollziehend einsieht, jede Schicht in ihrer eigenen Bildhaftigkeit erschließt. Wenn er sieht, wie und warum der Künstler seine Initiativen im Bild eingeführt hat. Die Ausgangslage, das vorgelegte Material, darf nicht vergewaltigt sein, sondern sollte so durchscheinen, daß seine ursprüngliche Provokation lebendig bleibt.

Bei Pinot Gallizio in Alba

So kann sich der nackte Körper einer Frau in einen Kopf verwandeln, die Brüste werden Augen, der Nabel die Nase, das Geschlecht der Mund. Aus einem Gesicht kann umgekehrt auch ein Leib werden, wie in den „Weibsbildern" von Willem de Kooning. Im Détournement werden wie beim Filmschnitt die historische Kontinuität eines Bildes und seine Bedeutung gebrochen, um die widerspenstigen Reste in eine neue geschichtliche Situation zu transportieren, so daß eine neue historische Lage entsteht, die nun ihrerseits wieder transformiert werden kann. Dies alles ist ein historisch nachvollziehbares Procedere, also ein Vorwärtsschreiten.

„Das erste Stadium in der Herausbildung einer Kunst ist das der Zweckentfremdung (détournement) eines Stoffes oder einer empirischen (wissenschaftlichen) Praxis von seinen nützlichen Zwecken für unbegründete (ästhetische) Arrangements und ihre Transformation in einen ästhetischen Mechanismus." (Maurice Lemaître, Qu'est-ce que le Lettrisme? Paris, 1954.)

Ein sehr deutliches Beispiel für ein gelungenes Détournement ist die Plastik des Stierkopfes von Picasso, die dadurch entstand, daß der Künstler einen Fahrradsattel und einen Fahrradlenker so zusammenmontierte, daß daraus ein Drittes, nämlich der Stierkopf hervorging, obwohl dem Betrachter Lenker und Sattel deutlich vor Augen stehen. Der Betrachter ist sehend in den Prozeß der Transformation von Lenker und Sattel in einen Stierkopf einbezogen. Innerhalb der Situationistischen Internationale hat Asger Jorn mit seinen „Modifikationen" die auffälligsten Beispiele für Détournement gegeben. Er beabsichtigte allerdings nicht, den Begriff Détournement zu illustrieren: es ging ihm um eigenständige, autonome Kunstwerke.

Jede soziale Revolution wird ein Détournement sein, — oder sie wird nicht sein — aber nicht jedes Détournement wird eine Revolution sein.

ten Iraner zur Ausbildung. Nach einem halben Jahr habe ich dann privat gewohnt.

Wie lange warst du Banklehrling?

Zwischen eineinhalb und zwei Jahren.

Bisher gabs immer Beziehungen zu Männern: Schüler, Salesianer, Lehrer, Vater...

Warst du denn etwas verschreckt oder haben die Frauen dich überhaupt nicht interessiert?

Ja, ich war sehr verklemmt, glaube ich. Ich habe ja nicht onaniert, der Leistungssport... und gleich danach Sublimation durch Literatur, Musik, Film.

Ich hab das erste Mal im Knast onaniert mit weit über 20!

Wann hast du dich denn das erste Mal verliebt?

In einen Mann. Natürlich!

In Bamberg noch?

Ja. Hatte eine große Liebe, aber da er keine Erfahrung und ich keine hatte, funktionierte nichts.

Wie war denn dein Verhältnis zu deiner Mutter?

Meine Mutter ist meine Mutter.

Und was heißt das?

Meine Mutter ist im allerbesten Sinne Mutter. Es kann passieren, was will, ihre Kinder sind ihre Kinder. Sogar in den Knast hat sie mir geschrieben, hinter dem Rücken meines Vaters, hat Geld überwiesen auf mein Knastkonto, 1970 bis 75.

Was ist deine wichtigste Lektüre-Erinnerung?

Hermann Hesse. Ich war mit 16, 17 großer Hermann-Hesse-Fan. Mein Vater war immer Thomas-Mann-Fan.

In Coburg hab ich wahnsinnig viel gelesen, ich hab praktisch kaum geschlafen, ich mußte ja um 8 Uhr erscheinen und wollte immer bis 4 und 5 lesen. Wie sie da mein Zimmer aufgelöst haben, hat die Vermieterin zu meinem Vater gesagt, er hatte immer die ganze Nacht das Licht brennen.

Ottmar Bergmann

Dérive

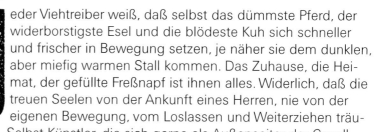

jeder Viehtreiber weiß, daß selbst das dümmste Pferd, der widerborstigste Esel und die blödeste Kuh sich schneller und frischer in Bewegung setzen, je näher sie dem dunklen, aber miefig warmen Stall kommen. Das Zuhause, die Heimat, der gefüllte Freßnapf ist ihnen alles. Widerlich, daß die treuen Seelen von der Ankunft eines Herren, nie von der eigenen Bewegung, vom Loslassen und Weiterziehen träumen. Selbst Künstler, die sich gerne als Außenseiter der Gesellschaft feiern lassen, wollen gerne angenommen, beim Publikum angekommen, „arriviert" sein. Dem Arrivierten geht es wie jedem angepaßten Bürger um den warmen Sessel vorm Fernsehschirm, um Vermögensbildung, Besitzstand und Erbhof. Viele Beispiele zeigen: ist ein Künstler erst arriviert, ist er beim Publikum und Handel angekommen, wird er auch schon schlecht, baut durch Wiederholung seinen Erbhof aus und bestellt mit Fleiß das Familiengrab. Der Gegensatz dazu ist die Dérive. Nur Bewegung, das Unterwegssein hält lebendig; das Reisegepäck sei praktisch, leicht, der Gang sei aufrecht, frei und unbeschwert. Vaganten, Landstörzer, „Kunden" und umherschweifende Haschrebellen sind das Quecksilber der Gesellschaft.

Die Dérive kann man sich als eine Fahrt ins Blaue, als eine Bewegung ohne festes Ziel vorstellen, ein zweckloses, aber hellwaches Umherschweifen in unbekannten, meist metropolitanen Landschaften, in den Steinwüsten und Schluchten der großen Städte. Sie ist ein Spiel ohne vorbestimmten Kurs, aber mit Regeln, die der „drifter" selbst wählt. Umherschweifend sieht er das Fremde, eigenartige menschliche Verhältnisse und Situationen; er reagiert auf seine Weise: er vergleicht, konfrontiert sie mit eigenen Erfahrungen, entwirft Verbesserungen und Veränderungen unter den seltsamsten, leidenschaftlichsten Aspekten. Neues Bewußtsein in alten Räumen, neue Räume sollen gewonnen werden, in denen bewußt eine „Psychogeographie" entwickelt wird, die aus der Übertragung subjektiver Leidenschaften auf die fremde Außenwelt hervorgeht: so könnte man Vitus Bering einen Psychogeographen der Seefahrt nennen oder Cortés in Mexiko einen Psychogeographen des Goldes. Eine Dérive ist allerdings kein unverbindliches Herumstreifen im Sinne einer kapitalistischen Akkumulation von Erlebnissen in einer Person. Die Ergebnisse sollten so strukturiert werden, daß sie dorthin gelangen können, wo es andere Subjekte gibt, die diese Erfahrungen aufnehmen wollen. Das sind wenige und das waren wenige, wie man an der Geschichte der S. I. sehen kann. Schon 1956 veröffentlichte die „Internationale Lettriste" Protokolle ihrer Dérives, die durchaus eine Kritik eröffneten. Sie unterschieden sich, wie von Roberto Ohrt in „Phantom Avantgarde" aufgezeigt, deutlich in Struktur und Intensität. Allerdings, so kann man der Forschung von Ohrt entnehmen, wurde über einzelne Dérives auch von den Situationisten nicht viel berichtet.

Die Praxis der Dérive war dem Skandinavier Asger Jorn nicht fremd: fast alle skandinavischen Künstler sind Wanderer oder beschäftigen sich mit dem Thema des Umherwanderns. Man denke an den Schweden Joe Hill, der die Organisation der amerikanischen Gewerkschaftsbewegung als reisender Agitator betrieb

Wann hat sich herausgestellt, daß es unmöglich ist, die Banklehre weiterzumachen?
Die Banklehre bot keine Perspektive und dann der jugendliche Sturm und Drang. Ich wollte nach Paris, ich wollte immer im Jetzt leben und mich nicht auf irgendein Morgen vertrösten lassen.
Und mit was für einem Ziel bist du nach Paris gefahren, was hattest du dir gedacht, was du da machen willst und wie du da leben willst?
Entstand dieser Versuch durch die Filme...
Ja, die Filme, Cocteau, Carné, Renoir... Ich war sehr frankophil, französische Schriftsteller las ich am meisten, von Proust bis Sartre.
Und dann bist du hingetrampt?
Ja, doch der Punkt war: Abbruch der Banklehre und Abbruch aller Beziehungen zum Elternhaus.
Und das war dir so klar, bewußt?
Ja.
Und obwohl du ein liberales, tolerantes Elternhaus hattest?
Ich wollte Schluß machen mit dem Familienverband, ich wollte einfach weg.
Es wußte niemand, daß ich alle Zelte abbreche und ich bin in den Zug gestiegen in Coburg bis Schweinfurth, denn über Bamberg wollte ich nicht trampen, und in Schweinfurth habe ich mich an die Straße gestellt.
Da hab ich das Trampen angefangen nach Paris über Saarlouis, Nancy, ich bin irgendwann nachts in Paris angekommen. Völlig allein, kaum Geld.
Und wo bist du dann hin?
Ich bin rumgelaufen, dann hab ich mich in den Jardin du Luxembourg gesetzt, bin zum Vert Galant, dort lernt man Leute kennen, St. Germain war ja damals sehr in, 1959. War das eine gute Zeit. In St. Germain in den Seitengassen die besten Jazzkeller.

Da hast du dann gleich Leute kennengelernt...

Ja, Holländer, Dänen, Schweizer. Wir waren eine Truppe von 10-15 Leuten, kaum Franzosen dabei.

Wovon habt ihr gelebt?

Von Straßenmalerei. Haben unter der Pont Neuf gewohnt, unter Pont Neuf geschlafen, und wenn Kennedy-Besuch war, war zufällig '59 in Paris, dann sind früh die Flics gekommen, haben die Clochards nach Nanterre geschleppt in den Knast, abends haben sie uns wieder auf die Straße gesetzt, wir brauchten zwei Stunden, bis wir wieder zurück waren an unserem Platz.

Und deine Eltern hast du nicht angerufen?

Ich hab dann nach 14 Tagen eine Karte geschickt, und mein Vater hat sogar nach 3, 4 Monaten Geld überwiesen, ich mußte bei Crédit Lyonnais einen größeren Betrag abholen, den haben wir in wenigen Tagen verbraten. Wir haben wirklich mit den Clochards gelebt. Da gab's eine Clochard-Kneipe in einer Seitenstraße vom Boul.-Mich. Im Hallenviertel waren wir auch viel, das stand ja damals noch. Ich war seitdem nie mehr in Paris, weil ich Städte, die so kaputtgemacht worden sind, einfach hasse. Ich kenne das Paris von 1959, dabei soll es bleiben.

Dann ist es kalt geworden unter der Brücke und das Gerücht ist aufgetaucht, in Marseille sei es wärmer, und dann sind 5 Leute von unserer Clique nach Marseille getrampt.

Und sonst?

Diskutiert, von den Clochards ihr Leben erzählen lassen. Meine erste Erfahrung mit der Polizei? In Bamberg haben wir mal an den Dom gepinselt „Unser Gott ist Elvis". Doch meine ersten Erfahrungen mit Bullen machte ich in Paris bei den Razzien an der Seine. Die haben die ganze Stadt von Clochards gesäubert, wenn

1962, v.l.: Kunzelmann, Sauras Freundin (verdeckt), Zimmer, Prem, Saura, Christel Fischer, Sturm, Vera, Bedienung

und der das daraufhin verhängte Redeverbot auf Marktplätzen umging, indem er seine Agitation zu singen begann. So wurde er zum Wandersänger. Auch Harry Martinson, der aus Schweden stammende Nobelpreisträger für Literatur 1976, war Landstreicher, und der Norweger Edward Munch reiste mit seinen Bildern durch die großen Städte Europas. Skandinavische Künstler müssen sich im Ausland durchsetzen und ihr Publikum finden, weil ihr heimisches Publikum naturgemäß zu klein ist. So haben Strindberg, Ibsen oder Hamsun in Deutschland bekannt werden müssen.

Asger Jorn, der seinen Erfolg seiner Reiselust verdankte, erkundete geradezu wissenschaftlich in den Ornamenten der Wikinger, daß diese immer ins Offene hinausweisen und die symetrische Rückkehr verweigern. Er führt diese Struktur darauf zurück, daß die Wikinger sich von ihrem Herkunftsort loslösten und ohne Kompaß ins offene Meer stachen, hinaus über den „Point of no return". Eine Rückkehr war nicht vorgesehen. Nach abenteuerlicher Seefahrt ins Ungewisse wurde da angesiedelt, wo man mehr oder weniger zufällig anlandete. Unter diesem Gesichtspunkt könnte auch ein bekanntes Bild von Asger Jorn gesehen werden.

Es trägt den Titel: „They never come back".

In der Normandie vergaßen die Wikinger schon nach einer Generation die eigene Sprache und ihre Kultur aus dem Norden. Zwar waren die Normannen noch lange gefürchtet ob ihrer aus dem Norden mitgebrachten Aggressivität, aber sie erwiesen sich als ungemein assimilationsfähig bei der Übernahme fremder Lebensgewohnheiten und Kulturen. Jorn verstand sich als Nachfahre der Wikinger. Er bewegte sich unruhig in Europa, war fortwährend unterwegs, die Fäden einer ständig wachsenden Zahl von Projekten haltend. In den verschiedenen Metropolen und Landschaften legte er Knotenpunkte an, Orte des Verweilens und der Vorbereitung für weitere Ausfälle. Auf diesen Stationen schuf er die Werke, die überall in Europa und Amerika gezeigt und verkauft wurden. Jorn kannte die Armut bis hin zu ihrer bittersten Form, der Bettelei

Staatsbesuch war. Du schläfst unter der Brücke, und plötzlich stehen nur Bullen vor dir, verfrachten dich, weg...

Damit der Staatsbesuch keine Bettler sieht?

Natürlich.

Plötzlich bist du verhaftet worden wegen nichts und wieder nichts, nur weil du unter der Brücke gelebt hast.

Wie saht ihr denn aus?

Wir sahen verboten aus!

Natürlich lange Haare...

Und wovon habt ihr gelebt?

Weinfelder abgeerntet. Nicht gejobbt, aber sie lassen für den Eiswein noch Trauben dran, die haben wir gegessen. Da sind ja keine Touristen mehr, wir konnten in Cannes oder in Nizza nicht mehr Straßenmalen. Wir haben uns irgendwie durchgeschlagen.

Immer die alte Clique?

Ja, aber nicht mehr so viele.

Habt ihr politisch diskutiert, über den Ost/West-Konflikt, das war ja 2 Jahre vor dem Mauerbau?

Nein. Wir haben gelebt. Nichts anderes.

Und mit den Holländern, Dänen war auch nichts über den Faschismus?

Nein, da war kein Problem. Wir haben auch keine Zeitungen gelesen.

Existentialistisch leben, das war's. In dem Moment, wo du angefangen hast, existentialistisch zu leben, hast du nur Zoff gekriegt, wegen nichts und wieder nichts.

In den Clochard-Kneipen haben die Clochards uns Geschichten erzählt, das waren Lebensschicksale, Leute, die mit 60 Jahren die Familie verlassen haben, um Clochard zu machen. Alles wurde geteilt, die mit uns, wir mit ihnen, wir waren die einzigen Leute in ganz St.-Germain-des-Prés 1959, die von allen Clochards akzeptiert worden sind, weil wir so lebten wie sie. 8 Monate. Möcht' ich nicht missen. Die haben irgendwo mein gan-

Schwabing, 1961 v. l.: Eine Unbekannte, Sturm, Kunzelmann, Zimmer, Prem

und der totalen körperlichen Auszehrung. Als er erfolgreich war, legte er sein Geld nicht fest, sondern nutzte es, um die Lebendigkeit und Kreativität von Menschen, die er suchte und die er fand, steigern zu können. Er organisierte das internationale Netz der Situationisten, das Bündnis von Künstlern, die mit ihm die Grenzen der ästhetischen Weltvorstellungen überschreiten wollten; er finanzierte fast alle Unternehmungen der S.I., die Konferenzen und die Zirkulation ihrer Druckwerke in den verschiedenen Sprachen und Großstädten Europas. Freigiebig und umherschweifend lebte er in großen Zügen. Kein Grab verschluckte ihn. Seine Asche treibt in den Gezeiten der Ostsee.

Auch die Künstler der Gruppe SPUR waren in ihrer eigenen Art auf die Dérive vorbereitet. In ihren Werken bestimmte der autonom gewordene Bildwerdungsprozeß, der Malprozeß, die Struktur des Bildes und ihre Erkenntnis. Der vereinsamte, als „entartet" verfehmte Maler Willi Baumeister schrieb inmitten des Zweiten Weltkrieges sein Buch „Das Unbekannte in der Kunst".

Es klingt wie eine Beschreibung der Dérive, wenn er formuliert: „Nur Bewegung ist Leben..."

Göteborg, 1961; v. l.: Ansger Elde, Jacqueline de Jong, Prem, Gretel Stadler, A. Kottany, Sturm, Martin, Hardy Strid, Nash, Guy Debord, R. Vaneighem, Kunzelmann

„Die Verbindung mit dem Unbekannten schafft die ständig nötige Entfesselung und Befreiung der Kunst und des Lebens…"
Dies war der Arbeitsansatz mit dem die Arbeit der einzelnen Maler der Gruppe SPUR beginnt, dies erweckte das Interesse des älteren Kollegen Asger Jorn. Hier sah er Eigenart, hier sah er einen eigenständigen Beitrag junger deutscher Künstler, den er in den internationalen Zusammenhang einbringen wollte. Für Jorn gab es kein vorgegebenes internationales Niveau, auf das sich Künstler einstimmen müßten, sondern eine Internationalität, ein Forum, auf dem sich die Besonderheiten treffen und entfalten sollten. Werke, die sich auf diesem Forum mit den anderen Werken konfrontieren lassen und in dieser Konfrontation bestehen, halten in ihrer Eigenheit ein internationales Niveau. Unverzichtbare Voraussetzung dafür ist allerdings, daß die internationale Konfrontation überhaupt gesucht wird. Dann erst entscheidet sich, ob die einzelnen Beiträge aus ihrer jeweiligen Eigenart die Höhe der Auseinandersetzung herzustellen vermögen.

Beim Eintritt in die Situationistische Internationale wurden die Künstler der Gruppe SPUR zunächst bereichert. Zu enge theoretische Ansätze aus der bundesrepublikanischen Kunstdebatte wurden abgeworfen; neue, spielerische Ideen wurden entwickelt, freiere Wege zum Bild definiert. Die Münchener Maler wendeten die situationistischen Ideen auf ihre Praxis, die der Malerei an. Der Begriff und die Praxis der Dérive konnte deutlicher und radikaler sehen lehren, was sie in ihrer Kunst entwickelt hatten. Allerdings zeigte sich bald, daß auf dem Forum der Situationistischen Internationale eine wirkliche Auseinandersetzung nicht riskiert, daß also eine grundlegende Bedingung des Spiels nicht beachtet wurde. Debord wollte nicht sehen und akzeptieren, daß in den Bildern der Münchener die Technik der Dérives als Malprozeß verwirklicht war. Er griff in bornierter Weise jede künstlerische Forschung an, bestand auf einer Anwendung der Begriffe außerhalb des „traditionellen" Rahmens der Kunst. Die Gruppe SPUR verteidigte sich und versuchte im Gegenzug fast jeden Begriff als ein Wirkungs- und Erkenntnismoment im Rahmen ihrer Kunst nachzuweisen, verweigerte sich also letztlich der von Debord anvisierten Perspektive. Damit war die Diskussion blockiert. Weder die Grenzen der Radikalität von Debord noch die der SPUR-Künstler wurden sichtbar, geschweige denn in Bewegung gebracht. Die taktischen Manöver endeten mit dem Ausschluß der Gruppe SPUR.

zes Leben verändert. Natürlich schon der Schritt, weg aus meiner fränkischen Heimat. Ich kam zurück nach München, und mir war unheimlich vieles klar. War eine tolle, extensive Gammelzeit. Dann bin ich zurück nach Bamberg, um mit meinem Vater zu klären, was ich jetzt machen werde. Privatstudien. Hat er alles akzeptiert. Ich hab gesagt, ich weiß noch nicht, wo ich mich ansiedele, ich reise jetzt erst durch alle deutschen Städte, ich trampe nach Köln, nach Hamburg und Berlin. Dann bin ich in die drei Städte getrampt. In Berlin habe ich bei der Bahnhofsmission gepennt, das war 1960. Frühjahr 1960 habe ich mir alle großen Städte in Deutschland angeschaut und mir überlegt, wo ich hin will. Hamburg hat mir nicht gefallen, Köln noch weniger. Berlin war sehr trist.

Also bin ich nach München, hab meinen berühmten Keller in München-Schwabing bezogen, Bauerstraße 24, Möbel kamen von Bamberg.

Und was war deine Perspektive?

Als erstes habe ich mir eine Stabi-Karte besorgt, Bibliothek, habe mich in Schwabing rumgetrieben, Leute kennenlernen, hatte auch sehr schnell Anschluß, also vor den Spur-Leuten, obwohl ich die auch sehr schnell getroffen habe, das war Frühjahr '60. Schwabing war ein Dorf und hatte eine bestimmte Gammel-Szene auf der Leopoldstraße und im Englischen Garten, da war das in anderen Städten noch nicht so, da war hier an der Gedächtniskirche weniger los als in Schwabing.

Wann hast du angefangen, Gedichte und Geschichten zu schreiben?

Das habe ich, glaube ich, mit der „Spur" angefangen. Ich war 20 Jahre alt. Die wollten, daß ich die Vorworte zu den Katalogen schreibe und daß

ich Schriftsteller werde. Die
suchten jemand, der schreiben
kann.
*Und wie hast du die kennenge-
lernt?*
Die haben ihre Zeitschrift in
Schwabing verkauft im Café.
*Und wer war das, erinnerst du
dich noch?*
Auf jeden Fall waren Sturm
und Zimmer dabei, ob Heimrad Prem dabei war, weiß ich
nicht mehr.
*Diese Spur-Zeitschrift haben
die da verkauft?*
Ja, die Nummer 2 oder 3. Ich
habe die gekauft, hab sie gelesen, und dann bin ich denen
wieder begegnet, und dann haben wir uns zusammengesetzt,
und dann habe ich gesagt, na
hört mal . . .
*Was fandest du denn an denen
gut, an den Spurleuten, an der
Zeitschrift?*
Prem und Sturm waren aus
dem Bayerischen Wald. Zimmer kam aus Hamburg, waren
dufte Typen. Bis früh um 5 ha-
ste dich rumgetrieben, um
1 Uhr war Schluß in den
Schwabinger Cafés. Dann
gab's auf der Leopoldstraße 3,
4 Nachtlokale. Da hat sich
dann alles, was kreucht und
fleucht in Schwabing , getroffen. Und da ist natürlich debat-
tiert worden. Dann ist man
sich irgendwie näher gekommen. Und Zimmer hat mich
mal eingeladen. Man hat sofort irgendwo einen Draht gefunden, d. h. sie wollten was,
ich wollte auch was. Was,
wußte niemand. Mich hat
schon fasziniert, daß Leute
eine Zeitschrift auf der Straße
verkaufen. Das war ja nicht all-
täglich. Und sie waren offen
gegenüber jedem, sie haben
unheimlich Ahnung gehabt
von Gebieten, wo ich wenig
Ahnung hatte. Vom Barock,
von Velasquez, Wols und Cobra und dem ganzen Zeug
hatte ich keine Ahnung, ich
mußte überhaupt nichts darüber lesen, ich mußte denen
nur zuhören, wenn die im Ate-

Heimrad Prem, Foto: Heide Lausen

1961 im Café Nest, Schwabing v. l.: Uwe Lausen, Kunzelmann, HP Zimmer

128

lier über ein Bild diskutierten.
Wer war von denen der theoreti-
sche Kopf?
In der Malerei der Sturm.
Und außerhalb der Malerei?
Hans-Peter. Er war derjenige,
der jede intellektuelle Anre-
gung, egal woher sie kam, sofort aufgenommen hat, darüber nachgedacht hat. Und
Heimrad Prem war ein Urtyp.
Der hat, wenn es nachts heiß
hergegangen ist, seinen Maß-
krug zerschmettert, sich auf
den Stuhl gestellt und gebrüllt
bajuwarisch: „Wer will was
von mir?" Das hat mir gefallen,
hat Bambule gemacht. Und
war ein echter Kumpel. Die haben sofort gesagt, wir machen
eine neue Zeitschrift, willst du
nicht was schreiben?
Was schätzten die an dir?
Keine Ahnung, vielleicht mein
Outfit.
Aber du warst schnell
integriert?
Ja, sehr schnell. Helmut Sturm,
der war etwas reserviert, ich
war ihm bisweilen unheimlich,
weil ich ja sehr radikal immer
zu Ende gedacht habe. Der
hatte manchmal etwas Angst
vor mir. Hans-Peter und Heimrad überhaupt nicht, Lothar
Fischer spielte ja kaum eine
Rolle.
Und die Frauen in der Gruppe,
die Groupies?
Prem war immer hinter Frauen
her, mit viel Erfolg. Fischer war
verheiratet, Sturms Frau war
immer in seinem Haus draußen in Pullach und Hans-Peter
liebte Vera.
Was hattest du für ein Verhält-
nis zu deren Malerei?
Sie hat mir spontan gefallen.
Und wie war das, man traf sich
zu bestimmten Terminen, oder
regelmäßig oder sowieso, von
selber, wie lief das, wenn man
so aus verschiedenen Ecken
kommt, verheiratet...?
Wir gehen heute Abend da
und da hin, willst du nicht mit-
kommen, ganz locker. Oder
mit Hans-Peter sind wir einfach in unser Tchibo an der

129

Es sind da Architektonische und wuchernde
Ereignisse in der Malerei d. h. heute sogar in
der Bildmalerei. Die Architektonischen
Geschehnisse sind solche der gestaltenden
Vernunft das Wuchernde dagegen ist das
Gewachshafte, dynamische, malerische vielleicht sogar das worunter man das künstlerische versteht
Das Architektonische und das Wuchernde
bekämpfen sich aber brauchen einander. Es
gab ganze Zeitepochen in dennen das was ich
unter Wuchernden verstehe vorherrschte Und
andere bei denen das architektonische vorherrschte oder auch ausgeglichenere Zeiten.
Auch einigen Völkern lag ihrer Natur nach das
eine oder das andere mehr. Um dies beiden
begriffe mehr zu klären mochte ich ein Beispiel anführen: Irgend einmal früher verteilte
man runde Bilder auf dem Gewolbe einer Kirche gleichsam wie Taler. Ich möchte nicht

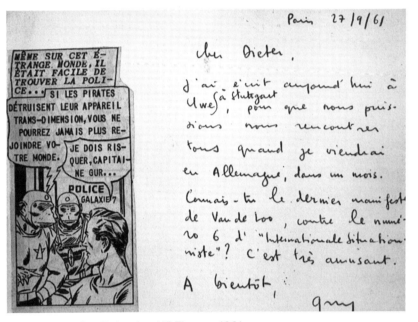

Postkarte von Guy Debord an HP Zimmer, 1961

schwören es konnen auch Eckige dabei gewesen sein Kurz es durfte nur in die Geometri-
schen Felder die traditionel gegeben waren
hinein gemalt werden. Das war ein unge-
schriebenes Gesetz ich hab gehort daß es
sogar ein geschriebenens gewessen sein soll.
Aber gegen jede statische Vernunft, man
könnte sagen kam es ganz von selber, daß
über die Grenzen dieser geordnet verteilten
Talerformen hinausgemalt wurde, und schließlich die ganze Decke mit überwuchert war
Die Volkskunst, so hab ich ein mal gelesen,
ware immer gleich bleibend und hätte keine
Entwicklung. Aber diese Art von Entwicklung
kommt auch hier vor In einem Ort gibt es z. B.
Bauernschränke alteren datums bei dennen
nur die Füllungen bemalt sind (etwa) 1820
warend etwa 1880-90 die Malerei Reicher wir
und über ihren Rahmen, in diesem Fall über
ihre Füllung hinauswächst und immer noch ist
es typisch Volkskunst. Derselbe Vorgang vollzieht sich innerhalb eines Tafelbildes. ich
denke da z. B. an die Bilder der frühgotis und
ihre Weiterentwicklung. Bei den früheren Bildern der Gotischen Zeit werden die gegenstände auf einen neutralen Grund gemalt der

Ecke Hohenzollern-Leopold-straße, da hat sich zwischen 10 und 15 Uhr alles getroffen. Wenn du was wissen wolltest, bist du nur zu Tchibo und hast einen Kaffee getrunken. Es ist Zeitung gelesen, gequatscht worden, andere kamen dazu. Warum überhaupt ein Flugblatt? Das Bedürfnis, sich mitzuteilen. Das Flugblatt, an dem ich beteiligt war, war das „Gaudi-Manifest." Das zweite, das „Avantgarde"-Flugblatt haben wir in den Kammerspielen verteilt, da war eine Podiumsdiskussion unter diesem Titel. Da war ich dafür, wir gehen rein, stehen irgendwann auf, verteilen unser Flugblatt und gehen wieder raus. Unheimlich spontan ist das alles entstanden. Jemand hat was gesagt, einer hat mitgeschrieben, dann ist gesagt worden, nach zwei durchgemachten Nächten, wir bringen das jetzt auf Papier und wir bringen's zum Drucker.

Bei der Bense-Geschichte warst du nicht dabei?
Nein. Die wurde mir erzählt, als wir uns kennenlernten, da haben sie mir die Bense-Geschichte erzählt. Die hat mir sofort wahnsinnig gut gefallen.
Erzähl das doch mal!
Max Bense war an der Stuttgarter Technischen Hochschule der Ideologe des funktionalistischen Modernismus. All das, was von der „Spur" künstlerisch und ideologisch kam, richtete sich ja gegen diesen Funktionalismus, ob in Malerei, Kunst oder Technik. Und dann haben die „Spur"-Leute bei irgendeiner Ausstellungseröffnung einen Tonbandtext zusammengeschustert aus abgeschnittenen Sätzen von Bense und Sätze von Bense, Halbsätze mit anderen Halbsätzen von ihm verbunden.
Aber nicht O-Ton, sondern gelesen?
Auf Tonband gesprochen. Zimmer ist ans Mikrofon gegangen und hat gesagt, die

Rede zur Ausstellungseröffnung sollte Max Bense halten, es tut uns leid, Herr Bense mußte wegen Krankheit leider absagen, er hat uns freundlicherweise dieses Tonband geschickt, das wir jetzt abspielen werden.
Hatten sie den eingeladen?
War alles Fiktion. Der wäre doch nicht zur „Spur" gekommen! Die haben das dann abgespielt, die Leute haben schweigend zugehört, es gab Applaus, dann hat man sich die Bilder angeschaut. Am nächsten Tag stand in der Süddeutschen eine Besprechung des Vortrages von Max Bense.
Die haben das geglaubt?
Ja natürlich. Das war richtige Verarschung, auch von dieser intellektuellen Sprache, so viele Fremdwörter…
Was hast du den ganzen Tag gemacht in München?

Prem, Unbekannte, Fischer, Sturm, Unbekannte, in einem Café auf der Leopoldstraße

Viel gelesen, viel mit Leuten zusammen gewesen, viel herumgezogen, Ausflüge gemacht, sexuelle Erfahrungen mit Frauen, das fing dann an, Spätstarter.
Und politisch in der Zeit, mit

Vor-Mauerbau, Mauerbau?
13. August 61, kann ich mich noch erinnern an die „Bild-Schlagzeile" im Tchibo. Ich hab mich zu dem Zeitpunkt sehr mit Freud und auch C. G. Jung beschäftigt, das sieht man ja am meinen Texten in Spur Nr. 6 „Kanon der Revolution", eine Hommage an C. G. Jung. Archetypen, Animus und Anima und die vergleichenden Religionsgeschichte – hat mich sehr fasziniert 1960/61.
Wurden die Leute durch den Bense-Skandal aufmerksam auf die „Spur"-Leute…?
Asger Jorn entdeckte die SPUR-Bilder, nicht der Bense-Skandal stand am Anfang der Aufmerksamkeit, sondern die Bilder.
Und Asger Jorn hat dann den Kontakt zu den Situationisten hergestellt. Asger Jorn ist die entscheidende Figur – als Künstler, als Kulturrebell, als Mensch.
Für Asger Jorn war doch nordische Mythologie wichtig. Hatten die Spur-Bilder eigentlich mit bayerischer Volkskunst zu tun?
Über die Hinterglasmalerei, bemalte Bauernmöbel, Kirchenmalerei usw. Die bayerische Volkskunst, besonders die Hinterglasmalerei, spielte ja bei Kandinsky eine große Rolle.
Welches Verhältnis hatten die Spur-Leute zu den Expressionisten?
Große Fans. Deshalb ist Prem sogar nach Berlin gegangen. Da war Schmidt-Rottluff an der HdK noch Prof.
Habt ihr expressionistische Literatur gelesen?
Natürlich.
Bayerische Volkskunst war wichtig, und nicht nur Malerei, Prem und Sturm waren auch Riesenfans von Schnadahupferln, von bayerischer Volksmusik, die hätten beide im Hofbräuhaus auftreten können.
Habt ihr damals das Karl-Valentin-Museum besucht?
Das gab's zu der Zeit gar nicht. **130**

nicht unbedingt Landschaft oder Raum (Zimmer) bedeuten muß, dieser Grund, es war immer ein Goldgrund war eben eine Fläche auf der Gemalt wurde sowie das weiße Papier eine Flache ist auf der geschrieben wird. Es mag sein, daß der Goldgrund eine Symbolische bedeutung hatte. Sicher aber ist daß dieser Goldgrund welchen ich als architektonisches Moment in der Tafelmalerei ansehe, immer mehr verschwindet er wird gleichsam vom wucherischen gestalterischen erstickt.
Der Goldgrund der bald nur mehr auf der stelle wo man den Himmel vermutet, ist werschwindet auch da bald ein letztes mal sehen wir ihn noch in den Kreisflächen der Heiligenscheine. Und dann verlischt er für Jahrhunderte.
Michael Angelo läßt zwischen Gott und Adam, bei der Darstellung von der erschaffung der Menschen ein Stück unbemalte Wand, will er da das Nichts, das zwischen Gott und Mensch ist, ausdrücken? ich weiß es nicht sicher ist, daß hier noch der gedanke Goldgrund, der gedanke Architektur in der Malerei zwischen der Malerrei hervorschaut Der Goldgrund wurde vom Wuchernden d. heißt von vielen darstellungen der alltäglichen Wirklichkeit überwuchert und als das Genrebild Mode wurde war er Endgültig aus der Vorstellungswelt des und damals kultivierten europäers verschwunden. Wem kümmerte es schon daß er bei den Ikonen malern oder bei sonstigen zurückgebliebenen Völkern, sozusagen am

Der Geschichtsverlauf, wie er sich unter dem Begriffe der Katastrophe darstellt, kann den Denkenden eigentlich nicht mehr in Anspruch nehmen als das Kaleidoskop in der Kinderhand, dem bei jeder Drehung alles Geordnete zu neuer Ordnung zusammenstürzt. Das Bild hat sein gründliches, gutes Recht. Die Begriffe der Herrschenden sind allemal die Spiegel gewesen, dank deren das Bild einer „Ordnung" zustande kam. Das Kaleidoskop muß zerschlagen werden.

(Walter Benjamin)

Aber Valentin war sehr in, auch die Filme.

Also Asger Jorn entdeckte die Maler der Gruppe SPUR?

Ja über den Galeristen van der Loo. Er hatte dort ein Bild gesehen oder einen Katalog. Ich habe Asger Jorn kennengelernt, als er wieder einen München-Besuch gemacht hat, und wir waren auf einem bayerischen Bierkeller. Asger Jorn war eine faszinierende Persönlichkeit. Er war ja eine andere Generation, war ca. 20 Jahre älter als wir.

Er wollte durch die „Spur" bei den Situationisten die künstlerische Seite stärken gegenüber der rein intellektuellen.

Zimmer hat erzählt, Jorn hat angefangen mit dem nordischen Anarchismus und es war für euch gerade als Deutsche ein Problem, das überhaupt zusammenzubringen, bis er dann erzählt hat von seinem Antifaschismus während der Nazizeit. Das ist euch unheimlich gewesen.

Ich kann mich höchstens an zwei Treffen mit Jorn erinnern, und da ging's über Situationisten, über den ganzen Impetus der Situationistischen Internationale, über das Spiel. Das ging in den Gesprächen mit uns von Jorn aus, so daß wir dann Huizinga und alles, was es über Spiel an Geschichte und Theorien gab, durchgearbeitet haben.

HP Zimmer, 1961

rande der Gesellschaft noch weiterbestand. Die Gesellschaft hatte ein Schaukastenbild und sie hatte Genies. Baumeister Mondrian, Leger und andere wollten ihn das heiß den Neutralen Grund, die neutrale Fläche an die gemalt werden kann für die Gesellschaft neu entdecken, aber auch sie waren bestenfalls Genies, man betrachtete sogar ihre Bilder mit Raumsuchenden Augen, also als Schaukasten Bild Braque und Picasso u. Beckmann blieben dagegen letztlich bei Schaukastenbild sie möblierten es mit neuartigen Gegenständen und zogen den Raum mehr in den Vordergrund oft so nahe zum betrachter heran daß man an ein Relief erinnert wird Der Gedanke Goldgrund oder neutrale Fläche auf der die Gegenstande gezeigt werden wird uns erst denkbar bei einigen modernen Malern. Tapies z. B. bringt auf einer Neutralen angestrichenen Fläche sozusagen den Gegenstand Die angestrichene Leinwand durchdringt sich in keiner weiße mit dem Plastischen Zementrelief, daß auf ihr gezeigt wird

ähnlich kommt es bei Dübuffet und Zao-Wu-Ky zum Vorschein. Ich finde daß hier mehr dahintersteckt als nur unbeholfenheit ich sehe in dieser neuen Auffassung die mich irgendwie sogar, an die alte der Goldgrundgotik denken läßt, eine andere Vorstellung als die, die man schlechthin unter den Begriff Tafelbild versteht. Ich empfinde, daß das keine Bilder, sondern Flächen, sozusagen präsentierteller eines Gegenstandes sind, so wie das Papier die Flache ist auf der geschrieben wird.

Lieber Hans-Peter!

Jorn konnte sich gar nicht mehr halten vor lauter Lachen, als ich ihm die Bensegeschichte erzählte. Übrigens haben die Situationisten schon vor ein paar Tagen an Prem einen Brief geschrieben, worin sie mitteilen, daß zur Zeit der Gallizioausstellung im April ein großer Kongreß aller Situationisten stattfindet, wo zugleich die Verbindung mit der Gruppe Spur offiziell stattfindet.

Jorn will nun den ganzen Benseskandal im nächsten Situationistenheft veröffentlichen, sowie über die Ausstellung berichten. Dazu braucht er sämtliche Artikel über die Ausstellung. Schickt sie sofort, bes. auch die mit der Karikatur. Nicht schicken braucht Ihr „den gelogenen Vortrag" u. „Bense vom Band", die habe ich da.

Er will auch unsere Presseerklärung, die wir damals schrieben, veröffentlichen. Debord ist ebenso ganz begeistert. Ich war etwas überrascht, als ich hinkam, weil ich einen älteren Herrn anzutreffen vermutete. Er ist aber fast genauso alt wie ich. Die Unterhaltung erfolgte aber, da wir Jorn erst später trafen, sehr mühsam in Franz., Englisch (nur seine Frau spricht Englisch) u. Italienisch. Er ist ein netter Kerl. Er kommt auch nach München. Am Freitag lerne ich das Mitglied Constant (Amsterdam), Maler der COBRA, kennen. Ihr müßt in München nur

Ziel einer revolutionären Aktion auf dem Gebiet der Kultur kann es nicht sein, das Leben wiederzugeben oder zu erklären, sondern es zu erweitern.

(Greil Marcus, Lipstick Traces)

Es liegt an uns, ob wir fähig sind, vorhandene Relikte der vergangenen Kultur zu verwerten, die vor uns angehäuften Trümmer zu benützen, mit ihnen umzugehen, sie dem modernen Raum auszusetzen und damit neue Werte zu schaffen – oder ob wir selbst verwertet werden, Teil der allgemeinen Leere werden und vom Funktionalismus verschlungen werden. Neue Werte lassen sich weder durch den Individualismus noch durch den Avantgardismus – im Bereich der Massengesellschaft – schaffen, sondern durch etwas Drittes, Neues, einer Bewegung, die sich bilden muß und deren Modellfall die GRUPPE SPUR ist.

(Gruppe Spur, 1959)

Dubuffet: Kuh, 1953

Für ihn war „Spur" eigentlich die ideale Mischung, einerseits hatten sie Malerei drauf und andererseits die gesellschaftsbezogene, spielerische Position.

So glänzend ging's ihm Anfang der 60er finanziell eigentlich nicht, er hat ja alles finanziert mit seinen Bildern, die Spurzeitschriften. Er hat Bleicher oder van der Loo ein Bild gegeben und alle Rechnungen gingen dann an die. Für die farbige Nr. 6, „SPUR im Exil", hat Asger uns die Druckerei in Kopenhagen besorgt.

Und hat der euch dann eingeladen, bei den Situationisten mitzumachen?

Das war vor meiner Zeit mit der „Gruppe Spur". Entscheidend war Asger zweifelsohne.

Wie kam es denn dazu, daß die „Spur"-Leute sich plötzlich als Situationisten begriffen haben, was ging dem voraus?

Man darf das nicht im Nachhinein durch die Mystifizierung der Situationisten so organisationsborniert sehen. Gut. Aber Debord war immer sehr aufmerksam, wer reingenommen wurde und wer nicht. Er hat darüber gewacht. Den Münchener Kongreß, 1959, hat die Gruppe „Spur" ausgerichtet und plötzlich waren sie Situationisten. Das ging doch en passant. Da waren doch keine großen Auseinandersetzungen.

Postkarte der Gruppe SPUR

Postkarte, HP Zimmer

den Namen „Situationismus" überall in der
Öffentlichkeit reden, aber noch nicht genau
sagen, was es ist. Auf jeden Fall ein großes
Mysterium flechten, von internationalem
Gepräge, so daß der Boden gut bereitet wird
für den Kongreß, vielleicht auch bei den
Freunden d. j. K. u. Ihr werdet schon wissen,
wo überall noch. So reden, wie von einer ganz
großen, vielleicht auch gefährlichen Sache u.
es allen wandelnden „Zeitungen" anvertrauen.
Etwas neues, umwälzendes ist im Gange, ein
großes Ereignis steht bevor., usw.
Debord möchte auch seinen Film spielen.
Dazu braucht er aber einen Vorführraum bei
Freunden des avantgardistischen Films.
Bekannt werden darf das in der Öffentlich-
keit erst 2–3 Tage vorher. Davon also nicht
öffentl. reden.
Asger hat van de Loos Brief nicht be-
kommen, da er schon einige Zeit in Paris ist.
Jorn war über Platschek verärgert, weil er im
Pandermaheft als Mitarbeiter aufgeführt wird.
Schreibt bald u. schickt die Kritiken.
Euer Helmut
Constant wird in Zukunft immer eine deutsche
Übersetzung der Sit. Hefte machen.
Sie erscheinen dann auch in deutsch. Das
ist natürlich schlecht für Laszlo.

(Brief von Helmut Sturm an HP Zimmer, Paris 20. 2. 59)

Lothar Fischer, 1962

Aber warum wurde der Si-
tuationisten-Kongreß nach
München verlegt, doch offensichtlich, um diese Gruppe zu
integrieren.
Ja.
Mir ist noch unklar, warum
interessierte die Gruppe „Spur"
das überhaupt? Jorn ist klar,
aber Situationisten insgesamt
und diese ganze Organisation
und Debord ...
Erstens vom Künstlerischen
her und zweitens: Die Gruppe
„Spur" suchte den Faden, der
'33 abgeschnitten worden ist,
– das Bewußtsein über die ein-
geschränkte Sichtweise eines
Nachkriegsdeutschland bezüglich einer internationalen
künstlerischen Entwicklung.
Man war außerordentlich hell-
hörig bezüglich allem, was
sich international getan hatte.
Das ist doch alles durch den
Faschismus völlig weg gewesen.
Haben sich die „Spur"-Leute
von dem Intellektualismus in
der Situationistischen Internationale überrollt gefühlt?
Ja.
Und wie haben sie reagiert?
Die Ausrichtung auf das Proletariat war doch zweifellos für
die „Spur"-Leute etwas Be-
fremdliches. Wie haben sie das
zur Kenntnis genommen?
Zimmer hat eine Geschichte
erzählt, daß Prem sagte, wenn
wir das Proletariat nicht akzeptieren, überwerfen wir uns mit
den Situationisten, wenn wir
es akzeptieren, überwerfen wir
uns mit dem Münchener
Kunstmarkt. So war das offenbar. Die Diskussion hat in
Göteborg stattgefunden beim
Situationisten-Kongreß, das
war ja mein erster und letzter,
an dem ich beteiligt war.
Wieso seid ihr 1961 nach Skandinavien gefahren?
Durch Jörgen Nash, dem Bruder von Asger Jorn, hatten wir
das Angebot nach Schweden
zu fahren auf seinen Bauern-
hof „Drakabygget". Die „Spur"
wußte, daß in Kopenhagen in

einer Galerie eine Ausstellung stattfindet mit ihren Bildern. In München waren nach dem Prozeß die Jalousien herunter. Bis zum heutigen Tage hat München einen Horror vor der Gruppe „Spur". Es gibt eine große Ausstellung, die war 1986 in Regensburg. Bezüglich Kommunegedanken: in München haben wir ja nicht zusammengelebt. Auf der mehrmonatigen Reise waren wir das erste Mal die ganze Zeit zusammen. Sowohl auf „Drakabygget" als auch in Kopenhagen und dann in Göteborg, wo der IS-Kongreß war; es war in jeder Beziehung, ob vom Malerischen oder vom Literarischen, vom Kommunikativen her eine fruchtbare Reise. Die erste farbige „Spur"-Zeitschrift ist da entstanden. Ich bin immer hin- und hergependelt zwischen Drakabygget in Südschweden und der Druckerei in Kopenhagen. Der Druck war sehr aufwendig mit Originalsachen, farbig. Der ganze Aufenthalt ist finanziert worden mit Bilderverkauf. Wie wir in der Spur-Historie geschrieben haben, wir sind hochgetrampt und sind mit einem herrlichen alten Austin Morris, einem unheimlich schönen, hohen Auto, zurückgefahren nach München. Für mich persönlich war Dänemark zu der Zeit, ich kannte nur Frankreich, Italien, sonst nichts, ein faszinierendes Land, weil die Beschränkungen des Lebens im Wirtschaftswunderland Deutschland in Dänemark überhaupt nicht existierten. Dann habe ich mich das erste Mal beschäftigt mit der ganzen Entwicklung in Dänemark. Die hatten ja schon sehr früh eine große Liberalität. Ich habe das erste Mal eine funktionierende bürgerliche Demokratie erlebt. Von den Medien her, Presseberichterstattung, daß Journalisten kommen, ernsthafte Fragen stellen – eine ganz andere

135

HP Zimmer und Ling

Lieber Hans-Peter!

Nun habe ich also wieder einmal die Situation gewechselt. Den Jorn habe ich allerdings wieder nicht angetroffen. Er ist schon am 13. gleich nach der Vernissage von Pinot weggefahren nach Italien, aber über München, wo er kurz oder einige Tage bleiben wird. Hoffentlich hast Du ihn getroffen. In der Galerie Drouin geht es sehr zu. Man merkt nicht mehr, daß es eine Galerie ist. Der Raum wurde zu einer Caverne (Höhle) umgestaltet, Wände, Boden u. Decke ganz mit den Leinwänden von Pinot kaschiert, so daß nicht mehr die geringste Ritze übrigbleibt. Außerdem ist es ziemlich finster drin. In Jorns Ausstellung war ich auch. 20 Bilder auf alte Kitschbilder (Seestücke mit Sonnenuntergang, Genrebilder, Portraits etc) gemalt. Er hat es sehr gut gemacht. Manche Sachen sind besser, als ich erwartete. Es liegt ganz auf unserer Linie einer umfassenden Malerei, Durchdringung der Schichten usw. Unsere künftige Malerei: Das was man liebt, muß man aufopfern (= übermalen) durch die Metamorphose der Malerei. Das ist die große Geste gegenüber der Vergangenheit. Alte Sentimentalität und liebgewordene Gewohnheiten also nicht unterdrücken, das würde nur zu einer großen Dürftigkeit und Leere führen, sondern sie aufopfern, produktiv persiflieren, parodieren, einen Stil, eine Art zu malen fin-

Heimrad Prem, 1962

Öffentlichkeit. Wir haben eine schöne Malerei gemacht auf einem Bretterzaun bei einem Neubau, eine Riesen-Wandmalerei, da ist niemand verhaftet worden. Wir haben in der Nacht die ganze Wand in der Innenstadt bemalt, die Leute in diesem Stadtteil haben das als Bereicherung empfunden. Das wäre in München damals unmöglich gewesen, man wäre sofort verhaftet worden. Deshalb kamst du gar nicht auf so eine Idee. In Kobnhavn war ein ganz anderer Freiraum. Auch die Umgangsformen haben mir sehr gefallen im Gegensatz zu Schweden.

Und der Kongreß in Göteborg?

Der war lustig, in einem merkwürdigen, ekelhaften, funktionalistischen Neubauhotel, Asger Jorn oder Jörg Nash haben das bestellt, weil der Hotelbesitzer ein Bild von Asger als Zahlungsmittel annahm.

Und da kamen die Situationisten angereist aus Paris?

Ja. Und ich habe zum ersten Mal die Leute kennengelernt, mit denen wir zwar laufend korrespondiert hatten, aber ich kannte sie ja nicht persönlich.

Was hattest du für einen Eindruck von denen, als du sie zum ersten Mal gesehen hast?

Ich fand die alle sehr begeisternd. Den Kottany, Debord, und all die anderen.

Sind die auch dahin getrampt?

Nein. Die sind alle von Hoeck van Holland mit dem Schiff rüber nach Göteborg. Bei allen inhaltlichen Auseinandersetzungen, die es da gab, fand ich die Atmosphäre unheimlich angenehm. Die „Spur" hat immer viel zu sehr über die Situationisten geredet, als sich mit ihnen auseinanderzusetzen. Prem hatte so etwas Bayerisch-Grantlhuberisches an sich, der hat in München immer nur genörgelt:

Ach, Debord, schon wieder ...

weil er wirklich ein französi-

den, in der das alles aufgehoben werden kann zu einem umfassenden Ganzen.

Habe ich z. B. die schönen Farben gern, so lasse ich sie eben an gewissen Stellen funkeln. Ebenso muß auch ein falscher Raum untergebracht werden können, parodiert werden, sei es ein barocker oder irgendein anderer Illusionsraum. Einen Stil finden, durch den wir alles was wir gern malen auf einem Bild vereinigen können und da wir ja „Kerle" sind, alle Räume durcheinander wirbeln lassen können. Die Bilder werden entsprechend groß sein.

Ihr seid im Vortrag von Seckel gewesen, ich nicht. Dann zählt mir alle Räume auf, die es gibt und schickt mir die Liste, daß ich all diese Räume durcheinander wirble u. nicht etwa einen vergesse. Da wir ja nicht nur ein Kerl sind, sondern deren drei oder vier, werden wir für unsere Ausstellung für die Treppenwand von van de Loo ein ganz großes Gruppenbild malen, auf dem alles vorkommt, was jeder einzelne von uns gern hat, um das gleich als Exposition und Zusammenfassung vor der Tür zu demonstrieren. Vielleicht kann der Eisch auch Glas, schönes glitzerndes, unterbringen.

Es gibt Menschen, die alles unterordnen wollen, alles unter ihr Raumsystem (nicht nur beim Malen, auch z. B. im Gespräch wie Glette). Wenn man sich nicht unterordnet, gehen sie, den Streit meiden sie. Ich aber möchte den Streit aller Räume.

Das sich Unterordnen ist langweilig, das Beherrschen auch, ich will den Streit aller Räume. Der ist unserer Zeit gemäß, unserem Empfinden gemäß, und ein Mensch unserer Zeit muß sich diesem Streit aussetzen. Heute gibt es keinen einheitlichen alten Raum u. auch nicht den neuen „einheitlichen kontinuierlichen Raum". Ein barockes Kuppelfresko entspricht unserem Raumgefühl noch eher als ein im einheitlichen Raumkontinuum gemaltes modernstes Zerobild. Lieber Zerro als Zero.

Das Zerobild ist einseitig und klassizistisch. Wir sind umfasssend ohne klassizistisch zu sein. Denn klassisch sein hieße alle Gegensätze zu einer Harmonie zu vereinigen, auszugleichen, die uns aber langweilt. Bei uns werden sich die Räume gegenseitig durchdringen u. durchschneiden; das geht nicht ohne Verzerrungen u. Fetzen ab. Der analytische Kubismus war einseitig, der tachistische Strukturismus ebenso. Wir sind endlich die Kerle, die die Synthese vollbringen. Das wird ein großes Drama abgeben. Ein Schauspiel, ein Drama

Das barocke Bild ist umfassend. Das Strukturbild ist langweilig. Lieber umfassend und verzerrt als langweilig und Zero.

München Ende Juli

BRIEF EINES ZURÜCKGEBLIEBENEN

Liebe Gruppe Spur

Ante Scriptum oder bä bä ist bä bä
„Wohnst Du in meiner Wohnung?"
– nein NEIN.
„Warum bist Du damals nicht mit ins Exil gekommen?"
– Ja, mich hats am Sack gejuckt und da hab ich mich eben gekratzt.
„Wie geht es mit Lindus [?]?"
– ministerpräsidenten stinken auch unter den Achseln.

[illegible]

wie bei Shakespeare, ein großes Spiel, in dem die ganze Welt mitspielt, ein Drama, in dem Platz ist für alle Gefühle. Eine ganze Welt auf einem Spielplatz. Es wird gelacht werden u. geweint. Auf dem Spielplatz gibt es keine Verbotstafeln mehr, die da heißen, man müsse flächig sein, keinen Schwellraum machen oder man dürfte zum Malen keine Farben nehmen, oder es gäbe nur mehr subkutane Filigranstrukturen oder oder...

Ein Verbot gibt es nicht mehr, nur mehr ein Gebot, das da heißt, tu möglichst alles, aber möglichst auf einem Bild, dem Spielplatz, auf dem sich alle Räume überlagern, durchdringen u. sich zu einem tollen Wirbel vereinigen. Lasset uns also alle auf unserem Spielplatz, auf dem Bild, allerlei Kurzweil treiben, denn alle Systeme, für sich alle auf die Dauer langweilig, werden uns zur Kurzweil, weil wir sie bei unserem Spiel wie Bälle uns gegenseitig zuwerfen...

Viele Grüße Dein Helmut

(Brief von Helmut Sturm an HP Zimmer, Paris, 17.5.59)

Lieber Guy,

Wir haben Deinen Brief erhalten. Es scheinen uns darin einige Mißverständnisse enthalten zu sein, die zum Teil wohl aus der ungenauen und schlechten Übersetzung des Briefes von Prem entstanden sind und die wir deshalb (auf Deutsch) berichtigen wollen.
1. Wyckaert war als Freund von van de Loo und nicht als Situationist in München. Er hatte wenig Interesse daran, mit uns in Kontakt zu kommen, und wenn, dann rein privat. In den sachlichen Dingen hat er uns unzureichend informiert. Er hat nur kurz (Du kennst ja seine Art) von Euern Briefen etwas gemurmelt, ohne sie uns zu zeigen. Wyckaert hat, bevor er abreiste, uns gesagt, daß er van de Loo voll vertraut und daß van de Loo es absolut ehrlich meint. Wyckaert hat uns die Bedeutung des Briefwechsels zwischen ihm und Euch verschwiegen und den Inhalt unklar und mehr als seine Privatangelegenheit hingestellt.

aus SPUR Nr. 6, 1961

scher Intellektueller war, aber ich fand die alle sympathisch. Dann ist immer übersetzt worden.

Ihr kapiertet aber, worum es da ging?

Ich zweifle noch heute daran.

Um was ging es denn auf dem Kongreß?

Weiß ich nimmer! Es ging irgendwie schon um Debord's grundsätzliche Frage: er hatte einfach Verfolgungswahn. Entgegen dem situationistischen Gedanken, daß man mit Allem spielerisch umgehen können sollen müßte, ob man is nun „détournement" oder persiflierend behandelt, hatte er das Trauma, eingekauft zu werden.

Und sich dagegen wehren zu müssen...

Nein, das wäre ja nicht schlimm. Das Trauma war so groß, daß er allen Leuten, die Mitglied bei den Situationisten waren, insbesondere den exzellenten Künstlern, dieses bei ihnen nichtvorhandene Trauma übel nahm. Jorn hatte nie Probleme, ein Bild zu verkaufen, auf dem Kunstmarkt zu arrivieren. Im Gegenteil, je mehr er arriviert ist, desto mehr konnte er finanzieren. Und Debord hatte immer irgendwie Angst, und er mußte den Stalinisten spielen, den Oberaufpasser — jeder Künstler sei in dem Moment gescheitert, wo er vom Kunstmarkt eingekauft wird. *Das ist ja auch ein Problem...* Aber im Kollektiv ist das kein Problem. Was hat er denn erreicht durch das Trauma? Das ist nur eine Facette, es gab noch andere Traumata. Darum ging es schon in Göteborg, daß er die Befürchtung hatte, das steht auch in der Ausschlußerklärung der Gruppe "Spur", daß "Spur" die Situationisten benutzt, um am Kunstmarkt zu arrivieren. Das traf sicherlich auf Lothar Fischer zu. Aber das traf auf keinen anderen der in Göteborg Anwesenden zu! Da bin ich mir sicher. *Kannst du sagen, daß er einen größeren Durchblick hatte in bezug auf die Integrationskraft der bürgerlichen Gesellschaft?* Bin ich integriert worden? Ist Prem integriert worden, wenn er 1978 seinem Leben ein Ende setzte? Ist Hans-Peter Zimmer integriert worden? Wie sollte Debord Durchblick haben, wenn er bei sich selbst nicht durchblickte. *Wie lief der Ausschluß aus der SI, kam da ein Brief?* Der Kongreß, bei allen inhaltlichen Auseinandersetzungen und Widersprüchen, die evtl. vorhanden waren, es war ein herzliches Zusammensein. Der gesamte Kongreß hat sich ja

2. Die einzige Nachricht, die er uns einwandfrei zukommen ließ, war, daß wir die Drucklegung von SPUR 5 verschieben sollten, bis Jorn käme. Deshalb haben wir keine Schuld an der Verzögerung der Herausgabe der Nummer. SPUR 5 hätte schon lange publiziert sein können.

3. Am Abend der Eröffnung von Wyckaerts Ausstellung bekamen wir von van de Loo eine klare Alternative gestellt. Es war derselbe Tag, an dem van de Loo Eure reproduzierten Berichtigungen erhalten hatte. Wir beantworteten die Alternative mit folgendem Telegramm: „Nach den letzten Vorkommnissen, insbesondere nach dem Gespräch mit Zimmer, verläßt die SPUR die Galerie van de Loo." (Sturm, Prem, Zimmer). Eine kleine Verzögerung kam dadurch zustande, daß Prem und Sturm nicht in München waren und Zimmer sie erst benachrichtigen mußte. Darauf schickte van de Loo ein Telegramm „Bin tief erschüttert. Biete falls Austritt aus der Galerie rückgängig gemacht wird, monatlich 1000.- DM pro Spurkopf". Darauf haben wir natürlich nicht geantwortet.

4. In der Zeit, als andere Situationisten in München waren, habt Ihr die Korrespondenz mit der deutschen Sektion hauptsächlich über sie geführt. Es hat sich aber nun nach den letzten Affären gezeigt, daß es doch besser ist, die Korrespondenz mit uns direkt zu führen. Dadurch entstehen weniger Mißverständnisse.

5. Was Deinen Satz angeht „Wenn Ihr, SPUR, nicht wahrhaft einverstanden seid mit jeder Disziplin der I. S., hier ist der Moment, den I. S. zu verlassen!" –
nun zu diesem Satz meinen wir, daß wir jederzeit die Disziplin, die wir für richtig halten, einhalten werden, auch wenn wir dadurch noch mehr kompromittiert werden als wir es schon sind.

Wir wissen nicht, ob Du etwas von unseren Differenzen mit Katja Lindell weißt, aber wenn solche Argumente, wie Katja sie vorbrachte, als „situationistische Disziplin" bezeichnet werden, obwohl es sich nur um eine ganz konformistische Disziplin gehandelt hat, die aus einem gewissen Klassenbewußtsein kam, das sie bei den Situationisten einzuführen gedachte, als eine kapitalistische Partei innerhalb des I. S., – dann werden wir solcher Art Disziplin NICHT einhalten!

Mit herzlichen Grüßen
Zimmer Prem Sturm

(Brief von HP Zimmer, Heimrad Prem und Helmut Sturm
an Guy Debord, München, 5. 4. 61)

Liebe Freunde,

Uwe Lausen wird Euch erklären, wie in der Sache SPUR-5 zu verfahren ist. Grundsätzlich gilt folgendes: Die Tatsache, daß der Drucker die Auflage zurückhält, hat doch folgenden Effekt: uns einerseits daran zu hindern, (über die Auflage verfügen zu können und so) unsere Ideen zu verbreiten und gleichzeitig weitere Ausgaben im Ausland zu unterbinden, indem man mit einer polizeilichen Beschlagnahmung in München droht, weil bisher noch niemand es gewagt hat, offiziell die Verantwortung einer Beschlagnahmung von SPUR-6 zu übernehmen.
Versteht: es gilt, die deutschen Behörden zu zwingen, öffentlich diese Verantwortung zu übernehmen. International werden wir damit einen riesigen Skandal auslösen. Das wäre dann der Höhepunkt der revolutionären Aktivität der Gruppe Spur.
Also: nehmt einen Anwalt. Zwingt den Drucker, Euch sofort die ganze Auflage auszuliefern unter Androhung eines Prozesses gegen ihn (mit Schadensersatzforderungen wegen der Verzögerung, etc.) oder, falls er sich der Auslieferung widersetzt, soll er ein Dokument unterschreiben, indem er versichert, daß die Behörden von ihm verlangt haben, die Nummer nicht an Euch auszuliefern! Oder aber, er soll selbst die Verantwortung übernehmen – Und Ihr führt dann einen Prozeß wegen Diffamierung gegen ihn.
Auf jeden Fall müßt Ihr folgendes erreichen: entweder die Behörden machen einen Rückzieher; oder eine offizielle Beschlagnahme mit einem öffentlichen Prozeß gegen unsere Ideen. Und dann werden wir uns sehr gut zu verteidigen wissen; d. h.: wir werden angreifen.

Grüße Guy Keller

P.S. Uwe kommt am nächsten Donnerstag nach München (am 22. Juni)

(Brief von Guy Keller = Asger Jorn und Guy Debord
an die Gruppe SPUR 18. 6. 61)

am Schluß gemeinsam in Göteborg eingeschifft. Wir waren alle zusammen von Göteborg bis Frederikshavn gemeinsam auf einem Dampfer.

Es war eitel Sonnenschein, wir haben ein richtig tolles situationistisches Fest auf diesem Schiff gefeiert. Und dann kam das mit dem Ausschluß.

Wie kam denn das, mit Einschreibbrief? Wie wurde euch das mitgeteilt, daß ihr ausgeschlossen seid?

Durch die gedruckte Karte „Nicht hinauslehnen". Die wurde verschickt mit der Post. Wir hörten schon vorher, daß es kriselt, daß irgendwas passiert war, aber was, wußte niemand. Es kam eher gerüchteweise. Wir hätten vielleicht nach Göteborg mal nach Paris fahren, mit Guy Rum runterkippen müssen.

Debord hatte sein Leben spielerisch mystifiziert, find ich ja auch schön, er war nie auffindbar, da gibt es ja die berühmtesten Stories, wenn ihn jemand besucht hat, aber auf der anderen Seite war er auch sehr liebesbedürftig. Er war sehr isoliert als Individuum. Es dauerte immer bei ihm einige Zeit, bis er richtig aufgeblüht ist; er war eben ein französischer Intellektueller. Es lag auch an dieser Zeitschrift bei Marinotti, das war auch nicht nötig, die Nr. 7, daß die „Spur" eine Zeitschrift gemacht hat rein mit Grafiken und noch dazu eine Zeitschrift, die Marinotti finanziert hat. Er hatte ja schon mit Marinotti wegen der Stadt auf dieser Insel, wo Marinotti zig Milliarden investieren wollte, damit eine urbanistische Stadt gebaut wird, Zoff. Weil Marinotti nicht zugestimmt hat, daß in die Stadt schon die Sprengkammern eingebaut werden. Debord bestand darauf, daß in diese Stadt, die Marinotti bezahlen sollte, Sprengkammern eingebaut werden. Das wollte Marinotti nicht.

Keiner hat wertvolle Gegenargumente machen können gegen die marxistische These, die sagt, daß jede wissenschaftliche These dem Fortschritt des Sozialismus hilft. Also kann niemand verneinen, daß eine jede neue Entdeckung situationistisch ist. Die neuen Entdeckungen gehören nur uns, nicht nur, weil sie uns dienen können, sondern weil wir auch selbst die neuen Entdeckungen in ihren globalen Vervielfachungen sind. Das ist unsere Welt. Diese Welt muß in drei verschiedenen Perspektiven gesehen werden und mit intellektuellen, praktischen und emotionalen Instrumenten behandelt werden: die von der Einheit, die von der Verschiedenheit, die von den Äquivalenzen. Wir haben präzisiert, daß die Verschiedenheit, das Amusement und der explosive Motor ist, die Dynamik der ganzen Welt, und unser Vorhaben ist es, sie gegen die Sterilität ins Spiel zu bringen, gegen die rationalistische Homogenität und Gleichgültigkeit der wissenschaftlichen Gleichschaltung (Egalismus). – Die Folge dieses Satzes ist, daß wir das mit Hilfe der dynamischen Einheit im dérive machen und mit einem tiefen Wissen in den Äquivalenzen, damit wir wirkliche Ungleichgewichte schaffen, die der Ausgangspunkt aller Spiele sind.

Wir haben zu diesem Zweck in Paris die Zeitschrift I. S. geschaffen, die in 6 Nummern vor allem die Rolle des Vereinigers, des Programmatikers und des Kritikers gespielt hat. Wir haben in Deutschland 6 Nummern der Zeitschrift SPUR herausgegeben, deren Ziel vor allem war, zu verwirren, zu vergnügen, zu spielen und zu erfreuen gemäß unserer neuen Freiheit des Entidolisierens ... Das ist eine Befreiung, die schon angefangen hat mit unserer Publikation „Fin de Kopenhagen". Wir haben die gleichen Perspektiven im Film eröffnet. Dies alles ist an sich der Beginn unseres Spiels, aber die Kraft des Spiels besteht auch darin, die Bedingungen zu beenden, bevor sich Langeweile einnistet. Und ich schlage jetzt vor, die Basis der Veröffentlichungen völlig zu revidieren und eine neue Zeitschrift zu erfinden, die meine erste These bestätigt, eine Zeitschrift, deren Tendenz umfassend ist und die determiniert ist vom Spiel selbst ... Ich weiß nicht, ob dieser Vorschlag richtig ist, und ob er der dringendste ist. Das hängt von den Interessen des Kongresses ab. Ich schlage dieses vor, um es intensiv zu diskutieren und damit die Einigkeit der I. S. auf die Probe zu stellen, indem die Einheit aufs Spiel gesetzt wird. Ich hoffe, daß die Konferenz einen guten Entschluß finden wird, mit Hilfe der schon erreichten Siege auf dem theoretischen, künstlerischen oder praktischen Gebiet.

(Flugblatt von Asger Jorn, Göteborg, 27. 8. 61)

Intervention

von

Keller (A. Jorn)

auf

dem

I. S. Kongreß

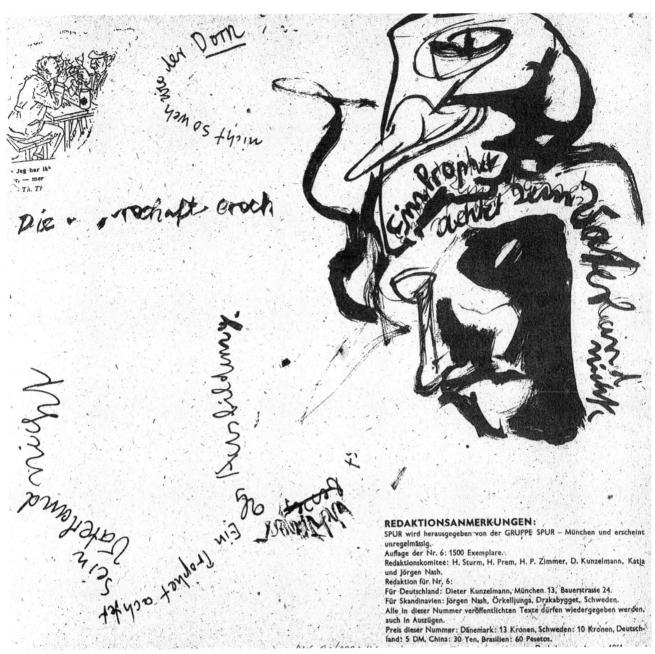

aus Spur Nr. 6, 1961

141

Hat die „Spur" sich zu den Sprengkammern geäußert?
Wir wußten überhaupt nichts von der Geschichte. Das lief mit Jorn als Vermittler zwischen Marinotti und Debord ab.

Gibt es irgendwelche Briefe mit den Sprengkammern, oder habt ihr das gehört?
Das haben wir durch Asger Jorn erfahren. Ich fand das mit den Sprengkammern keine schlechte Idee, es kann ja sein, daß nur noch Touris in die Stadt gekommen wären und Marinotti nur noch amerikanische Galeriebesitzer-Führungen durch die Stadt gemacht hätte und Debord hätte im Vertrag den Passus dringehabt: Wenn die Situationisten beschließen, die Stadt wird nicht mehr von uns bewohnt, dann darf sie auch nicht als Kunstobjekt verkauft werden, also wird sie gesprengt... das Geschenk wird vernichtet. Eine einleuchtende Idee. Aber selbst für einen Milliardär, wie Marinotti einer war, ging es hier um Beträge, die auch an seine Substanz gegangen wären.

Wie habt ihr jetzt darauf reagiert? Ihr wußtet, ihr werdet ausgeschlossen, ihr habt da nicht angerufen oder seid hingefahren?

Es gab Solidarität von den skandinavischen Situationisten und von den holländischen, Jacqueline de Jong. Aber es könnte durchaus sein, daß dem einen oder anderen der Gruppe „Spur" der Ausschluß gar nicht unangenehm war… Heimrad hatte ja auch ein Trauma, nämlich es würde ihm das Malen verboten werden bei den Situationisten.

Das stand ja sehr bald zur Debatte, die Malerei hat die Situationisten überhaupt nicht mehr interessiert, oder?

Aber warum? Weil Asger Jorn nicht mehr dabei war, weil die Gruppe „Spur" nicht mehr dabei war, dadurch ist ja die künstlerische Kreativität und Produktivität der Situationisten kaputtgegangen.

Weil Debord die Künstler, die was geschaffen haben, rausgeschmissen hat. Übriggeblieben ist die Mystifikation, die Situationisten hätten irgendetwas mit dem Pariser Mai zu tun, was ich bestreite, das ist alles von Debord lanciert worden, – bekannt ist, daß er im Mai 1968 auf den Bahamas weilte.

Ihr habt auf den Ausschluß nicht reagiert. Wie war jetzt in der Folge deine Position gegenüber der Gruppe „Spur"?

Wenn ich mich recht erinnere, hieß der einzige von der Gruppe „Spur", der noch über seine Leinwand hinausgesehen hat, Hans-Peter Zimmer. Der hochgejubelte Guy Debord war ein schlichter „Trottel", ein sehr charmanter, netter, echter „Trottel". Ich komme immer mehr zu der Überzeugung, daß Asger Jorn eine Figur gesucht hat, die für ihn durch die Gegend läuft.

Ich glaube, daß Asger Jorn die Figur Guy Debord erfunden hat, und zwar in der Form, daß es einen geben muß, der den Executor spielt, der den Stalin spielt. Finanziert wurde bei den Situationisten alles von Asger Jorn. Debord wäre ohne

Avantgarde ist unerwünscht!

(Flugblatt der SITUATIONISTISCHEN INTERNATIONALE)

1. Die heutige Avantgarde, die nicht geltende Mystifikationen wiederholt, ist gesellschaftlich unterdrückt. Die Bewegung, die von der Gesellschaft erwünscht ist, kann von ihr aufgekauft werden: das ist die Pseudoavantgarde.

2. Wer neue Werte schafft, dem erscheint das heutige Leben als Illusion und Fragment. Wenn die Avantgarde die Frage nach der Bedeutung des Lebens stellt, aber unzufrieden damit, ihre Folgerungen verwirklichen will, sieht sie sich von allen Möglichkeiten abgeschnitten und von der Gesellschaft abgekapselt.

3. Die ästhetischen Abfälle der Avantgarde wie Bilder, Filme, Gedichte usw. sind bereits erwünscht und wirkungslos; unerwünscht ist das Programm der völligen Neugestaltung der Lebensbedingungen, das die Gesellschaft in ihren Grundlagen verändert.

4. Nachdem man die Produkte der Avantgarde ästhetisch neutralisiert auf den Markt gebracht hat, will man ihre Forderungen, die nach wie vor auf eine Verwirklichung im gesamten Bereich des Lebens abzielen, aufteilen, zerreden und auf tote Gleise abschieben. Im Namen der früheren und jetzigen Avantgarde und aller vereinzelten, unzufriedenen Künstler protestieren wir gegen diese kulturelle Leichenfledderei und rufen alle schöpferischen Kräfte zum Boykott solcher Diskussionen auf.

5. Die moderne Kultur ist substanzlos, sie besitzt keinerlei Kraft, die sich den Beschlüssen der Avantgarde wirklich widersetzen könnte.

6. Wir, die neue Werte schaffen, werden von den Hütern der Kultur nicht mehr lauthals bekämpft, sondern auf spezialisierte Bereiche festgelegt, und unsere Forderungen werden lächerlich gemacht.

7. Darin sollen die Künstler die Rolle der früheren Hofnarren übernehmen, von der Gesellschaft bezahlt, ihr eine bestimmte kulturelle Freiheit vorzuspiegeln.

8. Der gesellschaftliche Dünkel will der Avantgarde ein Niveau vorschreiben, das sie nicht verlassen darf, wenn sie gesellschaftsfähig bleiben will.

9. Die Existenz des Künstlers ist das Ferment zur Metamorphose unserer absterbenden europäischen Kultur, einem Prozeß, der nicht aufzuhalten, sondern zu beschleunigen ist.

10. Die europäische Kultur ist ein krankes, altes, schwangeres Weib, das sterben wird. Sollen wir den absolut aussichtslosen Versuch unternehmen, die Mutter zu retten – oder soll das Kind sterben? – Die Restaurativen wollen noch die Mutter retten – und töten damit auch das Kind. Die Avantgarde hat sich entschieden: die Mutter muß sterben, damit das Kind leben kann!

11. Die Avantgarde von gestern ist comme il faut. Die künstlerische Linksfront ist heute ein Wahrheitsproblem: „Eine Wahrheit wird nur 10 Jahre alt". (Ibsen)

12. Künstler und Intellektuelle: unterstützt die situationistische Bewegung, denn sie jagt keinen Utopien nach, sondern ist die einzige Bewegung, die den gegenwärtigen kulturellen Zustand aufhebt.

13. Die Aufgabe der Avantgarde besteht einzig und allein darin, ihre Anerkennung zu erzwingen, ehe ihre Disziplin und ihr Programm verwässert worden sind. Das ist es, was die Situationistische Internationale zu tun gedenkt.

Herausgegeben von der GRUPPE SPUR als

DEUTSCHE SEKTION
der SITUATIONISTISCHEN INTERNATIONALE
Sturm · Prem · Fischer · Kunzelmann · Zimmer

der SKANDINAVISCHEN SEKTION
Steffan Larsson · Asger Jorn · Jörgen Nash · Katja Lindell

und der BELGISCHEN SEKTION
Maurice Wyckaert

München, Januar 1961

Asger Jorn verhungert. Asger Jorn ist auf irgendeiner seiner Sauftouren in Paris, die Dänen trinken sehr gern, irgendwo bei den Hallen oder St.-Germain-des-Prés einem Gammler mit Namen Dupont begegnet und hat ihn angestellt als den Guy Debord. Und der war einverstanden, die Figur zu spielen, die Asger Jorn ihm vorgeschrieben hat. Dieses offenkundige Versteckspielen nach dem Tod von Asger Jorn, der Wahn von Debord, nicht existent zu sein, hat einen realen Hintergrund. Der reale Hintergrund ist, daß er eine Kunstfigur ist, und weil er das ist, läßt er niemanden an sich heran. Bis zum Tode von Asger Jorn hat er weiter die Rolle gespielt, die dieser ihm aufgetragen hat. Und nach dem Tode von Asger Jorn kann niemand beweisen, daß Guy Debord lebt. Es gibt niemanden, der seitdem nachweisen kann, daß er Guy Debord gesprochen hat.

142

aus SPUR Nr. 6, 1961

Ich will nicht ausschließen, daß der von Asger Jorn engagierte Executor und theoretische Textschreiber mit dem Kunstnamen Guy Debord ...., es ist nicht ausgeschlossen, daß diese Kunstfigur von Asger Jorn – und das spricht für solche Leute – ein Eigenleben entwickelt. Der Austritt der Gruppe „Spur" ist von Asger Jorn und nicht von Guy Debord veranlaßt worden. Der war zu der Zeit noch die Figur von Asger Jorn. Ich bin gern bereit, mit Guy Debord ein Streitgespräch zu führen, ob der die Kunstfigur ist, aber ich bemühe mich seit 10 Jahren um Guy Debord. Es ist mir nicht gelungen. Der angeblich existierende Guy Debord hat verweigert.

Hans-Peter hat ja noch die Zeitschriften der Subversiven Aktion finanziert, die „Unverbindlichen Richtlinien", eine Nummer ist in Odense gedruckt, das hat Hans-Peter ermöglicht mit einem Bild.

Fortsetzung auf S. 154

Heute am 30. Oktober 1961 ließ Chruschtschow seine Superbombe platzen – ernste Gesichter, schwarze Anzüge. Dieses Ereignis ist unwichtig, denn die Gruppe Spur existiert. Chruschtschow hat seine Stinkbombe nicht selbst erfunden, wir aber erfinden unsere Bomben selbst. Die erste platzte 1959 im Januar. Gruppe Spur made in Germany 1957, Name auf der Schneematschstraße gefunden im Januar 1958.

Im Januar 1961 wurde bei einer Kollektivorgie das Gaudi-Manifest gezeugt, im Januar 1959 ein Manifestregen (200000 Stück) über München. Die Pläne für unsere Aktionen 1962 ruhen in den Tresorschränken der Bradley-Bank, New York und der Banco di Roma in Mailand.

Bis 1957 haben wir unsere Texte noch auf Papierservietten und Bierfilzl im Wirtshaus geschrieben. Schon damals stürzte sich auf jede Kreation der Spur die Presse der gesamten freien Welt. Wir saßen nämlich bis dahin im Wirtshaus und Gefängnis Stadelheim.

1957 im Pavillon (Alter Botanischer Garten) die erste große Bierfilzl-Ausstellung. Unser Kollege Senft – jetzt Hohburg – ließ seine Werke durch einen Dienstmann entfernen mit den Worten: „Mit solchen Bierfilzl-Künstlern habe ich nichts zu schaffen." Die Besucher, die dünnen, die bebrillten und unbebrillten, die krummen und die geraden, sagten: „Nur Klee, Kandinsky und Picasso dürfen dieses tun, wenn sie gestorben sind." Bald stellten wir, nachdem wir gestorben waren, in einer anderen Ausstellung unsere Hosenträger, unsere Locken, eine Pfeife, Hausschlüssel und einen alten Gegenstand zur Schau. Angesichts dieser Gegenstände sprach der damals unverstorbene Bense über das Tonband das große Blabla unserer Zeit. Aber nicht einmal das hatte er allein kreiert, sprach es doch ein Mitglied der Spur 1936 auf Band. Deshalb verlangte er auch, es zu vernichten. Bolus Krim ein Toter, der nie gelebt hat. 1961 Manifest „Avantgarde ist unerwünscht."

Einige nüchterne Daten: 1958 Freund Asger im Bordell kennengelernt (Sturm glaubt, es war in der Sendlinger Straße.) 1958 Ausstellung im Bierzelt; zweites Thema: Bierfilzl im modernen Leben. (Das Kunstschöne und das Naturschöne) – von der Münchner Brauerei- und Gastronomie-Genossenschaft unter heftigem Protest geschlossen, Handgemenge mit Prem, Ober trug einen Prembiß davon. Sturm hat die Staatsgewalt mit seinem Bauch bedroht. Polizeiakten: Strafsache A-V 9304. Der Ober ließ sich eine Wundstarrkrampfspritze verabreichen.

1958 Bekanntschaft mit dem Möchtegernkleinegroß H. Platschek, mit dem Pharmazeuten Pinot Gallizio und dem antipolitischen Politiker Asger Jorn. Teilnahme an der Organisation der Anti-Organisateure (J.S.) 1959 dritter situationistischer Kongreß in München. Ort: Jägerzimmer des Gasthauses „Herzogstand."

1959 Ausstellung in der Galerie van de Loo München, 1960 in Essen, beide ohne Erfolg. 1960 fliegt die Spur zum Situationistischen Kongreß nach London (siehe Spur II.)

1961 in der Gaststätte Leopold über das Problem „Künstler und Gesellschaft" nachgedacht. Anschließend Lokalverbot. Zur gleichen Zeit außenpolitische Debatte im Bundestag. 1959 Vitalità nell'arte.

1959 Bekanntschaft mit Willi Bleicher. Neujahr 59/60 mit van de Loo im Walchensee geschwommen. Bis 1960 hat die Spur immer nur diskutiert. 1960 zwang uns Asger Jorn, die Spur-Zeitschrift herauszugeben. Bei der Gründungsfeier der Gruppe im Gasthaus „Zum grünen Eck" waren folgende Herren anwesend: Lothar Fischer, Bolus Krim, Heimrad Prem, Dieter Kempt, Helmut Sturm, Horst Buchholz, Joseff Senft, Gilles Ivain, Herbert Zeiler, Hans-Peter Zimmer, Freddy Quinn (siehe FAZ vom 21. 9. 1957.) Einige liefen zur herrschenden Klasse der Nonkonformisten über. Später bekamen wir den inzwischen wieder verlorenen absonderlichen Glasfabrikanten E. Eisch hinzu. 1960 trennte sich Zimmer von Gretel Stadler, auf ihren Wunsch hier nicht erwähnt. 1959 gründete die Spur die Gruppe Radama, 1960 die Gruppe Vision, 1961 die Gruppe Ludus. Schwabings Stargammler Kunzelmann weigert sich 1960, von der Spur zum Schriftsteller gemacht zu werden.

1961 Reise nach Schweden, Besuch bei Jörgen Nash, der Mutter der Avantgarde. Dort Studium der Ökonomie, Pataphysik und Soziologie. Cobra-Ruinen ausgegraben. Ausstellung in der Galerie Birch, Kopenhagen und im Konfisalong des Bass-Buffo Johannsson, Halmstad (Schweden.) Gründung des nordischen Bauhauses mit Jörgen Nash. Kunzelmann erfindet die Spur-Selbstzersetzungsmaschine. Diese Maschine wurde am 21. Okt. 61 im Natohauptquartier Fontainebleu dem Generalstab vorgeführt (siehe „Le Figaro" vom 23. Okt. 61.) Den Druck der Spur 6 ermöglichten uns Permild & Rosengreen, die Tuborg-Schankwirte, das Gespann der lyrischen Heldentenöre und Radetzkymarsch-fans. Wir sind nach Schweden getrampt und kehrten mit Austin 2200 zurück (Nr. des Fahrgestells 20-73850.)

Im Winter 1960 längerer Winterschlaf Nash's in München, währenddessen ein Film „So ein Ding" mit ihm gedreht wurde. Im Januar Nachtbesteigung der Eigernordwand, Abwurf des Januar-Manifestes vom Gipfel. Zur selben Zeit tritt Sturm im „Platzl" als Meistersodler auf; er wird von Marinotti vom Platz weg engagiert. Während seines 9-monatigen Sanatoriumaufenthaltes in der Villa Massimo (Rom) arbeitet Fischer an dem Schlußkapiteln des dreibändigen Werkes „Über die speläologischen Motivationen der Skorpionexkremente bei A. Jarry."

1961 im Oktober bei unseren Freunden Gretel und Paolo Marinotti in Vittorio Veneto. Mit Genuß gebratene Singvögel verspeist.

1959 trafen wir den bekannten „Deux Mago(ts)"gen und Uno-Deserteur Debord, der damals den Untergang der Kunst in den Slums von Leopoldville verkündete.

Am 17. Oktober 1961, 15 Uhr, trafen wir uns im Englischen Garten und diskutierten über den Fehlschluß von Marx, der den Gebrauchswert mit dem Gebrauchsgegenstand identifiziert und dadurch dem Menschen seine spielerische Befreiung vorenthält. Gruppe Spur läßt durch Mittelsmänner den Bolus-Krim-Skandal in Szene setzen. In einem positiven Loch von London-Eastend überraschten wir den alten ungarischen Revolutionär Attila Kotanyi bei seiner mit reichlichen Rezitativen gespickten Soloarie vom „Epos der Sänger der Konditionierung."

Der Übermaler Rainer wird von der Spur beauftragt, die VW-preisgekrönte Graphikerin Helga Pappe in Wolfsburg zu übermalen. Daraufhin kauft die Spur einen VW-Bus. August 1961 Kongreß der J. S. in Göteborg (siehe Göteborgs-Tidningen vom Torsdag 31 augusti 1961.) Seit 1958 mit wachsendem Erfolg an vielen Ausjurierungen in Deutschland teilgenommen.

Sonntag, den 21. Oktober 1961 in Wemding mit Hans Engelhardt Programm über phantastischen Film abgeschlossen. Kündigung des Vertrages mit dem NWD Fernsehen-Köln, da nur die harmlosen Sätze aus unserer Erklärung vor dem Fernsehen (s. Spur 4) gesendet wurden. Nach jahrelangen Schriftexperimenten entwickelt Spur die unserer Zeit gemäßen Inkunabeln.

Bei dieser Historie konnten wir nicht alle Personen erwähnen, da sich ja erst in Zukunft zeigen wird, welche in der Vergangenheit wichtig waren.

„OHNE UTOPIEN BLEIBT DIE WELT EIN DRECKHAUFEN" Leopold Ziegler

Gruppe Spur

I. Beschluß
des Amtsgerichts München

1) K u n z e l m a n n Dieter
2) S t u r m Helmut
3) P r e m Heimrad
4) Z i m m e r Hans-Peter

sind hinreichend verdächtig

jeweils gemeinschaftlich und fortgesetzt handelnd durch 2 selbständige Handlungen

1) durch die gleiche Tat
   a) unzüchtige Schriften feilgehalten, verkauft, verteilt, an Orten, welche dem Publikum zugänglich sind, ausgestellt oder sonst verbreitet, sowie sie zum Zweck der Verbreitung hergestellt oder zu demselben Zwecke vorrätig gehalten, angekündigt oder angepriesen
   b) dadurch, daß sie öffentlich in beschimpfenden Äußerungen Gott lästerten, ein Ärgernis gegeben oder öffentlich eine der christlichen Kirchen oder ihre Einrichtung oder Gebräuche beschimpft und
2) öffentlich und durch Verbreitung von Schriften jemand beleidigt zu haben.

(Beschluß des Amtsgerichts München, 1962)

Unsere

Antwort

der Herr Staatsanwalt hat uns die Verbreitung unzüchtiger und gotteslästerlicher Schriften zum Vorwurf gemacht und hält dies für strafwürdig. Der Sachverhalt, auf den die Anklage gestützt wird, ist willkürlich aus dem Zusammenhang gerissen, und es ist notwendig, diesen dem Gericht aufzuzeigen. Unser nicht-vorurteilsfreier Indikativ mancher Sätze, die das Gericht betreffen, wurde uns durch apodiktische Unterstellungen der Anklageschrift vorexerziert.
Die Zeremonielle der heutigen Gesellschaft dienen nur zur Aufrechterhaltung brüchig gewordener Selbstverständlichkeiten. Wir lehnen Spielregeln der Auseinandersetzung und Entscheidungsfindung ab, bei denen im Vorhinein der Inhalt der Entscheidungen festgelegt ist. Der demokratische Mensch ist doch nicht der Mensch, der den Zwang zur Unterdrückung von Handlungsimpulsen akzeptiert, sondern der Mensch, der mit anderen übereingekommen ist, verschieden zu sein in all seinen Lebensäußerungen. Wir sind nicht gewillt, das genormte Zusammenspiel aller gesellschaftlichen Gruppen und ein facettenhaftes Gleichgewicht einer Gesellschaft anzuerkennen, deren Hauptaufgabe darin besteht, die Reaktion der Auflehnung zu kanalisieren, das enge Ventil der erlaubten Handlungen perfekt zu bedienen und jede menschliche Ausdrucksmöglichkeit zu absorbieren in einer von Konsum überdeckten Nichtpartizipation des Individuums. Das zum Ersticken enge Netz, mit panem und circenses schmeichelnd und lieblich lächelnd über die Gesellschaft gebreitet, zusammengesetzt aus den undurchdringli-

chen Maschen der Passivität, eines fast fehlerlos funktionierenden Absorbierungsmechanismus und der konditionierten Sicherheitsventile, suggeriert selbst den Opferspielenden noch eine Illusion der Rechtfertigung. Die Aufmerksamkeit einen Augenblick auf sein Schicksal gelenkt zu haben, gibt einem neue Kraft, um es mit Geduld weiter zu ertragen. Das rationale sowie irrationale gesellschaftliche Bezugssystem früherer Zeiten, der sogenannte Set der „Primitiven", der Brauchtum, Volkskunst, Fest und Spiel in einer Vielfalt schöpferischer Aktivität integrierte, atomisierte sich in die pseudohafte Geschlossenheit von ideologischen Weltbildern, – erkauft durch die Akzeptierung von Scheinwissen – deren einziger Stolz ihre Blindheit gegenüber allen Interdependenzen ist. Durch diese Krise, in die zunächst die religiösen Werte, dann die der Vernunft und der Zivilisation geraten sind, wächst der berechtigte Anspruch der Kunst, aus sich selbst heraus ein soziales Feld, das sich offen gegenüber den Erschütterungen der gesellschaftlichen Gesamtstruktur verhält, zu formulieren in Bezug auf die experimentelle Neugestaltung einer Welt als Überwindung der existierenden, die ihr Versagen hinreichend bewiesen hat. Insofern jeder fragmentarische Versuch auf dieses Ziel hin von den Institutionen, die einen veralteten Geist konservieren, in unserem christlich-demokratischen Staat verhindert wird, kommen wir nicht umhin auszusprechen, daß die Herrschaft der Religion, mit Namen Staat, Justiz, Christentum, immer noch eine Religion der Herrschaft ist.
Wir wissen nicht, ob die Unkenntnis der künstlerischen Entwicklung durch die einseitigen Lehrmethoden der jüngsten Vergangen-

heit davor entschuldigt, eine klassische Ästhetik als maßgebend für die Justiz anzuwenden, während sich selbst der Horizont der universitären Kunstgeschichte auch im Nachkriegsdeutschland so geweitet hat, den antiklassischen Ausdruck anzuerkennen, wie er sich im Dadaismus und Surrealismus manifestierte und deren Auswirkungen auf das Leben der Gesellschaft noch nicht abgeschlossen sind. Doch was hilft selbst das Wissen um das zweckfremde Spiel des Denkens außerhalb jeder ästhetischen oder moralischen Voreingenommenheit, um die höhere Realität gewisser Assoziationsformen oder das Wissen um das Kunstwerk als einer irreduziblen Größe, was hilft all dies in einer Welt, deren Kulturkanon zu festgefahren ist, um diese Welt dem Chaos zurückgeben zu können, – aus ihr ein enthüllendes Bild aufsteigen zu lassen.

Mit Rechtsmaßstäben von gestern werden Problemstellungen von heute unterdrückt und das abgeschlossene System des Rechts versucht mit bürokratischer Pedanterie die Kunst, deren Wesen offen, experimentell und dynamisch ist, in ihre Determinologie einzuordnen. Diese Klassifizierung gelingt dem Recht durch die bewußte Mißachtung der Kunst in Bezug auf ihre Ganzheit, ihre Ausdrucksfreiheit in Form der Groteske und des „schwarzen Humors", ihren Anspruch der Detournierung (der freien Verwendung und Austauschbarkeit aller durch die Auflösung bedingter freischwebender Werte) aller Erkenntnisse (Religionspsychologie, Soziologie, Biologie, Tiefenpsychologie, Pataphysik, vergleichende Ethnologie und andere Wissenschaften) und in Bezug auf ihr Recht, das Ferment der Auflösung in einer stagnierenden Gesellschaft mit spielerischen Methoden des Suchens existenziell darzustellen. Unsere antiideologischen und antitendenziösen Texte sind vielschichtige Palimpseste, surreal-dadaistisch überlagert, und das Herauslesen von Eindeutigkeiten fällt auf den Leser zurück.

1958, v. l.: Sturm, Zimmer, Fischer, Prem

Die merkwürdige Übereinstimmung von Ost und West in den subtilen Mitteln der Unterdrückung nicht-umfaßbarer Elemente wird immer offensichtlicher, womit unsere Überzeugung bestätigt wird, daß der eiserne Vorhang doch vor allem dazu benützt wird, verlogene Alternativen zu stellen, damit die Grundproblematiken nicht diskutiert werden müssen. Die heutige Jugend durchschaut instinktiv banale Projektionen und spekulative Scheinalternativen.

Als Eingeweihte in die gesellschaftlichen Zusammenhänge und Korrelationen wissen wir, daß „eine Strafe als solche keinen anderen Zweck hat, als einen Gesetzgeber zu befriedigen, der eine Strafe für nötig hält"[1], und daß „Justiz im Staate mit Gerechtigkeit soviel zu schaffen hat wie Beischlaf im Bordell mit Liebe".[2] Außerdem weigern wir uns entschieden, die Projektionsfläche für all diejenigen zu spielen, die unfähig sind, selbst zu revoltieren, die Objekte benötigen, um ihre auf Verwirklichung harrenden negativen Inhalte auf uns übertragen zu können. Selbst die Erkenntnis, daß der Bereich der individuellen Freiheit bezüglich des privaten Denkens keine Grenzen kennt, hinsichtlich der öffentlichen Äußerung von Meinungen diese Grenzen deutlich sichtbar werden, und in Anbetracht des tatsächlichen Verhaltens die Durchbrechung der Grenzen mit Irrenhaus, Gefängnis oder Heiligenschein der Illustriertenpublicity beantwortet wird, raubt uns nicht die Hoffnung, einen Ansatzpunkt in der Gesellschaft zu finden, dessen Anbohren einen lückenlos von Bürokratie und Formalismus gekitteten perfekten Überbau zum Einsturz bringt. Wie kann Pornographie in einer Gesellschaft verurteilt werden, deren letzte Möglichkeit der Kommunikation und des Konsums auf eben dieser Ebene stattfindet, sublim und von den geheimen Verführern der Reklame ausgenützt? Was heißt Gott lästern in einer Gesellschaft, die den religiösen Trieb, der nur in Gott – der Idee dessen, was ich über-das-Menschliche-hinaus sein will und einer Idee, die in ihrer zehntausendjährigen menschlichen Entwicklung die Bedürftigkeit des Menschen, Gott zu sein, nicht erschöpft hat und seinen rechtmäßigen Anspruch, Gott zu werden, bis in den Himmel hat wachsen lassen – seine ekstatische Entspannung findet, durch neue Sozialenzyklen, durch einen Konjunkturgötzen oder durch Maschinentheologie masturbiert? Letztlich müssen wir den Esoterikern der heutigen Gesellschaft die Frage vorlegen: Erzeugt die Statik der formulierten Gesetze bewußt das Aufbäumen der Unzufriedenen oder werden diese wiederum bewußt erzeugt, um die anderen in der Lethargie verharren zu lassen? Vor all diesen grundsätzlichen Fragen steht heute dieses Gericht und eine nicht-existente Prägungsoffenheit fördert billige Meinungen, die morgen Dogmen sind.

GRUPPE SPUR: Fischer Kunzelmann Prem Sturm Zimmer

1 Strafbuch-Entwurf von Dr. Joh. Werthauer, herausgeg.: Liga für Menschenrechte, Berlin 1929.
2 E. Mühsam, FANAL Jahrgang 4, S. 35.

(Antwort der Gruppe Spur auf den Beschluß des Amtsgerichts München, 1962)

Im Namen des Volkes!

URTEIL

Das Amtsgerichtsrat München, Abteilung Strafgericht erkennt in dem Strafverfahren gegen

Kunzelmann Dieter
Sturm Helmut
Prem Heimrad
Zimmer Hans-Peter

wegen Religionsbeschimpfung u. a.

in der öffentlichen Sitzung vom
Freitag, dem 4. Mai 1962
an der teilgenommen haben:

1. Amtsgerichtsrat Dr. Schweiger
   als Vorsitzender

2. Staatsanwalt Dr. Förster
   als Beamter der Staatsanwaltschaft

3. ap. Justizassistent Brummet
   als Urkundsbeamter

auf Grund der Hauptverhandlung zu Recht:

Kunzelmann Dieter, geb. am 14. 7. 1939 in
     Bamberg, led. Schriftsteller, deutscher
     Staatsangehöriger, wohnhaft in
     München 13, Bauerstr. 24 (Keller)

Sturm Helmut, geb. am 21. 2. 1932 in Furth
     i. Wald, verh. Maler, deutscher Staats-
     angehöriger, wohnh. in München 2,
     Thorwaldsenstr. 5/IV

Prem Heimrad, geb. am 27. 5. 1934 in
     Roding/Opf. led. Kunstmaler, deutscher
     Staatsangehöriger, wohnhaft in
     München 5, Klenzestr. 81/I Rgb.

Zimmer Hans-Peter, geb. am 23. 10. 1936 in
     Berlin, led. Kunstmaler, deutscher
     Staatsangehöriger, wohnhaft in
     München, Korbinianstr. 20

sind schuldig

Kunzelmann, Prem und Zimmer je eines fort-
     gesetzten gemeinschaftlich verübten
     Vergehens der Verbreitung einer
     unzüchtigen Schrift rechtlich zusam-
     mentreffend mit einem fortgesetzten
     gemeinschaftlich verübten Vergehens
     der Gotteslästerung und Religionsbe-
     schimpfung in Tatmehrheit mit einem
     gemeinschaftlich verübten Vergehens
     der Beleidigung,

Sturm eines fortgesetzten gemeinschaftlich
     verübten fortgesetzten Vergehens der Verbrei-
     tung einer unzüchtigen Schrift, rechtlich
     zusammentreffend mit einem fortgesetzten
     gemeinschaftlich verübten Vergehens der
     Gotteslästerung und Religionsbeschimpfung.
     Von der Anklage eines Vergehens der Beleidi-
     gung wird er freigesprochen.

Postkarte Dieter Kunzelmann

Sie werden verurteilt:
Kunzelmann Dieter, Prem Heimrad,
Zimmer Hans-Peter
je zur Gesamtgefängnisstrafe von fünf Monaten zwei Wochen
Sturm Helmut
zur Gefängnisstrafe von fünf Monaten

Die Angeklagten werden zu den Kosten des
Verfahrens verurteilt.
Soweit der Freispruch erging, trägt die aus-
scheidbaren Kosten die Staatskasse.

Die Vollstreckung der Strafen bei sämtlichen
Angeklagten wird zur Bewährung ausgesetzt.

Sämtliche Exemplare der Zeitschrift SPUR 6 –
Spur im Exil – gedruckt bei Permild und
Rosengreen in Dänemark, sowie die zu ihrer
Herstellung bestimmten Platten und Formen,
sind unbrauchbar zu machen, soweit die
Exemplare sich im Besitz des Verfassers, Her-
ausgebers, Druckers oder Verlegers befinden
oder öffentlich ausgelegt oder öffentlich
angeboten werden. Die Einziehung der
beschlagnahmten Exemplare wird angeordnet.

Dem Oberstaatsanwalt beim Landgericht
München I wird die Befugnis zugesprochen,
den auf die Beleidigung bezüglichen Teil des
Urteilstenors durch einmaligen öffentlichen
Aushang an den Aushangtafeln der Staatsanwaltschaft München I und des Amtsgerichts
München für die Dauer von einer Woche bin-
nen drei Monaten nach Rechtskraft des Urteils
auf Kosten der Verurteilten öffentlich bekannt
zu machen.

(Auszug aus dem Urteil des Amtsgerichts München,
1962)

Cher Debord,

mit Nash entschloß ich mich einen Protest gegen Euer Nicht-Hinauslehnen daß ihre am C. C. an uns gezeigt habt zu machen. Jorn war nicht in der idée des proteste weder in einer meiner weiteren Unternehmungen eingemischt. Deine Reaktion in der n° 7 des I. S. hat mich gezwungen mir gegenüber der gegenwärtige Situation klar zu werden. Die I. S. ist eine antiorganisation und ist an dem Punkte der Entwickelung angelangt wo die Frage der Inklusion oder Exclusion sich nicht mehr in Traditioneller art stellen kann.

Da Du selbst den Entschluss genommen hast das die situologischen werke für jeden offen sein müssen und damit zu gleicher Zeit alle Resultate der I. S. was eben die ganze Wissenschaft umändern wird, gehörrt die Situtionistische Bewegung an allen die ihre „Recherchen" volgen oder die I. S. wird zu einer avantgarde Schule Reduziert werden.

Um diese letzte Formule zu verhindern soll den Karakter der anitorganisation volständig konsumiert werden durch die I. S. In diesen Punkt ist Jorn mit mir einverstanden.

Auf diesem Gründe (Basis) habe ich nicht (hésité) gezaugert die Situationiste TImes, genau nach eigener Idee zu Realisieren.

Ich hoffe das du diese neue Entwickelung der I. S., die nach aller Wahrscheinlichkeit auch von der Gruppe Spur und von Nash (mit dem DRAKAbugget) gefolgt werden wird, acceptieren kannst. Und daß wir uns im herbst an dem Congres der I. S. treffen werden.

Es würde schade sein gezwungen zu werden eine zweite Internationale zu machen und so den Fehler der Kommunisten zu wiederholen.

Deine J.

(Brief von Jacqueline de Jong an Guy Debord, 22. 4. 19629)

Monsieur le Président,

Um 1920 und danach hat Deutschland unbestreitbar die erste Rolle bei der Entwicklung der Kunst und, allgemeiner, der gesamten Kultur unserer Epoche gespielt. Sie wissen, wie dieses Zentrum der Kreativität 1933 ausgelöscht wurde. Und seitdem ist nichts davon wieder aufgetaucht. Alle Welt muß feststellen, daß das Nachkriegsdeutschland durch eine totale kulturelle Leere und durch den dumpfesten Konformismus charakterisiert wird. Diese Schlußfolgerung ging sogar aus der neuesten Sammlung von Zeugnissen hervor, die eine Gruppe von deutschen Schriftstellern über ihr Leben in der Bundesrepublik veröffentlicht hat. Auch kann man in den polizeilichen und juristischen Verfolgungen der Gruppe SPUR, denen sie sich bei ihrer Freiheit des Suchens fast von Anfang an ausgesetzt sah, nur ein äußerst beunruhigendes Symptom erblicken. Die Gruppe SPUR ist die erste deutsche Nachkriegsgruppe, die im internationalen Rahmen wieder erschien und die von gleich zu gleich Kontakt suchte zur kulturellen Avantgarde und den wirklichen künstlerischen Tendenzen von heute; während die Künstler und Intellektuellen, die gegenwärtig in Deutschland geschätzt werden, nur verspätete und ängstliche Epigonen von importiertem alten, abgedroschenen Zeug sind. Daher haben sich

die kulturellen Gruppierungen außerhalb Deutschlands – besonders in Westeuropa und in den skandinavischen Ländern – über die Schwierigkeiten heftig erregt, die ihren Freunden in Deutschland gemacht werden. Jeder weiß, daß in einem Monat, da Europa ökonomisch immer mehr zusammenwächst, das intellektuelle Toleranzniveau auch überall dasselbe sein muß. Es ist also notwendig, daß Sie der Tatsache Rechnung tragen, daß ein solcher Prozeß in diesem Augenblick in Paris oder Kopenhagen undenkbar ist; so daß es nun an der Zeit wäre, diese ungeschickte Affäre durch einen Freispruch zu beenden. Schon bis heute hat sie dem Ansehen der Bundesrepublik nur geschadet. Wir sind besonders alarmiert über den lächerlichen Anlaß dieses Prozesses gegen SPUR. Dieser

Postkarte HP Zimmer

Vorwand kann nur die Absicht bemänteln, – die bei der ersten Gelegenheit auch ausgesprochen wurde, – die Gruppe SPUR und alle diejenigen, die in dieselbe Richtung gehen könnten, vor dem herrschenden Konformismus zurückweichen zu lassen. In Paris haben wir einen Musterprozeß gegen Künstler wegen Pornographie und Unmoral gehabt: das war im 19. Jahrhundert. Baudelaire und Flaubert sind aus denselben Gründen verurteilt worden, deretwegen heute Prem, Kunzelmann, Sturm und Zimmer in München angeklagt sind. Seit sehr langer Zeit bezieht man sich auf dieses Urteil, um die skandalöse Dummheit der Richter zu demonstrieren. Man sollte daran denken. Vor der Geschichte gewinnt die künstlerische Freiheit immer ihre Prozesse.

Guy Debord

(Brief von Guy Debord an das Amtsgericht München, 28. 4. 1962)

Nouveau

Espace

Spur-Bau

das bemalte Modell des SPUR-Baues – Größe 90 x 90 x 60 cm – ist im Maßstab 1 : 87 ausgeführt.

Das Projekt, das von der Gruppe Spur, München, als Gemeinschaftsarbeit entwickelt und ausgeführt wurde, besteht aus einem Hauptbau und aus einigen Nebenbauten (Säulen bzw. Stützen und kleine kugelförmige Bauten). Alle Baukörper sind durch Gänge unterirdisch miteinander verbunden. Der Hauptbau ist vorwiegend für kulturelle Zwecke gedacht und besteht im wesentlichen aus Galerie, Theater bzw. Konzertsaal, Kino und Bibliotheken. Die Galerie-Etage würde bei einer Realisierung ringsum durch Glaswände geschlossen werden. Die farbigen Bänder um den Bau sind als labyrinthische Spazierwege gedacht, die

Lothar Fischer: Matermité, Bronze, 1959; Sammlung HP Zimmer

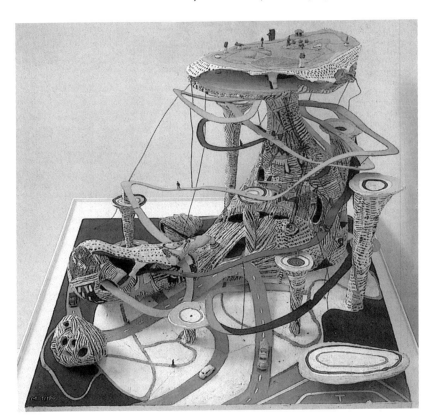

SPUR-Bau, 1963

Der vorgeformte Raum, der dreidimensionale, vorher vorgestellte Raum, der Raum der Tiefenperspektive fängt alles in ihn Eindringende und stellt es auf seine Bühne wie ein verhaftetes Ding, wie ein Monument, wie eine Totenmaske zur Schau. Die Kunst der Perspektive muß wesentlich auf Repräsentation, auf ein Zurschaustellen aus sein. Die Kunst, den Raum als Gravitationsfeld von Richtungspotenzen zu zeigen, als ein Feld, in dem sich immerwährend als Kräftefeld bewegender Raum vollzieht, bricht diese Schaustellung gänzlich ab. Bewegter Raum ist nicht Andringendes, nichts, was das Begreifen des Betrachters fesseln will, es ist grundsätzlich das Gegenteil: Hineinschwinden aller Figurationen, aller Geschehnisträger in ein Feld, das als ein Universum in jedem Punkt Mittelpunkt ist.

(Conrad Westpfahl über die Gruppe SPUR.)

selbstverständlich mit sicheren Geländern versehen gehörten. Beim Spazierengehen kann man sich auf den Plattformen der Säulen bei einer Tasse Kaffee ausruhen und zugleich in luftiger Höhe die Aussicht genießen. Selbstverständlich führen von Zeit zu Zeit Treppen und Wege zum Hauptbau und zu den Säulen, in deren Innerem Hotelzimmer untergebracht sind. Die kleinen kugelförmigen Körper können für Portier bzw. Parkwächter und Aufsichtspersonal verwendet werden. In der Nähe der Ausfahrtsstraße befindet sich die Tankstelle; für Parkmöglichkeit ist ausreichend durch verschiedene Parkplätze um und unter dem Hauptbau gesorgt. Auf einer breiten Auffahrtsstraße gelangt man per Auto zum Haupteingang.

Die hier vorgeschlagene Ausnützung der Baukörper ist unverbindlich, und eine andere Auswertung im kulturellen Sinn ist durchaus möglich, denn wir sind bei der Gestaltung des Spur-Baues nicht vom Zweck ausgegangen, sondern von der Phantastik der Form. Bei den heutigen technischen Möglichkeiten können in einer genügend großen hohlen Form die für die Künste der Gegenwart notwendigen Räumlichkeiten eingebaut werden. Das Bauprojekt, das in jedem Klima und in jeder Landschaft möglich ist, würde selbstverständlich in Zusammenarbeit mit Ingenieuren und Technikern entstehen, mit denen zusammen man die günstigsten Lagen für Straßen, Fenster, Heizanlagen, Fahrstühle etc. herausfinden müßte.

Das Zusammenspiel – als Synthese von Plastik, Architektur und Malerei mit der Notwendigkeit der Nutzbarkeit, die durch die phantastischen Mittel der Technik möglich ist – wirkt sich als Bereicherung und Verfeinerung des plastischen Baukörpers aus. Die Technik, sowie die bildenden Künste arbeiten hier alle experimentell an einer neuen irrationalen Konstruktion, die auch neue Zwecke hervorbringen wird.

Dieser Spur-Bau ist nicht utopisch sondern ein realisierbares Projekt.

Fischer   Sturm   Prem   Zimmer   1963

(Text der Gruppe SPUR)

nter dem Thema „Neuer Raum"
wird im allgemeinen der Mensch
sofort Assoziationen mit Weltenraum herstellen. Er wird sich gei-
stig in den Weltenraum flüchten
und sich von vagen Vorstellungen einer Unendlichkeit berau-
schen lassen, um hier auf dieser Erde seine
alten gewohnten Vorstellungen beibehalten zu
können. Auch die Raumfahrt bedeutet nur
eine teilweise Erfassung dieses neuen Raumes, dessen Vorstellung von der Krümmung
des Raumes die Wissenschaftler und Künstler
gleichzeitig intuitiv erfahren haben. Dieser
Vorstellungen bemächtigt sich heute in sehr
banaler Weise die „Science-fiktion", schöpferisch jedoch ist es, diese neue erahnte Raum-
vorstellung hier auf unserem Planeten in
künstlerisch-lebendige Form zu bringen, sozusagen als bildhaftes Gleichnis.
Der Spurbau als Kollaboration von einem Bildhauer und drei Malern ist ein Beitrag der
Gruppe SPUR, München, zum Thema
„Nouveau Espace". Dieses Modell für ein
phantastisches Projekt bildet einen weiteren
Baustein in der Entwicklung der sogenannten
visionären Architektur.
Der Spur-Bau ist ein „zweckloser" Bau, eine
irrationale Konstruktion, geformt aus einer
organisch-plastischen Haltung. Selbstverständlich ist dieses Modell nur e i n Vorschlag
für viele mögliche Ausformungen dieser Vorstellung.

(Text der Gruppe SPUR)

Postkarte der Gruppe SPUR

Das Fischen mit der Angel ist
von vielen Seiten als Tierquäle-
rei empfunden worden, hauptsächlich vom Fisch selbst.

(Karl Valentin)

Lieber Zimmer,

ich möchte dich um deine Hilfe beten um
Informationen zu bekommen in einer Sache
die dich vielleicht auch interessiert. Es handelt
sich um folgendes: während meiner Aufenthalt in München, voriges Jahr, habe ich das
Karl Valentin Museum im Isartor besucht, und
war gleich begeistert von was ich dort gesehen habe. Es fiel mich schon damals auf, wieviele ausgestellte Objekte, eine Ähnlichkeit
aufzeigen mit Objekte von Marcel Duchamp,
wie sie von Ihm ab 1913 u. a. als „ready-
mades" ausgestellt sind. Ich erwähne hier: ein
Flaschen Berliner luft (Duchamp: air de Paris,
ausgestellt in der Armory show in New-York),
Der Puppe mit Schnurrbart (Duchamp: Mona-
lise mit Schnurbart), „Gefangener Franzosen"
(Duchamp: Zucker-Würfel in einer Mäuse-
falle). Solche Ähnlichkeiten können kaum
zufällig sein. Neulich habe ich entdeckt daß
Duchamp in 1912 einige Zeit in München ver-
bracht hat. Mich interessiert also die Frage: ist
er von Karl Valentin beeinflußt worden, und
haben wir also in den Münchener Original der
Vorläufer oder selbst der Urheber des Dadaismus zu sehen? Um diese Fragen zu beantworten muß man gewisse Tatsachen wissen:
1. Hatte Karl Valentin in 1912 schon sein Kaba-
ret am Färbergraben oder „Wien-München",
und ist dies von Duchamp vielleicht besucht
worden?
2. Waren die oben erwähnte Objekte in 1912
schon gemacht worden, und hat Valentin sie
vielleicht in gewisse Vorträge gebraucht?
Auskunft könnte vielleicht geschafft werden
von Valentins Hilferin und Freundin Liese Karlstadt (wenn sie noch lebt). Oder vielleicht von
der Direktion des Valentin-Museums, oder,
wer weiß, gibt es noch einen Kreis von Valen-
tin-Bewunderer irgendwo in München. Es
kommt bald eine große Duchamp-Ausstellung
im Haag und es wäre wichtig solche Tatsachen
zu erklären. Ich hoffe daß du mit einige Tele-
fonanrufe mich helfen kannst eine Antwort
auf den Spur zu kommen, z. B. indem du mich
die eventuelle Anschrifte von Liese Karlstadt
oder von irgendeiner Karl Valentin-Gesell-
schaft geben könntest. Vor allem aber hoffe ich
daß die Sache dich einigermaßen interessiert
und daß du mich nicht übel nimmst daß ich
deswegen schreibe. Herzlich gegrüßt,

Constant

P. S. Karl Valentin (geb. 1882) war in 1912, 30
Jahre alt und 5 Jahre älter als Duchamp (geb.
1907).

(Brief von Constant Nieuwenhuys an HP Zimmer,
27.7.1964)

NICHT HINAUSLEHNEN

Der Zentralrat der Situationistischen Internationale hat in der Zusammenkunft in Paris am 10.
Februar 1962 beschlossen, aus der deutschen Sektion
der S.I. die für die Herausgabe der Zeitschrift « Spur »
verantwortliche Gruppe auszuschliessen (D. Kunzelmann, H. Prem, H. Sturm und H.-P. Zimmer).
Es ist bewiesen, dass die fraktionistische Aktivität
dieser Gruppe auf einem systematischen Missver-
ständnis der situationistischen Thesen basierte ; und
dass die Mitglieder dieser Gruppe vollkommen die
Disziplin der S.I. missachtet haben, um als Künstler
zu arrivieren.
Die Zeitschrift « Spur » wird durch eine neue Zeitschrift als Organ der S.I. in Deutschland ersetzt.

Für den Zentralrat :
G.-E. DEBORD, Attila KOTANYI, Uwe LAUSEN,
Raoul VANEIGEM.

Weißt du das so gewiß, daß
übermorgen kein Wind geht?
– Übermorgen geht selten ein
Wind.

(Karl Valentin)

*Le Conseil Central de l'Internationale situationniste, réuni à Paris
le 10 février 1962, a décidé d'exclure de la section allemande de l'I.S.
le groupe responsable de l'édition de la revue « Spur » (D. Kunzelmann, H. Prem, H. Sturm et H.-P. Zimmer).*
*Il est démontré que l'activité fractionniste de ce groupe a été fondée
sur une incompréhension systématique des thèses situationnistes ;
et que ce groupe a gravement négligé la discipline de l'I.S. pour
s'engager dans la voie de l'arrivisme artistique.*
*La revue « Spur » sera remplacée par une nouvelle revue comme
expression de l'Internationale situationniste en Allemagne.*

Pour le Conseil Central :
G.-E. DEBORD, Attila KOTANYI, Uwe LAUSEN,
Raoul VANEIGEM.

MARCUS DE FORCE-NATURE EN HABIT DE LABOURATOIRE
Spagirius Naturalis of gewaande Hertschelper der Metaalen

subversive aktion

Herr Blasus Rauchmantl der frucht losßen
ARCHI-SECTOR QUINTÆ ESSENTIÆ STUL

Kunzelmann erfindet

die Spur-Selbstzersetzungsmaschine.

interview

„Phantasie wird zum Meer, das die bürgerliche Welt wegspült"

Was war für dich der Impuls, mit „Spur" Schluß zu machen und auf eine andere Ebene zu gehen?
Der Hauptimpuls für mich war, daß ich kein individueller Künstler werden wollte.
Für dich überwog die gesellschaftliche Seite und die „Spur"-Maler bezogen sich mehr auf ihre Malerei, bis auf Hans-Peter.
Erstens hielt ich mich damals für ausgesprochen unbegabt als Künstler, und mich hat der situationistische Impetus fasziniert. Und dann darf man nicht vergessen, daß der „Spur"-Prozeß auch ein Schisma war innerhalb der Gruppe. Unter der letzten Erklärung vor Beginn der Berufungsverhandlung vor dem Münchener Landgericht, wo aus den 5 Monaten dann 5 Wochen Gefängnis mit Bewährung wurden, unter diesem entscheidenden Flugblatt „Wir scheißen auf den Kunstparagraphen", da steht von der Gruppe „Spur" nur Hans-Peter Zimmer drunter. Von den 4 Angeklagten haben weder Helmut Sturm noch Heimrad Prem sich mit meiner und Hans-Peters oder Baldeneys und Gaschés Meinung identifizieren können, das war ihnen zu radikal. Der Heimrad war ein militanter Typ bei Wirtshausschlägereien, da brauch-

mit

Dieter Kunzelmann

Juni/Juli 1991

Teil II

test du nie Angst zu haben, wenn du neben dem gesessen hast und es flog Zeug durch die Luft, da fühlte man sich sicher. Der ist Bullen an die Wäsche gegangen, wenn er besoffen am Steuer war, aber in den Knast wollte er nicht, und das schwebte ja über uns. Das darf man nicht vergessen, 5 Monate mit Bewährung. Aufgrund meines gesellschaftlichen Verständnisses bin ich schon sehr früh dazu gekommen, wenn schon, denn schon. Ich war immer sehr optimistisch, je mehr man auf die Pauke haut, desto mehr ziehen die den Schwanz ein, sie werden Opfer ihrer eigenen Propaganda, je mehr sie hetzen und man hält dagegen, desto mehr bricht es zusammen. Ich hatte ja auch zeitweilig den Versuch unternommen, andere Leute in die Gruppe „Spur" zu ziehen, um gruppendynamisch das Situationistische zu stärken. Der Rudolph Gasché war eine Luxemburger Ausgabe von Debord. Heute ist er Prof. für Soziologie in Luxemburg. Unheimlich sympathischer Typ, mit dem habe ich meine ersten Mescalin-Trips gemacht damals, '62.
Dann zog er nach Berlin, er war bei der Mikrozelle der Subversiven Aktion in Berlin, hat dann Rabehl, Dutschke und Nagel kennengelernt in Berlin, und durch ihn habe ich die dann kennengelernt, wie ich auf Besuch zu ihm kam in die Niebuhrstraße. Der konnte mit Sturm oder Prem kein Bier trinken, der hat nur von Kaffee gelebt. Der hatte nur studiert und seine Bücher gelesen. Am Anfang der Subversiven Aktion ging es noch mit ihm, aber später, bei Aktionen, da hatte er Probleme. Wenn wir beim Ausschluß der Gruppe „Spur" Einigkeit gezeigt hätten, was ja Nash und die Skandinavier gemacht haben, die haben eine zweite Internationale gegründet, wir hätten wirklich in

einer spielerischen Form, nicht ernsthaft verbohrt, die 33. Internationale gründen sollen. In Deutschland, in Italien, dann wären andere dazugekommen. Wir hätten uns überhaupt nicht durch den Ausschluß beeinflussen lassen sollen. Wir hätten Debord mit situationistischen Inhalten auf die Schippe nehmen müssen. Es war zu verhärtet zwischen Prem, Sturm und Debord, als daß man noch hätte locker damit umgehen können. Ich war in der Bredouille, ich bin ja nicht ausgeschlossen worden. Mir ist es freigestellt worden. Debord wollte ja nicht mich ausschließen.
Von den Fakten war klar, ich hatte mit der Zeitschrift Nr. 7 überhaupt nichts zu tun. Die sind nach Italien gefahren, waren eingeladen von Marinotti, und ich bin aus irgendwelchen Gründen nicht mitgefahren. Was soll ich bei Marinotti, ihr malt dem da sein Speisezimmer aus etc... Ich war auch überrascht, daß diese Zeitschrift rauskam, das war auch mit mir in keiner Weise abgesprochen, und ich ahnte schon, das gibt Zoff. Debord hat auf sowas gewartet. Und wenn ich ihm schon was biete, dann liefere ich ihm doch etwas Besseres als so eine Zeitschrift, dann hätte man etwas Schöneres gemacht, wo er völlig durchgedreht wäre. Wir hätten gesagt, wir treten alle in die CSU ein oder so was. Aber dadurch, daß er zu mir gesagt hat, entweder Situationisten

Im Gerichtssaal

„Mit

dieser

Welt

gibt

es

keine

Verständigung;

wir

gehören

ihr

nur

in

dem

Maße an,

wie

wir

uns

gegen sie

auflehnen."

(André Breton)

Eschatologisches

Programm

Lieber Hans Peter!

Aus dem Bewußtsein heraus, alle verstreuten Kräfte in einer neuen revolutionären Bewegung formieren zu wollen, erlaube ich mir, Dich zu einem ersten informativen Gespräch am Sonntag, den 10. November 1963, 20 Uhr in meinen Keller einzuladen.
Um einer endlos-unproduktiven Diskussion aus dem Wege zu gehen, wird bei allen Erscheinenden der Standort vorausgesetzt: der Worte sind genug gewechselt oder was not tut ist einzig die Aktion oder wir müssen eine Welle von Mikrorebellionen starten. Dieser Ausgangspunkt soll die gemeinsame Basis sein und von dieser selbstgewählten Verpflichtung ausgehend sind Kritik und produktive Ideen erwünscht. Ansonsten ist noch nichts festgelegt und jeder, der sich an der neuen Bewegung engagiert kann den Kurs mit seinen Intentionen bestimmen.

Mit freundlichem Gruß
Dieter Kunzelmann

(Brief von Dieter Kunzelmann an HP Zimmer, München, 5. 11. 1963; gleichlautender Brief an Frank Böckelmann u. a.)

DIE RELATIVIERUNG DER HIC ET NUNC

GELTENDEN WAHRHEIT LEITET DIE ÜBERGANGSZEIT EIN, WELCHE DIE BEDINGUNGEN DES GESELLSCHAFTLICHEN

UMFELDES SO VERWANDELT, DASS DER EINZELNE FÄHIG WIRD, DIE MENSCHHEITLICHE

URERWARTUNG ZU REALISIEREN.

der redliches Denken und redliche Absicht für sich in Anspruch nimmt.
Da die Welt, in der wir leben – wie wir gesehen haben – perfekt eingeschliffen und skrupellos genug ist, jedes Fragen abzuwürgen, sind wir überzeugt, daß nur eine totale Revolte zur Befreiung des Menschen aus den Klauen eines Monsters führen wird.
Totale Revolte, – nicht nur unter Einbeziehung aller Lebensbereiche, sondern auch als Kalkül mit dem Faktor Zeit.
[Totale Revolte: Die ewigen Hoffnungen ewig wachhalten, als realisierbare Möglichkeiten ins Bewußtsein setzen und sie verwirklichen.]
Wir legen also einen Drei-Phasen-Plan vor, der – auf die kürzeste Formel gebracht – zu lauten hätte:

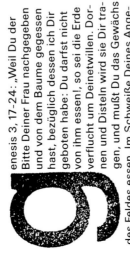

...enesis 3, 17-24: „Weil Du der Bitte Deiner Frau nachgegeben und von dem Baume gegessen hast, bezüglich dessen ich Dir geboten habe: Du darfst nicht von ihm essen!, so sei die Erde verflucht um Deinetwillen. Dornen und Disteln wird sie Dir tragen, und mußt Du das Gewächs des Feldes essen. Im Schweiße Deines Angesichtes wirst Du Dein Brot verzehren, bis Du zur Erde zurückkehrst, von der Du genommen bist. Denn Staub, kehrst Du zum Staube zurück."
... Dann sprach Gott: „Jetzt ist der Mensch geworden wie unsereiner, so daß er erkennt, was Gut und Böse ist. Daß er jetzt nur nicht seine Hand ausstreckt und auch vom Baum des Lebens nimmt und ißt und ewig lebt."
So vertrieb ihn denn Gott der Herr aus dem Garten von Eden, damit er den Boden bearbeite, von dem er genommen war. Und als er den Menschen vertrieben hatte, stellte er im Osten des Gartens die Cherubim auf und das zuckende Flammenschwert zur Bewachung des Weges zum Baume des Lebens.
Dieser Fluch hält die Menschheit immer noch in seinem Bann.
Seit eh und je erscheint Wahrheitsliebe verwegen, Entwicklungsstreben töricht und Befreiung wie ein Traum: unerfüllbar, zeitlos, schön.
Diesen Traum wird der totale Fortschrittsglaube unserer Zivilisation in Vergessenheit geraten lassen: alle Wünsche gehen in Erfüllung. – wir leben von heute auf Morgen – in einer armseligen Welt.
Diese Welt abzubauen, ist eine geschichtliche Notwendigkeit, der sich keiner entziehen kann,

oder „Spur", da war ich schon zu selbstbewußt, als daß mir irgendjemand so eine Alternative hätte vorlegen können.

Bei der Einladung, die du an Zimmer schreibst, in deinen Keller zu kommen, auch an Böckelmann, die ist ja nun schon ziemlich intellektuell. Da wird nicht darüber gesprochen, daß man irgendetwas malt; es geht um Mikrozellen usw. Das ist schon eine andere Sprache als in der „Spur"-Zeit. Da ist ein gewisser Bruch zu erkennen, der ja nicht bewußt sein muß. Es ist in einer direkteren Form politisch.

Das war ein Einladungsschreiben, das soll man nicht überbewerten, ich hab nicht lang drüber nachgedacht. Das Ziel der Gründung der Subversiven Aktion war bereits das, was Jahre später an politischkünstlerischer, kulturrevolutionärer Kreativität in der Kommune I herausgekommen ist.

Es gibt ein schönes Foto, wo du Vietnam-Flugblätter in München verteilst mit Marion vorn drauf . . .

. . . mit dem Kinderwagen, in München auf der Maximilianstraße, es war die erste Anti-Vietnamkriegs-Demo in München.

Hat die Gruppe „Spur" da mitgemacht oder warum haben

I. Der Relativierungsprozeß in der Gegenwart

Der Prozeß der Relativierung – seit Menschengedenken im Untergrund am Werk – ist mit Beginn der Neuzeit überall manifest geworden. Gegenwärtig greift er auf alle Bereiche der Wissenschaft und des Lebens über: Absolutismen sind nicht mehr gefragt; was sich als Wahrheit deklarierte, ist zweifelhaft geworden; gültige Aussagen gelten nur noch unter bestimmten Voraussetzungen: ein „mildes Chaos" ist ausgebrochen, in dessen Verlauf Irreales und Irrationales ins Spiel kommen mußte: der Mensch wurde als Möglichkeit entdeckt, – der Mensch entdeckt sich als Möglichkeit. Der nächste Schritt:

II. Umstrukturierung des gesellschaftlichen Umfeldes
oder:
Das Dynamische Prinzip

Allen Möglichkeiten des Menschlichen Raum schaffen.
Das Dynamische Prinzip verfolgt die Aufgabe, die Gesellschaft auf neue Grundlagen zu stellen und ihre Struktur grundlegend zu verwandeln. Das Leben des Menschen als animal sociale wird auf neue Weise begründet. Die neuen Fundamente gewährleisten die Verwirklichung der Urerwartungen der Menschheit; wir fassen sie zusammen als

Dynamisches Programm

1 Die Funktionen des Staats- und Gesellschaftsapparates müssen auf den Einzelnen übergehen.
2 Der Einzelne muß frei über seine Zeit verfügen können.
3 Alle Erzeugnisse müssen dem Einzelnen frei zur Verfügung stehen.
4 Die Verbindlichkeiten den Gesetzen gegenüber müssen aufgelöst werden.
5 Die Bildung muß der Privatinitiative überlassen bleiben.
6 Die Formen der Kommunikation müssen der Wahl des Einzelnen vorbehalten sein; die Mittel der Kommunikation müssen allen zur Verfügung stehen.

Von der gegenwärtigen Gesellschaftsstruktur her gesehen, werden die Postulate der Menschheit deutlicher in der 2. Fassung als

Dynamisches Liquidationsprogramm

1 Das Dynamische Prinzip liquidiert den Staats- und Gesellschaftsapparat.
2 Das Dynamische Prinzip liquidiert die Arbeit.

3 das Geld.
4 alle gültigen Gesetze.
5 die herkömmliche Bildung in Inhalt und Form.
6 alle organisierten Kommunikationsformen.
7 politische, militärische, konfessionelle Organisationen und rechtliche Zusammenschlüsse jeder Art.

(aus: Unverbindliche Richtlinien[1], Dezember 1962)

Aspekte

und

Konklusionen

Trau-Schau-Kunst

 as sich heute als avantgardistische Bewegung auf dem Markt feilhält, oder sich dem Markt entzieht durch die Spekulation als Kulturgutretter, verkanntes Genie oder intellektualistischer Nörgler vom Scheinwerferlicht der Öffentlichkeit entdeckt zu werden, muß demaskiert werden als eine noch festere Verstrickung in die bestehende Ordnung, weil ihre Opposition sich innerhalb der legalen Zone einer wohldosierten Narrenfreiheit vollzieht: Die Fragwürdigkeit künstlerischer Avantgarde ist offensichtlich: ihre Produkte verfallen in der industrialisierten Gesellschaft zwangsläufig dem Warencharakter, und eine Welt, deren Misere in sozio-ökonomischen Bedingungen gründet, kann nicht durch ästhetische Produktion überwunden werden. Der Parnaß der Künste ist das Schaufenster der Kaufhäuser und der Künstler sonnt sich im Dunkel seiner Integration.

Mein K(r)ampf

Die SUBVERSIVE AKTION, bestehend aus Rädelsführern des organisierten Ungehorsams, als erster Schritt zur Verwirklichung der emanzipierten Gesellschaft der Kohorte, defi-

die nicht mitgemacht?

Da waren wir schon sehr auseinander. Wir hatten ganz unterschiedliche Umkreise. Der einzige, dem ich noch manchmal im Tchibo auf der Leopoldstraße begegnet bin, war der Hans-Peter Zimmer. Ansonsten hatte ich kaum noch Kontakt, das war schon ein ganz anderer Kreis. Es war der Umkreis der Subversiven Aktion, dann antiautoritäre Leute im SDS. In dem Kinderwagen liegt meine Tochter Grischa. Wir hatten an dem Kinderwagen ein Transparent gegen den Vietnam-Krieg angebracht.

Wie waren denn die Reaktionen der Leute damals...Vietnamkrieg?

Insgesamt waren sie in München in keiner Weise – eben wegen der libertatis bavaria-aggressiv wie in Berlin. Die Bullen haben genauso zugeschlagen wie später in Berlin. Aber von der Bevölkerung her waren die Münchener sehr viel weniger aggressiv gegenüber den ersten Vietnam-Demonstranten als es in Berlin von Anfang an war. Man darf ja nicht vergessen, daß in Berlin die Springer-Presse durchschlagenden Erfolg hatte mit ihrer Parole: „In Vietnam wird die Freiheit Berlins verteidigt". Du kennst ja die berühmten Aktionen, jedem GI zu Weihnachten '66 einen Weihnachtsbaum nach Vietnam zu schicken, wo dann Wolfgang Neuss diese herrliche Gegenaktion gemacht hat.

Bisher waren das ja alles Sachen in München, mit Leuten, die in München wohnen, auf München konzentriert mehr oder weniger; wie kam es zu Verbindungen mit Leuten über München hinaus?... Wie lief das, lernte man die Leute kennen, rief man die Leute an, war es ein bestimmter Kreis der Gruppe „Spur" und der hat sich dann erweitert? Wie hast du die Leute von dir aus kennengelernt?

niert sich als eine direkt auf Aktion ausgerichtete Pariaelite. Kriterium selbst infinitesimaler Aktion ist das Maß an Entblößung gesellschaftlicher Repression. Zur subversiven Linken darf sich nur zählen, wer an einer neuen Tradition der Revolte aktiv sich beteiligt. Theorie und Methode der totalen Umwälzung resultieren aus der Koordination der gesammelten Erfahrungen von unzählig erlebten Mikrorebellionen. Die Wahl einer bestimmten Handlung läßt Mögliches ahnen, und das in der sterilisierten Gesellschaft durch Aktion Nacktgewordene verführt zur Vision einer faszinierenden Welt. Das geschaffene Feld nichtokkupierten Raumes ist eine Herausforderung an die erstmals konkret sichtbar gewordene Freiheit: abgerungener Hoffnungsschimmer wird der Hebel, ewig Versagtem zum Durchbruch zu verhelfen.

k A N A L Y Sation

In einer Zeit, in der dürftige Kritik jedem Ästhetizisten die Pforte zum Paradies der Schöngeister öffnet, muß der Standort gesellschaftskritischer Opposition neu gesetzt werden; in sich verharrende Kritik verfällt läppisch-spektakulärer Zurschaustellung.

**KRITIK MUSS IN AKTION UMSCHLAGEN.
AKTION ENTLARVT DIE HERRSCHAFT
DER UNTERDRÜCKUNG.**

Diese Form der Aktion spricht schon als neue Existenzform für sich selbst, die Intention der Handelnden ist das Versprechen einer zukünftigen Welt. Die Schwierigkeit, in der hochindustrialisierten Gesellschaft Aktion zu realisieren, entbindet die meisten davon, sie zu suchen. Das Bewußtsein der Austauschbarkeit jedes einzelnen wird durch die Suggerierung der Wichtigkeit seiner sozialen Rolle ausradiert. Der verinnerlichte Zwang, total ausgelastet zu sein, liquidiert die objektive Notwendigkeit einer Veränderung. Das Äquivalent zur Narrenfreiheit – die Handlungen der Avantgarde dienen nur zur Belustigung einer durch Versa-

Juli 1965: München, Protest gegen die Agression der USA in Vietnam; in der Mitte: Dieter Kunzelmann, Marion und ihr gemeinsames Kind.

gung konsumgierigen Gesellschaft – ist der Mythos der perfekt durchrationalisierten Welt: Rationalisierung ist Vernunft im Dienste der Unvernunft. Wir wenden uns gegen diesen von der herrschenden Ideologie proklamierten Mythos, denn dessen nicht geringste Funktion besteht darin, selbst Aktion, die mit dem letz-

Man darf nicht vergessen, daß wir Anfang der 60er sehr viel herumgetrampt sind in Deutschland, schon zu Gruppe-„Spur"-Zeiten. Wir sind einmal nach Wien gefahren, und wir waren lange in Skandinavien. Es sind viele Leute nach Paris getrampt, nach ein paar Wochen wieder zurück oder waren in Frankfurt, und man hat sehr schnell in anderen Städten Leute kennengelernt, sowohl bei der Gruppe „Spur" als auch dann zu Beginn der Subversiven Aktion. Als dann Rudolf Gasché nach Berlin gezogen ist, da hab ich ja dann gleich andere Leute kennengelernt. Ich bin im Jahr 2, 3 Mal nach Berlin getrampt mit anderen, und wir haben dann dort Leute kennengelernt. Und dann sind wir natürlich etwas organisierter vorgegangen bei der Subversiven Aktion und haben dann in Universitätsstädten, in Tübingen oder in Frankfurt und in anderen Städten, auch in München, diese Suchanzeige gemacht, 63, 64, verschiedene Versionen, die haben wir in den Städten geklebt, wo wir eine postlagernde Adresse draufgedruckt hatten, wohin Leute, die mit uns in Kommunikation treten wollten, schreiben konnten.

Haben sich da Leute gemeldet?
Natürlich! Denen haben wir dann „Unverbindliche Richtlinien" geschickt, unsere Flugblätter. Dann kamen die mal nach München auf Besuch, oder wir sind in die Städte gefahren, haben uns mit denen getroffen. Da lernte ich in mehreren Städten SDS-Leute kennen, die ich dann später '66 in Berlin beim SDS wiedergetroffen habe. Aufgrund der Diskussionen, aufgrund unserer Vorschläge, was man machen muß, hat sich natürlich sehr schnell – etwas inhuman ausgedrückt – die Spreu vom Weizen getrennt. Wir lernten viele Intellektuelle kennen, die unsere inhaltlichen Vorstellun-

ten Mut der Verzweiflung entsteht, im Keime zu ersticken.[1]
Der Beweis für die allgegenwärtige Realpräsenz dieses kittenden Pessimismus ist der völlige Mangel an Ideen, wie diese Welt zu verändern ist. Abgesehen davon, daß die festgefahrene Welt eine Herausforderung an die Imaginationskraft bedeutet, entzünden sich Projekte des Umsturzes an den objektiven Fakten kritischer Situationen. In den von der Gesellschaft besetzten Feldern leitet Analyse den Beginn einer kritischen Situation ein.
(...)

Ziersträucher

Im Leben seinen Mann zu stehen und die Tradition des Kulturerbes zu sichern, wird gemeinhin als Bildung definiert. In Wahrheit muß Bildung demaskiert werden als totale Verbildung, Integration in den Vergesellschaftungs- und Wirtschaftsprozeß, perfekte Spezialisation. Die einzigen Ecken, an denen das manipulierte Individuum im Verdummungsprozeß sich noch stoßen könnte, werden abgeschliffen durch Totschweigen oder Katalogisieren. Die Reformsucht seitens der Drahtzieher der Verbildung ist dem Wahn verfallen, durch Flickwerk Entscheidendes verändern zu können. Gemeinsame Funktion von Humanismus und positivistischnaturwissenschaftlicher Ideologie ist Integration in die jeweilige Gesellschaftsordnung: im 19. Jahrhundert durch Unterwerfung unter abstrakte Werte, in der hochindustrialisierten Konsumgesellschaft durch Beugen unter verhärtete Fakten. Gängige Bildung zu reformieren heißt daher, Ideologie der herrschenden Ordnung mit ewigen Werten verschönern zu wollen: sich als frei deklarierende Bildung entblödet sich als Verdoppelung der Initiation in die Autoritätsstruktur. Organisierte Bildung zerstört den Aufbau erträumter Welt. Vorschläge nichtaufoktroyierter Bildung dienen der Reaktion, wenn sie organisierter Bildung nicht total den Boden unter den Füßen entziehen: Gesellschaft stürzt sich auf Impulse, um ihre Festen auszufegen. - Jede Gelegenheit, nicht in den Bildungsapparat eingeschleust zu werden, muß ausgenützt werden. Die Lehrmaschinen, deren Aufgabe es ist, die Grundelemente des Lehrstoffs zu vermitteln, zerstören die Projektion des Vaterersatzes und damit die Autoritätsstruktur. Durch die Nichtexistenz eines Einspruchs von oben fällt auch die Sortierung des Materials nach repressiven Gesichtspunkten weg. Die weitere Entscheidung ist nicht mehr eine von der Gesellschaft diktierte: die Substanz der potentiell-spielerischen Freiheit entscheidet sich für die verschwiegenen Sternstunden der Menschheit, die im Zeichen der Empörung oder des radikal anderen Zustands standen.
Diese wahllos herausgerissenen Ansatzpunkte zur Aktion müssen ständig überprüft und weiterentwickelt werden. Eine Tradition der Rebellion erfordert permanente Ideenproduktion über Aktionen im Jetzt.

(aus: Unverbindliche Richtlinien 2, Dezember 1963)

[1] Die Frage erhebt sich, ob die Frankfurter Schule durch die ständige Proklamierung der Ausweglosigkeit der bestehenden Situation die Dialektik dieser Einsicht durchschaut hat und ob sie sich nicht durch die Manie der perfekten Analyse, durch die selbst die bedeutendsten Leute von der Gesellschaft aufs Eis gelegt werden, von der Importanz einer Aktion freispricht.

Auch Du hast Kennedy erschossen!

...m nicht kollektiver Lynchjustiz zum Opfer zu fallen, war es notwendig, dieses Manifest zu verzögern, bis die manipuliert hochgepeitschten Wogen sich wieder etwas geglättet hatten.

1.
Die unermeßliche Trauer über den Tod Kennedys beweist, daß die Gesellschaft diesen Tod ersehnt hat: Zur Schau gestelltes Glück produziert Neid, und die Trauer aller sollte den Todeswunsch aller kompensieren.

2.
Das Erschrecken darüber, daß die Kugel von uns allen kam, wird gemildert durch die Mystifizierung des Verstorbenen und der Schuld, entstanden durch die erfüllte Todessehnsucht, wird abgetragen durch eine noch totalere Identifikation mit dem Apparat: Ich werde noch mehr arbeiten und noch fleißiger konsumieren.

3.
Der Schock, daß Halbgötter durch eine Kugel sterben können, findet seinen Ausdruck im Erstaunen, daß der Tote wirklich tot ist. In Wahrheit wird durch den Rummel nach dem Mord vorgetäuscht, in einer Welt austauschbarer Marionetten sei ein Kennedy nicht austauschbar und ein Einzelner könne noch Geschichte machen, wo doch jeder nur noch wollen kann, was er soll und wo doch die autonomen Mechanismen der repressiven Gesellschaft in jedem Einzelnen zwangsläufig sich reproduzieren. - Der Pseudokrise folgt der vorgetäuschte Notstand, und dieser wiederum legitimiert den Zwang zu totaler Anpassung.

4.
Die manipulierte Hysterie und die kostenlos konsumierte Tragik erzeugen Zusammenhalt. Der Genuß des Schmerzes ist das Abzeichen der kollektiven Idiotie, und das schwülstige Gefühl von Gemeinsamkeit kann in einer Gesellschaft, wo jeder von jedem perfekt abgekapselt in der Isolation verharrt, nur noch durch gesteuerte Massenpsychosen suggeriert werden.

5.
In der Urhorde erschlugen die Söhne den Vater, um die Mutter zu besitzen, und die Welt erschoß den Großen Bruder John, um sich an Jacqueline zu vergreifen. Die Unmöglichkeit der Erfüllung dieses Wunsches wird sublimiert durch die Annäherung Jacquelines an das Bild einer Maria Immaculata. Der erschlagene John F. Kennedy feiert seine Auferstehung und Himmelfahrt in Cap Kennedy und um seine Reinkarnation (Bobby, Edward, John) werden wir wohl nicht vergebens in den Messen der Massenmedien beten.

6.
Die westliche Wohlstandsgesellschaft braucht solche Pannen wie Lengede und Kennedy, um an der Hand der Reaktion zu testen, ob noch alle gleichgeschaltet sind: Durch dieses Manifest geben wir kund, daß der gegängelte Zauber nicht mehr überall ankommt.

Wer all dies nicht versteht, will es nicht verstehen und untermauert nur die Wahrheit dieser Sätze; gleichzeitig entpuppt er sich als devoter Befehlsempfänger gesamtgesellschaftlicher Dogmen.

SUBVERSIVE AKTION
München Berlin Nürnberg
(Manifest der Subversiven Aktion, Dezember 1963)

gen ausgesprochen interessant fanden, Psychoanalyse, Frankfurter Schule usw., die da auch schon drin waren, aber die dann in dem Moment, wo es dann um Aktionen ging, zurückschreckten. Ich hab doch mit anderen Leuten in der Subversiven Aktion oder mit dem SDS in Anlehnung an die Geschwister-Scholl-Flugblattaktion im Lichthof der Münchener Universität bei einer Universitätsfeier ein Flugblatt von oben runtergeschmissen gegen diesen Jura-Prof. Maunz, Fascho, der wurde dann später – wenn ich nicht irre – bayerischer Justizminister, der war Grundgesetzkommentator, einer der Hofjuristen der Nazis, er war Professor an der Münchener Universität. Subversive Aktion war die Hyper-Organisation aller Organisationen, denen ich in meinem 50jährigen Leben angehört habe! Das war die spannendste Organisation, weil alles möglich war und nichts geblieben ist.

Mir ist noch unklar, wie die Subversive Aktion eigentlich entstanden ist, wer hat zuerst die Idee gehabt?

Da gibt es das Einladungsschreiben zur Gründungssitzung, ich weiß nicht, ob der Name schon drinstand, oder ob er erst an dem Abend geboren worden ist oder später. Das war die erste von mir initiierte Gruppengründung. Ich habe eingeladen, und alle kamen. Wir waren ja eine Persiflage einer Organisation! Das drückt ja der Titel des Buches über die „Subversive Aktion" aus: „Der Sinn der Organisation ist ihr Scheitern". Das stammt aus „Unverbindliche Richtlinien" I oder II. Die erste Ausgabe hat primär mein Freund Christopher Baldeney, mit richtigem Namen Rudolf May, mitkonzipiert, den kenne ich seit meiner Jugend. Rudolph Gasché habe ich zu „Spur"-Zeiten schon in Schwabing kennengelernt, Böckelmann erst später. Der hat eine literarische Zeitschrift herausgegeben, „Texturen" in München. Die „Subversive Aktion" war die erste von mir selbst initiierte Gruppe.

Was wurde von den Intentionen der Situationisten übernommen, oder beschränkte sich die „Subversive Aktion" auf Diskussionen, Herausgabe von Zeitschriften, Verfassung von Aufsätzen, oder was war da Praxis?

Schon im Einladungsschreiben zur faktischen Gründungssitzung der Subversiven Aktion in der Bauerstr. 24 steht doch der Satz drin: „der Worte sind genug gewechselt".

Wurde das nicht nur geschrieben, wurde auch etwas gemacht?

Natürlich! Wir haben starke Aktionen gemacht. Die Sprengung der deutschen Werbeleitertagung in einer vornehmen Veranstaltungshalle in Stuttgart. Wir haben ein Flugblatt verteilt, das heute etwas blöde klingt, zu sehr Frankfurter Schule-Slang und sehr moralisch. Wir sind gut angezogen zu dieser Veranstaltung gegangen. Wir waren in Stuttgart oder in Tübingen, um Leute zu besuchen und kennenzulernen und haben das irgendwie mitgekriegt, haben ein Flugblatt gemacht, uns einen Cassettenrecorder besorgt, haben The Trashmen auf Casette zusammen mit dem Matthäus-Passion-Schlußchor aufgenommen. Sind auf die Tribüne gegangen mit Cassette und schönen Anzügen. Die Eröffnungsrede hielt der damalige Stuttgarter Oberbürgermeister Klett. Und während Klett sprach, haben wir unsere Flugblätter von der Empore runtergeschmissen und volle Pulle aufgedreht: Trashmen und Bach. Das war eine heiße Situation! Diese renommierte Organisation von Idioten ist vollkommen ausgeflippt. Die sind hoch auf die Empore gestürmt und wollten

Servus Böckelmann!

Vielen Dank für Deinen Brief aus Stuttgart. Ich freue mich schon darauf, mit Dir einmal nach Stuttgart fahren zu können, um all die Typen zu testen. Hier in Berlin hat sich effektiv einiges getan, und ich habe manchmal mit etwas Wehmut daran gedacht, daß Du meine bedeutenden Sätze nicht hören konntest. In der Neujahrsnacht starteten wir folgende Aktion: An den Zaun des Springerpressezentrums direkt an der Mauer wollten wir folgende Sätze schreiben (wir waren zu viert):

Ulbrichts KZ, Springers BZ
Beide dienen dem gleichen Zweck
Ulbricht baute nur die Mauer
BZ und Bild enthirnen alle auf die Dauer
Hier entsteht das größte Verdummungszentrum Europas
Bild fordert: mehr Mauertote (d. h. größere Auflage)
Für's neue Jahr: Offensichtliche Freundschaft zwischen den Erbauern der Mauer und denen, die daran verdienen.

Jeder von uns hatte gerade ein bis zwei Wörter an die Bretterwand in leuchtenden Lettern geschrieben, als schon Polizei kam und wir gerade noch das Weite suchen konnten. Später erst fiel mir auf, daß es doch ein leichtes für die ungefähr 100 Polizisten dort in der Gegend gewesen wäre, uns einzufangen, und kam zu der Konklusion, daß die Polizei gar nicht daran interessiert war, uns zu erwischen, da ja dann immer noch ein Skandal daraus hätte werden können, und wer in Berlin ist an so etwas interessiert? Wenn die Aktion geklappt hätte, wäre es bis jetzt unsere erfolgreichste gewesen, denn wir hatten schon vorher die ganze Antispringerpresse mobilisiert, und von „pardon" war Dieter Lübeck an Ort und Stelle, um alles sofort zu photographieren.

Trotz dieses Scheiterns bin ich äußerst befriedigt von meinem Berlinbesuch. Wir haben unheimlich viel diskutiert und die Mikrozelle der Aktion S Berlin zusammengeschweißt. Die vier Leute in Berlin (Gasché, Pusch, Karp und Blösser) haben fast alle eine unheimliche Energie. Auf dem 1. Konzil der Aktion S wirst Du ja einige kennenlernen (im März). Hier in Berlin wurde mir zum erstenmal bewußt, daß wir in ein paar Jahren einige hundert Leute zählen können und uns schon z. B. folgendes leisten könnten. Wir provozieren Monsterprozesse, durch die wir unsere ganzen Ideen publik werden lassen. Wir stürmen z. B. ein Kaufhaus, nehmen alle Güter und verteilen sie auf der Straße; der folgende Prozeß müßte so frechgeschickt geführt werden, daß die Lüge der freien Wirtschaft selbst dem letzten Trottel bewußt wird. Oder wir inszenieren mitten auf dem Stachus eine Vögel-Szene (Du und Marion), und im Prozeß treten wir dann auf: „Warum nicht?". In dem Moment, wo wir viel Leute zählen, können wir auf ein paar immer verzichten, die eben dann im Gefängnis die Bücher lesen müssen, die sie bis jetzt zu faul waren zu lesen.

Dienstag oder Mittwoch trampe ich nach Fürth und werde Anfang nächster Woche (13. oder 14. 1.) wieder nach München zurückkehren. Falls nicht noch etwas dazwischenkommt (ich würde dann vorher noch schreiben), treffen wir uns am Mittwoch den

15. Januar bei mir. Bis dahin grüße ich Dich recht herzlich und muß sentimental bekennen, daß ich dich gerne hier in Berlin bei manchen Diskussionen dabeigesehen hätte. (...)

Dieter (f. Schwaben: Kunzelmann)

(Brief von Dieter Kunzelmann an Franz Böckelmann, Berlin, 4. 1. 1964)

Anschlag

Wozu Anschläge?

die Analyse, die in dieser Zeitschrift unternommen wird, soll nicht dazu dienen, das schöne Gefühl zu bestärken, Bescheid zu wissen.
Im Gegensatz zur „radikal-akademischen Kritik", die in Passivität verharrt und von wirklicher Kritik als Identität von Theorie und Praxis entbindet, soll unsere Analyse Sprungbrett sein, in die Wirklichkeit einzugreifen.
Der Versuch, uns unter die gängigen oppositionellen Gruppierungen einzuordnen, muß scheitern: eine Alternative zur bestehenden sozioökonomischen Struktur der Gesellschaft mißt sich allein daran, ob sie der beispiellosen Form psychischer und ökonomischer Ausbeutung des Menschen entsprechend erfolgreiche Methoden des Kampfes gegenüberzustellen vermag.
Wer die folgenden Seiten liest und nicht bereit ist, die Konsequenzen zu ziehen, tut gut daran, das Heft in den Papierkorb zu werfen.
Es gibt keine neutrale Position:

WER DIE UNTERDRÜCKUNG NICHT BEKÄMPFT, UNTERDRÜCKT LETZTLICH SELBST.

Die raffinierten Methoden der Gleichschaltung in der modernen Leistungsgesellschaft sind nur durch organisatorische Sammlung und Zusammenarbeit aller linken Oppositionellen zu zerschlagen. Unsere Zeitschrift will mithelfen, diesen historisch unerläßlichen Prozeß zu fördern und zu forcieren.

161 Dieter Kunzelmann im Rasen

Die

totale

Mobilisierung

der

Gesellschaft

gegen

die

endgültige

Befreiung

des

Individuums,

die

den

historischen

Inhalt

der

gegenwärtigen

Epoche

ausmacht,

zeigt

an,

wie

real

die

Möglichkeit

der

Befreiung

ist.

(Herbert Marcuse)

uns festnehmen, wollten Polizeigewalt ausüben. Es kam erst sehr spät einer auf die Idee, die Bullen anzurufen, weil damals Störungen sehr unüblich waren, da dachte noch niemand – egal wo – daran, daß etwas gestört werden könnte. Die Bullen kamen erst nach 20 Minuten. Es war gute Berichterstattung darüber, die haben uns angezeigt vom Vorstand der Deutschen Werbeleiter, und wir sind ja in einem schönen Strafverfahren vom Amtsgericht Stuttgart freigesprochen worden und die Berufung der Werbeleiter-Innung ist abgelehnt worden. Der Richter hat im Urteil gesagt, die Werbeindustrie arbeitet mit derartig finsteren Methoden, die Werbeleiter verscheißern die Bevölkerung derart, daß sie sich überhaupt nicht aufregen müssen, wenn mal jemand auf die Barrikaden geht. Damals, '63, '64 sind wir das erste Mal, ohne daß uns das gesagt worden ist, vom Baden-Württembergischen Landesamt für Verfassungsschutz ergebnislos verhört worden. Vom Polizeirevier sind wir von den Bullen in der Wanne in eine Villa in Stuttgart gefahren worden, ohne daß uns jemand gesagt hat, daß die Leute, die uns jetzt gegenübersitzen, vom Verfassungsschutz sind. Ich mußte dreimal nachfragen, wo ich eigentlich bin, weil die am Anfang immer geantwortet haben: „Wir sind eine Bundesbehörde". Ja welche Bundesbehörde denn? „Wir sind eine Bundesbehörde, Herr Kunzelmann". Ich habe keinen Ton gesagt, bevor ich nicht wußte, mit wem ich rede, und dann irgendwann mußten sie es rauslassen: Landesamt. Einer hat den Raum verlassen, ist zum Chef gegangen, wir kommen nicht weiter, wenn wir nicht sagen, wer wir sind. Dann haben sie gesagt: Landesamt für Verfassungsschutz,

Baden-Württemberg. Dann haben wir gesagt: Entweder Sie lassen uns sofort auf freien Fuß oder Sie führen uns dem Richter vor. Das war z. B. eine Aktion der Subversiven. Wir haben in München mal eine ganze Nacht lang viele Kirchen beschmiert! Es ist von der Kanzel ein Hirtenbrief der deutschen Bischöfe verlesen worden gegen Améry, Böll... und andere kritische Katholen. Wir haben dann mit sehr witzigen, ironischen Sätzen, Versreimen, persiflierend und lustig, darauf reagiert. Während des Weihnachtskaufrausches haben wir in der Kaufinger Straße in den Kaufhäusern Flugblätter verteilt gegen das völlig kaputtgemachte Weihnachtsfest durch die Konsumgüterindustrie.

Die Zeitschrift „Unverbindliche Richtlinien", habt ihr die verteilt?

Die haben wir verschickt, verkauft, verteilt. In Buchhandlungen ist sie verkauft worden. Der persiflierende Titel „Unverbindliche Richtlinien" war ja sehr verbindlich gemeint. Mit „Anschlag", zwei Jahre später, war unser Horizont schon wieder erweitert.

Wie kamen Rudi Dutschke und Bernd Rabehl da rein?

Dieter Kunzelmann in seiner Münchener Kellerwohnung, 1961, Foto: Heide Lausen

Wie

teuer

ist

die

Mauer?

(Vorläufige Thesen zum ökonomischen und ideologischen Ost-West-Geschäft)

(...)

Durch die jahrhundertlange Vormundschaft des Kapitals ist dem Menschen eine zweite Natur aufgepropft worden, die sich im egoistischen Profitstreben äußert; die tiefste menschliche Beziehung erhält einen Warencharakter, kann also gekauft werden. Sie tritt dem Menschen als ein wesenloses Ding gegenüber. Nach dieser totalen Entfremdung wird selbst der Befreiungsakt als Zwang und Willkür mißverstanden. Die Diktatur des Proletariats ist unerläßlich, um einen freien, selbstsicheren Menschen, um das Subjekt der Geschichte zu schaffen. „Die Diktatur des Proletariats ist der aufopferungsvollste und schonungsloseste Krieg ... gegen einen mächtigeren Feind, gegen die Bourgeoisie, deren Widerstand sich durch den Sturz (sei es auch nur in einem Lande) verzehnfacht und deren Macht nicht nur in der Stärke des internationalen Kapitals, in der Stärke und Festigkeit der internationalen Verbindungen der Bourgeoisie besteht, sondern auch in der Macht der Gewohnheit ..." (Lenin, Bd. 31, S. 8). In dem wirtschaftlich schwächeren Teil Deutschlands hatten im Jahre 1949, allerdings mit Unterstützung der Sowjetunion, die Kräfte des Sozialismus die Macht ergriffen. Gleichzeitig zeigten sich in Westdeutschland starke Strömungen, die endlich die Herrschaft des Kapitalismus beenden wollten. Nicht nur das Programm der SPD sprach davon, sondern auch die CDU mußte in Ahlen die Verstaatlichung der Grundindustrie in ihr Aktionsprogramm aufnehmen, um beim Wähler überhaupt eine Chance zu haben. In ganz Deutschland stand das Signal auf Sozialismus! Die westlichen Besatzungsmächte hätten nur für Augenblicke diese Umwandlung Deutschlands verhindern können, wenn die DDR konsequent den Weg des

Der Rudolph Gasché, einer der Mitinitiatoren der „Subversiven Aktion", der die gesamte französische Soziologie Anfang der 60er intus hatte, ist an die FU gegangen, 1963. Dann hat er hier in Berlin an der Uni die „Unverbindlichen Richtlinien" verkauft und 1964 Rudi und Bernd kennengelernt, und dann haben sie sich getroffen. Ich habe irgendwann einen Brief von Rudolph bekommen, habe tolle Leute kennengelernt etc., kannst du nicht die nächsten Wochen nach Berlin trampen? Dann bin ich nach Berlin getrampt und in der Niebuhrstraße in Rudolphs Wohnung open end gequatscht.

Dieter Kunzelmann, wenn man die Verlautbarungen der Subversiven Aktion vor 1965 sich zu Gemüte führt, dann hört man deutlich die Sprache gewisser Frankfurter Professoren heraus, ja man liest sogar Unterschriften, von denen höchst zweifelhaft ist, ob dieselben sie jemals abgelegt haben.

Vielleicht könntest du näher beschreiben, welche Bedeutung die Schriften dieser Herren Professoren damals für euch hatten.

Jeder Mensch hat ja bestimmte Bildungserlebnisse, und ich habe irgendwann 1960/61, vielleicht auch zuerst während meiner Gammelzeit unter der Pont Neuf 1959 davon gehört: Adorno, Horkheimer, Marcuse, Kracauer. Das waren alles völlig unbekannte Namen für mich. '60 oder '61 habe ich Minima Moralia oder einen Musikessay von Wiesengrund in die Finger bekommen. Egal, was es war, ich bin voll abgefahren. Ich bedauere es heute, zuerst auf diesen angeblichen Theoriepapst der Frankfurter Schule gestoßen zu sein und nicht zuerst auf Herbert Marcuse oder Max Horkheimer mit seinen Aufsätzen, die er während des Faschismus geschrieben hat. Ich

163

Nein, die Vernunft ist ihre eigene Krankheit.

(Theodor W. Adorno, 1946)

Die DDR hätte spätestens bis zum Jahre 1956 die Grundlagen für den Sozialismus schaffen müssen, e nen hohen Stand der Produktion, eine selbstbewußte Jugend, die erhaben über die glitzernde Reklame des Westens gelächelt hätte. Die sozialen Errungenschaften hätten die Leere des westdeutschen Konsums entlarvt. Sie hätten die Abhängigkeit markiert, in der sich dort der Arbeiter befindet, sie hätten die Zusammenhänge verdeutlicht und dargelegt, welche Möglichkeiten seiner menschlichen Entfaltung das kapitalistische System ihm vorenthält.

(...)

Der im Le.stungsprinzip erzogenen Jugend, die nicht ihre eigene Lage reflektieren durfte, blieb nur der Weg, sich untertänig der Bürokratie anzubiedern. Die Diktatur, die in der DDR vollführt wird, kommt nicht vom Proletariat, sondern von einer reaktionären Verwaltungsmaschinerie. Diese verlangt bürgerlichen Gehorsam, stellt Thesen in die Luft, die nicht geprüft, sondern geglaubt werden müssen. Die politische Praxis in der DDR steht im direkten Wide spruch zur marxistischen Theorie. „Wenn der Staat nicht abstirbt, sondern immer despotischer wird, wenn die Bevollmächtigten der Arbeiterklasse sich bürokratisieren und die Bürokratie sich über die erneuerte Gesellschaft aufschwingt, so geschieht das nicht aus irgendwelchen zweitrangigen Ursachen

des gesellschaftlichen Geschehens trägt die Verwaltungsmaschinerie den Samen der Reaktion, des Verrates an den Intentionen der sozialistischen Revolution. Sie unterläuft die emanzipierte Gesellschaft, indem sie sich verselbständigend über die Bevölkerung erhebt. Der Beamte und Bürokrat ist zu ersetzen durch einen periodisch wechselnden Funktionsträger. Parallel mit dem „Absterben des Staates" (siehe Engels' Anti-Dühring, Lenins Staat und Revolution) läuft „eine allmähliche Einbeziehung der ganzen arbeitenden Bevölkerung bis zum letzten Mann in die Arbeit der Staatsverwaltung. Durch eine wirkliche und allseitige Ausführung dieser Maßnahmen – die ein weiterer Schritt auf dem Wege sind, den einst die Pariser Kommune betreten hat – wird eine Vereinfachung der Verwaltungstätigkeit und eine allgemeine Erhebung der kulturellen Lage der Arbeiter herbeigeführt." (Trotzki, Verratene Revolution, S. 81). Die proletarisch-bäuerliche Republik wird alle Werkzeuge der Unterdrückung beseitigen. „Alle beamteten Personen werden nicht nur gewählt, sondern sind auch jederzeit auf Verlangen der Mehrheit der Wähler absetzbar; die Besoldung aller beamteten Personen ohne Ausnahme wird in einer Höhe festgesetzt, die den Durchschnittslohn eines qualifizierten Arbeiters nicht übersteigt...." (Lenin, Bd. XX, S. 400).

Sozialismus, d. h. die Befreiung der materiellen Bedürfnisse und damit zur gleichen Zeit die Mündigmachung des Menschen, verfolgt die Menschen an den Intentionen der sozialistischen Revolution. Selbst im Jahre 1949 hätte man unter Umständen auf eine Mauer verzichten können, weil im Westen neben den liberalistischen Phrasen nur die Arbeitslosigkeit wartete. (Wenn ein Mauerbau, diese Abkapselung, überhaupt einen Sinn hat, dann nur in einer Periode, wo es gilt, die sozialistische Erziehung des Menschen in großem Umfang zu beginnen.) Die Diktatur des Proletariats ist der Übergang von der bürgerlichen zur sozialistischen Gesellschaft. Hier werden noch einmal alle Machtfaktoren des bürgerlichen Staates benötigt. Mit dem Prozeß der Bewußtwerdung des Menschen fallen diese Relikte der Herrschaft weg. Die Diktatur der Mehrheit über die Minderheit ist also zeitlich begrenzt! Die Bürokratie, die im ersten Zeitraum straff organisiert sein muß, um den Umbruch der Gesellschaft zu regeln, um kein soziales und ökonomisches Chaos ausbrechen zu lassen, muß ihren Sondercharakter sehr bald verlieren. Mögen diese Kader anfänglich unabsetzbar sein, weil die anfallende, spezielle Problematik keine Austauschbarkeit erlaubt, so sind sie in den ersten Momenten einer relativen politischen Beruhigung sofort der Kontrolle und dem Einfluß des Volkes auszusetzen. Denn in ihrer Starrheit, in ihrem Extrastatus außerhalb bin voll abgefahren, was für mich damals '60/61 hieß, daß ich jeden Text fünfmal gelesen habe, in die Staatsbibliothek gerannt bin und einen halben Meter Kritische Theorie geholt und drei Tage, drei Nächte durchgelesen habe.

Das für uns Zentrale an Herbert Marcuse oder Walter Benjamin sind die Gedanken über den subjektiven Faktor gewesen. Das ist doch die inhaltliche Auseinandersetzung der 60er Jahre gewesen: muß man sich dem Allgemeinen, dem falschen Ganzen anpassen aufgrund der gesellschaftlichen Zwänge, der Bürokratie etc., oder besteht eine Möglichkeit, all das aufzubrechen.

Du warst begeistert von der Frankfurter Schule, weil das deiner Vorstellung des gesellschaftlichen Ganzen auch entsprach, aber zogst nicht die Folgerungen daraus, daß man das jetzt nur analysieren kann, so wie Lukács kritisiert hat: Grand Hotel Abgrund.

Lukács hat nicht die Berechtigung, das zu sagen... Das Grand Hotel Abgrund war ja eher im Hotel Lux als in Malibu.

Mit welcher gesellschaftlichen Wirklichkeit habt ihr euch konfrontiert gesehen und zwar nicht nach der Seite der Theorie, sondern nach der Seite des Klimas hin? Wenn ihr aufgetreten seid, eure Sachen verteilt habt, wie hat die Gesellschaft auf euch reagiert, und zwar nicht nur die Öffentlichkeit, sondern auch unmittelbar die Leute, die euch entgegentraten? Wie würdest du zu dieser Zeit das Klima einschätzen?

Es war am Ende der Adenauer-Zeit, es begann überall zu rumoren. Der Umbruch begann Anfang der 60er. Die „Schwabinger Krawalle" im Sommer 1962 waren ein wichtiger Einschnitt, weil hier das dumpfe adenauersche, kleinbürgerliche, geldgeile, die Vergangen-

Nun danket alle Gott,
die Schule macht Bankerott,
die Fenster aufgerissen,
die Lehrer rausgeschmissen,
den Stecken hintennach,
dann hammer en scheenen
Dag.

(Kinderreim)

Weihnachtsevangelium (Lukas II, 1 - 14)

1 Es begab sich aber zu der Zeit des Wirtschaftswunders, daß ein Gebot von der Gesellschaft ausging, daß alle zu Verbrauchern gestempelt würden.

2 Und diese Manipulation war nicht die erste und geschah zu der Zeit, da sich die Möglichkeit auftat, die Unterdrückung der Menschen aufzuheben.

3 Und ein jeder trollte sich, um seine Kaufkraft einschätzen zu lassen, ein jeglicher in sein Warenhaus.

4 Da machte sich auch auf die Werbung aller Konzerne, um die Überproduktion den Hungernden zu verweigern, in die Herzen der Menschen in aller Welt, die da heißt Leistung und Profit,

5 Darum daß die Werbung aus dem Geiste der Ausbeutung war, auf daß sie die Sehnsucht der Menschen einfange, zusammen mit der „Liebe", ihrer treuesten Freundin, die ging mit verborgener Kaufkraft schwanger.

6 Und da sie sich zusammengetan hatten, kam die Zeit, da sie gebären sollte.

7 Und die „Liebe" gebar die Waren und wickelte sie in falsche Träume und legte sie in die Schaufenster, damit die Menschen ihre wahren Wünsche nicht mehr sehen in dieser Welt.

8 Und es waren Manager in derselbigen Gegend in den Büros, in den Städten, die hüteten des nachts ihre Statistik.

9 Und siehe, der Engel des Schönen, Guten und Wahren trat zu ihnen und der Zwang zur Innerlichkeit leuchtete um sie, und sie fürchteten, daß die Menschen ihnen den Gehorsam verweigern könnten.

10 Und der Engel sprach zu ihnen: „Fürchtet euch nicht, siehe ich verkündige euch große Freude, die allen Arbeitssklaven widerfahren wird;

11 Denn es ist heute die Liebe in Form der Ware geboren, welche heißt Gleichschaltung und Ausbeutung des Lebens.

12 Und das habt zum Zeichen: Ihr werdet finden die Menschen verblödet und von den schalen, verlogenen Gütern hypnotisiert. Und nie werden sie erkennen das Werkzeug in ihren Händen, dadurch sie sich befreiten."

13 Aber plötzlich war da bei dem Engel die Menge der nicht mehr durch die Rührseligkeit Versöhnten, sie schoben ihn beiseite und sprachen:

14 „Löscht die Kerzen,
verweigert die Pflicht des Tauschrituals am Gabentisch, denkt an das Elend eures Lebens und vereinigt euch im Widerstand.

Subversive Aktion

Verantwortlich: Manfred Blößer, 1 Berlin-Kreuzberg, Skalitzerstraße 45   Druck: Selbstverlag

---

heraus, wie psychologischen Überbleibseln der Vergangenheit usw., sondern kraft der eisernen Notwendigkeit, eine privilegierte Minderheit auszusondern und auszuhalten, solange wahre Gleichheit noch nicht möglich ist..." (Trotzki, ebenda, S. 57). Ist es dann ein Wunder, wenn eine Jugend den Verlockungen des kapitalistischen Konsums nicht widerstehen kann und die Grenze wechselt, um einfach die Arbeitskraft teurer zu verkaufen? Stalin hat bis 1953 den Aufbau des Sozialismus in der DDR vereitelt. Warum machte man sich nach seinem Tode nicht sofort an diese dringende Aufgabe? Warum vollführte man Zick-Zack-Kurse, bis man im Jahre 1961 bemerkte, daß der ökonomische Bestand der DDR in Gefahr war, weil die Arbeiter nach 12 Jahren „sozialistischer Erziehung" in Scharen davonliefen? Warum baute man die Mauer, ohne gleichzeitig eine sozialistische Bewußtwerdung voranzutreiben? Dieser bürgerliche Staat ohne Bourgeoisie kann den Sprung zur Sowjetdemokratie nicht ausführen, wenn die Bürokratie nicht durch Arbeiterkontrollen beaufsichtigt wird. Statt dessen basteln Ökonomen wie Mittag und Apelt an Wirtschaftsreformen herum, die den spröden Plan etwas elastischer machen. Dabei greifen sie auf kapitalistische Gesetze des Marktes zurück; Angebot und Nachfrage sollen die Bürokratie der einzelnen Betriebe in Bewegung versetzen und beiläufig die Kritik des Volkes dämpfen. An die Stelle des potentiellen marxistischen Denkens wird ein Verbraucherideal gestellt. Nicht Argumente, marxistische Analyse, sondern Waren sollen die Festigkeit des Sozialismus garantieren.

Die Mauer scheint nur gezogen zu sein, um Ulbricht und seine Versallen an der Regierung zu lassen, um ein gewaltiges Ost-West-Geschäft starten zu können. Dadurch kann der Imperialismus sich auf Ewigkeit in der Welt einrichten!

Sozialismus heißt permanenter Angriff gegen die irrationale Herrschaft des Kapitals; Angriff bedeutet aber bedingungslose Unterstützung und Aufklärung der revolutionären Klasse. Die Mauer beinhaltet deshalb auch den vorläufigen Verzicht auf diesen weltweiten Sozialismus. (. . .)

(aus: Anschlag II, November 1964)

Nacht mit Gästen v. l. n. r.: Lefèbvre, Dutschke, Salvatore, Teufel, Mahler, Langhans, Guevara, Roth, Rabehl, Cohn – Bendit, Semler, Krahl, Mao

heit ignorierende Land einen Knacks bekam.

Bei den Schwabinger Krawallen, wart ihr da erstaunt über das Ausmaß von staatlicher Gewalt und völlig erschüttert?

Ja, aber wir waren natürlich auch wahnsinnig angetan von den Leuten, die sich nichts haben bieten lassen. Das waren sehr viel mehr, als wir dachten. Das ist immer so. Wir haben am Ende der Subversiven Aktion, Kochel-Treffen 1966, gedacht, unser Potential sind ein paar Leute. Innerhalb eines Jahres waren es Tausende.

Wie kam es denn allmählich zu der Entwicklung in Kochel, zu dem Zusammentreffen?

Der Anlaß war, daß alle Mikrozellen der Subversiven Aktion in Tübingen, Frankfurt, insbesondere in Berlin und in München in fürchterlichen Clinchkämpfen waren mit diesen SDS. Wir mußten unsere Erfahrungen, nicht nur mit dem SDS, sondern die gesamte weitere Arbeit, Anschlagprogrammatik, diskutieren. Es gab so viel, dadurch, daß wir uns immer überall eingemischt haben, auszutauschen, daß, wenn wir Kochel nicht gemacht hätten, wären wir völlig im SDS oder sonstwo untergegangen.

Warum seid ihr in den SDS gegangen?

Weil wir ihn aufrollen wollten, weil wir Leute für die Subversive Aktion rekrutieren wollten. Dann war noch Vietnam, das was einer der anderen wichtigen Punkte in Kochel. Notwendigerweise mündete alles in der Kommunediskussion. Das konnte gar nicht anders laufen. Wenn es nicht das Ende bedeutet hätte als Gruppe, als Kollektiv, dann wäre jeder seinen individualistischen Weg gegangen. Es hätte eine Bewegung gegeben durch die große Koalition, aber die wäre von Linkssozialdemokraten und DDR-Bejublern bestimmt gewesen, aber keine antiauto-

ritäre Bewegung als kulturrevolutionäre Bewegung, die
ihre Ausbreitung außerhalb
aller vorhandenen etablierten
Politikfelder gefunden hat, das
war das Faszinosum der antiautoritären Bewegung. Die
Auseinandersetzungen fanden
ja mehr in den Familien statt,
als auf der Straße – im Nachhinein.

Historisch nach 25 Jahren als
Museumsstück Dieter K. zu-
rückgeblickt meine ich, mit
Kochel fing die antiautoritäre
Bewegung an. Kochel, Som-
mer 1966 und Ebrach, Som-
mer '69, das sind zwei Stationen, die in der so hochgejubel-
ten Geschichte der antiautoritären Bewegung völlig un-
terbelichtet geblieben sind.
*Wie war das Verhältnis von
Münchnern zu anderen Leuten,
die in Kochel teilgenommen
haben? Wer war dabei?*
Es waren mehr Berliner als
Münchner. In Kochel waren
von der ehemaligen Münchner
Mikrozelle der Subversiven Aktion nur Marion Stergar, Dagmar Seehuber, Grischa und ich
in Kochel. Von Berlin waren
Rudi Dutschke, Bernd Rabehl,
Hameister u. a. . . . .
*Das Ergebnis der Kocheler Dis-
kussion war, daß ihr zusam-
menzogt. Wie lief das denn
praktisch?*
Ich habe alles liegen und ste-
henlassen und bin nach Berlin
gezogen.
*Wohin bist du gezogen in
Berlin?*
In die Zwiestädter Str. 10 in
Böhmisch-Rixdorf am Richard-
platz. Es war eine Ladenwohnung, da stand unsere Druck-
maschine, auf der „Anschlag"
gedruckt wurde und alle Flugblätter, Wilhelm Reich und alles. Neben der Ladenwohnung
haben wir noch im Hinterhof
eine 1-Zimmer-Wohnung mit
Außenklo gemietet für 40 oder
50 Mark.

Rudi Dutschke

Genehmigte

Demonstrationen

müssen

in

die

Illegalität

überführt

werden

Was zum Teufel bleibt uns nun endlich noch zu tun? Etwas Geduld ist noch nötig, der Boden ist noch nicht völlig sondiert, die Real-Konkretwerdung darf nicht vorschnell geschehen. „Außerhalb oder innerhalb dieses Pluralismus und dieser Demokratie (der sich bildenden ‚eindimensionalen' Gesellschaft, R. D.) leben ganze Schichten, die nicht eingeordnet sind und vielleicht auch nicht eingeordnet werden können, nämlich rassische und nationale Minderheiten, dauernd Arbeitslose und Arme. Sie stellen die lebendige Negation des Systems dar, aber sie bilden eine Minderheit, die das Funktionieren des Ganzen bis jetzt nicht ernsthaft in Frage stellt ... Es gibt zentrifugale Kräfte ... Sie erscheinen in der Aktivierung bisher unge-schichtlicher und unpolitischer Minoritäten innerhalb und Majoritäten außerhalb der Gesellschaft im Überfluß. Sie erscheinen in der Verbreitung der Erkenntnis dessen, was geschieht und was Menschen angetan wird. Gewiß, es gibt nichts, das die Massen ergreift, es gibt keine Bewegung, es gibt keine Partei, die diese Tendenzen aktiviert. Aber es ist etwas da, und es bedarf der Hilfe, und die Erkenntnis ist ein Element der Hilfe." (H. Marcuse, Freiheit: von und zu, WDR, Dez. 1964, S. 21/22). Hier wird es nun ernst für die Revolutionäre, die sich innerhalb unserer winzigen, gesellschaftlich noch für eine ziemliche Zeit völlig irrelevanten, weil weitgehend außerhalb der Gesellschaft stehenden, mit Recht außerhalb stehend (was wir hoffentlich in den nächsten zwei bis fünf Jahren durchhalten

Studentenführer Dutschke
Bücher für den Knast

werden), Minorität als solche verstehen und sich als solche somit auszuweisen haben. Die totale Mobilisierung der „Gesellschaft im Überfluß" gegen die immer möglicher werdende totale Befreiung des Individuums von Ökonomie, von Politik, von Öffentlichkeit usw., kann von uns nur durch vollen Einsatz der Persönlichkeit für die Emanzipation (Mündigmachung) der Menschheit beantwortet werden. Ich will nun nicht länger große Worte gebrauchen, will vielmehr meine direkten Vorschläge über die nächsten Schritte, d. h. meine Vorstellungen über die Praxis unserer Gruppe für unsere aktuelle und wirkende Gegenwart darlegen, denn nur die „Feigen reden sich aus allem heraus, die Lügner bleiben allgemein. Dabei sind sie wortreich, verstecken sich in weiten oder spinösen Gewändern und suchen immer woanders zu sein als dort, wo man sie ertappt. Aber das Wahre kann nicht bestimmt genug werden, auch dann und gerade dann, wenn die Sache vor dem Blick noch dämmert." (E. Bloch, Keim und Grundlinien zu den Feuerbachthesen, in: Deutsche Zeitschrift für Philosophie, 1953, S. 238).
Ich beginne mit der negativen Bestimmung, einer Zusammenfassung in Thesenform:

1 Die Konstituierung der lohnabhängigen Arbeiterschaft aus der „Klasse an sich" in die „Klasse für sich" ist unmöglich.

2 Auch der Versuch, einzelne Fabrikarbeiter zu agitieren (die ja in der Fabrik und besonders dann, wenn sie sich etwas von der herrschenden Ideologie gelöst haben, bleiben, also nicht von der repressiven Arbeit „losgeeist" werden sollen), ist für uns bei unseren sehr geringen Kräften in der Gegenwart nicht zu „verkraften", nicht zu verantworten.

3 Die Gewerkschaftsarbeit darf nicht zu ernst genommen werden, darf unsere Zeit nicht stark beanspruchen, kann allerdings Quelle unseres Lebensunterhalts, wenn nötig, sein.

4 Wir haben uns keinerlei Illusionen über den Charakter des SDS hinzugeben; es ist ein Gelegenheitsprodukt der revolutionären Ebbe der Nachkriegszeit.
Bis vor wenigen Tagen dachte ich noch über den SDS wie K. Liebknecht über die USPD dachte: „Wir haben der USP angehört, um sie voranzutreiben, um sie in der Reichweite unserer Peitsche zu haben, um die besten Elemente aus ihr herauszuholen"; diese Meinung halte ich aufrecht, füge aber die wichtige Ergänzung hinzu: durch den SDS für uns, wobei wir für die revolutionäre Bewegung stehen, die Möglichkeit der Anknüpfung internationaler Beziehungen zu erhalten.

5 Die enge praktische Zusammenarbeit mit den vielen „linken", aber nicht revolutionären (sie müßten sonst eine eigene in die Zukunft weisende Theorie bzw. ein kritisches Bewußtsein von der Notwendigkeit einer solchen Theorie haben) deutschen Gruppen in den bundesrepublikanischen Städten, in denen wir Mikrozellen haben, ist nicht völlig einzustellen, aber wesentlich zu reduzieren.

Für Marx und Engels war das Ziel des Kommunismus die „Aufhebung der Arbeit", nach der sowjet-marxistischen Konzeption werden alle Arbeiter der einen kommunistischen Gesellschaft sein. Da die freie Zeit in Ausbildungszeit für polytechnischen Unterricht verwandelt ist, und die Arbeitsmoral in der Triebstruktur des Menschen verankert wird, ist administrative Kontrolle gewährleistet und die Vergangenheit wohlbehalten auf die Zukunft übertragen.

(Herbert Marcuse, 1957)

Aber als eine politische Kraft ist Kunst nur insofern Kunst, als sie an den Bildern der Befreiung festhält; in einer Gesellschaft, die in ihrer Totalität die Negation dieser Bilder ist, kann Kunst sie nur bewahren durch totale Ablehnung, das heißt dadurch, daß sie sich weder im Stil noch in der Form noch in der Substanz den Maßstäben der unfreien Wirklichkeit unterwirft. Je totalitärer diese Maßstäbe werden, je mehr die Wirklichkeit alle Sprache und alle Kommunikation kontrolliert, desto unrealistischer und surrealistischer wird die Kunst zu sein trachten, umso mehr wird sie vom Konkreten zum Abstrakten getrieben, von der Harmonie zur Dissonanz, vom Inhalt zur Form. Kunst ist somit die Ablehnung alles dessen, was zum untrennbaren Bestandteil der Wirklichkeit gemacht worden ist.

(Herbert Mancuse, 1957)

6 Die Möglichkeit, die sich durch größere Demonstrationen ergibt, ist unter allen Umständen auszunützen. Genehmigte Demonstrationen müssen in die Illegalität überführt werden. Die Konfrontation mit der Staatsgewalt ist zu suchen und unbedingt erforderlich. Die Bedingungen dafür müssen günstig sein (verhaßtes Staatsoberhaupt usw.). Künstliche Radikalisierung, d. h. aus nichtigen Anlässen (in Berlin die letzte SDS-Südafrika-Demonstration) unbedingt etwas machen zu wollen, ist unter allen Umständen abzulehnen. Die Radikalisierung bei größeren Demonstrationen, die günstige Vorbedingungen liefern, sind kurzfristig, aber intensiv durch (bewußt seinsmäßig gestaffelte) verschiedene Flugblätter vorzubereiten, soll doch einigen aus der Demonstration teilnehmenden potentiellen Mitarbeitern der „Sprung" zu uns möglich gemacht werden. Marx sagt dazu: „Weit davon entfernt, den sogenannten Exzessen, den Exemplaren der Volksrechte an verhaßten Individuen oder öffentlichen Gebäuden, an die sich nur gehässige Erinnerungen knüpfen, entgegenzutreten, muß man diese Exempel nicht nur dulden, sondern ihre Leitung selbst in die Hand nehmen." (K. Marx, Enthüllungen über den Kommunistenprozeß, Mehring-Ausgabe, 4. A. 1914, S.52/53).
Nach dieser nicht umfassenden, aber doch wesentliche Punkte herausgreifenden negativen Bestimmung muß ich nun das von mir als richtig Erkannte weiter skizzieren. Als Schüler von Karl Marx in der Anwendung der materialistischen Dialektik muß ich nun „positiv" werden, was nichts mit Positivismus zu tun hat. Im Kapital I spricht Marx davon, daß eine Lösung aufgedeckter Realwidersprüche nicht durch abstrakt-logische Formen, sondern nur darin, daß die Bahn (Form) geschaffen wird, „worin sie sich bewegen können. . . .", worin sich dieser Widerspruch ebenso verwirklicht als löst." (K. Marx, Kapital I, S. 109). Welche Formen haben wir heute und besonders „morgen" zu schaffen, um die sich entfaltenden Widersprüche im Laufe der sich durchsetzenden Vollautomation in die richtigen Bahnen, in die Bahnen der Befreiung zu lenken: „Wir stützen uns bloß auf die einmal erkannte Richtung der Entwicklung, treiben aber dann im politi-

schen Kampfe ihre Konsequenzen auf die Spitze, worin das Wesen der revolutionären Taktik überhaupt besteht." (R. Luxemburg, Gesammelte Werke, Bd. III, S. 64).
Die Grundlage für meinen Vorschlag ist die in diesem Diskussionsbeitrag vorgenommene Analyse der Entwicklungstendenzen der hochindustrialisierten Gesellschaft. Ist diese „Basis" richtig, so haben wir nun vom ökonomischen Endziel her (Vollautomatisierung) unsere Strategie konkret zu entwickeln. Die schon heute konstituierte Weltgesellschaft weist nach vorn, die Internationalisierung der Strategie der revolutionären Kräfte scheint mir immer dringlicher zu werden. Unsere Mikrozellen haben umgehend Kontakt und Zusammenarbeit mit amerikanischen, anderen europäischen, lateinamerikanischen und auch afro-asiatischen Studenten und Nichtstudenten (wenn möglich) aufzunehmen. Diese Kontakte sind allen anderen Kontakten mit pseudorevolutionären deutschen Gruppen vorzuziehen. Neben einer möglichen aktuellen theoretischen Zusammenarbeit muß vor allem daran gedacht werden, Adressen der revolutionären Gruppen in den Heimatländern zu erhalten. Austausch von Publikationen (die Sprachschwierigkeiten lassen sich gerade durch die hiesige Zusammenarbeit mit den ausländischen Studenten vor allem schnell beseitigen) brächte uns endlich eine Fülle von bisher nicht oder kaum eruierbaren Informationen, ließe das konkrete

fluß", der aktuellen Weltgesellschaft. Phänomenologisch gesprochen, haben wir zu versuchen, die Prozesse in den Entwicklungsländern so zu leiten, (wenn ich von „wir" spreche, so sind nicht wir persönlich gemeint, sondern die sich konstituierende und koordinierende „größte Produktivkraft" der Weltgesellschaft, die „revolutionäre Klasse" (Marx) im Weltmaßstab in Form von „Minoritäten innerhalb und Majoritäten außerhalb der Gesellschaft im Überfluß"), daß der endgültige Revolutionierungsprozeß in Lateinamerika (in Afrika und

168

Gebäude einer umfassenden Weltrevolutionstheorie sichtbar werden, eine Theorie, an deren Ausarbeitung heute sich keine noch so geniale Person allein heranmachen kann.... Wir wissen aus der Geschichte der vergangenen Revolutionen, daß in objektiv reifen Situationen der Verelendung und der sozialen Not des Proletariats die subjektive Tätigkeit einer selbständigen Avantgarde allergrößte Bedeutung erhält. (Lenin, Che Guevara, Alvarez usw.); sollten wir im Laufe der nächsten zehn bis fünfzehn Jahre fähig sein, durch theoretische Weltanalyse und praktische Koordination der revolutionären Gruppen vorzeitige „Revolutionsmacherei" zu verhindern (sehr „unrealistisch", dennoch die Forderung), so wird uns der Entscheidungskampf in guten Ausgangspositionen finden.

Wir müssen parallel zu dem sich in seiner Eigengesetzlichkeit (von uns fast völlig unabhängig und unbeeinflußbar) durchsetzenden historischen Prozeß, der, wenn keine Katastrophe eintritt, unaufhaltsam auf Vollautomatisierung hintreibt, unsere revolutionäre Kraft qualitativ und quantitativ steigern.

Jeder einzelne Schritt muß durch die Strategie bestimmt werden. Die „Durchbrechung des verwalteten Bewußtseins", diese „Vorbedingung der Befreiung" (H. Marcuse, Kultur und Gesellschaft, Frankfurt/Main 1964, S. 15/16), muß von uns auf lange Sicht geplant und nicht überstürzt zu einem falschen Zeitpunkt versucht werden. Habermas' Frage: „Sollte nicht eine Dialektik des falschen Überflusses eher zur Reflexion irrationaler Herrschaft führen als eine Dialektik der richtigen Armut?" (J. Habermas, Theorie und Praxis, a. a. O., S. 333/4) weist in die offene Zukunft. Die Hoffnung auf gewaltige ökonomische Krisen mit Elend, Krieg usw. ist analytisch falsch und kann Ausdruck eines falschen Menschenbildes sein.

Die konkrete Reflexion über die Möglichkeit der Durchbrechung des falschen Bewußtseins im Laufe der nächsten zwanzig Jahre muß die Tagung leisten. Hierfür wäre die Zusammenarbeit mit den revolutionären amerikanischen Gruppen von entscheidender Bedeutung, sehen diese doch am ehesten die neuen Tendenzen innerhalb der „Gesellschaft im Über-

Asien werden wirkliche Revolutionen sowieso erst durch die Entstehung des Proletariats infolge von Industrialisierung in zehn bis fünfzehn Jahren möglich), zeitlich und organisatorisch „zusammenfällt" mit der Vollautomation in den kapitalistischen Industriegesellschaften. Die möglichen Folgen dieser Vollautomatisierung für die Sowjetunion (und damit wohl für ganz Osteuropa) hat das wirklich „epochemachende" Buch von Marcuse über die „Gesellschaftslehre des sowjetischen Marxismus" glänzend aufgezeigt. Der „Druck von innen" in den Industriegesellschaften durch die Befreiung des Menschen von der repressiven Arbeit innerhalb des Apparates muß durch den „Druck von außen" (Entwicklungsländer) begleitet werden, auf daß eine Umkehr nicht mehr möglich ist. In diesem Augenblick wird sich die „Schuld der Vergangenheit" noch einmal zu einem „letzten Gefecht" von ungeheurer Dimension kristallisieren. Vortechnologische Rationalität in den Entwicklungsländern und sich von technologischer wieder in kritische Rationalität umwandelnde Denkform in den Industrieländern werden sich vereinigen in einer die Welt umfassenden Lust-Rationalität, Stillegung der Geschichte, Experimentieren und Spielen mit dem Apparat, die Ungleichzeitigkeit der historischen Dialektik schließt sich in diesem Augenblick; eine „Welt ohne Krieg und Hunger" übersteigt gegenwärtig noch unsere Phantasie . . .

(Brief zum Münchner Konzil der Subversiven Aktion, April 1965)

Ich behaupte, daß sogar der Wahnsinn nur eine schwache Vorstellung von dem vermittelt, was das freie, überhaupt nicht der realen Ordnung unterworfene nur vom Augenblick erfüllte Subjekt wäre. Das Subjekt verläßt seinen eigenen Bereich und unterwirft sich den Objekten der realen Ordnung, sobald es sich um die Zukunft kümmert. Denn das Subjekt ist Verzehrung, soweit es nicht der Arbeit unterworfen ist. Wenn ich mich nicht mehr kümmere um das, was sein wird, sondern nur noch um das, was ist, warum sollte ich dann irgend etwas zurückhalten?

(Georges Bataille, 1949)

Unter der Maske der Gerechtigkeit nimmt die allgemeine Freiheit allerdings das öde und graue Aussehen der den Notwendigkeiten unterworfenen Existenz an: es ist eher eine Reduktion ihrer Grenzen auf das rechte Maß, nicht die gefährliche Entfesselung.

(Georges Bataille, 1949)

situationistische internationale 2

Guy Debord

Die

Situationisten

und

die

neuen

Aktionsformen

in

Politik

und

Kunst

ie situationistische Bewegung stellt sich als eine Avantgarde der Kunst dar sowie als ein Experimentalforschungsorgan auf dem Weg zu einer freien Konstruktion des alltäglichen Lebens und gleichzeitig als ein Beitrag zum theoretischen und praktischen Aufbau einer neuen revolutionären Kritik. Von nun an hängt jede grundsätzliche Schöpfung in der Kultur und jede qualitative Umgestaltung der Gesellschaft vom Fortschritt einer solchen unitären Entwicklung ab.
Trotz einiger Varianten in ihren ideologischen und legislativen Verkleidungen herrscht überall dieselbe Gesellschaft der Entfremdung, der totalitären Kontrolle und des passiven spektakulären Konsums. Die Kohärenz dieser Gesellschaft ist ohne eine totale Kritik unverständlich, die durch das umgekehrte Projekt einer befreiten Kreativität, das Projekt der Herrschaft aller Menschen über ihre eigene Geschichte auf jeder Ebene erhellt wird.
Dieses Projekt und diese Kritik, die untrennbar miteinander verbunden sind — wobei jedes das andere deutlich macht — in unsere Zeit zurückzubringen, bedeutet, sofort den ganzen Radikalismus wiederaufzunehmen, dessen Träger die Arbeiterbewegung, die moderne Kunst und Poesie und das Denken der Epoche der Aufhebung der Philosophie von Hegel bis Nietzsche gewesen sind. Dafür muß zuerst die Niederlage des gesamten revolutionären Projektes im ersten Drittel dieses Jahrhunderts in ihrem ganzen Ausmaß und ohne irgendeine tröstende Illusion erkannt werden, sowie seine offizielle Ersetzung in jeder Region der Welt wie auch auf jedem Gebiet durch einen trügerischen Schund, der die alte Ordnung verdeckt und gestaltet.

Den ganzen Radikalismus so zu übernehmen, hat natürlich eine beträchtliche Vertiefung all der alten Befreiungsversuche zur Folge. Durch die Erfahrung ihrer Unvollkommenheit in der Isolierung oder ihrer Umkehrung in eine globale Mystifizierung kommt man dazu, die Kohärenz der zu verändernden Welt besser zu verstehen — und von der wiedergefundenen Kohärenz aus kann man viele in der jüngeren Vergangenheit fortgesetzte partielle Experimente retten, die dadurch zu ihrer Wahrheit gelangen können. Das Erfassen dieser umkehrbaren Kohärenz der Welt — so wie sie ist und wie sie möglich ist — entlarvt den trügerischen Charakter jeder Halbmaßnahme sowie die Tatsache, daß es zu einer Halbmaßnahme im wesentlichen jedesmal dann kommt, wenn das Funktionsmodell der herrschenden Gesellschaft — mit ihren Kategorien der Hierarchisierung und der Spezialisierung und folglich auch ihren Gewohnheiten und Geschmacksrichtungen — innerhalb der Kräfte der Negation wiederhergestellt wird.
Außerdem ist die materielle Entwicklung der Welt schneller geworden. Sie häuft immer mehr virtuelle Macht an, und die Spezialisten der Gesellschaftsführung sind aufgrund eben dieser Rolle als Bewahrer der Passivität gezwungen, deren Anwendung zu ignorieren. Gleichzeitig akkumuliert diese Entwicklung eine generalisierte Unzufriedenheit und tödliche objektive Gefahren, über die diese spezialisierten Führer keine dauerhafte Kontrolle ausüben können.
Da die Situationisten die Aufhebung der Kunst in eine solche Perspektive stellen, wird man verstehen, daß, wenn wir von einer Kunst und Politik einigenden Vorstellung sprechen, das absolut nicht bedeuten soll, wir würden empfehlen, auf irgendeine Weise die Kunst der Politik unterzuordnen. Für uns wie für alle diejenigen, die beginnen, diese Epoche auf eine entmystifizierte Weise zu betrachten, gab es keine moderne Kunst, genau wie es seit dem Ende der dreißiger Jahre nirgends eine bestehende revolutionäre Politik mehr gab.
Die neue Kritik, von der die Situationisten sprechen, keimt bereits überall. In den großen Räumen der durch die aktuelle Ordnung organisierten Nichtkommunikation und Isolierung tauchen Signale auf — in Skandalen neuer Art, von einem Land, einem Kontinent zum anderen: ihr Austausch hat schon begonnen.
Für die Avantgarde kommt es darauf an, überall dort, wo sie sich befindet, diese Experimente und diese Leute zu verbinden sowie solche Gruppen und die kohärente Basis ihres Projekts zu vereinheitlichen. Wir müssen diese ersten Gesten der kommenden revolutionären

Epoche bekanntmachen, erklären und weiterentwickeln. Sie sind daran zu erkennen, daß sich in ihnen neue Kampfformen und ein neuer, sichtbarer oder verborgener Inhalt der Kritik an der herrschenden Welt konzentrieren. So wird die herrschende Gesellschaft, die so sehr mit ihrer permanenten Modernisierung prahlt, ihren Herrn finden, da sie endlich eine modernisierte Negation erzeugt hat.

So streng wir es abgelehnt haben, daß sich ehrgeizige Intellektuelle oder Künstler, die unfähig sind, uns wirklich zu verstehn, in die situationistische Bewegung einmischen, um andererseits verschiedene Fälschungen von uns zu weisen und zu denunzieren, deren neuestes Beispiel der angebliche nashistische „Situationismus" ist, so sehr sind wir gleichzeitig entschlossen, die Autoren dieser neuen radikalen Gesten als Situationisten anzuerkennen, sie zu unterstützen und nie zu desavouieren, auch wenn einige von ihnen noch nicht mit vollem Bewußtsein handeln, sondern sich erst auf dem Weg zur Kohärenz des heutigen revolutionären Programms befinden.

Beschränken wir uns hier auf einige Beispiele solcher Gesten, denen wir völlig zustimmen. Am 16. Januar haben bewaffnete Studenten in Caracas die Ausstellung für französische Kunst überfallen und fünf Gemälde mitgenommen, für deren Rückgabe sie die Freilassung politischer Gefangener forderten. Nachdem die Ordnungskräfte sich der Bilder wieder hatten bemächtigen können, nicht ohne daß Winston Bermudes, Luis Monselve und Gladys Troconis zum Schutz das Feuer gegen sie eröffnet hatten, haben einige Tage später andere Genossen zwei Bomben auf den Polizeiwagen geworfen, der die zurückeroberten Bilder transportierte, die ihn allerdings nicht zertrümmern konnten. Offensichtlich ist das eine mustergültige Art und Weise, die vergangene Kunst zu behandeln, sie wieder im Leben — und in Bezug auf das wirklich Bedeutende in ihm — aufs Spiel zu setzen. Wahrscheinlich hatte seit dem Tod von Gaugin („Ich wollte das Recht einführen, alles zu wagen") und Van Gogh ihr von ihren Feinden rekuperiertes Werk von der kulturellen Welt nie eine Huldigung erlangt, die ihrem Geist so gut entsprach wie diese Aktion der Venezolaner. Während des Aufstands in Dresden 1849 hatte Bakunin vorgeschlagen, ohne befolgt zu werden, die Bilder aus dem Museum zu holen und auf eine Barrikade am Stadtrand zu stellen, um festzustellen, ob diese die angreifenden Truppen nicht am Schießen hindern würden. Hier wird also deutlich, wie die Affäre Caracas wieder an einen Höhepunkt der revolutionären Welle im vorigen Jahrhundert anknüpft und gleichzeitig noch weiter geht. (. . .)

Die kulturelle Kreation, die man situationistisch nennen kann, beginnt mit den Projekten des unitären Urbanismus oder der Konstruktion von Situationen im Leben, so daß ihre Realisationen von der Geschichte der Realisierungsbewegung der gesamten, in der gegenwärtigen Gesellschaft enthaltenen revolutionären Möglichkeiten nicht zu trennen sind. Doch kann in der unmittelbaren Aktion, die in dem Rahmen durchgeführt werden muß, den wir zerstören wollen, eine kritische Kunst heute schon mit den Mitteln des vorhandenen kulturellen Ausdrucks — vom Film bis zu Bildern — gemacht werden. Das haben die Situationisten durch die Theorie der Zweckentfremdung zusammengefaßt. Durch ihren Inhalt kritisch, soll diese Kunst in ihrer Form gleichfalls selbstkritisch sein. Es handelt sich um eine Kommunikation, die jetzt, da sie die Beschränkungen der spezialisierten Sphäre der etablierten Kommunikation kennt, „ihre eigene Kritik enthalten wird." (. . .)

Die revolutionäre Rolle der modernen Kunst, die ihren Höhepunkt mit dem Dadaismus erreicht hatte, war die Zerstörung aller Konventionen in der Kunst, der Sprache und den Verhaltensweisen. Da selbstverständlich das, was in der Kunst und in der Philosophie zerstört worden ist, noch nicht konkret aus den Zeitungen oder Kiosken weggefegt ist und damals die Kritik der Waffen bestimmten Vorstößen der Waffe der Kritik nicht gefolgt war, ist der Dadaismus selbst zu einer zu den Akten gelegten kulturellen Mode geworden, dessen Form vor kurzem zur reaktionären Unterhaltung von Neo-Dadaisten umgekehrt wurde, die Karriere machen, indem sie den schon vor 1920 erfundenen Stil übernehmen, jede übermäßig vergrößerte Einzelheit ausnutzen und einen solchen „Stil" in den Dienst der Anerkennung und der Ausschmückung der aktuellen Welt stellen.

Doch ist die damals in der modernen Kunst enthaltene negative Wahrheit immer eine berechtigte Negation der umgebenen Gesellschaft gewesen. Als 1937 in Paris der Nazi-Botschafter Otto Abetz Picasso vor seinem Bild „Guernica" fragte: „Haben Sie das gemacht?", antwortete dieser sehr richtig: „Nein, Sie."

Die Negation und der schwarze Humor, die nach der Erfahrung des 1. Weltkrieges in der modernen Poesie und Kunst eine solche Verbreitung erfahren sollten, sind es bestimmt wert, in Bezug auf das Spektakel des 3. Weltkrieges, in dem wir leben, neu erweckt zu werden. Während die Neo-Dadaisten davon sprechen, die damalige Verweigerung Marcel Duchamps den bildenden Künsten gegenüber mit (ästhetischer) Positivität zu beladen, sind wir sicher, daß all das, was uns die Welt heute für positiv ausgibt, nur ohne Ende die Negativität der gegenwärtig erlaubten Ausdrucksformen wieder aufladen und über diesen Umweg hinaus die einzige, für diese Zeit repräsentative Kunst sein kann. Die Situationisten wissen, daß die wirkliche Positivität von anderswoher kommen wird und daß bereits diese Negativität daran mitarbeitet.

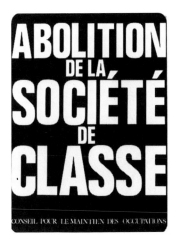

Über jede Sorge um die Malerei und sogar, hoffen wir, über all das hinaus, was an eine Gefälligkeit erinnern kann, die wir einer seit mehr oder weniger langer Zeit überholten Form der plastischen Schönheit erweisen würden, haben wir hier einige vollkommen klare Zeichen gesetzt.

Die auf leeren Bildern oder auf einem zweckentfremdeten abstrakten Bild aufgestellten „Direktiven" sollen als Parolen betrachtet werden, die man auf Mauern sehen kann. Die Titel in der Form von politischen Erklärungen bei einigen Bildern haben natürlich denselben Sinn einer Verhöhnung und Umkehrung des beliebten alten Zopfes, der sich zur Zeit mit seinen unmittelbaren „reinen Zeichen" in der Malerei etablieren möchte.

Die „thermonuklearen Kartographien" gehen gleich über all die mühsamen Forschungen in der Malerei nach einer „neuen Gegenständlichkeit" hinaus, da sie die am weitesten befreiten Verfahren des „action painting" mit einer Darstellung mehrerer Weltzonen zu verschiedenen Stunden während des nächsten Weltkrieges verbinden, die mit Recht den Anspruch auf realistische Perfektion erheben kann.

In der Reihe der „Sieges"-Bilder wird wieder an die Schlachtgemälde angeknüpft — wobei hier die größte ultra-moderne Zwanglosigkeit auch mit dem gründlichen Realismus eines Horace Vernet verbunden wird. Im Gegensatz aber zu Georges Mathieu und der rückschrittlichen ideologischen Umwendung, auf die er seine unbeträchtlichen Werbungsskandale beruhen ließ, verändert die Umkehrung, zu der wir hier gelangen, die vergangene Geschichte und macht sie besser, revolutionärer und erfolgreicher als sie tatsächlich war. Die „Sieges"-Bilder setzen diese optimistisch-absolute Zweckentfremdung fort, durch die schon Lautréamonts dreister Auftritt den ganzen Schein des Unglücks und seiner Logik angefochten hat: „Ich akzeptiere das Böse nicht. Der Mensch ist vollkommen. Die Seele fällt nicht. Es gibt den Fortschritt... Bis jetzt hat man das Unglück geschildert, um Schrecken oder Mitleid zu erzeugen. Ich werde das Glück schildern, um deren Gegensätze zu erzeugen... Solange meine Freunde nicht sterben, spreche ist nicht vom Tod."

(aus: Guy Debord, Rapport zur Konstruktion von Situationen, Paris 1957. Deutsche Ausgabe bei Edition Nautilus, Hamburg 1980)

Raoul Vaneigem

Radikale

Subjektivität

Liebe,

Revolution,

Poesie*

n seiner konkreten und taktischen Form hat das Konzept des Klassenkampfes die ehemals von den Menschen individuell erlebten Zusammenstöße und Entgleisungen erstmalig auf einen gemeinsamen Nenner gebracht. Dieses Konzept ist aus dem Wirbelsturm von Leiden herausgetreten, die die Reduzierung menschlicher Beziehungen aus Ausbeutungsmechanismen überall in den industriellen Gesellschaften nach sich zog. Es entstand aus dem Willen, die Welt zu verwandeln und das Leben zu ändern. Eine derartige Waffe verlangte eine fortwährende Präzisierung. Aber dennoch sahen wir, wie die I. Internationale den Künstlern den Rücken zudrehte und ausschließlich auf die Forderungen der Arbeiter ein Projekt gründete, von dem Marx doch gezeigt hatte, wie

sehr es all die betraf, die in der Ablehnung eines Sklavendaseins ein reiches Leben und eine totale Menschheit suchten. Lacenaire, Borel, Lassailly, Büchner, Baudelaire, Hölderlin – zeigten sie nicht auch das Elend und seine radikale Ablehnung? Wie dem auch sei, so erhält doch dieser Irrtum – ob am Anfang verzeihlich, will ich nicht wissen – von dem Augenblick an phantastische Proportionen, wo weniger als ein Jahrhundert später, als die Konsumgüterindustrie die Produktionswirtschaft schluckte, die Ausbeutung der Arbeitskraft die Ausbeutung der täglichen Kreativität einschloß. Eine gleiche Energie, die den Arbeitern während ihrer Arbeitszeit oder während ihrer Freizeit geraubt wird, dreht die Turbinen der Macht, die die Verfechter der alten Theorie mit ihrem formellen Protest selig ölen. Diejenigen, die von Revolution und Klassenkampf sprechen, ohne sich ausdrücklich auf das Alltagsleben zu beziehen, ohne zu begreifen, wie subversiv die Liebe, wie positiv die Ablehnung jedes Zwanges sein kann, haben einen Kadaver im Mund. (...)

Dieses Spiel muß bis zum äußersten gespielt werden. Wer die Unterdrückung nicht mehr erträgt, die er bis auf die Knochen gespürt hat, kann sich nur noch dem Willen zuwenden, schrankenlos zu leben, seinem letzten Ausweg. Wehe dem, der seine Gewalt und seine radikalen Forderungen unterwegs aufgibt!

Die getöteten Wahrheiten werden giftig, hat Nietzsche gesagt. Wenn wir die Perspektive nicht umkehren, wird uns die Perspektive der Macht endgültig gegen uns selbst kehren. Der deutsche Faschismus ist aus dem Blut von Spartakus entstanden. Jeden Verzicht im täglichen Leben benutzt die Reaktion nur dazu, um aus ihm unseren totalen Tod vorzubereiten. (...) Die Spontaneität ist die Seinsweise der Kreativität, kein isolierter Zustand, sondern die unmittelbare Erfahrung der Subjektivität. Die Spontaneität konkretisiert die schöpferische Leidenschaft, sie beginnt mit ihrer praktischen Verwirklichung, sie macht folglich die Poesie möglich, den Willen, die Welt der radikalen Subjektivität gemäß zu ändern. (...) Die Poesie ist die Organisation der kreativen Spontaneität, indem sie in die Welt hinein ausdehnt. Die Poesie ist die Tat, die neue Wirklichkeit hervorbringt. Sie ist die Vollendung der radikalen Theorie, die revolutionäre Geste par excellence.
(...) Sade und Lautréamont, aber auch Villon, Lukrez, Rabelais, Pascal, Fourier, Bosch, Dante, Bach, Swift, Shakespeare, Ucello und andere treten aus ihrer kulturellen Verpackung heraus, verlassen die Museen, in denen die Geschichte sie festgesetzt hat, und füllen wie mörderische Geschosse die Waffenkammern derjenigen, die die Kunst verwirklichen. (...) Die wahre Poesie spottet über die Poesie. Auf der Suche nach dem Buch erwacht in Mallarmé der starke Wunsch, das Gedicht abzuschaffen. Und wie kann man ein Gedicht besser abschaffen als durch seine Übertragung in die Wirklichkeit? (...)

Die Poesie ist immer irgendwo. Wenn sie sich aus der Kunst zurückzieht, wird besser sichtbar, daß sie sich vor allem in den Gesten, in einem Lebensstil findet. Diese Poesie findet sie sich in der Suche nach diesem neuen Lebensstil. Wo die Poesie überall verdrängt wird, blüht sie überall auf. Wo sie brutal unterdrückt wird, findet sie in der Gewalt neue Lebendigkeit. Sie verleiht den Aufständen neues Leben, vereinigt sich mit der Revolte, ist der Atem der großen Feste der Gesellschaft, bevor sie die Bürokraten unter Arrest der Kultur der Hagiographie stellen.
Im Verlauf der Geschichte hat die gelebte Poesie selbst in der teilweisen Revolte, selbst

Paris, Mai 1968

im Verbrechen – das Coeurderoy die Revolte eines einzelnen nannte – bewiesen, daß sie im Menschen vor allen Dingen das schützt, was nicht reduzierbar ist: die schöpferische Spontaneität. Der Wille, die Einheit von Mensch und Gesellschaftlichem nicht auf der Grundlage einer Gemeinschaftsfiktion, sondern von der Plattform der Subjektivität aus herzustellen, macht aus der neuen Poesie eine Waffe, deren Handhabung jeder selbst erlernen muß. Von nun an geht es um die poetische Erfahrung. (...) Subjektiv erfährt das Kind eine Freiheit, die es in der Tierwelt nicht gibt, objektiv bleibt es von seinen Eltern abhängig; es braucht ihre Fürsorge, ihre Betreuung. Im Gegensatz zum Tier besitzt das Kind den schrankenlosen Sinn für die Verwandlung der Welt, für die Poesie. Doch wird ihm die Auseinandersetzung mit den Techniken unmöglich gemacht, die die Erwachsenen gegen die Poesie anwenden, mit denen sie unter anderem die Kinder konditionieren. Sind die Kinder erst einmal so weit, daß sie diesen Techniken gewachsen sind, dann haben sie unter dem Gewicht der Zwänge das verloren, was die Überlegenheit ihrer Kindheit ausmachte. (...)
Wir haben die Schönheit der Dinge, ihre Daseinsweise, verloren, weil wir sie unter den Händen der Macht und der Götter haben verkommen lassen. Vergeblich versuchte die großartige Träumerei des Surrealismus, sie durch die Bestrahlung der Poesie zu neuem Leben zu erwecken: die Macht des Imaginären reicht nicht aus, um die Schlacke der gesellschaftlichen Entfremdung, die die Dinge umgibt, herauszubrechen, um sie dem freien Spiel der Subjektivität auszuliefern. (...)
Die Bourgeoisie hat nur die eine Lust gekannt, alle Lust zu töten. Es war ihr nicht genug, die Freiheit zu lieben in der ekelhaften Aneignung eines Ehevertrages einzufangen und sie erst

zu den Zwecken des Ehebruchs wieder zu entlassen; sie hat sich nicht mit Eifersucht und Lüge begnügt, um die Leidenschaft zu vegiften; es ist ihr gelungen, die Liebenden sogar in der Verschlingung ihrer Gesten zu trennen. Die Verzweiflung der Liebenden entsteht nicht mehr daraus, daß sie sich nicht haben können, sondern aus der Gefahr, daß sie sich in ihrer Umarmung niemals begegnen werden; daß sie sich gegenseitig als Objekt erfassen. (...) Die wahre Verführung hat zum Verführen nur ihre Wahrheit. Wer es darauf anlegt, verführt zu werden, verdient es deshalb noch nicht. Das meinen die Beginen von Schweidnitz und ihre Gefährten (13. Jahrh.), wenn sie hervorheben, daß jeder Widerstand gegenüber sexuellen Annäherungsversuchen das Zeichen eines plumpen Geistes ist. Bei den „Brüdern des Freien Geistes" kommt die gleiche Idee zum Ausdruck: „Jeder Mensch, der den Gott kennt, der in ihm wohnt, trägt seinen eigenen Himmel in sich. Dagegen ist die Unkenntnis der eigenen Göttlichkeit in Wahrheit eine Todsünde. Das ist die Bedeutung der Hölle, die man ebenfalls in dem Leben auf der Erde mit sich trägt."
Die Hölle ist die Leere, die durch die Trennung gelassen wird, die Angst der Liebenden, Seite an Seite, ohne zusammen zu sein. Die Nicht-Kommunikation läßt sich stets ein wenig mit dem Scheitern einer revolutionären Bewegung vergleichen. Der Wille zu sterben stellt sich überall dort ein, wo der Wille zu leben scheitert.
Wir müssen die Liebe von ihren Mythen, ihren Bildern, ihren spektakulären Kategorien befreien; ihre Echtheit verstärken, sie ihrer Spontaneität wiedergeben. Nur so läßt sich der Kampf gegen ihre Integrierung in das Spektakel und gegen ihre Objektivierung führen. Die Liebe erträgt weder die Isolierung noch die Zerstückelung, sie läuft auf den Willen hinaus, die menschlichen Verhaltensweisen in ihrer Gesamtheit zu ändern, auf die Notwendigkeit, eine Gesellschaft zu konstruieren, in der sich die Liebenden überall in Freiheit fühlen.
Das Entstehen und das Vergehen des Moments der Liebe folgen der Dialektik der Erinnerung und des Begehrens. „In statu nascendi" verstärken sich das Begehren und das Wachrufen der ersten erfüllten Begehren (der Widerstandslosigkeit der Annäherungen) gegenseitig. Im eigentlichen Moment fallen Erinnerung und Begehren zusammen. Der Moment der Liebe ist eine Raum-Zeit des echt Erlebten, eine Gegenwart, in der sich die Erinnerung an die Vergangenheit und der Bogen des Begehrens, der sich zur Zukunft hin spannt, verdichten. In der Phase des Bruchs verlängert die Erinnerung den leidenschaftlichen Moment, doch das Begehren läßt allmählich nach. Die Gegenwart löst sich auf, während sich die Erinnerung sehnsüchtig dem vergangenen Glück zuwendet und das Begehren das kommende Unbehagen fürchtet. In der Auflösung vollzieht sich die Trennung. Die Erinnerung trägt das Scheitern der jüngsten Vergangenheit in sich und schwächt endgültig das Begehren.
Im Dialog wie in der Liebe, in der Leidenschaft zu lieben wie im Projekt der Kommunikation besteht das Problem darin, die Phase des Bruchs zu vermeiden. Im Hinblick darauf läßt sich folgendes in Betracht ziehen:
– den Moment der Liebe auf all seine Verlänge-

rungen auszudehnen, d. h. ihn weder von den anderen Leidenschaften noch von den anderen Projekten zu trennen und ihn von einem bestehenden Moment zu einer wahrhaften Konstruktion einer Situation zu steigern;
- die kollektiven Experimente individueller Verwirklichung zu begünstigen und so zahlreiche Liebesbeziehungen durch die Vereinigung einer Vielzahl wertvoller Partner zu ermöglichen;
- fortwährend das Prinzip der Lust aufrechtzuerhalten, das den leidenschaftlichen Charakter der Projekte der Verwirklichung, der Kommunikation und der Beteiligung wahrt. Die Lust ist das Prinzip der Vereinigung. Die Liebe ist die Leidenschaft der Einheit in einem gemeinsamen Moment. Die Freundschaft ist die Leidenschaft der Einheit in einem gemeinsamen Projekt.
(...) Das einfachste Modell der Erotik ist ohne Zweifel das Paar, das der Drehpunkt der Beziehungen ihrer Partner zu anderen Partnern ist. Die beiden Partner erleben ihre Erfahrungen in größtmöglicher Transparenz und Freiheit. Sie sind schelmische Komplicen und geben ihrer Beziehung den Charme des Inzest. Die Vielfalt gemeinsam erlebter Erfahrungen verbindet sie wie Bruder und Schwester. (...)
Die Suche nach der Lust ist schließlich die beste Garantie des Spielerischen. Sie hält die echte Beteiligung lebendig, schützt sie gegen Opfer, Zwang und Lüge. Die verschiedenen Stufen der Intensität der Lust zeigen den Grad des Einflusses der Subjektivität auf die Welt. So ist der launische Einfall das Spiel erwachenden Begehrens, das Begehren das Spiel der erwachenden Leidenschaft. Und das Spiel der Leidenschaft findet seinen Zusammenhang in der revolutionären Poesie. (...)
„Die dadaistischen Darstellungen riefen in den Betrachtern den längst verschütteten primitiv-irrationalen Instinkt des Spielers wieder wach", schreibt Hugo Ball. Auf dem verhängnisvollen Abhang von Ulk und Spaß riß die Kunst bei ihrem Sturz das Gebäude mit sich, das der Geist des Ernstes zum Ruhm der Bourgeoisie errichtet hatte. Damit hat das Spiel heute das Gesicht des Aufstandes angenommen. Künftig sind das totale Spiel und die Revolution des Alltagslebens ein und dasselbe.
Aus der hierarchisierten gesellschaftlichen Organisation vertrieben, begründet die Leidenschaft des Spiels durch die Zerstörung der bestehenden Gesellschaft einen neuen Typ einer Gesellschaft wirklicher Beteiligung. Auch ohne Mutmaßungen über den Inhalt einer Organisation menschlicher Beziehungen, die vorbehaltlos der spielerischen Leidenschaft offensteht, kann man davon ausgehen, daß sie folgende Merkmale besitzen wird:
- Ablehnung des Chefs und jeder Hierarchie;
- Ablehnung des Opfers;
- Ablehnung der Rolle;
- Freiheit echter Verwirklichung;
- Transparenz der gesellschaflichen Beziehungen. (...)

(aus: Raoul Vaneigem, Handbuch der Lebenskunst für die jungen Generationen, Paris 1967. Deutsch bei Edition Nautilus, 3. Aufl. Hamburg 1990.)

Guy Debord

Die

Gesellschaft

des

Spektakels

as gesamte Leben der Gesellschaften, in denen die modernen Produktionsbedingungen herrschen, erscheint als eine ungeheure Ansammlung von Spektakeln. Alles, was unmittelbar erlebt wurde, hat sich in einer Repräsentation entfernt.

2

Die Bilder, die sich von jedem Aspekt des Lebens gelöst haben, vereinigen sich in einem gemeinsamen Strom, in dem die Einheit dieses Lebens nicht wiederhergestellt werden kann. Die teilweise gesehene Wirklichkeit entfaltet sich in ihrer eigenen, allgemeinen Einheit als abgeteilte Pseudo-Welt, als Gegenstand alleiniger Anschauung. Die Spezialisierung der Bilder von der Welt findet sich vollendet in der Welt des autonom gewordenen Bildes wieder, in der sich das Verlogene selbst belogen hat. Allgemein ist das Spektakel als konkrete Verkehrung des Lebens die autonome Bewegung des Leblosen.

3

Das Spektakel stellt sich zugleich als die Gesellschaft selbst, als Teil der Gesellschaft und als Instrument der Vereinigung dar. Als Teil der Gesellschaft ist das Spektakel ausdrücklich der Bereich, der in sich jeden Blick und jedes Bewußtsein konzentriert. Aufgrund der Tatsache selbst, daß dieser Bereich getrennt ist, ist das Spektakel der Ort des getäuschten Blicks und des falschen Bewußtseins; und die Vereinigung, die es bewirkt, ist nichts anderes als ein offizieller Sprachgebrauch der generalisierten Trennung.

4

Das Spektakel ist nicht eine Gesamtheit von Bildern, sondern ein durch Bilder vermitteltes gesellschaftliches Verhältnis zwischen Personen.

5

Das Spektakel kann nicht als Mißbrauch einer Welt der Anschauung, als Produkt der Techniken massiver Verbreitung von Bildern verstanden werden. Es ist vielmehr eine wirksam gewordene, eine materiell wiedergegebene Weltanschauung. Es ist eine Anschauung der Welt, die sich objektiviert hat.

6

In seiner Totalität erfaßt, ist das Spektakel zugleich Ergebnis und Projekt der bestehenden Produktionsweise. Es ist keine Ergänzung

Die Umwälzung, die der Herrschaft ein Ende macht, reicht so weit wie der Wille der Befreiten.

(Max Horkheimer, 1940)

Versuch, den Tansmissionsriemen zwischen Universität und Betrieben in Bewegung zu setzen: Demonstranten gegen die Notstandsgesetzgebung bei der Agitation vor der Firma Telefunken am 29. Mai 1968

der realen Welt, ihr hinzugefügter Dekor. Es ist das Herz des Irrealismus der realen Gesellschaft. In all seinen besonderen Formen, Informationen oder Propaganda, Werbung oder unmittelbarer Konsum von Ablenkungen, bildet das Spektakel das gegenwärtige Modell des gesellschaftlich herrschenden Lebens. Es ist die allgegenwärtige Bestätigung der bereits getroffenen Wahl in der Produktion und dem aus ihr folgenden Konsum. Form und Inhalt des Spektakels sind identisch die totale Rechtfertigung der Bedingungen und der Ziele des bestehenden Systems. Das Spektakel ist auch die fortwährende Gegenwärtigkeit dieser Rechtfertigung, indem es den hauptsächlichen Teil der außerhalb der modernen Produktion gelebten Zeit einnimmt.

7

Die Trennung ist selbst Teil der Einheit der Welt, der globalen gesellschaftlichen Praxis, die sich in Bild und Wirklichkeit gespalten hat. Die gesellschaftliche Praxis, vor die sich das autonome Spektakel stellt, ist auch die wirkliche Totalität, die das Spektakel beinhaltet. Doch verstümmelt sie die Spaltung in dieser Totalität so sehr, daß sie schließlich das Spektakel als ihr Ziel erscheinen läßt. Der Sprachgebrauch des Spektakels bildet sich aus den Zeichen der herrschenden Produktion, die zugleich der Endzweck dieser Produktion sind.

8

Das Spektakel und die tatsächliche gesellschaftliche Aktivität lassen sich nicht abstrakt gegenüberstellen; diese Verdoppelung ist selbst gedoppelt. Das Spektakel, das die Wirklichkeit verkehrt, ist tatsächlich produziert. Zugleich wird die erlebte Wirklichkeit von der Betrachtung des Spektakels überlagert, und nimmt in sich selbst die spektakuläre Ordnung auf, indem sie ihr eine positive Haftung gibt. Die objektive Wirklichkeit ist auf beiden Seiten vorhanden. Jeder so festgelegte Begriff gründet sich allein auf seinen Übergang in das Gegenteil: im Spektakel kommt die Wirklichleit zum Vorschein und das Spektakel ist wirklich. Diese wechselseitige Entfremdung ist das Wesen und die Stütze der bestehenden Gesellschaft.

9

In der wirklich umgekehrten Welt ist das Wahre ein Moment des Falschen.

10

Das Konzept des Spektakels vereint und erklärt eine große Verschiedenheit in Erscheinung tretender Phänomene. Ihre Verschiedenheit und ihre Kontraste sind die Erscheinung dieser einen gesellschaftlichen Erscheinung, die es selbst in ihrer allgemeinen Wahrheit zu erkennen gilt. Das Spektakel ist, in seinen eigenen Kategorien betrachtet, die Bestätigung des Scheins und die Bestätigung allen menschlichen, d. h. gesellschaftlichen Lebens als einfacher Schein. Doch die Kritik, die die Wahrheit des Spektakels trifft, entdeckt es als sichtbare Negation des Lebens; als eine Negation des Lebens, die sichtbar geworden ist.

11

Untrennbare Elemente müssen künstlich unterschieden werden, um das Spektakel, seine Bildung und seine Funktion sowie die Kräfte, die zu seiner Auflösung tendieren, zu beschreiben. Bei der Analyse des Spektakels müssen wir in bestimmtem Maß die Sprache selbst des Spektakulären gebrauchen, wenn wir den methodologischen Boden dieser Gesellschaft betreten, die sich im Spektakel ausdrückt. Doch das Spektakel ist nichts anderes als die Richtung, in der sich die totale Praxis eines sozio-ökonomischen Gebildes bewegt, seine Zeitanwendung. Das ist der geschichtliche Moment, der uns enthält.

12

Das Spektakel präsentiert sich als enorme undiskutierbare und unzugängliche Positivität. Das Spektakel sagt nichts weiter als „was erscheint, ist gut; was gut ist, erscheint". Es fordert prinzipiell die passive Hinnahme, die es tatsächlich bereits durch seine Art, ohne Einspruchsmöglichkeit zu erscheinen, durch sein Erscheinungsmonopol, bewirkt hat.

13

Der grundlegend tautologische Charakter des Spektakels entsteht aus der einfachen Tatsache, daß seine Mittel zugleich auch sein Zweck sind. Im Reich der modernen Passivität ist das Spektakel die Sonne, die nie untergeht. Es bedeckt die gesamte Erdoberfläche und erstrahlt endlos zu seinem eigenen Ruhm.

LE RETOUR DE LA COLONNE DURUTTI

14

Die Gesellschaft, die auf der modernen Industrie beruht, ist nicht zufällig oder oberflächlich spektakulär, sie ist grundlegend spektakularistisch. Im Spektakel, dem Bild der herrschenden Wirtschaft, ist das Endziel nichts, die Entwicklung alles. Das Spektakel will zu nichts anderem kommen als zu sich selbst.

15

Das Spektakel ist als unerläßliche Ausschmückung der heute produzierten Waren, als allgemeine Darlegung der Rationalität des Systems und als hochentwickelter Wirtschaftsbereich, der unmittelbar eine wachsende Vielzahl von Bild-Objekten formt, die hauptsächliche Produktion der heutigen Gesellschaft.

16

Das Spektakel unterwirft sich die lebendigen Menschen in dem Maße, in dem die Wirtschaft sie bereits total unterworfen hat. Es ist nichts als die sich für sich selbst entwickelnde Wirtschaft. Es ist das getreue Abbild der Produktion von Dingen und die verräterische Objektivierung der Produzenten.

17

Die erste Phase der Beherrschung des gesellschaftlichen Lebens hatte in der Bestimmung der menschlichen Verwirklichung eine offensichtliche Degradierung des Seins zum Haben nach sich gezogen. Die gegenwärtige Phase der totalen Einnahme des gesellschaftlichen Lebens durch die akkumulierten Ergebnisse der Wirtschaft führt zu einer generalisierten Verschiebung vom Haben zum Scheinen, aus dem jedes effektive „Haben" sein unmittelbares Prestige und seine letztliche Funktion herleiten muß. Zugleich ist jede individuelle Wirklichkeit gesellschaftlich geworden, direkt von der gesellschaftlichen Macht abhängig und von ihr geformt. Nur sofern sie nicht ist, darf sie erscheinen.

18

Dort, wo sich die wirkliche Welt in einfache Bilder verwandelt, werden die einfachen Bilder wirkliche Wesen und die wirksamen Motivationen eines hypnotischen Verhaltens. Als Tendenz, die Welt, die nicht mehr unmittelbar greifbar ist, durch verschiedene spezialisierte Vermittlungen sehen zu lassen, findet das Spektakel normalerweise im Sehen den bevorzugten menschlichen Sinn, der zu anderen Zeiten der Tastsinn war; der abstrakteste und mystifizierbarste Sinn entspricht der generalisierten Abstraktion der heutigen Gesellschaft. Das Spektakel läßt sich jedoch, selbst in Verbindung mit dem Hören, nicht mit dem bloßen Blick identifizieren. Es ist das, was sich der Aktivität der Menschen, der Überprüfung und Korrektur ihres Werkes entzieht. Es ist das Gegenteil des Dialogs. Überall, wo es unabhängige Repräsentation gibt, bildet sich wieder das Spektakel.

19

Das Spektakel hat die ganze Schwäche des westlichen philosophischen Projekts geerbt, das in einem von den Kategorien des Sehens beherrschtem Begreifen der Aktivität bestand; so gründet es sich auch auf die unaufhörliche Entfaltung der präzisen technischen Rationalität, die sich aus diesem Denken ergeben hat. Es verwirklicht nicht die Philosophie, es philosophiert die Wirklichkeit. Es ist das konkrete Leben aller, das zu einem spekulativen Universum herabgesunken ist.

20

Der Philosophie ist es als Herrschaft des getrennten Denkens und als Denken der getrennten Herrschaft nie aus eigener Kraft gelungen, die Theologie aufzuheben. Das Spektakel ist die materielle Wiederherstellung der religiösen Illusion. Die spektakuläre Technik hat nicht die religiösen Wolken aufgelöst, in die die Menschen ihre eigenen, von sich abgelösten Kräfte gesetzt haben: sie hat sich lediglich mit einer weltlichen Grundlage verbunden. Auf diese Weise wird das weltliche Leben undurchsichtig und atemberaubend. Sie verweist nicht mehr auf den Himmel, sondern birgt ihre absolute Verwerfung, ihr trügerisches Paradies in sich. Das Spektakel ist die technische Verwirklichung des Exils der menschlichen Kräfte in ein Jenseits; die vollendete Spaltung im Inneren des Menschen.

21

In dem Maße, wie die Notwendigkeit gesellschaftlich erträumt wird, wird der Traum notwendig. Das Spektakel ist der Alptraum der modernen gefesselten Gesellschaft, der letztlich nur ihren Wunsch zu schlafen ausdrückt. Das Spektakel ist der Hüter dieses Schlafes.

22

Die Tatsache, daß sich die praktische Kraft der modernen Gesellschaft von sich selbst abgehoben hat und sich ein selbständiges Reich im Spektakel fixiert hat, kann sich nur durch die andere Tatsache erklären, daß diese kraftvolle Praxis zerrissen und mit sich selbst im Widerspruch blieb. (...)

219

Das Spektakel, das die Beseitigung der Grenzen zwischen dem Ich und der Welt durch die

Zerstörung des Ichs ist, das von der gegenwärtigen Abwesenheit der Welt belagert wird, ist ebenso die Beseitigung der Grenzen zwischen wahr und falsch durch die Verdrängung jeder erlebten Wahrheit unter der von der Organisation des Scheins sichergestellten wirklichen Gegenwart der Falschheit. Wer passiv sein täglich fremdes Schicksal erleidet, wird zu einem Wahnsinn getrieben, der illusorisch auf dieses Schicksal reagiert, indem er zu magischen Techniken greift. Die Anerkennung und der Konsum von Waren stehen im Zentrum dieser Pseudo-Antwort auf eine Kommunikation ohne Antwort. Das Imitationsbedürfnis, das der Konsument empfindet, ist genau das infantile Bedürfnis, das durch alle Aspekte seiner wesentlichen Enteignung konditioniert wurde. Nach den Begriffen, die Gabel auf einer ganz anderen pathologischen Ebene anwendet, „kompensiert hier das anormale Bedürfnis der Darstellung das quälende Gefühl, am Rande zu existieren".

220

Wenn die Logik des falschen Bewußtseins sich nicht selbst wahrheitsgemäß erkennen kann, so muß die Suche der kritischen Wahrheit über das Spektakel auch eine wahre Kritik sein. Sie muß praktisch unter den unversöhnlichen Feinden des Spektakels kämpfen und muß zugeben, daß sie dort fehlt, wo sie fehlen. Die Gesetze des herrschenden Denkens sind es, der ausschließliche Gesichtspunkt der Aktualität, die der abstrakte Wille sofortiger Wirksamkeit anerkennt, wenn er sich auf die Kompromißbereitschaft des Reformismus und der gemeinsamen Aktion pseudo-revolutionärer Trümmerhaufen einläßt. Daraus ist das Delirium von neuem gerade in der Position entstanden, die den Anspruch erhebt, es zu bekämpfen. Im Gegensatz dazu muß die Kritik, die über das Spektakel hinausgeht, zu warten verstehen.

221

Sich von den materiellen Grundlagen der verkehrten Wahrheit zu emanzipieren, darin besteht die Selbstemanzipation unserer Epoche. Diese „geschichtliche Aufgabe, ... die Wahrheit des diesseits zu etablieren" kann weder das isolierte Individuum noch die atomisierte, den Manipulationen unterworfene Menge erfüllen, sondern immer noch die Klasse, die fähig ist, die Auflösung aller Klassen zu sein, indem sie alle Macht auf die entfremdungsauflösende Form der verwirklichten Demokratie zurückführt, auf den Rat, in dem die praktische Theorie sich selbst kontrolliert und seine Aktion sieht. Nur dort, wo die Existenz der Individuen „unmittelbar mit der Weltgeschichte verknüpft ist"; nur dort, wo sich der Dialog bewaffnet hat, um seinen eigenen Bedingungen zum Sieg zu verhelfen.

(aus: Guy Debord, La Société du Spectacle, Paris 1967. Deutsch: Die Gesellschaft des Spektakels 2. Aufl. Düsseldorf 1974. Übersetzt von der Projektgruppe Gegengesellschaft Düsseldorf)

Die I. S. und der „Skandal von Straßburg"

eine Handvoll radikaler Studenten wurde 1966 in den lokalen Vorstand des Studentenausschusses (UNEF) gewählt. Die Tatsache, daß sie auf ganz normalem Wege gewählt wurden, spiegelt das absolute Desinteresse der Basis wider und ist ein Zeichen für die Ohnmacht der verbliebenen Möchtegern-Bürokraten dieser Organisation. Dieser „extremistische" Vorstand sollte durch einen Coup von einer gewissen Tragweite und nicht durch eine humoristische Rechtfertigung die Brüchigkeit und Hohlheit der Universitätswelt aufzeigen. Was für die Presse und die UNEF zum „Skandal von Straßburg" wurde, ist das Ergebnis einer radikalen und wirklich kompromißlos durchgeführten Aktion einer kleinen Gruppe von Studenten.
Eine ganze Reihe von Aktionen kündigen das Erscheinen einer in Zusammenarbeit mit der Situationistischen Internationale geschriebenen Broschüre an, die ein wichtiges Moment in der Entwicklung der französischen Studentenbewegung darstellen wird.
Am 26. Oktober 1966 wird der Kybernetiker A. Moles, Professor für Psychosoziologie an der Universität Straßburg, von etwa einem Dutzend Studenten, die ihn mit Tomaten bewerfen, zum Abbruch seiner Antrittsvorlesung gezwungen. Kurz danach hängt die Straßburger UNEF ein Plakat aus, mit dem sie für die eben genannte Broschüre Reklame macht. Auf diesem Plakat legen die neuen „Studentenfunktionäre" in Form von Comics mit dem Titel „Die Rückkehr der Durutti-Brigade" in den allerdeutlichsten Ausdrücken dar, wie sie ihre Funktionen auszuüben gedenken. (...)
Während der feierlichen Semestereröffnung wird an alle offiziellen Persönlichkeiten eine Broschüre verteilt mit dem Titel: „Die Misere der Studenten und ihre wirtschaftlichen, politischen, psychologischen, sexuellen und vor allem intellektuellen Aspekte nebst einigen Vorschlägen zur Verbesserung."
Die liberale Universität zur Zeit des Konkurrenzkapitalismus billigte dem Studenten eine gewisse Narrenfreiheit zu, verteidigte aber in Wirklichkeit nur die Bedürfnisse eines bestimmten Gesellschaftstyps: eine privilegierte Minderheit erhielt während des Studiums eine angemessene Allgemeinbildung, bevor sie in die Reihen der herrschenden Klasse, die sie kaum verlassen hatte, zurück-

kehrte. Aus dieser Universität ist inzwischen eine Fabrik geworden, die massenhaft ungebildete und denkunfähige, nur auf ihre Funktion innerhalb des ökonomischen Systems einer hochindustrialisierten Gesellschaft vorbereitete Studenten hervorbringt. Der Student lebt von dem Rest an öffentlichem Ansehen, das die Universität noch genießt, und ist froh, Student zu sein, aber er kommt zu spät! Die Bildung, die er vermittelt bekommt, ist im Vergleich mit dem früheren Niveau der bürgerlichen Allgemeinbildung ebenso mangelhaft wie sein eigenes intellektuelles Niveau, wenn er auf die Universität kommt. Der Student sublimiert die Misere seines Alltags durch die bequemste Kompensation, die zu seinem wichtigsten Opium wird: den Konsum der Kultur als Ware.

Einem solchen elenden Studentendasein stellten die Verfasser die Revolte der Jugend gegen die Lebensweise, die man ihr aufzwingen will, gegenüber. Es handelt sich nicht um den ewigen Generationskonflikt, sondern um eine neue Jugend, die revoltiert, weil sie die tiefe Krise der modernen Gesellschaft am schärfsten zu spüren bekommt.

(aus: G. und David Cohn-Bendit, Linksradikalismus – Gewaltkurs gegen die Alterskrankheit des Kommunismus, Reinbek bei Hamburg, 1968)

Das bürgerliche Denken ist zugleich durch die Forderung charakterisiert, daß wahr immer nur das sei, was ich nicht selber bin, nämlich das ableitbare Tatsächliche (...)

(Theodor W. Adorno, 1939)

Erkenntnisse

des

Hohen

Gerichts

zu

Straßburg

16. Mai 1968 in Boulogne – Billancourt. Studenten diskutieren mit Renault-Arbeitern

In Anbetracht dessen, daß die den Beschuldigten vorgeworfene schlechte Verwaltung der UNEF-Gelder eindeutig von der von ihnen nicht bestrittenen Tatsache herrührt, daß sie auf Kosten der UNEF 10 000 Broschüren gedruckt und verteilt haben, was fast 5000 Francs gekostet hat, nebst anderen, ganz von der Situationistischen Internationale inspirierten Broschüren, deren Ideen und Programme – und das ist das mindeste, was man sagen muß – absolut nicht in den Aufgabenbereich der UNEF fallen; in Anbetracht dessen, daß man diese von den Beschuldigten verfaßten Publikationen nur zu lesen braucht, um festzustellen, daß diese fünf kaum dem Knabenalter entwachsenen, völlig unerfahrenen Studenten, deren Köpfe von den verschiedensten kaum verdauten philosophischen, gesellschaftlichen, politischen und wirtschaftlichen Theorien vollstecken und die nicht wissen, wie sie mit ihrer trüben Alltagsmalaise fertig werden sollen, in vermessenster und lächerlichster Weise und mit unflätigen Worten endgültige Urteile abgeben zu können glauben über ihre Kommilito-nen, ihre Professoren, über Gott, die Religionen, den Klerus, die Regierungen und die politischen und gesellschaftlichen Systeme der ganzen Welt; in Anbetracht dessen, daß sie jede Moral, jede gesetzliche Einschränkung, jeden Besitz ablehnen und den Diebstahl, die Abschaffung des Studiums und der Arbeit, den totalen Umsturz und die endgültige proletarische Weltrevolution proklamieren, damit sie „ohne Hemmungen genießen können"; in Anbetracht dessen, daß derartige Theorien durch ihren zutiefst anarchistischen Charakter in höchstem Grade schädlich sind und daß sie durch ihre weite Verbreitung durch die lokale, nationale und ausländische Presse sowohl in die Universität als auch in der Öffentlichkeit eine Gefahr für die sittliche Ordnung, das Studium, das öffentliche Ansehen und damit die Zukunft der Studenten von Straßburg darstellen ...

Charles de Gaulle:

„Die 'Situationistische Internationale', die in den wichtigsten Hauptstädten Europas einige Anhänger hat – diese Anarchisten geben sich als Revolutionäre aus und wollen 'die Macht übernehmen', nicht um sie zu erhalten, sondern um Unordnung zu stiften und selbst ihre eigene Autorität zu unterminieren."

(aus: „Aurore", 16. 11. 1966)

Adresse an alle Arbeiter

Genossen,

Das, was wir in Frankreich schon getan haben, geht um in Europa und wird bald alle herrschenden Klassen der Welt, die Bürokraten in Moskau und in Peking und die Milliardäre in Washington und in Tokio bedrohen. Wir wir in Paris alles haben tanzen lassen, wird jetzt das internationale Proletariat noch einmal gegen die Hauptstädte aller Staaten, gegen alle Festungen der Entfremdung Sturm laufen. Nicht nur hat die Besetzung der Fabriken und der öffentlichen Gebäude im ganzen Land die wirtschaftlichen Produktionen blockiert, sondern auch dazu geführt, daß die Gesellschaft global in Frage gestellt worden ist. Eine tiefe Bewegung treibt fast alle Sektoren der Bevölkerung dazu, eine Veränderung des Lebens zu wollen. Es ist von nun an eine revolutionäre Bewegung, der es nur noch an Bewußtsein darüber fehlt, was sie schon getan hat, um sich diese Revolte tatsächlich zu eigen zu machen (...)
Im jetzigen Augenblick gibt es für die Arbeiter mit der in ihrem Besitz vorhandenen Macht und mit den Parteien und Gewerkschaften, die man kennt, keinen anderen Weg als die direkte Besitzergreifung der Wirtschaft und aller Aspekte des Wiederaufbaus des sozialen Lebens durch einheitliche Basiskomitees, die ihre Selbständigkeit jeder politisch-gewerkschaftlichen Führung gegenüber behaupten, sich selbst verteidigen und auf regionaler und nationaler Ebene föderiert werden. Wenn sie diesen Weg gehen, müssen sie zur einzigen wirklichen Macht im Lande, der Macht der Arbeiterräte, werden. Wenn nicht, würde das Proletariat, da es „revolutionär ist oder nichts ist", noch einmal zum passiven Objekt werden. Es würde vor seine Fernsehschirme zurückkehren.
Was kennzeichnet die Macht der Räte? Die Auflösung jeder äußeren Macht – die direkte und totale Demokratie – die praktische Vereinheitlichung des Beschlusses und der Durchführung – der jederzeit von seinen Mandanten absetzbare Delegierte – die Abschaffung der Hierarchie und aller unabhängigen Spezialisierungen – die bewußte Verwaltung und Umwandlung aller Bedingungen des befreiten Lebens – die permanente, schöpferische Beteiligung der Massen – die internationale Erweiterung und Koordination. Nicht weniger wird heute verlangt. Nichts weniger heißt die Selbstverwaltung. Vor den Rekuperatoren aller modernistischen Nuancen – und bis zu den Pfaffen – muß aber gewarnt werden,

die damit anfangen, von Selbstverwaltung und sogar von Arbeiterräten zu reden, ohne dieses Minimum anzunehmen, weil sie in der Tat ihre bürokratischen Funktionen, die Vorrechte ihrer geistigen Spezialisierung oder ihre Zukunft als kleine Chefs retten wollen.
In Wirklichkeit war das, was jetzt notwendig ist, schon seit dem Anfang des revolutionären proletarischen Projektes notwenig. Es handelte sich um die Selbständigkeit der Arbeiterklasse. Gekämpft wurde für die Abschaffung des Lohnwesens, der Warenproduktion und des Staates. Es handelte sich darum zur bewußten Geschichte zu gelangen, alle Trennungen und „all das, was unabhängig von den Individuen besteht", aufzuheben. Die proletarische Revolution hat die ihr angemessenen Formen in den Räten, sowohl 1905 in Sankt Petersburg als auch 1920 in Turin, 1936 in Katalonien wie 1956 in Budapest spontan entworfen. Die Erhaltung der alten Gesellschaft bzw. die Bildung neuer Ausbeuterklassen ist jedesmal durch die Abschaffung der Räte geschehen. Die Arbeiterklasse kennt jetzt ihre Feinde und die Handlungsmethoden, die ihr selbst eigen sind. „Die revolutionäre Organisation mußte lernen, daß sie die Entfremdung nicht mehr in entfremdeten Formen bekämpfen kann" (Die Gesellschaft des Spektakels). Die Arbeiterräte sind offenkundig die einzige Lösung, da alle anderen Formen des revolutionären Kampfes zum Gegenteil dessen geführt haben, was sie eigentlich erreichen wollten.

KOMITEE WÜTENDE-SITUATIONISTISCHE
INTERNATIONALE
RAT ZUR AUFRECHTERHALTUNG DER
BESETZUNGEN

(Flugblatt, 30. Mai 1968)

Freiheit kann nicht aus der Möglichkeit abstrakt konstruiert werden, sondern erschließt sich nur in der konkreten Konstellation. Der allerkleinste Zug ist der Repräsentant der Utopie.

(Theodor W. Adorno, 1939)

Der

Rat

zur

Aufrechterhaltung

der

Besetzungen

Der „Rat zur Aufrechterhaltung der Besetzungen" (CMDO) wurde am Abend des 17. Mai von Mitgliedern des ersten Besetzungskomitees der Sorbonne gebildet, die sich mit ihm zurückgezogen hatten und sich für die Folge der Krise vornahmen, das Programm der Rätedemokratie aufrechtzuerhalten, das untrennbar mit einer quantitativen und qualitativen Ausdehnung der Bewegung der Besetzungen verbunden war.

Der CMDO vereinigte ständig rund 40 Personen; zu ihnen gesellten sich zeitweise andere Revolutionäre und Streikende aus verschiedenen Unternehmen, aus dem Ausland oder der Provinz, die hinterher wieder dorthin zurückkehrten. Der CMDO setzte sich fast ständig aus zehn Situationisten und Wütenden (unter ihnen Debord, Khayati, Riesel und Vaneigem), genauso vielen Arbeitern, rund zehn „Studenten" und Gymnasiasten sowie etwa zehn weiteren Räteanhängern ohne bestimmte soziale Funktion zusammen.

Dem CMDO gelang es während der Zeit seiner Existenz, eine Erfahrung direkter Demokratie zu ermöglichen, die durch eine gleichberechtigte Teilnahme aller an den Debatten, Entscheidungen und der Ausführung garantiert wurde. Im Wesentlichen war er eine ununterbrochene Vollversammlung, die Tag und Nacht tagte. Keine Fraktion, keine besondere Versammlung existierte je außerhalb der gemeinsamen Debatte.

Als spontan gegründete Einheit unter den Bedingungen eines revolutionären Moments war der CMDO offensichtlich weniger ein Rat im eigentlichen Sinne als eine Räteorganisation — die also selbst gemäß dem Modell der Sowjetdemokratie funktionierte. Als improvisierte Antwort auf diesen bestimmten Augenblick konnte der CMDO sich weder als eine permanente Räteorganisation ausgeben, noch anstreben, sich — so wie er war — in eine solche zu verwandeln. Jedoch verstärkte eine fast einstimmige Zustimmung zu den situationistischen Hauptthesen den Zusammenhalt der Gruppe. Drei Kommissionen hatten sich innerhalb der Vollversammlung gebildet, um ihre praktische Handlungsfähigkeit zu ermöglichen. Die Druckkommission übernahm es, für die Verwirklichung und Vervielfältigung der Veröffentlichungen zu sorgen, indem sie einerseits die zur Verfügung stehenden Maschinen ausnutzte und andererseits mit den Streikenden gewisser Druckereien zusammenarbeitete.

Die Verbindungskommission war im Besitz von rund zehn Autos, sorgte für Kontakte mit den besetzten Fabriken und transportierte das Material, was verteilt werden sollte. Die Bedarfskommission, die sich in den schwierigsten Tagen auszeichnete, achtete darauf, daß nie Papier, Benzin, Geld und Wein fehlten. Um die schnelle Ausarbeitung der Texte zu ermöglichen, deren Inhalt von allen gemeinsam festgelegt wurde, gab es keine ständige Kommission; vielmehr wurden jedesmal einige Mitglieder ernannt, die der Versammlung das Ergebnis unterbreiten.

Der Rat zur Aufrechterhaltung der Besetzungen hatte sich hauptsächlich die Gebäude des Nationalpädagogischen Instituts (INP) in der Rue d'Ulm vom 19. Mai ab besetzt. Gegen Ende des Monats Mai zog er in die Keller des benachbarten Gebäudes, einer „Kunstgewerbeschule". Für die Besetzung der INP sprach, daß wenn auch die Pädagogen aller Art sich in ihrem unglücklichen Beruf denunziert und verhöhnt fühlten, viele Angehörige des Personals, Arbeiter und Techniker die Gelegenheit ergriffen, die Selbstverwaltung ihres Arbeitsplatzes zu verlangen und entschieden für die Bewegung und alle ihre Kampfformen Partei ergriffen. So befand sich das „paritätische Besetzungskomitee" in den Händen von Revolutionären. Ein Wütender aus Nanterre wurde als Verantwortlicher für den Sicherheitsdienst ernannt. Alle konnten sich zu dieser Wahl nur beglückwünschen, selbst die Pädagogen. Die demokratische Ordnung wurde von niemandem gestört, was die größtmöglichste Toleranz erlaubte: man ließ sogar einen Stalini-

Für den Revolutionär ist die Welt schon immer reif gewesen. Was im Rückblick als Vorstufe, als unreife Verhältnisse erscheint, galt ihm einmal als letzte Chance der Veränderung. Er ist mit den Verzweifelten, die ein Urteil zum Richtplatz schickt, nicht mit denen, die Zeit haben.

(Max Horkheimer, 1940/1942)

sten, der dem Personal angehörte, vor der Tür die „Humanité" verkaufen. Die schwarze und die rote Fahne hingen gemeinschaftlich von der Fassade des Gebäudes herab.

Der CMDO veröffentlichte eine Reihe von Texten. Ein Bericht über die Besetzung der Sorbonne zog am 19. Mai den Schluß: „Der Kampf der Studenten ist jetzt überholt. Noch viel mehr überholt sind alle bürokratischen Ersatzführungen, die es für geschickt halten, Respekt vor den Stalinisten vorzuheucheln, in diesem Moment, wo die CGT und die sogenannte kommunistische Partei zittern. Der Ausgang der aktuellen Krise liegt in den Händen der Arbeiter selbst, wenn es ihnen gelingt, bei der Besetzung ihrer Fabriken das zu verwirklichen, was bei der Universitätsbesetzung nur angedeutet werden konnte." Am 22. Mai stellte die Erklärung Für die Macht der Arbeiterräte fest: „Innerhalb von zehn Tagen sind nicht nur Hunderte von Fabriken durch die Arbeiter besetzt worden, und ein spontaner Generalstreik hat die Aktivität des Landes vollständig unterbrochen, sondern ebenso sind verschiedene Gebäude, die dem Staat gehören, durch de-facto-Komitees vereinnahmt worden, die deren Verwaltung übernommen haben. Angesichts einer solchen Situation, die in keinem Fall andauern kann und die vor der Alternative steht, sich auszubreiten oder zu verschwinden (durch Repression oder Verhandlungen, die zur Liquidierung führen), werden alle alten Ideen vom Tisch gefegt, bestätigen sich alle radikalen Hypothesen über die Wiederkehr der revolutionären proletarischen Bewegung." Dieser Text zeigte drei Lösungsmöglichkeiten auf, mit stets geringer werdendem Wahrscheinlichkeitsgrad: 1. eine Vereinbarung zwischen der KPF und der Regierung „zwecks Demobilisierung der Arbeiter im Austausch gegen ökonomische Vergünstigungen"; 2. die Machtübergabe an die Linke, „die die gleiche Politik, aber von einer geschwächten Position aus" machen würde; und schließlich, daß die Arbeiter für sich selbst sprechen „indem sie sich der Forderungen bewußt werden, die dem radikalen Niveau der Kampfformen entsprechen, die sie bereits praktiziert haben." Er zeigte weiter, worin die Verlängerung der aktuellen Situation eine solche Perspektive enthalten könnte: „Die Verpflichtung, bestimmte Sektoren der Wirtschaft unter die Kontrolle der Arbeiter wieder in Gang zu setzen, kann die Basis dieser neuen Macht bilden, die durch ihr Wesen und die ganze Lage dazu gebracht sein wird, alle bestehenden Gewerkschaften und Parteien zu überflügeln. Man wird die Eisenbahnen und Druckereien für die Bedürfnisse des Kampfes der Arbeiter wieder in Gang setzen müssen. Die neuen, tatsächlichen Autoritäten werden die Lebensmittel beschlagnahmen und verteilen müssen..."

(...) Später griff der CMDO in die Kämpfe bei Flins ein und verteilte am 8. Juni ein Flugblatt „Es ist noch nicht vorbei", worin die Ziele und Methoden der Gewerkschaften in dieser Angelegenheit denunziert wurden: „Die Gewerkschaften kennen den Klassenkampf nicht, sie kennen nur die Gesetze des Marktes und in ihrem Handel halten sie sich für die Eigentümer der Arbeiter... Das schändliche Manöver, um zu verhindern, daß die Arbeiter in Flins unterstützt werden, ist nur einer der ekelhaften ‚Siege' der Gewerkschaften in ihrem Kampf gegen den Generalstreik... Keine Einheit mit den Spaltern."

Der CMDO gab ebenfalls eine Reihe von Plakaten heraus, rund fünfzig Comics und einige Lieder. Die wichtigsten Texte erreichten eine Auflage von 150 bis 200.000 Exemplaren.

Der CMDO hatte sich natürlich bemüht, seine Theorie auf die Praxis anzuwenden, und daher an die Arbeiter der besetzten Druckereien appelliert, die gern dadurch mitarbeiteten, daß sie die ausgezeichneten Anlagen in Gang setzten, die ihnen zur Verfügung standen. Diese Texte wurden auch sehr häufig in der Provinz und im Ausland nachgedruckt, sobald die ersten Exemplare dorthin gelangt waren. Der CMDO sorgte selbst für die Übersetzung ins Englische, Deutsche, Spanische, Italienische, Dänische und Arabische sowie eine jeweilige erste Auflage. Die spanische und arabische Version wurden zuerst unter die Arbeitsemigranten verteilt. Eine verfälschte Version der Adresse wurde im „Combat" vom 3. Juni abgedruckt; die Angriffe auf die Stalinisten sowie die Bezugnahme auf die Situationisten waren darin gestrichen.

Der CMDO bemühte sich mit bemerkenswertem Erfolg, Verbindung mit den Unternehmen, isolierten Arbeitern, Aktionskomitees und Gruppen in der Provinz einzurichten und aufrechtzuerhalten; diese Verbindung klappte besonders gut mit Nantes. Außerdem war der CMDO in allen Aspekten der Kämpfe in den Vororten und Paris vertreten.

Der Rat zur Aufrechterhaltung der Besetzungen kam am 15. Juni überein, sich aufzulösen. Der Rückgang der Bewegung der Besetzungen hatte bereits eine Woche zuvor dazu geführt, daß einige Mitglieder die Frage einer solchen Auflösung aufgeworfen hatten; sie war aufgrund des Andauerns der Kämpfe der Streikenden verschoben worden, die die Niederlage ablehnten, besonders in Flins. Der CMDO hatte nicht versucht, irgendetwas für sich selbst zu erreichen, noch nicht einmal die Rekrutierung von Mitgliedern, die ihm eine dauernde Existenz verliehen hätten. Seine Teilnehmer trennten ihre persönlichen Zielsetzungen nicht von den allgemeinen der Bewegung. Es waren unabhängige Individuen, die sich für einen Kampf zusammengefunden hatten, auf genau definierter Grundlage zu einem bestimmten Zeitpunkt; danach wurden sie wieder das, was sie vorher gewesen waren: unabhängige Individuen. Einige von ihnen sahen in der Situationistischen Internationale die Fortsetzung ihrer eigenen Tätigkeit und schlossen sich ihr an. (...)

(aus: René Viénet, Wütende und Situationisten in der Bewegung der Besetzung, Paris 1968. Deutsch bei Edition Nautilus, Hamburg 1977.)

Mädchen, einem Mann beim Pissen
zusehend

HPZ 64

Lothar Fischer, Mater Profana 1962, Ton bemalt, Höhe ca. 70 cm

Constant, Verbrannte Erde I, 1951

Rien ne va plus (SPUR-GEFLECHT), 1967

Fritz Teufel in der Kommune I, Foto: Werner Kohn, Sammlung Werkbund-Archiv

Ostberliner besetztes Haus, 1991, Foto: Merit Pietzker

kommunent

i
n
t
e
r
v
i
e
w

mit

Dieter Kunzelmann

Juni/Juli 1991

Teil III

„Phantasie

wird

zum

Meer,

das

die

bürgerliche

Welt

wegspült"

Es gibt den berühmten Film mit Brigitte Bardot und Jeanne Moreau von Louis Malle „Viva Maria". Danach nannte sich merkwürdigerweise eine politische Gruppierung. Was war das für eine Gruppierung, und wie kam die darauf, sich gerade nach einem Film zu nennen?
Die „Viva Maria"-Gruppe ist praktisch die entscheidende politische Gruppierung am Vorabend der antiautoritären Bewegung zwischen dem Ende der Subversiven Aktion in ihrer ursprünglichen Konzeption, also dem Ende der „Unverbindlichen Richtlinien", Sommer 1965, dem Beginn „Anschlag"-Zeitschrift der Subversiven Aktion und dem Beginn der Kommune-Bewegung. Zwischen Ende Subversiver Aktion und Beginn der Kommune-Bewegung steht die Gruppe „Viva Maria", deren Hauptimpetus war, die Situation in den Ländern der 3. Welt ganz konkret zurückzuführen auf die gesellschaftlichen Verhältnisse in der 1. Welt, daß die 3. Welt sich nicht emanzipieren kann von Kolonialismus, Ausbeutung und allem Drum und Dran, besonders dem Kulturimperialismus, wenn nicht die Situation in den Metropolen sich verändert. Das, worum Rudi Dutschke eineinhalb

Jahre innerhalb der Subversiven Aktion gekämpft hat, nämlich um die Position, die Totalität Welt ernst zu nehmen und nicht nur die Analyse hochindustrialisierter Gesellschaften seitens der Frankfurter Schule, der Psychoanalyse usw., setzte sich endlich durch. Im Januar oder Februar 1966 hat Ernst Bloch im Audimax der FU – ich war kurz nach der illegalen Plakataktion zwei Wochen in Berlin – einen Vortrag gehalten. Ich habe das erste Mal Ernst Bloch reden hören und Rudi und die anderen alle auch. Es war eine Gastvorlesung, sein erster großer Vortrag an der FU Berlin. Ernst Bloch war nach wie vor im Westen, obwohl er schon seine Professur in Tübingen hatte, sehr angefeindet. Er hielt einen Vortrag, der uns alle aufgewühlt hat, Prinzip Hoffnung, wofür Ernst Bloch steht – alles komprimiert mit seiner faszinierenden Stentorstimme vorgetragen. Am selben Abend sind wir in den Zoo-Palast gegangen, in den Film „Viva Maria", der seit zwei Tagen lief. Der hatte eine exzellente Vorpromotion. Ich bin seit „Les Armants" Moreau-Fan gewesen. Rudi ging nie ins Kino, höchstens in Indianerfilme. Sein Politisierungsprozeß läuft sehr über die Ausrottung der amerikanischen Indianer durch die Weißen. Kino war für Rudi etwas Lustbetontes, und er war ein Asket. Wir haben ihn aber zum Glück überreden können mitzugehen. Hameister, Dorothea Ridder, Ulrich Enzensberger, ich weiß nicht, ob schon Rainer Langhans und Fritz Teufel dabei waren. Die ganze spätere Kochel-Gruppe ist jedenfalls abends in den Zoo-Palast in „Viva Maria" marschiert.
Wir sind wie betäubt aus dem Film herausgekommen, sind überhaupt nicht in eine unserer damaligen gängigen Kneipen gegangen, sondern waren

so mitgerissen von dem Film, daß wir nur über die Straßenseite konnten und ins fantastische alte Aschinger am Zoo einritten, unten in die Schwemme, wo man umsonst Brötchen bekam zu einer Erbsensuppe für 60 Pfennig oder so. Wir sind schweigend in das Aschinger rein, haben uns Getränke und Erbsensuppen am Tresen geholt, uns hinten an einen Tisch gesetzt und erstmal geschwiegen. Es gibt solche Erlebnisse, wo aufgrund eines gemeinsamen Erlebnisses jeder dieselbe Erleuchtung hat oder dieselbe Reaktion zeigt.
Die Filmgeschichte ist ganz einfach: eine Schauspieltruppe in Mittelamerika, als Zirkus getarnt, – Europäer, Engländer, Franzosen – propagieren die Revolution, unterstützen nicht nur die Guerilleros, sondern aufgrund ihres Wissens der europäischen Geschichte und der europäischen Technik die Guerillakriegsführung. Als Schauspieltruppe verbreiten sie das in allen Ländern. Das ist die ganze Geschichte. Am Ende, dies war unser Erleuchtungsprozeß, treten sie in Paris auf, sie gehen zurück nach Europa. Das war ja genau unser Problem. Wir hatten gute Kontakte zu Dritte-Welt-Gruppen. Rudi kannte Haitianer, die später versucht haben, den bewaffneten Kampf gegen Duvalier erfolgreich durchzuführen. Sie sind alle ermordet worden. Wir kannten Leute aus Peru, aus Bolivien und anderen Ländern der Dritten Welt, und es stand für uns in der Viva-Maria-Phase, auch schon vor dem Film und insbesondere nach dem Film, immer im Raum: Sollen wir nicht in die Dritte Welt gehen? Der Film war für uns eine Bestätigung, daß wir in jeder Weise die Guerilla-Bewegung in den Ländern der Dritten Welt unterstützen müssen mit unseren Möglich-

keiten und Mitteln von den Metropolen aus. Vom real existierenden Sozialismus will ich erst gar nicht sprechen, weil dieser die nationalen Befreiungsbewegungen nur unterstützt hat, um dort Machtpolitik durchzusetzen, den Polizei-, Militär- und Geheimdienstapparat ausgebaut hat etc. Der Film war die Bestätigung dafür, daß wir hier unsere revoluzzerhafte Betätigung finden müssen, daß wir unserer Gesellschaft, die wir kennen, verpflichtet sind; hier sind wir aufgewachsen, wir sind Mitteleuropäer – ich z. B. verstehe mich als Franke, Bayer, Berliner und Kosmopolit. Der Film war die bildhafte filmische Umsetzung all unserer Diskussionen seit Monaten und hat uns geprägt. Wir haben bis früh 6 Uhr jede Szene diskutiert. Wir sind am nächsten Tag ein zweites Mal rein. Hameister ist eine Woche lang jeden Tag in den Film gegangen und jedesmal sind neue Geschichten aufgetaucht, die wir beim ersten Mal übersehen haben. Deshalb haben wir uns „Viva Maria" genannt. Vielleicht wird es langsam Zeit, daß „Viva Maria II" gegründet wird.

Wurde bei „Viva Maria" wieder an den situationistischen Anspruch angeknüpft, der ja in der Gruppe Spur auch nur z.T. eingelöst wurde?

Situationisten oder Gruppe „Spur" waren ab '63 für uns nicht mehr ein Vorbild. Was durch meine Person nach wie vor vorhanden war, war ein bestimmtes Bestreben, in einer sehr viel politischeren Aktion zu der Umsetzungsvorstellungsweise das Spielerische, das Persiflierende, den situationistischen Impuls u. a. aufrechtzuerhalten. Die ersten Eier am Amerika-Haus z. B., das war nicht unbedingt eine Provokation, Frühjahr '66 oder '67. Nach einer ekelhaft pazifistischen Ostermarsch-Demo

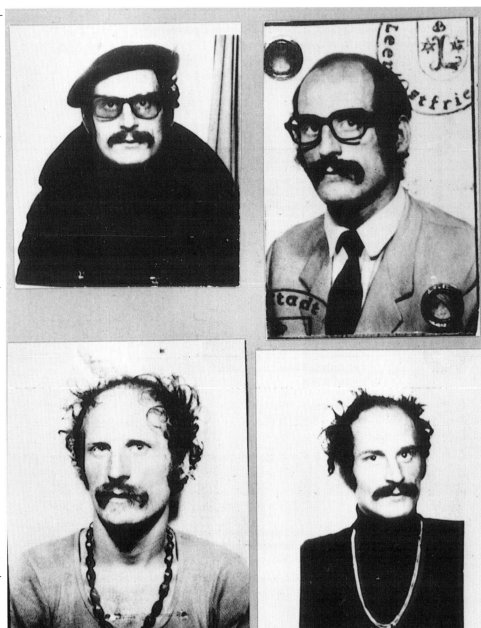

Dieter Kunzelmann
© Ullstein-Bilderdienst

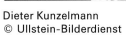
Dieter Kunzelmann
© Ullstein-Bilderdienst

sind einige Leute der Gruppe „Viva Maria" von der Abschlußkundgebung am Zoo rübergerannt zum Amerika-Haus und haben die Eier an die Fassade geworfen – weniger unter dem Gesichtspunkt in Vorahnung dieses wahnsinnigen Aufschreis der Springer- und Senatsöffentlichkeit – es war fast so, als ob ein Hund auf dem Ku-Damm verbrannt worden wäre. Die gelben Flecken an der Wand des Amerika-Hauses waren wirklich eine situationistische Aktion, weil sie eben nicht so gemeint war, wie sie dann aufgeblasen worden ist, sondern sie ist gemeint worden als gelber Eier-Tupfer auf der ekelhaften funktionalistischen Fassade des Amerika-Hauses an der Hardenbergstraße.

Für heutige Zuhörer ist es erstaunlich – ähnlich wie bei dem „Spur"-Prozeß –, daß ein paar Eierkleckser, nicht einmal Farbeier, einen solchen ungeheuren Aufstand gemacht haben.

In Berlin war im Gegensatz zu allen anderen Städten der damaligen Republik Kalte-Kriegsfront, weil alle offiziellen und offiziösen Stellen tagaus, tagein vom Rundfunksender RIAS, SFB, über Springer-Presse, selbst über den angeblich liberalen Tagesspiegel, bis zum Senat die Hauptparole ausgaben: „Berlin wird in Vietnam verteidigt". Die ganze Berliner Bevölkerung stand an der Front am 48. Breitengrad oder Da Nang. Jede geringste Kritik an dem Vietnam-Krieg hat diese vom Faschismus und der finsteren Adenauer-Zeit und der Scheiß-Ulbricht-Politik, die ja nichts Attraktives hatte, geprägte Bevölkerung diskriminiert und militant beantwortet. Es gab im damaligen Westberlin Kieze, in die man mit langen Haaren oder einem Sticker zu Vietnam ohne Personenschutz nicht reinkonnte. Ich rede nicht von einer Zeit nach dem 2. Juni, sondern von

Dieter

Kunzelmann

Notizen

zur

Gründung

revolutionärer

Kommunen

in

den

Metropolen

an muß bereit sein, alle Überzeugungen preiszugeben, wenn sie mit den heutigen Erfahrungen nicht mehr übereinstimmen." (Karl Korsch) „Manche Leute glauben, der Marxismus sei eine Art Zauber, mit dem man jedes Übel heilen kann. Ihnen sollten wir entgegnen, daß ein Dogma weniger Wert hat als Kuhmist. Mit Mist kann man wenigstens düngen." (Mao Tse-Tung)

Sind alle bisher gescheiterten Gruppenexperimente aufgearbeitet, müssen wir konstatieren, daß das Scheitern weniger im Fehlen gemeinsamer Praxis begründet war – jeder kehrte nach der Aktion in das Treibhaus seiner bürgerlichen Individualexistenz zurück – als vielmehr in den mangelhaften Versuchen, die verschiedenen individuellen Geschichten in einer gemeinsam zu beginnenden Geschichte aufzuheben. Da Zukunft für uns die Machbarkeit der Geschichte bedeutet, diese also nur vorgestellt werden kann als ein gemeinsam erlebter Prozeß von handelnden Subjekten in der subversiv-anarchistischen Aktion, sind aktuell die zwei entscheidenden Implikationen von revolutionärer Kommune zu diskutieren: das objektive Moment der gemeinsam zu leistenden Praxis und das subjektive Moment der Vermittlung der Individuen innerhalb der Kommune. Beides ist eng miteinander vermittelt, denn ohne die Einlösung des einen bleibt das andere uneingelöst und vice versa. Die Kommune ist nur dann fähig, systemsprengende Praxis nach außen zu initiieren, wenn innerhalb der Kommune effektiv die Individuen sich verändert haben und diese können sich nur verändern, wenn sie jene machen; Praxis nach außen ohne experimentelle Vorwegnahme dessen, was Menschen in emanzipierter Gesellschaft beinhalten könnte, wird zum Aktivismus als Normerfüllung. Die vielbeschworene neue Qualität der Kommune ohne gemeinsame Praxis wird sich als solipsistischer Akt, Psychochose und elitärer Zirkel entpuppen.

Diese immensen Schwierigkeiten der gegenseitigen Durchdringung von Kommune und Außenwelt, Außenwelt und Kommune können nicht dadurch simplifiziert und kaschiert werden, daß der Beginn von revolutionärer Kommune zum heroischen Testfall hochgespielt und die gemeinsame Reproduktionsbasis zum sakralen Akt gestempelt wird. Letztere bleibt Taschenspielertrick, wenn sie nicht die tendenzielle Aufhebung bürgerlicher Abhängigkeitsverhältnisse (Ehe, Besitzanspruch auf Mann, Frau und Kind etc.), Destruierung der Privatsphäre und aller uns präformierenden Alltäglichkeiten, Gewohnheiten und verschiedenen Verdinglichungsgrade nach sich zieht. Wer jetzt „rohen Kommunismus" assoziiert, unterschlägt, daß die Dialektik von Wirklichkeit und Möglichkeit sich nicht mehr als theoretischer Entwurf darstellen kann, dessen Einlösung von der Herauskristallisierung bürgerlicher Gesellschaft abhängig gemacht wurde, unterschlägt weiterhin, daß in „Nationalökonomie und Philosophie" die „abstrakte Negation der ganzen Welt, der Bildung und der Zivilisation" von einer „Rückkehr zur unnatürlichen Einfachheit des armen und bedürfnislosen Menschen" (Cotta, S. 592) ausging, was Geschichte war, aber unsere nicht mehr trifft.

Im Paradiese gelten gerade die Werte, die im irdischen Getriebe insbesondere in den puritanischen Ländern verdammt waren: nichtstun, bramarbasieren, gut essen und trinken, zuschauen, keine Eile haben – es gibt überhaupt keine Uhren.

(Max Horkheimer, 1942)

Unsere Praxisvorstellungen können im Moment nur als diffus bezeichnet werden. Sind die divergierenden Konzeptionen durch konzentrierte Praxis aufgehoben, bleibt nicht ausgeschlossen, daß diese eine falsche war. Soll dieser Prozeß nicht in Frustration versanden – und die Kommune ist nicht der konkrete Versuch, ob Praxis möglich ist, sondern wir machen die Kommune, um Praxis jetzt zu machen: Praxis als Methode zur Erkenntnis der Wirklichkeit – ist unser Entwicklungsprozeß bei Beginn des Zusammenlebens von ausschlaggebender Bedeutung, um den Experimentalcharakter gemeinsamer Praxis durchstehen zu können. Wenn wir die Aufhebung unserer bürgerlichen Individualitäten nur erhoffen durch den mit bestimmter Praxis stattfindenden Prozeß des Kampfes, besser dessen Anfangsstadium zwischen revolutionären Kommunen und repressiver Gesellschaft, könnten wir erneut unser Dasein dem weltgeschichtlichen Prozeß anheimdelegieren, vergessen erneut unsere Ausgangsbasis: die Leidenschaft der an sich selbst Interessierten. Letzteres bleibt dann keine Phrase, wenn wir unsere divergierenden Geschichten der gemeinsamen Erfahrung subsumieren: die Entfaltung der menschlichen Wesenskräfte wird nur dann möglich, wenn die ganze Welt aus den Angeln gehoben wird, wo wir dabei sind oder eben nicht dabei sind. Revolutionäre Kommune und subversive Aktion kann nur dann geschichtsträchtig werden, wenn wir dem Anspruch, uns und die Gesellschaft zu verändern, nicht mit Naivität begegnen in der Form, als ob es nur gelte, die Herausgefallenen zu mobilisieren, eine gemeinsame Reproduktionsbasis zu schaffen und ähnliche im Vorfeld stecken bleibende Aussagen, sondern den Anspruch messen an unserer eigenen Komplexität, die nicht nur am Realprozeß teilhat – diesen zu ihrem eigenen machen muß. Was die revolutionäre Kommune zusammenscheißen, was ihre unverbindliche Verbindlichkeit kennzeichnen soll, geht nicht nur in Solidaritätserfahrung gemeinsamer Aktionen auf – isoliert ein nichtgriffiger Kitt – sondern muß ebenso die neue Qualität in der Vermittlung der Individuen zueinander sein, jenseits aller Rationalisierungen, Persönlichkeitsimages und Verschlossenheiten.

Das Abarbeiten aller Individuen aneinander, die gemeinsame Praxis – gescheitert, als solche reflektiert und neues Beginnen – und die Ausbreitung der revolutionären Kommunen sind konstituives Moment für unsere Weiterexistenz in der konkreten Kampfsituation. Soll es dem Fokus oder der revolutionären Kommune vor Beginn der Disziplinierung der Gesellschaft gelingen, die Ausgangsbasis zu schaffen und zu erweitern, als Minorität andere Minoritäten zu mobilisieren, müssen wir von der Abstraktion in die Konkretion schreiten, selbst wenn die revolutionäre Kommune sich anfangs konkretistisch darstellt (Haus, Umzug etc.). Um der abstrakten Aufstellung eines Prioritätenkatalogs, der unserer Situation nicht adäquat wäre, da noch kein Sektor des gesellschaftlichen Feldes stringent beackert wurde, aus dem Wege zu gehen, muß bis zum Zeitpunkt der Gründung einer revolutionären Kommune (konkret: bis wir ein von uns allen bewohnbares Haus gefunden haben) der Gleichzeitigkeit von Haus-Organisieren, Vermittlung der Individuen und zu leistende Praxis gewährleistet sein.

'64, '65, '66. Das andere war, daß unsere Kritik am real existierenden Sozialismus bewußt von den Medien nicht dargestellt worden ist. Wir hatten überhaupt nichts mit diesem angeblichen Sozialismus am Hut, aber der Spruch war: „über die Mauer, geht nach drüben". Fakt war, daß wir Kontakt hatten zu Robert Havemann, Wolf Biermann und zur chinesischen Botschaft und zu den Söhnen von Robert Havemann, die Ende '67 die erste Kommune in Ostberlin gründeten. Wir mußten die Filmrollen vom Vorbeimarsch der Roten Garden bei Mao Tse Tung – damals war der Konflikt Moskau/Peking – in der Friedrichstraße unter unseren Kleidern rüberschmuggeln. Wir hatten ja nichts mehr auf dem Kieker als dieses stalinistische System auf der anderen Seite. Die Berliner haben das alles identifiziert, „die wollen uns die Freiheit nehmen, die unterstützen die ‚Kommunisten' in Vietnam. Wenn die vietnamesische Befreiungsbewegung, das vietnamesische Volk, nicht ausgelöscht wird, dann marschieren die Chinesen in Berlin ein, weil man sie ja nicht laufen hört auf Sandalen und sie brauchen nur 5 Reiskörner pro Tag, wenn sie sich in Schanghai aufmachen, und sind in einem halben Jahr in Ostberlin und hier ist schon die 5. Kolonne, diese Viva Maria und SDS usw., und alles ist passé!" Wir sind damals im SDS völlig offen aufgetreten und haben versucht, unsere Vorstellungen durchzusetzen. Dieser Flügel wurde sehr früh im SDS der aktionistische Flügel genannt. Und da wir immer nach der Parole: „der Worte sind genug gewechselt" vorgegangen sind, man muß endlich existentiellere Fragen stellen und auch hinter dem stehen, was gesprochen ist.

Bei den Auseinandersetzungen im Berliner SDS, als der Bundesvorstand aus Frankfurt eingeflogen kam, um den aktionistischen Flügel in die Ecke zu drängen – heute sitzen diese Leute wohlbestallt in den Vorstandsetagen der IG Metall –, war das Ziel der „Keulenriege", den aktionistischen Flügel aus dem SDS auszuschließen.

Ich war angenehm überrascht darüber, was Rudi Dutschke, Bernd Rabehl, Hameister, Eike Hemmer, alle Leute der Subversiven Aktion, seit unserem Kochel-Treffen im Sommer '66 bis zu meinem Umzug im Herbst '66, schon für eine Basis im SDS geschaffen hatten. In Berlin war klar, daß im SDS die „Keulenriege" keinen Fuß mehr auf den Boden bekommt, weil die jungen SDSler, die ganzen Erstsemestler, angetan waren von unseren Ideen, auch von der Ernsthaftigkeit und Überzeugungskraft von Rudi, weil er eine Persönlichkeit war, bei der Reden und Handeln identisch war. Wir hatten sehr schnell enormen Zuspruch, inhaltlich und persönlich. Daraus sind dann zwangsläufig die berühmten Ku-Damm-Spiele entstanden. Heute weiß kaum noch jemand, außer denen, die dabeiwaren, was eigentlich der Begriff Ku-Damm-Festspiele, Wasserspiele am Kurfürstendamm im November, Dezember 1966 waren. Die Ku-Damm-Wasserspiele vor Weihnachten an jedem Wochenende am Kurfürstendamm waren praktisch ein Konzentrat von all dem, was der aktionistische Flügel im SDS im Kopf hatte und bisher noch nicht in die Realität umgesetzt hatte. Wichtig waren hierbei die Erfahrungen der Provos aus Amsterdam, die waren in Europa die ersten, die angefangen haben, aus politischem Protest die Straße zur „Agora" zu machen, zum Artikulationsfeld. Im ursprünglichen Sinne des Wortes steckt die gesamte urbanistische Idee der Situationi-

Das Argument „Hinauszögern bedeutet Verschleierung" (wobei vergessen wird, daß das Hinauszögern ein notwendiges ist, da wir morgen kein Haus finden), zieht in dem Moment nicht mehr, wo in diesem objektiv uns aufgezwungenen Zwischenstadium die Praxisdiskussion durch wirkliche Praxis weitergeführt wird. Hierbei ist entscheidend unser handfestes Eingreifen in die Hochschulpolitik als totale Negation bisher praktizierter Arbeit, was bedeutet, daß aufgrund der von uns dort geleisteten Praxis der SDS sich sehr schnell darüber entscheiden muß, ob er weiterhin systemimmanente Kritik an der bürgerlichen Universitätsstruktur leisten will oder fähig ist, mit uns Keimzellen mit gegenuniversitärer Zielsetzung aufzubauen. (Entscheidungen im SDS sind bisher immer nur durch Praxis erreicht worden, nie durch verdinglichte Diskussionen). Außerdem gilt es eine neue Vietnam-Strategie zu entwickeln anläßlich der Vietnam-Woche. Nehmen wir die Argumentation von Wunschlandschaft Dritte Welt und „wenn Provos und Fuck for Peace wirklich Praxis machen, dann sind sie mit dem allgemeinen Emanzipationsprozeß der Beherrschten konkreter vermittelt als durch die Rückwirkungen, welche die marxistisch-positivistische Tendenzanalyse der Neoimperialismustheorie erhofft" – nehmen wir diese Argumentation wirklich ernst, heißt dies für uns, daß wir in der Vietnam-Bewegung unsere Vorstellungen durch Aktion konkretisieren müssen. Hier ergibt sich fast von selbst die Vermittlung zu wirklich Herausgefallenen (z. B. Gammlern), die allein durch ihre Existenz bei Vietnam-Veranstaltungen und nachfolgender Politisierung unser vollkommen anders tendenzielles „Vietnam" BRD dokumentieren würden, was jedoch in keiner Weise ausreicht.

Stille Nacht, heilige Nacht – Weihnachten 1966 auf dem Kurfürstendamm. Zum Abschluß des Liedersingens während der „Spaziergangsdemonstration" verbrannten die Demonstranten Puppen von US-Präsident Johnson, Walter Ulbricht und den Weihnachtsbaum samt US-Flagge.
© Ullstein-Bilderdienst

Zur Kommune I*

Was die neuen Protestformen und ihren selbstbefreienden Charakter anging, so sollte sich die Kommune I besonders nachhaltig bemerkbar machen. Sie war vor dem Hintergrund jahrelanger Diskussionen um experimentelle Wohn- und Lebensformen (z. B. in der Gruppe SPUR und in der Subversiven Aktion) eines der Resultate „subversiver Unterwanderung" des in seinen Lebensformen bis dahin unverdächtig-biederen SDS.

Die Kommune I entstand aus einem Treffen am Kochel-See in Bayern. Eine Woche lang diskutierten dort im Juni 1966 neun Männer und fünf Frauen (zwei kleine Kinder waren auch dabei), vornehmlich Mitglieder der Münchner Sektion der Subversiven Aktion um Dieter Kunzelmann und Mitglieder des Berliner SDS-Arbeitskreises „Formierte Gesellschaft" um Bernd Rabehl und Rudi Dutschke, die Möglichkeiten revolutionärer Praxis, speziell das Projekt eines Wohnkollektivs: „Kernproblem dieser Diskussion war die Frage nach der Verbindung von politischem Anspruch und bürgerlicher Existenz. Der allgemeinen Einschätzung lag die gerade veröffentlichte Arbeit von Herbert Marcuse „Der eindimensionale Mensch" zugrunde. Die kapitalistische Gesellschaft der 60er Jahre sei – so Marcuse – durch

sten dahinter, die Stadt als ein ständig neu erfahrbares Erlebnis, als Ort der permanenten gesellschaftlichen Auseinandersetzung.

…All das versuchten wir unter dem Stichwort – damals war es noch nicht: „Waffen für den Vietcong", sondern: „Amis raus aus Vietnam" – während der KaDeWe-Wochenend-Weihnachtsstimmung mit offenen Verkaufssamstagen zu verbinden mit dem politischen Protest – auf eine spielerische, witzige, lustige Art und Weise. Die Wasserspiele auf dem Kurfürstendamm waren unsere erste kollektive Auseinandersetzung nach den Schwabinger Krawallen, seit '62, mit dem Staat. Wir haben zu diesen Ku-Damm-Spielen mobilisiert mit Texten, Flugblättern, auf denen nicht das übliche Brimborium stand, wie es der damaligen Zeit adäquat war, also brav, bieder und langweilig, sondern wir haben Flugblätter geschrieben, die vollkommen waren…wir haben mehr Geld für die Polizei verlangt, daß an die Polizei Präservative ausgegeben werden, damit sie ihre Freizeit adäquat verbringen können und die unterschrieben waren, als ob es die Interessenvertretung der Polizei wäre, die zu dieser Demonstration aufruft, alles verdreht und verfremdet. Wir haben auch interne Flugblätter und Rundschreiben der SDS- und Viva-Maria-Gruppe verteilt, wo den Leuten Handlungsanweisungen gegeben worden sind, wie sie sich am verkaufsoffenen Samstag im Weihnachtsgeschäft zu verhalten haben. Und zwar: Wir sind WeihnachtseinkäuferInnen, wir haben ein Paket unter dem Arm, wir fangen Diskussionen an, andere verteilten Flugblätter, weniger Arbeitszeit für die Polizei, auf keinen Fall Konfrontation. Wir bewegen uns – es hat auch etwas mit der Guerilla-Theorie zu tun – wie der Fisch im Wasser, also Vietcong, Kuba und Mittelamerika, Südamerika. Wir mimen die braven Berliner Bürger, lange Haare bitte unter den Hut, zieht euer Abitur-Jackett an usw. Es war phantastisch! Es war besser als jeder Italo-Western, die waren zu der Zeit auch sehr in, besser als jeder Film, weil die Bullen diese Unterlaufstrategie – wir dachten, die würden das begreifen und dann nicht Knüppel aus dem Sack, was üblich war, zuschlagen und Mannschaftswagen, was wir noch sehr viel schlimmer empfanden, als wenn wir mit Waffen, Kalaschnikoffs aus Holz geschnitzt natürlich, auf dem Ku-Damm auf und ab gelaufen wären als Vietcong im Tarnanzug. Es ist Alarmstufe 1 ausgelöst worden, es sind Hunderte von KaDeWe-Einkäufern verhaftet worden, die Bullen sahen in jedem Bürger einen Vietcong und plötzlich waren Wilmersdorfer Witwen auf dem Polizeirevier gelandet. Wenn man heute von Kommune I spricht, weil wir die ersten waren, dann ist das natürlich heute, 25 Jahre später, schwer nachzuvollziehen aus dem einfachen Grunde, weil sich, in welcher Form auch immer, das, was in der Kommune versucht worden ist zu machen, Allgemeingut des Lebens der jüngeren Generation geworden ist: daß man von zu Hause wegzieht, mit anderen zusammenzieht. Damals war zwar unser Anspruch noch ein anderer, aber die ganze Hetze und dieses Gespenst, daß die SDS-Leute die Gesellschaft aus den Fugen hebeln wollten durch Sex-Orgien und die Offenlegung sexueller Probleme, das kann sich heute überhaupt niemand mehr vorstellen. Wir waren ein Objekt der Begierde und des Hasses. Zuerst wohnten wir in Friedenau in drei Wohnungen, Uwe Johnson hatte dort eine herrliche Wohnung. Er war zu der

das Gefühl der Vereinsamung des einzelnen charakterisiert, die Anpassung an die gesellschaftliche Ungleichheit könne nicht mehr durch die Vater-Familie geleistet werden, sondern erfolge durch Massenmedien, Reklamen etc., also durch direkte und indirekte politische Manipulation. Das Unbehagen an der Vereinsamung manifestiere sich als ungerichtete Aggressivität."
Die Kommune I (Dieter Kunzelmann, Fritz Teufel, Rainer Langhans u. a.) fand in der Praxis (ab 1.1.1967) in Berlin-Charlottenburg ohne Rudi Dutschke und Bernd Rabehl statt, hatte aber über den Berliner SDS – aus dem sie am 3.5.1967 ausgeschlossen wurde – mit den anderen Subversiven Kontakt. Ihre Aktionsformen enthielten alle Elemente des Spiels.

(aus: Sebastian Scheerer: Deutschland: Die ausgebürgerte Linke, in: Angriff auf das Herz des Staates, Frankfurt/Main 1988)

Die Kommune I gibt ihrer Trauer über den Tod des ehemaligen Reichstagspräsidenten Paul Löbe sowie ihrer Forderung nach Freilassung des inhaftierten Fritz Teufel Ausdruck. Im Sarg: Dieter Kunzelmann (9. August 1967)
Foto: Heinrich Burger
© Ullstein-Bilderdienst

SPA – PRO

Spaziergangs Protest gegen die Polizei
(am Sonnabend, dem 17. 12. ab 15^h
auf dem Ku' Damm)

Der letzte Sonnabend hat bewiesen: die Polizei des Städtestaates Berlin ist ein schlechter Repräsentant der Demokratie. Wenn gleichzeitig der „regierende Pfarrer" Albertz sein gutes Verhältnis zu diesen Ordnungshütern hervorhebt und ihrer Brutalität damit seinen Segen gibt, dann ist es an der Zeit zu protestieren.

Der Bild-trainierte, „freie" Bürger wird sein gutgelerntes Zeitungssprüchlein an der Mauer hersagen, er wird den ewigen „Frontgeist" beschwören der alles zusammenschweißen soll. Eine „Demokratie", die sich nur noch als Gegenposition zum Osten versteht, dadurch eigene Widersprüche nicht mehr sehen kann, verliert ihren Inhalt, sie wird selbst zur Diktatur, in der jeder sein eigener Polizeibüttel sein muß, der nach dem Parolenwalzer eines Cäsar Springer und anderer politischer Scharlatane tanzt.

Aus Protest gegen die brutalen Schläger dieser Demokratie gehen wir auf die Straße. — Um uns nicht zusammenschlagen zu lassen, um nicht die hilflosen Objekte der Agressivität junger Leute in Polizeiuniform zu sein, demonstrieren wir nicht in der alten Form, sondern in Gruppen — als Spaziergänger, wir treffen uns an vorher bestimmten Punkten um uns beim Nahen der Freunde von der Polizei zu zerstreuen, zu Passanten zu werden, um an einem anderen Ort wieder aufzutauchen.

„Diese Spa-Pro-Taktik" will die versteinerte Legalität lächerlich machen, will das Irrationale der rationellen Ordnung bloßlegen, will durch S p a ß zeigen, daß die Vor- und Leitbilder dieser Gesellschaft N a r r e n sind.

Genossen

Am letzten Samstag ist eine Menge schief gegangen. Wir haben schlecht demonstriert, und die Polizei hat uns dafür verprügelt. Viele von uns wollten sich in einem Machtkampf gegen die Polizei durchsetzen. Sie haben sich dabei die Formen der Auseinandersetzung von der Polizei vorschreiben lassen. Die kann aber besser prügeln als wir.
Einige meinen, daß die Demonstration deswegen daneben ging, weil sie nicht ordentlich genug verlief. Viele haben gemerkt, daß sie noch nicht unordentlich genug war. Die Stärke der Polizei ist die Ordnung, die sie aufrecht erhält. Unsere Stärke ist die Unordnung, die uns beweglich macht.
Unsicherheit macht uns unbeweglich. Wir müssen uns also zu der Unordnung was überlegen, damit wir uns in ihr zurechtfinden können. Wenn wir Angst haben, verkrampft sind, nicht mehr lachen können, müssen wir einpacken. Wir wollen aber auspacken.
Nur wer zuhause was eingepackt hat und es am Kurfürstendamm richtig auspackt, wird nicht eingesackt.
Ein paar Vorschläge:
Jeder darf für alles sammeln, wenn er sich eine Büchse macht. Z. B. für: „Warme Wäsche für die Polizei", „Sturmfeste Kerzen für die Mauer", „Feilen für die Hertie-Knacker", „Für Hundekackplätze in allen Bezirken".
Niemandem ist es verboten, ein Weihnachtspaket so zu zeigen, daß viele Passanten sich dafür interessieren. Man kann es z. B. hinstellen und sie reinsehen lassen, ohne daß gleich ein Auflauf entstehen muß.
Alle haben neben der Pille, neben Liebesperlen, Bonbons und Parisern auch Konfetti und Luftschlangen mit, um sich die Zeit auch ohne Polizei vertreiben zu können.
Weihnachts- und andere Nationalhymnen dürfen überall erklingen.
Wo gibt es eine schönere Spielwiese als auf dem Kurfürstendamm zwischen Kranzler und Cinema Paris.
Gott säge und verhüte Euch bis Sonnabend, 17. 12. 15 Uhr
Die Unordnung soll die Polizei durcheinanderbringen, nicht uns.

201   (Flugblatt der Kommune I, 1967)

In der großen proletarischen Kulturrevolution ist die einzige Methode für die Massen, sich zu befreien, und die Methode, in allem für sie zu handeln, darf nicht angewendet werden. Vertraut den Massen, stützt euch auf sie und achtet ihre Initiative. Befreit euch von der Furcht. Habt keine Angst vor Unordnung.

(ZK der KP Chinas, 1966)

Zeit in New York für ein Jahr. Uli Enzensberger hatte den Schlüssel. Wir hatten die erste wirkliche gemeinsame Wohnung am Stuttgarter Platz über zwei Stockwerken Bordell, Kaiser-Friedrich-Str. 54a. Die Auseinandersetzungen auf dem Campus der FU mit Störungen, mit anderen Vorlesungen, Diskussionen usw. liefen parallel zum Zoff in den Straßen. In dieser schon aggressiv angeheizten Stimmung, besonders durch die Weihnachtsspiele auf dem Ku-Damm, der Vietnam-Krieg eskalierte von Tag zu Tag, in dieser Situation kommt Humphrey. Wir waren in dem Atelier von Uwe Johnson, haben eine Selbstverständnis-Diskussion geführt, und irgend jemand hatte Zeitung gelesen und sagte, in 10 Tagen kommt Humphrey, was machen wir. Wir haben diskutiert, haben ein Rundschreiben an alle Personen des aktionistischen Flügels des SDS und Leute die wir kannten, geschickt, zu einer Sitzung in die Niedstraße eingeladen, um zu besprechen, was wir machen. Es war klar aufgrund der Einschätzung der Situation in der Stadt, wir dürfen keine Konfrontation machen bei diesem ersten Staatsbesuch eines amerikanischen Vizepräsidenten seit Jahren in Berlin – der erste nach Kennedy 1963. Was die Provos in Amsterdam uns vorgemacht haben mit Rauchbomben, Puddingbomben und das, was wir bei der Verarschungsstrategie des Berliner Senats gelernt haben, müssen wir beim Humphrey-Besuch fortsetzen. Wir hatten eine für die damalige Zeit nicht schlechte Idee, wir haben die Fahrtroute vom Flughafen Tempelhof zum Springer-Hochhaus ausgetüftelt. Auf persönlichen Wunsch von Humphrey wollte er nicht den direktesten Weg über den Mehringdamm ins Springer-Hochhaus, wo der Empfang war, sondern den Kurfürstendamm runterfahren. Es sind Fähnchen ausgegeben worden, weil ja die Berliner jubeln sollten. In der Zeitung stand, wann er den Ku-Damm von Halensee bis zur Gedächtniskirche runterfährt. Wir wollten in Höhe des SDS mit 20, 30 Leuten – etwas naiv von uns gedacht – ruhig, sachlich auf das Auto zugehen und Farb-, Mehlund Puddingbomben auf den Riesen-Cadillac werfen. Das eigene Auto wird ja vom Secret Service immer mitgeflogen. Wir wollten die Wagen-Kolonne zum Stoppen bringen. Alles war vorbereitet, es sind am Schluß 10 oder 12 Leute geblieben von den 40, ich glaube, es war nur noch K I, was ein gutes Zeichen war, denn das war die Stärke der Kommune, daß wir in uns stabil waren durch das Kommuneleben. Wir haben ein Experiment gemacht, viel miteinander gesprochen und gelebt und hatten an der Revolutionierung des Alltagslebens und der Veränderung unserer eigenen bürgerlichen Subjektivität ein gemeinsames Interesse. Beim Besuch eines amerikanischen Vizepräsidenten in Berlin war die Sicherheitslage nicht im Griff der Polizei, was die zu schützende Person betrifft, sondern vom Secret Service. Wir haben gesagt, wir werfen vom Mittelstreifen und vom Gehsteigrand aus der zweiten Reihe die „Bomben" und gehen mit erhobenen Armen auf den Wagen zu, damit gefährden wir uns nicht, und die sehen, daß es weiß staubt und Pudding klatscht. Wir wollten uns auch noch als vietnamesische Kriegsgefangene dekorieren mit Augenbinden. Einen Tag vorher wollten wir unsere Utensilien überprüfen, ob die Mehlbomben auch funktionierten. Wir sind dazu an den Nikolassee gefahren. Zu derselben Zeit, wo wir fertig sind und zur S-Bahn zurücklaufen,

Die Kommune I feiert auf dem Kurfürstendamm die Haftentlassung von Fritz Teufel (1967). Im Tanz vereint: Rainer Langhans und Andrea

Wir fordern für die Polizei

die 35-Stunden-Woche, damit sie mehr Zeit zum Lesen haben, mehr Muße für die Bräute und Ehefrauen, um im Liebesspiel die Aggressionen zu verlieren, mehr Zeit zum Diskutieren, um den alten Passanten die Demokratie zu erklären.

Wir fordern eine moderne Ausrüstung für die Polizei, statt des Gummiknüppels eine weiße Büchse, in der sich Bonbons für weinende Kinder befinden und Verhütungsmittel für Teenager, die sich lieben wollen.

Wir fordern eine Gehaltserhöhung: Das Gehalt muß größer sein als der Sold der Springerschreiber, denn die Polizei ist die letzte Stütze der Demokratie, eines Tages wird sie als bewußte Opposition der „Großen Koalition" in den Bundestag einziehen müssen.

Deshalb sagen wir:

Keine Keilerei
Mit der Polizei!

Kommt die Polizei, gehn wir an ihr vorbei.
An der nächsten Ecke dann fängt das Spiel von vorne an.

Öffnen wir die Rotweinflasche, Bleibt der Küppel in der Tasche.

Die Polizei braucht eine Muse:
Wir denken an Beate Uhse.

Wer die Polizei verärgert,
Wird im Gefängnis eingekerkert.

Wer die Polizei beschimpft,
Bleibt ein lächerlicher Pimpf.

Wer die Polizei anrührt,
Hat die Sache nicht kapiert.

(Sollte die Polizei trotzdem zuschlagen, singen wir alle:)

Ihr Kinderlein kommet,
O kommet doch all!
Zum Kudamm herkommet:
Polizei macht Krawall.
Ihr seht, was in dieser hochheiligen Stadt
Der Regierende Pfarrer für Dienerlein hat.

(Flugblatt der Kommune I, 1967)

202

Ihr Kinderlein kommet...

Wie das meteorologische Institut der Freien
Universität Berlin mitteilt, wird es in diesem
Jahr kein weißes Weihnachten geben. Wir
machen da nicht mit! Wir wollen ein weißes
Weihnachten.
Wir feiern unseren Heiligen Abend auf dem
Kurfürstendamm.
Einen großen beleuchteten Weihnachtsbaum
haben wir schon.
Wir müssen ihn nur noch schmücken.

Weihnachtsbäume müssen weiß sein.
Dafür gibt es Spray
(Vorsicht, leicht brennbar!)
Weihnachtsbäume müssen auch bunt sein.
Dafür gibt es Fahnen und so manches liebli-
che Antlitz.
Nur der warme Glanz echter Kerzen vermittelt
das einzigartige weihnachtliche Gefühl.
Nichts geht über einen brennenden
Weihnachtsbaum.

Wir wollen nicht alleine feiern. Alle sind will-
kommen:

Rentner aus Ost und West, Kriegerwitwen,
Gammler, Waisenkinder, Gastarbeiter. Die Polizei hat schon zugesagt. (Wir bitten die dienst-
habenden Polizeibeamten, ihre Gattinnen und
Bräute mitzubringen.)

Damit wir die Polizei nicht um ihr Vergnügen
bringen, muß bei der Weihnachtsfeier folgendes beachtet werden:
Die ausgemachten Innenhöfe und Treppenhäu-
ser müssen zum vereinbarten Zeitpunkt verlassen werden, damit wir vereint das Fest beginnen können.

Merke: Weihnachten kann auch Spaß machen.

                    Po Fo Ku

Zusammen mit Albertz ist auch für Po Fu Ku
„Das Licht, das in die Heilige Nacht hinaus-
leuchtet, ein Symbol unserer Hoffnung."

(Flugblatt der Kommune I, 1967)

FREIHEIT für Pawla

Die herrschende Clique ist durch einige
Erfolge der antiautoritären Linken aufge-
schreckt worden. Sie schreitet zum General-
angriff gegen alles Fortschrittliche vor. Antiautoritäre Kinder-Jugendlager wurden für die
nächste Zeit verunmöglicht, gegen die „Verant-
wortlichen" wird wegen „schwerer Kuppelei",
„Vergehen gegen das Opiumgesetz" und anderer Delikte ermittelt. Die Zentralorgane der
Studentenschaften wurden (übrigens ohne
Gegenwehr) aufgelöst. Sogenannte Under-
groundlokale werden von amtswegen
geschlossen. (Der Widerstand erwies sich als
zu schwach). Die Justiz versucht, die umherschweifenden Rebellenhaufen zu zerschlagen.
Der umherschweifende Rebell Karl-Heinz
Pawla trat am Montag, den 25. 8., 10 Uhr,
seine 10monatige Haftstrafe wegen BELEIDI-
GUNG in Tegel an. Nicht nur, daß das 10mona-
tige Urteil wegen des Delikts BELEIDIGUNG
schon eine Verletzung des Menschenrechts ist,

beginnt die große Staats-
schutzaktion, die lustigste
Verhaftungsaktion der damaligen Zeit. In allen drei Wohnungen in Friedenau sind die Bullen reingestürmt. Die Leute,
die zum Probieren nach Nikolassee gefahren sind, sind auf
dem Rückweg zur S-Bahn in
lockeren Gruppen mit 50 Meter Zwischenraum gelaufen.
Die 6, 7 Leute sind klamm-
heimlich auf dem Weg von
Greiftrupps weggegriffen worden. Ich bin mit Dorothea oder
Dagmar Seehuber vorne weg
gelaufen, und irgendwann drehen wir uns herum und sehen
niemanden mehr hinter uns.
Im selben Moment sind sie
schon auf uns gekommen. Immer, wenn es um Kurven ging,
haben sie die Leute weggegriffen, und plötzlich standen wir
zu zweit da! Zur Ehrenrettung
von dem Verfassungsschutz-
spitzel Peter Urbach – wir
dachten, er hat alles verraten –
weiß ich heute, daß die gesamten Telefone von Uwe
Johnson vom CIA abgehört
worden sind und zwar nicht
nur bei Telefongesprächen,
sondern auch bei Gesprächen
im Raum. Der CIA gibt eine Eil-
meldung an den Berliner
Staatsschutz über die Diskussionen in der Niedstraße und
Herr Eitner, der damalige Chef
des Berliner Staatsschutzes
und Landeskriminaldirektor,
hat aus diesem Schreiben des
CIA ein Bombenattentat gemacht. Um das Entstehen einer außerparlamentarischen
Bewegung zu verhindern, hat
der Berliner Staatsschutz und
Herr Natusch, der 2. Mann im
Berliner Verfassungsschutz,
aus dem Pudding- ein tatsächliches Bombenattentat ge-
macht und beim zuständigen
Richter Haftbefehle beantragt.
Zwischen 3 und 6 Uhr in der
Nacht sind wir dem Haftrichter
vorgeführt worden. Unser Verteidiger Horst Mahler kam natürlich sofort in der Nacht
nach Moabit. Nun entstand

Prozeß gegen Rechtsanwalt Horst Mahler.
Horst Mahler (v. l.) und sein Verteidiger Otto
Schily (im Hintergrund r.) rechts im Vorder-
grund: Zeuge Verleger Axel Springer (4. 3. 1970)
© Landesbildstelle Berlin

Prozeß gegen Rechtsanwalt Horst Mahler.
Zeuge Verleger Axel Springer und Matthias
Walden (l.) (9. 3. 1970)
© Landesbildstelle Berlin

eine groteske Situation. Horst Mahler verteidigte alle 8 oder 9 Leute. Es gab noch keine Anti-Terror-Gesetze, wo Mehrfachverteidigung nicht möglich ist. Wir waren darauf eingeschworen: bei Festnahmen keine Aussage, nichts sagen, die sollen machen, was sie wollen. Und nun mußte Horst Mahler uns klarmachen, daß Staatsanwalt, Polizei und Richter davon ausgehen, daß wir tatsächlich die Limousine von Humphrey in die Luft sprengen wollten. Es wird Haftbefehl erlassen, der Haftprüfungstermin ist in 14 Tagen, 4 Wochen, ihr bleibt sitzen, wenn ihr keine Aussage macht. Die einzige Möglichkeit herauszukommem war zu sagen, was wirklich abgelaufen ist. Es ging nur um ein Pudding-Attentat. Daraufhin sind wir früh um 6 Uhr auf freien Fuß gesetzt worden, und wie es im „Klau mich" so schön heißt: die Humphrey-Aktion war der Eintritt der K I in die Weltgeschichte. In der New York Times, auf allen Zeitungen der Welt war die Headline „Bombenattentat auf Hubert Humphrey von der Berliner Polizei verhindert". Der Vietcong ist in Berlin auf leisen Sohlen mit drei Reiskörnern pro Tag angekommen.
Es gab überhaupt keine Schwierigkeiten wegen des Humphrey-Attentats im SDS. Bekannte SDS-Leute haben ein Flugblatt verteilt zur Mobi-

Wenn der Bau einer Brücke das Bewußtsein derer, die daran arbeiten, nicht bereichern kann, dann soll die Brücke nicht gebaut werden.

(Frantz Fanon, 1961)

so war schon das Verfahren völlig unverständlich, da Karl ja nur das Menschlichste getan hat: In einem Scheißhaus geschissen. (Und hier irrt Franz J. Strauß in seiner letzten Wahlkampfrede in Niederbayern: denn Tiere scheißen bekanntlich meistens nicht im Scheißhaus, sprich Gerichtssaal.) Vergessen von seinen „Genossen" mußte Karl mit diesem „Problem" alleine fertig werden. Nicht mal sein Verteidiger RA Mahler wußte von der Rechtskräftigkeit des Urteils, von der APO ganz zu schweigen. Karls nächster Prozeß ist am 10. Sept. in Moabit. Er soll sich zusammen mit Wolfgang Lefevre in der FU 1967 für studentische Belange eingesetzt haben. Vielleicht besinnt sich der SDS dann auch mal auf die Justizkampagne, da ja ein Prominenter aus ihren eigenen Reihen mitangeklagt ist. Für Karl ist es dann allerdings zu spät.
Eine andere Konsequenz als die Karls, hat der umherschweifende Rebell Dieter Kunzelmann gezogen. Er hat seine 8monatige Gefängnisstrafe vorerst nicht angetreten. Inzwischen sind ihm weitere 8 Monate in einer Berufungsverhandlung aufgebrummt worden. Die BZ bescheinigt ihm zwar auf die Schulter klopfend eine tapfere Haltung, freut sich aber andererseits, daß Dieter eine „zweite Runde" gegen die Justiz verloren hat. Mit der BZ freut sich wahrscheinlich auch ein Teil der APO, ist man doch endlich ein paar dieser Querulanten

und Anarchisten los. Diese Sektiererhafte rechtsopportunistische Haltung macht sich unter den „Linken" immer mehr breit. Der Zentralrat wird zu diesem Problem nächstens Stellung beziehen.
Nicht erst seit Karls Haftantritt ist uns klar, daß gewaltfreie pazifistische Aktionen (wie Karls shit-in in Moabit) die Staatsgewalt nicht beeindrucken können. Dennoch müssen wir an „Alle Gedanken an die Zukunft sind kriminell, weil sie die einfache und reine Zerstörung verhindern und den Vormarsch der Revolution hemmen". (Souvarine)
dieser Stelle auch praktische Selbstkritik üben. Wir müssen einen militanteren Selbstschutz für die Rebellenhaufen organisieren. Als Erfolg für uns müssen wir jedoch die Tatsache buchen, daß bei den militanten Demonstrationen, bei denen die Rebellenhaufen stets in vorderster Front gekämpft haben, fast keiner festgenommen werden konnte. In dieser Richtung müssen wir weiter arbeiten. Es ist uns jedoch noch nicht klar, was der nächste

Schritt sein soll. Vorschlag ist: Die Räume der bisherigen K1 zu besetzen und daraus ein Rebellenhauptquartier zu machen.
Für die nächsten Wochen müssen wir die Forderungen konkretisieren: FREIHEIT FÜR DIE UMHERSCHWEIFENDEN REBELLEN PAWLA, KUNZELMANN UND TEUFEL!

ZENTRALRAT DER UMHERSCHWEIFENDEN HASCHREBELLEN

(Flugblatt, 1969, abgedruckt in: Der Blues. Gesammelte Texte der Bewegung 2. Juni, Bd. 1, o. O., o. J.)

205　Berlin, Tegeler Weg, 1968

lisierung einer Demonstration vor'm Springer-Hochhaus. Das war eine der lustigsten SDS-Flugblätter, die je gemacht worden sind. Unsere miß-glückte Humphrey-Aktion hat große Zustimmung beim SDS gefunden. Der rechte SDS-Flü-gel, die „Keulenriege", Tilman Fichter, Wolfgang Lefèvre, die Leute, die den aktionistischen Flügel nie richtig gemocht ha-ben, benutzten die Universi-tätspolitik gegen uns. Wir ha-ben sehr bösartige und ironi-sche Flugblätter gegen den FU-Präsidenten verteilt und darunter stand „SDS", was mal mit dem Landesvorstand vereinbart worden ist: Jeder kann mit SDS unterschreiben, egal welche Mitglieder dieses Flugblatt geschrieben haben. Rainer Langhans war ja immer noch im Landesvorstand. Wir haben diese Flugblätter kurz vor den ASTA-Wahlen an der Uni verteilt. Es waren diese ASTA-Wahlen, wo es darum ging, ob der SDS die Mehrheit behält und ob die Gelder wei-terfließen für den SDS. Als wir diese ironischen Flugblätter verteilt haben, fürchtete der SDS um die Zuschüsse und hat sich von den Flugblättern distanziert. Das ist dann ge-nutzt worden, um uns aus dem SDS auszuschließen. Wir sind überhaupt nicht zu dieser Aus-schlußsitzung gegangen, weil wir das pipifax fanden, wir ha-ben dort nur Flugblätter vertei-len lassen.

Wir sind am 1. Mai am Stutt-garter Platz in unsere erste Kommune-Wohnung gezogen, nach dem Rausschmiß aus der Friedenauer Wohnung durch Günther Grass. Wir haben ge-sehen, daß die weitere Mobili-sierung oder die weiteren Aus-einandersetzungen mit Senat, Polizei und Justiz überhaupt nichts damit zu tun haben, ob wir im SDS sind oder ob wir nicht im SDS sind. Es war ei-gentlich 'ne Auseinanderset-zung, die uns in keiner Weise

Rudi Dutschke und Hans-Jürgen Krahl unter der Fahne der vietnamesischen Befreiungsfront am 6. Februar 1968
© Ullstein-Bilderdienst

die beiden zentralen politischen Ereignisse, an denen sich inner-halb des Verbandes seit der letzten Delegiertenkonferenz dessen politische Aktivität dichotomisch polarisierte, waren die Bildung der Großen Koalition und der politische Mord am 2. Juni in Berlin. Erstmalig seit der Abspaltung von der SPD stellte sich die Organisationsfrage als eine aktuell-politische innerhalb des Verbandes. Je nachdem, welchem von diesen Ereignissen die politische Präponderanz zugesprochen wurde, kam es zu tendenziellen Fraktionsbildungen, die sich durch die objektive Intention auszeich-neten, die theoretischen Meinungen zu prak-tisch-politischen Richtungskämpfen zu kon-kretisieren.

Deren mögliche organisatorische Konsequenz wurde etwa vom Bundesvorstand aus der Erfahrung der Protestbewegungen, besonders Jugendlicher, ebenso vage wie inhaltlich leer als „formal lockere, inhaltlich einheitliche öffentlich arbeitende Organisation" beschrie-ben und in Berlin unter dem Titel der Gegen-universität und Institutsassoziationen disku-tiert, während anderen Gruppen die Bildung der Großen Koalition Anlaß zum wiederholten Versuch einer Sammlungsbewegung sozialisti-scher Gruppen und Grüppchen bot. Darüber hinaus wurde die Aktualität der Organisations-frage nach dem 2. Juni für einige SDS-Grup-pen um so akuter, als sie ihre organisatorische Unzulänglichkeit praktisch erfahren mußten. Der noch nie dagewesenen Verbreiterung des antiautoritären Protestes nach dem 2. Juni war die überkommene, noch an der SPD orien-tierte Organisationsstruktur des SDS nicht gewachsen. Die Spontaneität der Bewegung droht die größten Gruppen organisatorisch zu paralysieren. Ihr politisches Verhalten erschien deshalb zum großen Teil reaktiv aufgezwun-gen, und Ansätze für politisch-initiative Füh-rung waren weitgehend hilflos.

Die unmittelbar in der Gegenwart sichtbare Erscheinung des Fallens der Wachstumsraten

Rudi Dutschke,

Hans-Jürgen Krahl

Das

Sich-Verweigern

erfordert

Guerilla-Mentalität

206

in den wichtigsten Kennziffern ökonomischen Wachstums erklärt sich nicht oberflächlich aus bloßen Konjunkturschwankungen. Die fundamentalen Faktoren wirtschaftlichen Wachstums werden konstituiert durch die quantitative und qualitative Bestimmung der Arbeitskräftestruktur und des davon abhängigen Standes in der Entwicklung der Produktionsmittel. Das Zusammenwirken dieser beiden Elemente begründet die „objektive Trendlinie" (Janossy) der wirtschaftlichen Entwicklung. (...) Auf der Grundlage einer hervorragenden Arbeitskräftestruktur in der BRD (Zustrom von Facharbeitern aus ehemaligen deutschen Ostgebieten und später aus der DDR bis zum 13. August 1961) konnte sich so ein durch amerikanisches Kapital vermittelter langer Aufstieg bis zur vollen Ausnutzung des vorhandenen Niveaus der Arbeitskräftestruktur und der von ihr in Bewegung gesetzten Produktionsmaschinerie durchsetzen. Hinzu kam, daß in der BRD der Eindruck eines Wirtschaftswunders nur entstehen konnte, „weil nicht nur die Folgen des Krieges überwunden wurden, sondern auch der zwischen zwei Weltkriegen entstandene Rückstand aufgeholt werden konnte."

1. Im Laufe der prosperierenden Rekonstruktionsperiode mit ihren hohen Wachstumsraten wurden dem „schwachen Staat" durch den Druck politischer und sonstiger Interessenverbände hohe Subventionen abgerungen, die die herrschende Oligarchie unter den damaligen Bedingungen durchaus verkraften konnte.

2. Am Ende der Rekonstruktion, das heißt der Periode des Einlaufens in die Trendlinie, erscheinen die Subventionen als zusätzliche, meist unproduktive Ausgaben, als für die Weiterentwicklung der Ökonomie gefährliche Totgewichte, als gesellschaftliche faux frais, „tote Kosten" der kapitalistischen Produktion.

3. Das Eigengewicht der Interessenverbände innerhalb des Systems der Interessendemokratie kann in der noch pluralistischen Gesellschaft nicht wieder ohne weiteres abgebaut werden, muß aber am Ende der Rekonstruktion in den Griff bekommen werden. So tauchen die Begriffe der Rationalisierung, der Formierung und letztlich der „Konzertierten

Die gesellschaftlichen Träger der Umwälzung und das ist orthodoxer Marx, formieren sich erst in dem Prozeß der Umwälzung selbst.

(Herbert Marcuse, 1967)

interessiert hat. Im Nachhinein muß man feststellen, das Auseinanderfallen des SDS 1969 hat sicherlich auch damit zu tun, daß die lebendigen und innovativen „Ränder" des SDS, die auch manchmal die Mehrheit waren, nicht mehr mitdiskutiert haben. Sie haben den Verband Leuten überlassen, von denen schon damals klar war, daß ihr einziges Ziel ist, 'nen Universitätsposten zu ergattern, in der SPD-Baracke oder im DGB unterzukommen. Also denen ging es überhaupt nicht um die antiautoritäre Bewegung, sondern letztlich ging es um ihre Rente. Der 2. Juni wurde dann für die antiautoritäre Bewegung in Westberlin eine eindeutige Niederlage, weil durch den Mord an Ohnesorg die Leute vollkommen eingeschüchtert waren. Circa zehn Tage lang hat sich die gesamte oppositionelle Bewegung an das offiziell verordnete Demonstrationsverbot gehalten. Die einzigen, die auf dem Ku'damm versucht haben, Diskussionen zu entfachen und den Verkehr lahmzulegen, das waren die verschiedenen Kommunen, die es zu dem Zeitpunkt schon gab. Der SDS selbst war vollkommen handlungsunfähig. Es gab eine Hysterie in dieser Stadt, eine Hysterie gegen die antiautoritäre Bewegung, die sich heute überhaupt niemand mehr vorstellen kann. Wir waren sehr isoliert und es gab viele Leute, die haben sich nicht mehr aus dem Haus heraus getraut. Für uns war es eine völlig andere Situation, weil unser Mitkommunarde Fritz Teufel verhaftet worden war am 2. Juni 67 wegen Landfriedensbruch. Er saß in U-Haft. Es saß das erstemal seit Beginn der antiautoritären Bewegung ein aktives Mitglied dieser Bewegung in U-Haft. Das war für uns 'ne völlig neue Situation, und insoweit mußten wir uns völlig neue Gedan-

ken machen. Durch den Mord an Benno Ohnesorg hat eine Gewaltspirale begonnen, die sicherlich bis zum deutschen Herbst 1977 ging. Niemand war in der Lage diese Konfrontation aufzuhalten, etwa durch einen situationistischen Impuls des Unterlaufens, des Spielerischen. Es gab nur eine einzige Massendemonstration der antiautoritären Bewegung, die einen ausgesprochen lustigen Charakter hatte: Die Polizei stellte Auflagen, Ordner und lauter so Schikanen und dann lief im Block von 100-200 Demonstranten einer voraus mit einem Schild, da stand drauf: „Demonstrant", und der ganze Block hatte Schilder: „Ordner". Die Kommune I ging als Büßerdemonstration. Wir hatten uns Bettücher umgewickelt und gingen unter einem Baldachin. Etwas zynisch formuliert sage ich heute, 1991: Ohne den Tod von Benno Ohnesorg wäre die sozialliberale Koalition 1969 nicht zustande gekommen. Sie beruhte auf dem Tod von Benno Ohnesorg, weil das ganze liberale Lager durch den Mord sich bewegt hat, aber letztlich gegen die Ziele und Inhalte dieser Kulturrevolte, dieser kulturrevolutionären Bewegung, die nichts mit Parlamentarismus zu tun hatte. Sehr schnell sind wir Mehrheit geworden, andere haben es sich dann an die Brust geheftet. '67 war meiner Auffassung nach der Sommer der Kommune I. Im Sommer '67 waren wie in jedem Sommer Semesterferien. Wir konnten die damalige Basis schlecht davon überzeugen, in diesem Sommer nicht in die Heimat oder sonst wohin zu fahren. Fritz Teufel saß in Untersuchungshaft, wir hatten bisweilen jeden Tag eine neue Anklageschrift, standen im Feuer der Justiz. Und es fehlten die Leute, mit denen man für die Freilassung von Fritz Teufel

Aktion" auf. Die verschiedenen „Reformversuche" des System sin der jetzigen Periode sind als Versuche des Kapitals zu begreifen, sich in die veränderten Bedingungen herrschafts- und profitmäßig anzupassen.

4. Die auffälligste Erscheinung der gegenwärtigen ökonomischen Formationsperiode ist die Zunahme der staatlichen Eingriffe in den wirklichen Produktionsprozeß als Einheit von Produktion und Zirkulation. Dieser Gesamtkomplex der staatlich-gesellschaftlichen Wirtschaftsregulierung bildet ein System des Integralen Etatismus, der im Unterschied zum Staatskapitalismus auf der Grundlage der Beibehaltung der privaten Verfügung über die Produktionsmittel die Gesetze der kapitalistischen Konkurrenz ausschaltet und den ehemals naturwüchsigen Ausgleich der Profitrate durch eine staatlich-gesellschaftlich orientierte Verteilung der gesamtgesellschaftlichen

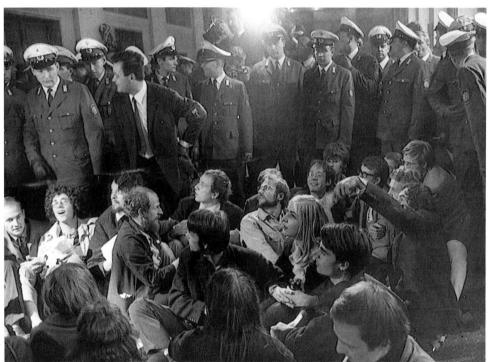

Demonstration von Mitgliedern und Freunden der Kommune I im Schöneberger Rathaus gegen die bevorstehende erneute Inhaftierung von Fritz Teufel am 15. September 1967. Unter den Sitzenden Jan-Carl Raspe, Rainer Langhans, Dieter Kunzelmann, Fritz Teufel, Antje Krüger, Dagmar von Doettinchen de Rande, Wolfgang Dreßen. Links außen der Spitzel des Verfassungsschutzes Peter Urban.
© Ullstein-Bilderdienst

Mehrwertmasse herstellt.
In dem Maße, in dem durch eine Symbiose staatlicher und industrieller Bürokratien der Staat zum gesellschaftlichen Gesamtkapitalisten wird, schließt sich die Gesellschaft zur staatlichen Gesamtkaserne zusammen, expandiert die betriebliche Arbeitsteilung tendenziell zu einer gesamtgesellschaftlichen. Der Integrale Etatismus ist die Vollendung des Monopolkapitalismus.
Außerökonomische Zwangsgewalt gewinnt im Integralen Etatismus unmittelbar ökonomische Potenz. Damit spielt sie für die gegenwärtige kapitalistische Gesellschaftsformation eine Rolle, wie seit den Tagen der ursprünglichen Akkumulation nicht mehr. Bewirkte sie in jener Phase den blutigen Expropriationsprozeß der Volksmassen, der überhaupt erst die Trennung von Lohnarbeit und Kapital herbeiführte, wird sie Marx zufolge im etablierten Konkurrenzka-

pitalismus kaum noch angewandt. Denn die objektive Selbstbewegung des Begriffs der Warenform, ihres Wertes, konstituiert sich in dem Maße zu den Naturgesetzen der kapitalistischen Entwicklung, als die ökonomische Gewalt im Bewußtsein der unmittelbaren Produzenten verinnerlicht wird. Die Verinnerlichung ökonomischer Gewalt erlaubt eine tendenzielle Liberalisierung staatlicher und politischer, moralischer und rechtlicher Herrschaft. Der naturwüchsig produzierte Krisenzusammenhang der kapitalistischen Entwicklung problematisiert in der Aktualität der Krise die Verinnerlichung ökonomischer Gewalt, die in der Deutung der materialistischen Theorie zwei Lösungen kennt. Diese Krise ermöglicht einerseits die Möglichkeit zu proletarischem Klassenbewußtsein und dessen Organisierung zur materiellen Gegengewalt in der autonomen Aktion der sich selbst befreienden Arbeiterklasse. Andererseits nötigt sie objektiv die Bourgeoisie im Interesse von deren ökonomischer Verfügungsgewalt zum Rückgriff auf die physisch terroristische Zwangsgewalt des Staates.

Der Ausweg des Kapitalismus aus der Weltwirtschaftskrise im Jahre 1929 beruhte auf der Fixierung an die terroristische Machtstruktur des faschistischen Staates. Nach 1945 wurde diese außerökonomische Zwangsgewalt keineswegs abgebaut, sondern in totalitärem Ausmaß psychisch umgesetzt.

Diese Verinnerlichung beinhaltet den Verzicht auf manifeste Unterdrückung nach innen und war konstitutiv für den Scheinliberalismus und Scheinparlamentarismus, allerdings um den Preis der antikommunistischen Projektion eines absoluten Außenfeindes.

Die aus einer veränderten internationalen Konstellation entstandene „Entspannungspolitik" der BRD half mit, besonders am Ende der Rekonstruktionsperiode den Zersetzungsprozeß des militanten Antikommunismus zu forcieren. Die manipulativ verinnerlichte außerökonomische Zwangsgewalt konstituiert eine neue Qualität von Naturwüchsigkeit des kapitalistischen Systems. Allerdings wäre ein Eingriff in die Naturgesetze der kapitalistischen Entwicklung nur sinnvoll denkbar, wenn sie den objektiven Verwertungsprozeß des Kapitals strukturell veränderte. Ohne diese Annahme würde die Kritik des Systems der Manipulation bloße Kulturkritik bleiben und die Eindimensionalisierung aller Bereiche der Gesellschaft, nämlich die Einebnung der wissenschaftlichen Differenzen von Überbau und Basis, Staat und Gesellschaft akzidentell bleiben. Sie erfährt erst ihre ökonomiekritische, materialistische Darstellung, wenn das Verhältnis von Wert und Tauschwert, Produktions- und Zirkulationssphäre selbst in die globale Eindimensionalisierung der Gesellschaft einbezogen wird. Die Frage war also: Wie paßt der Überbau, außerökonomische Gewalt von Staat, Recht etc. als ein institutionelles System von Manipulation in die Substanz der Warenproduktion, die abstrakte Arbeit selbst ein? Abstrakte Arbeit, die Substanz des Wertes, bezeichnet das arbeitsteilige Produktionsverhältnis von isoliert privat arbeitenden Individuen. Auf Grund deren Isolation in der Produktion sind sie gezwungen, ihre Produkte auf dem Markt als Waren zu verkaufen, d. h. der gesellschaftliche Verkehr der Produzenten untereinander stellt sich nicht in der Produktion selbst her, sondern in der Zirkulationssphäre.

kämpfen wollte, die waren einfach nicht da. Wir haben in diesem Sommer '67 praktisch eine Bewegung in dieser Stadt entfacht, durch sehr einfallsreiche Aktionen, Theatergruppen, die bekannte Paul-Löbe-Aktion, wo ich aus dem Sarg gesprungen bin. Weshalb ich sage, es war der Sommer der Kommune I: Es hat sich als vollkommen richtig herausgestellt, daß man nur etwas verändern kann, wenn man sich selbst verändert. Also die K I-Gründungsdiskussion, die Papiere und Diskussionen über

Fritz Teufel nach der Entlassung aus dem Gefängnis auf einem Schandwagen (August 1967). Links mit einem Stab in der rechten Hand der Spitzel des Verfassungsschutzes Peter Urban. © Ullstein-Bilderdienst

die Gründung von Kommunen in den Metropolen, haben sich im Sommer '67 als richtig herausgestellt, weil dieser enorme Druck, dem wir seitens der Öffentlichkeit, seitens der Strafverfolgungsbehörden und des Senats ausgesetzt waren, für uns überhaupt nichts Bedrohliches an sich hatte. Denn wir haben zusammen gelebt, zusammen gearbeitet, zusammen geschrieben, – eben alles gemeinsam gemacht und dadurch eine psychische Stabilität gewonnen, die uns überhaupt diesen Sommer '67 so haben gestalten lassen, wie er abgelaufen ist. Es ist tatsächlich gelungen, in diesem Sommer '67, die Gegenseite, die durch den 2. Juni eindeutig sich als die stärkere Seite herausgestellt hat, mit witzigen und spontanen und einfallsreichen Aktivitäten in die Defensive zu drängen. Es ist im Sommer '67 gelungen, einen Großteil der Bevölkerung durch die Hetze der Springerpresse für uns zu gewinnen. Als die StudentInnen zurückkamen aus den Semesterferien haben sie in der Tat eine andere Stadt vorgefunden. Mir erzählen heute noch Lehrer von Gesamtschulen: Sie kamen am 1. Schultag nach Ende der Sommerferien in ihre Schule und am schwarzen Brett hing ein Foto von Fritz Teufel. Das wirkliche, das einzige Versagen der Kommune I im Sommer '67 bestand darin, daß uns überhaupt nicht bewußt war, was erreicht worden ist.

Daß ihr selber den Erfolg nicht gemerkt habt?

Ja, wir waren so mit uns und mit der Freilassung von Fritz Teufel und mit Aktivitäten beschäftigt, daß wir es überhaupt nicht reflektiert haben, daß 15-16jährige Schüler und Schülerinnen plötzlich abends nicht mehr nach Hause gekommen, auf Trebe gegangen und in freistehende Wohnungen gezogen sind, daß alle Welt Bob Dylan gehört hat, die Rolling Stones, also daß all das Kulturrevolutionäre, was in der antiautoritären Bewegung seit Beginn der 60er angelegt war, plötzlich eine Massenbasis hatte.
Wir wohnten am Stuttgarter Platz, Kaiser Friedrich Str. 54a, in Charlottenburg, unter uns Bordell, über uns Bordell, unten Nachtlokale. Wir hatten einen sehr guten Kontakt zu den Prostituierten, die sind bisweilen nachts zu uns gekommen und haben sich ausgeweint über ihre Zuhälter usw. Als Polizeieinsätze waren am Stuttgarter Platz, Razzien in unserer Wohnung, waren auch

die Zuhälter auf unserer Seite. Es bestand immer eine gewisse Solidarität, aus dem banalen Grund, weil der Gegner der gleiche war: Polizei und Justiz.
Erzähl doch mal von den klingelnden Schülerinnen!
17jährige Schülerinnen, die

auf Rainer Langhans oder Fritz Teufel abgefahren sind, die haben dann schüchtern, irgendwann am Nachmittag geläutet an unserer Tür, Rainer hat meistens die Tür geöffnet, weil er am liebsten da gequasselt hat, und die standen dann vor der Tür und haben so ganz zaghaft gesagt: wir, ja meine Freundin und ich, wir würden sehr gerne mal für euch kochen. Wir kaufen ein, wir kochen, ihr müßt sagen, was ihr zum Essen wollt. Rainer gleich: Kommt rein, hat sie ins Wohnzimmer geführt. Dann kamen die – zwei, drei Tage später – am Spätnachmittag vollbe-

packt mit Einkaufstüten, haben sich schweigend in die Küche verzogen, irgendwann kamen sie in unser Arbeitszimmer, oder wir kamen von einer Aktion zurück, und haben gesagt, „Essen ist fertig" und ja, wir waren ganz glücklich, denn wir hatten keinen Haushaltsdienst zu machen.
Also es gab in der Küche einen großen Plan. Jeder war einmal zuständig für Frühstück, ein anderer war zuständig für die Kinder und ein dritter war zuständig für Abendessen. Jede Tätigkeit zog andere nach sich, Spülen z. B.. Kinder hieß, auch mal mit ihnen an den Wannsee zu fahren, wenn wir Flugblätter drucken mußten oder verteilen. Also Kinderdienst, Frühstücksdienst, Essensdienst. Und das ist eingetragen worden, das war nicht so, daß dann die Person das allein gemacht hat, sondern es hat jemand geholfen. Aber die

Nach dem Attentat auf Rudi Dutschke, Ostern 1968. Foto: Joachim J. Jung. © Ullstein-Bilderdienst

waren in der Tat verantwortlich. Wir waren alle begeisterte Frühstücker und jeder Wunsch mußte erfüllt werden. Also jeder, der für fürs Frühstück verantwortlich war, wußte, was jeder wollte. Also Rainer wollte immer seine ekelhaften Pampelmusen. Ich wollte immer Rührei mit Schinken, Fritz Teufel wollte Spiegeleier. Jeder wollte was anderes, und das mußte auf dem Tisch sein. Hackepeter, Tartar, alle Sorten von Schrippen, es gab auch schon welche, die haben Müsli gemampft.

Zeitungen . . .

Ja, alle Zeitungen mußten auf dem Frühstückstisch liegen. Die sind beim Frühstück gelesen worden, wer kann schon beim Frühstück quasseln. Erst am Ende des Frühstücks, wenn die ersten Zigaretten angezündet worden sind oder Pfeifen, dann hat der eine oder andere schrill aufgelacht, weil er gerade wieder irgendeinen Witz in der BZ gelesen hat, einen Bericht über die gestrige Aktion. Das hat uns Ideen gegeben, wie wir mit der Sache weiter umgehen wollten. Übriggeblieben von diesen produktiven Frühstücken in der KI sind die Legenden über die Eitelkeit des Zeitungslesers.

Was wurde denn gekocht? Essen gab's ja nur abends, warmes Essen.

Gab's denn da gutes Essen, Vor-, Haupt- und Nachspeise oder habt ihr nur irgendwie gemampft?

Nein, um Gottes Willen, das ist 'ne tolle Frage, so haben sich die Zeiten verändert, erster Gang, zweiter Gang, dritter Gang, nee nee nee!

Nein, es gab ein einziges Gericht. Ich habe ja bedauerlicherweise nie das Kochen gelernt, weil ich immer irgendwie gut versorgt worden bin, in meiner Familie und auch später. Das einzige, was ich kochen konnte – die ganze Woche ist darüber gelästert worden – waren Spaghetti. Alles sehr dilettantisch, und weil ich gern scharf esse, habe ich scharfes Zeug reingetan, viel mexikanische getrocknete Chili. Manchmal ging's so weit, daß einige aus Protest mein Essen verweigert haben, sind an die Haushaltskasse – zu meiner Empörung – gestürzt und haben sich einen Hundertmarkschein genommen und sind am Stutti ins Kanton gegangen, das war der einzige gute Chinese zur damaligen Zeit in dieser Ecke.

Wie war es denn mit Kinderdesserts z. B., Kinder mögen sehr gern Nachtische.

Die Kinder haben alles gekriegt, was sie sich wünschten. Die Kinder waren Grischa und Nessem.

Eines Morgens sind wir geweckt worden durch Sturmgeläut. Naja wer stand vor der Tür? – Polizei, dein Freund und Helfer. Und es stellte sich raus, daß früh um sieben Uhr Grischa und Nasser alles, was in ihrem Zimmer stand, aus dem 3. Stock zum Fenster rausgeschmissen hatten. Darunter ihre Matratzen, die einen Rentner getroffen haben. Und der Rentner lag im Krankenhaus. Am nächsten Tag war natürlich BZ-Headline: „Versuchter Mordanschlag der K I- Kinder auf Berliner Rentner". Wir sind sofort ins Krankenhaus, haben den Rentner besucht, haben Blumen gebracht und es war ganz harmlos, die Polizei hatte alles nur aufgeblasen. Die schönste Ausdrucksform der K I-Nostalgiegeschichten ist ja, daß sicherlich, wenn man den Erzählungen der Leute glauben darf, ca. 3000 Leute in den zwei Jahren des Bestehens der Kommune I, in der Kommune I gelebt haben. Ich schwöre beim Barte des Propheten, daß in der Kommune I bei aller Rotation insgesamt niemals bis 25 Menschen tatsächlich gelebt haben. Diese dreitausend Leute haben einfach den Eindruck im Nachhinein, daß sie in dieser Zeit gelebt haben. Sie haben das erste Mal und viele das letzte Mal in ihrem Leben wirklich gelebt. Deshalb sind sie davon überzeugt, am Stutti gelebt zu haben. Dies zu dementieren, wäre unfair.

Wir sind jetzt bei 1967, jetzt wird aber immer über diese '68er Bewegung gesprochen. Wieso denn '68er, wieso heißt das nicht '67er-Bewegung? War '68 jetzt ein neuer Höhepunkt oder stimmt diese Bezeichnung gar nicht?

Das kam durch den Pariser Mai und das Dutschke-Attentat am 11. April 1968. Aufgrund des Attentats auf Rudi haben die größten militanten Massendemonstrationen während der ganzen antiautoritären Bewegung stattgefunden. Aber das wirkliche Jahr der antiautoritären Bewegung war das Jahr 1967.

Mit totaler Konfrontation ist die Auseinandersetzung nicht zu führen. Nicht nur wegen unserer organisatorischen und logistischen Schwächen, sondern weil die militärische auch eine falsche Ebene wäre.

Mit der Entwicklung zum Monopolkapitalismus zeichnet sich die Tendenz einer fortschreitenden Liquidation der Zirkulationssphäre ab, wodurch die Möglichkeit einer Aufhebung abstrakter Arbeit bezeichnet wird. Dies deutet Marx mit der Analyse der Aktiengesellschaft an, wenn er diese als Gesellschaftskapital unmittelbar assoziierter Individuen bezeichnet. Außerökonomische Zwangsgewalt, Staat und andere Überbauphänomene greifen derart in die Warenzirkulation ein, daß die abstrakte Arbeit durch ein gigantisches institutionelles Manipulationssystem artifiziell reproduziert wird.

Ebenso greift sie in die Warenproduktion der Ware Arbeitskraft ein. Wenn der technische Fortschritt der Maschine zwar potentiell die Arbeit abschafft, aber faktisch die Arbeiter abschafft und eine Situation eintritt, in der die Herrschenden die Massen ernähren müssen, wird die Arbeitskraft als Ware tendenziell ersetzt. Die Lohnabhängigen können sich nicht einmal mehr verdingen, die Arbeitslosen verfügen nicht einmal mehr über ihre Arbeitskraft als Ware. Daß am Ende der Rekonstruktion die strukturelle Arbeitslosigkeit nicht mehr im Zusammenhang mit der Funktionsbestimmung der Reservearmee analysierbar ist, ist Indiz dafür. Diese Tendenz ist begreifbar nur im Rahmen der durch den technischen Fortschritt zur Automation bewirkten Konstellationsveränderung im Verhältnis von toter und lebendiger Arbeit. Wie Karl Korsch und Herbert Marcuse mit Bezug auf Marx andeuteten, bewirkt diese Konstellationsveränderung, daß nicht mehr das Wertgesetz, die objektiv sich durchsetzende Arbeitszeit, den Wertmaßstab abgibt, sondern die Totalität des Maschinenwesens selber.

Diese Hypothesen lassen grundsätzliche Folgerungen für die Strategie revolutionärer Aktionen zu. Durch die globale Eindimensionalisierung aller ökonomischen und sozialen Differenzen ist die damals praktisch berechtigte und marxistisch richtige Anarchismuskritik, die des voluntaristischen Subjektivismus, daß Bakunin sich hier auf den revolutionären Willen allein verlasse und die ökonomische Notwendigkeit außer acht lasse, heute überholt. Wenn die Struktur des Integralen Etatismus durch alle seine institutionellen Vermittlungen hindurch ein gigantisches System von Manipulation darstellt, so stellt dieses eine neue Qualität von Leiden der Massen her, die nicht mehr aus sich heraus fähig sind, sich zu empören. Die Selbstorganisation ihrer Interessen, Bedürfnisse, Wünsche ist damit geschichtlich unmöglich geworden. Sie erfassen die soziale Wirklichkeit nur noch durch die von ihnen verinnerlichten Schemata des Herrschaftssystems selbst. Die Möglichkeit zu qualitativer, politischer Erfahrung ist auf ein Minimum reduziert worden. Die revolutionären Bewußtseinsgruppen, die auf der Grundlage ihrer spezifischen Stellung im Institutionswesen eine Ebene von aufklärenden Gegensignalen durch sinnlich manifeste Aktion produzieren können, benutzen eine Methode politischen Kampfes, die sie von den traditionellen Formen politischer Auseinandersetzungen prinzipiell unterscheidet.

Die Agitation in der Aktion, die sinnliche Erfahrung der organisierten Einzelkämpfer in der Auseinandersetzung mit der staatlichen Exekutivgewalt, bilden die mobilisierenden Faktoren in der Verbreiterung der radikalen Opposition

und ermöglichen tendenziell einen Bewußt-
seinsprozeß für agierende Minderheiten innerhalb der passiven und leidenden Massen,
denen durch sichtbar irreguläre Aktionen die
abstrakte Gewalt des Systems zur sinnlichen
Gewißheit werden kann. Die „Propaganda der
Schüsse" (Che) in der „Dritten Welt" muß
durch die „Propaganda der Tat" in den Metropolen vervollständigt werden, welche eine
Urbanisierung ruraler Guerilla-Tätigkeit
geschichtlich möglich macht. Der städtische
Guerillero ist der Organisator schlechthinniger
Irregularität als Destruktion des Systems der
repressiven Institutionen.

Die Universität bildet seine Sicherheitszone,
genauer gesagt, seine soziale Basis, in der er
und von der er den Kampf gegen die Institutionen, den Kampf um den Mensagroschen und
um die Macht im Staate organisiert.

Hat das alles etwas mit dem SDS zu tun? Wir
wissen sehr genau, daß es viele Genossinnen
und Genossen im Verband gibt, die nicht mehr

Dieter Kunzelmann während der Aktionen nach dem Attentat
auf Rudi Dutschke vor dem Springer-Haus
© Ullstein-Bilderdienst

bereit sind, abstrakten Sozialismus, der nichts
mit der eigenen Lebenstätigkeit zu tun hat, als
politische Haltung zu akzeptieren. Die persönlichen Voraussetzungen für eine andere organisatorische Gestalt der Zusammenarbeit in der
SDS-Gruppen sind vorhanden. Das Sich-Verweigern in den eigenen Institutionsmilieus
erfordert Guerilla-Mentalität, sollen nicht Integration und Zynismus die nächste Station sein.
Die bisherige Struktur des SDS war orientiert
am revisionistischen Modell der bürgerlichen
Mitgliederparteien. Der Vorstand erfaßt bürokratisch die zahlenden Mitglieder unter sich,
die ein bloß abstraktes Bekenntnis zu den Zielen ihrer Organisation ablegen müssen. Andererseits vermochte der SDS die perfekte Ver-
waltungsfunktion revisionistischer Mitgliederparteien nicht voll zu übernehmen, da er ein
nur teilbürokratisierter Verband ist, ein organi-
satorischer Zwitter. Demgegenüber stellt sich
heute das Problem der Organisation als Problem revolutionärer Existenz.

(Vortrag auf der Delegiertenkonferenz des SDS in
Frankfurt/Main., 3. 9. 1967)

Nach der großen internationalen Vietnam-Demonstration im
Februar 1968 riefen Parteien und Gewerkschaften zu einer
Kundgebung unter dem Motto „Berlin steht für Frieden und
Freiheit" auf. 150 000 Berliner versammelten sich vor dem
Schöneberger Rathaus; ein junger Mann wurde von der
Menge für Rudi Dutschke gehalten und von der Menge fast
gelyncht. (21. Februar 1968)
© Ullstein-Bilderdienst

An das
Landgericht Berlin
— Große Strafkammer —

ANKLAGESCHRIFT

Bl. 1   1. Der berufslose
Hans Dieter K u n z e l m a n n,
geboren am 14. Juli 1939 in Bamberg,
wohnhaft in Berlin 12 (Charlottenburg)
Kaiser-Friedrich-Str. 54a,
Deutscher, ledig, bestraft,

Bl. 1   2. der Student
Volker Hermann Siegmar G e b b e r t,
geboren am 3. Februar 1939 in Nürnberg,
wohnhaft in Berlin 12 (Charlottenburg),
seit 26. 11. 1967:
Pestalozzistr. 57a b. Töllner,
Deutscher, verheiratet, bestraft,

Bl. 1   3. der Student
Ulrich Meinrad E n z e n s b e r g e r,
geboren am 2. Dezember 1944
in Wassertrüdingen,
wohnhaft in Berlin 12 (Charlottenburg),
Kaiser-Friedrich-Straße 54a,
Deutscher, ledig, nicht bestraft,

Bl. 1   4. die Hausfrau
Dagrun E n z e n s b e r g e r
geb. Kristensen,
geboren am 17. Marz 1929
in Stranda/Norwegen,
wohnhaft in Berlin 41 (Friedenau),
Fregestr. 19,
Deutsche, geschieden, nicht bestraft,

Bl. 1   5. die Studentin
Gertrud H e m m e r geb. Hausemann,
geboren am 24. Oktober 1937 in Herne,
wohnhaft in Berlin 30, Kurfürstenstr. 148,
Deutsche, verheiratet, nicht bestraft,

Bl. 1   6. die kaufmännische Angestellte
Dagmar S e e h u b e r,
geboren am 1. Februar 1938 in München,
wohnhaft in 8 München 13, Bauerstr. 24,
Deutsche, ledig, bestraft,

Bl. 1   7. die Studentin
Dorothea Anna Martha R i d d e r,
geboren am 29. Mai 1942 in Berlin,
wohnhaft in Berlin 31 (Wilmersdorf),
Kurfürstendamm 140 b/Mahler,
Deutsche, ledig, bestraft

— Strafregisterauszüge sind beigefügt —

werden angeklagt,

in Berlin
am 24. Mai 1967
gemeinschaftlich
    durch Verbreitung von Schriften zur
    Begehung strafbarer Handlungen
    aufgefordert zu haben,
    nämlich zum
vorsätzlichen Inbrandsetzen von
Räumlichkeiten, welche zeitweise dem
Aufenthalt von Menschen dienen, und zwar
zu einer Zeit, während welcher Menschen in
denselben sich aufzuhalten pflegen. Die
Aufforderung ist bisher ohne Erfolg
geblieben.

Die Angeschuldigten haben am 24. Mai 1967
vor der Mensa der Freien Universität Berlin
in großer Zahl verteilte Flugblätter herausgegeben, die das Datum dieses Tages
tragen und mit den Zahlen 6 bis 9 sowie
mit der Verfasserbezeichnung „Kommune I"
versehen sind. Die Flugblätter nehmen
einen Warenhausbrand, der sich am
22. Mai 1967 in Brüssel ereignet hat, zum
Anlaß, Brandstiftungen in Berliner Warenhäusern anzuregen, um dadurch wirklich-
keitsnahe Vorstellungen von den Kämpfen
in Vietnam zu vermitteln. Sie wollen damit
das amerikanische Vorgehen in Vietnam
anprangern.

Die Flugblätter haben folgenden Text:

In einem Großhappening starben Vietnamdemonstranten für einen halben Tag kriegsüblicher Zustände in der Brüsseler Innenstadt her. Diese seit Jahren größte Brandkatastrophe Belgiens bot zur Eröffnung gerade eine Ausstellung amerikanischer Waren statt, die deren Absatz heben sollte. Dies nahmen eine Gruppe anti-vietnamdemonstranten zum Anlaß, ihren Protesten gegen die amerikanische Vietnampolitik Nachdruck zu verleihen. Ich sprach mit dem Mitglied der pro-chinesischen Gruppe "Vietnampolitik" Maurice L. (21): "Wir vermochten uns bisher mit Vietnamveranstaltungen gegen die amerikanische Vietnampolitik nicht durchzusetzen, da die hiesige Presse durch ihre Berichterstattung systematisch den "menschen hier den Eindruck vermittelt, daß ein Krieg dort unten notwendig und zudem gar nicht so schlimm sei. Wir kamen daher auf diese Form eines Happenings, die die Schwierigkeiten, sich diese Zustände beispielsweise in unserem Land während eines amerikanischen Bombenangriffs vorzustellen, beheben sollte."

Der Verlauf des Happenings spricht für die sorgfältige Planung: Tage zuvor fanden kleinere Demonstrationen statt und in dem Kaufhaus wurde mit Plakaten und Sprechchören den amerikanischen Vorbereitungen der Knall-körper zwischen den Verkaufsständen gezündet. Das Personal wurde so an derartige Geräusche und Zwischenfälle gewöhnt. Die Bedeutung dieser Vorbereitungen zeigte sich beim Ausbruch des Feuers, als das Personal zunächst weder auf die Explosionen, noch auf Schreie und Alarmklingeln reagierte. Maurice L. zu dem Brand: "Sie werden verstehen, daß ich keine weiteren Angaben über die Auslösung des Brandes machen möchte, weil sie auf unsere Spur führen könnte." Das Feuer griff sehr schnell auf die übrigen Stockwerke über und breitete sich dann noch in den anliegenden Kaufhäusern und Geschäften, da die umgebenden Straßen für die angrückende Feuerwehr zu eng waren. Der Effekt, den die Gruppe erreichen wollte, dürfte wohl ihren Erwartungen voll entsprochen haben. Es dürften im Ganzen etwa 4000 Käufer und Angestellte in die katastrophe verwickelt sein. Das Kaufhaus glich einem Flammenmeer; unter den "menschen brach eine Panik aus, bei der viele zertrampelt wurden; einige fielen wie brennende Fackeln aus den Fenstern; andere sprangen kopflos auf die Straße und schlugen zerschmettert auf; Augenzeugen berichteten: "Es war ein Bild der Apokalypse"; viele erstickten schreiend. Das Riesenaufgebot an Feuerwehr und Polizei war wegen der Rauchverwicklung und der ungünstigen Raumverhältnisse außerordentlich behindert. - Ihre Fahrzeuge waren mehrmals in Gefahr.

In Brand geraten Maurice L.: "In der vorigen Woche hatten wir eine anonyme Bombendrohung an das Kaufhaus durchgegeben, um festzustellen, welche Maßnahmen die Polizei und welche Sicherheitsmaßnahmen das Kaufhaus ergreifen würden, hatte die Gruppe nach Maurice L. schon Tage zuvor und vor allem am Tage des Großhappenings Flugblätter verteilt, die auf die Zustände in Vietnam hinwiesen und empfahlen, die Ausstellung im "Kaufhaus A l'Innova-tion "Hochgehen" zu lassen Nach sieben Stunden erst war das Großfeuer unter Kontrolle - der Schaden beträgt nach vorsichtigen Schätzungen ca. 180 Mill. DM.

Über die Ursachen des Brandes wurden von der Polizei bisher noch keine genauen Angaben gemacht. Obwohl alle Anzeichen für dieses Großhappening sprechen, wie es Maurice L. schildert, wegen Polizei und Öffentlichkeit bisher nicht, die Antivietnamdemonstranten zu beschuldigen, da dies einem Eingeständnis einer erfolgten weitgehenden Radikalisierung der Vietnamgegner gleichkäme. Es könnte zudem bewirken, daß andere Gruppen zu ähnlichen Aktionen ermuntert würden. Und selbst wenn sich durch eine Unvorsichtigkeit der Demonstranten die Umwelterschaft nicht nur in anderen Städten wegen der Durchschlagskraft dieses Großhappenings dieser übergründeten Gruppe eindeutig herausstellen würde, dürfte dies nicht dazu führen, daß die Polizei das Ergebnis der Verdächtigungen, da der obige Effekt der Ermunterung anderer Gruppen eine solche Veröffentli-chung inopportun erscheinen läßt.

KOMMUNE I (24.5.67)

Warum brennst Du, Konsument ?

Die Leistungsfähigkeit der amerikanischen Industrie wird bekanntlich nur noch vom Einfallsreichtum der amerikanischen Werbung übertroffen: Coca Cola und Hiroshima, das deutsche Wirtschaftswunder und der vietnamesische Krieg, die Freie Universität und die Universität von Teheran sind die faszinierenden und erregenden Leistungen und weltweit bekannten Gütezeichen amerikanischen Tatendranges und amerikanischen Erfindergeists; weben diesseits und jenseits von Mauer, Stacheldraht und Vorhang für freedom und democracy.

Mit einem neuen gag in der vielseitigen Geschichte amerikanischer Werbemethoden wurde jetzt in Brüssel eine amerikanische Woche eröffnet: ein ungewöhnliches Schauspiel bot sich am Montag den Einwohnern der belgischen Metropole:

Ein brennendes Kaufhaus mit brennenden Menschen vermittelte zum erstenmal in einer europäischen Grossstadt jenes knisternde Vietnamgefühl (dabeizusein und mitzubrennen), das wir in Berlin bislang noch missen müssen.

Skeptiker mögen davor warnen, 'König Kunde', den Konsumenten, den in unserer Gesellschaft so eindeutig Bevorzugten und Umworbenen, einfach zu verbrennen.

Schwarzseher mögen schon unsere so überaus komplizierte und kompliziert zu lenkende hochentwickelte Wirtschaft in Gefahr sehen.

So sehr wir den Schmerz der Hinterbliebenen in Brüssel mitempfinden: wir, die wir dem Neuen aufgeschlossen sind, können, solange das rechte Mass nicht überschritten wird, dem Kühnen und Unkonventionellen, das, bei aller menschlichen Tragik in Brüsseler Kaufhausbrand steckt, unsere Bewunderung nicht versagen.

Auch der Umstand, dass man dieses Feuerwerk Anti-Vietnam-Demonstranten andichten will, vermag uns nichtbirrezuführen. Wir kennen diese weltfremden jungen Leute, die immer die (Plakate) von gestern tragen, und wir wissen, dass sie trotz aller abstrakten Bücherweisheit und romantischen Träumereien noch immer an unserer dynamischen amerikanischen Wirklichkeit vorbeigegangen sind.

Kommune I (24.5.1967)

Wann brennen die Berliner Kaufhäuser?

Bisher krepierten die Amis in Vietnam für Berlin. Uns ge-
fiel es nicht, dass diese armen Schweine ihr Cocacolablut
im vietnamesischen Dschungel verspritzen müssten. Deshalb
trotteten wir anfangs mit Schildern durch leere Strassen,
warfen ab und zu zu Eier ans Amerikahaus und zuletzt hätten
wir gern mal in Pudding sterben sehen. Den Schah pissen
wir vielleicht an, wenn wir das Hilton stürmen, erfährt
er auch einmal, wie wohltuend eine Kastration ist, falls
überhaupt nach was dranhängt ... es gibt da so böse Gerüchte.

Ob leere Passaden beworfen, Repräsentanten lächerlich gemacht wurden – die Bevölkerung konnte immer nur Stellung
nehmen durch die spannenden Presseberichte. Unsere belgischen Freunde haben endlich den Dreh heraus, die Bevölkerung
am lustigen Treiben in Vietnam wirklich zu beteiligen:
sie zünden ein Kaufhaus an, dreihundert saturierte Bürger
beenden ihr aufregendes Leben und Brüssel wird Hanoi. Keiner von uns braucht mehr Tränen über das arme vietnamesische Volk beim der Frühstückszeitung zu vergiessen. Ab heute geht er in die Konfektionsabteilung von KaDeWe, Hertie,
Woolworth, Bilka oder Neckermann und zündet sich diskret
eine Zigarette in der Ankleidekabine an. Dabei ist nicht unbedingt erforderlich dass das betreffende Kaufhaus eine Wer-
bekampagne für amerikanische Produkte gestartet hat denn
wer glaubt noch an das 'made in Germany'?

Wenn es irgendwo brennt in der nächsten Zeit, wenn irgendwo
eine Kaserne in die Luft geht, wenn irgendwo in einem Stadion
die Tribüne einstürzt, seid bitte nicht überrascht. Genausowenig wie beim Überschreiten der Demarkationslinie durch
die Amis, der Bombardierung des Stadtzentrums von Hanoi,
dem Einmarsch der Marines nach China

Brüssel hat uns die einzige Antwort darauf gegeben:

burn, ware-house, burn!

Kommune I (24.5.67)

Der gesamte Inhalt der Flugblätter läßt erkennen, daß die Verfasser davon ausgehen, der Warenhausbrand in Brüssel sei durch Brandstiftung hervorgerufen worden und daß es angesichts der überzeugenden Wirkung einer solchen „Demonstration" ihr Bestreben ist, eine nach Größe und Zusammensetzung unbestimmter Gruppe Gleichgesinnter zu gewinnen, die aufgefordert werden, auch in Berliner Warenhäusern — und zwar während der Verkaufszeiten — Brände zu legen.

Verbrechen, gem. §§ 306 Nr. 3, 111 Abs. 2, 47 StGB, § 19 des Berliner Pressegesetzes vom 15. Juni 1965

Wesentliches Ergebnis der Ermittlungen

I.

Die Angeschuldigten gehören oder gehörten zur Tatzeit jener Gruppe von Studierenden und Berufslosen an, die sich als „Kommune I" bezeichnet. Es handelt sich dabei um eine Vereinigung Gleichgesinnter, die etwa um die Jahreswende 1966/67 in Berlin entstanden und seitdem, ohne eine Rechtsform anzunehmen, vorwiegend unter den Studenten der Freien Universität, aber auch außerhalb des Universitätsbereichs in aufsehenerregender Weise hervorgetreten ist, um unter dem Vorwand legitimer politischer Anliegen (außerparlamentarische Opposition) Unruhe in der Stadt zu verbreiten.
Die Gruppe hat sich zunächst innerhalb des Sozialistischen Deutschen Studentenbundes (SDS) gebildet und dort ihre Anhängerschaft gefunden, die zwar häufig wechselte, aber in ihrem Kern, zu dem auch die Angeschuldigten zu zählen sind, erhalten geblieben ist. Ihr formeller Ausschluß aus dem SDS im Mai 1967 bedeutete weder die Aufgabe noch eine Abkehr von den radikalen politischen Ideen und Zielen führender SDS-Vertreter. Vielmehr lassen Äußerungen gegenwärtiger und ehemaliger „Kommune-Mitglieder" erkennen, daß die Vorstellungen der „Kommune I" zumindest in der Frage der Anwendbarkeit von Mitteln zur Durchsetzung ihrer Ziele weitergehen als diejenigen des SDS, von dem H a m e i s t e r, ein früheres „Kommune"-Mitglied, bezeichnenderweise als „seriöser Deutscher Studentenbund" spricht.

Anlage 15 zu III e d. Beweismittel

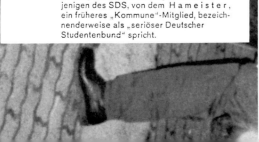

Anlage 16 u.17 zu III e d. Beweismittel

Gleichwohl haben diese Gruppen vor allem seit Beginn des Jahres 1967 gemeinsam und einzeln eine aufwendige propagandistische Tätigkeit entfaltet, die sich immer mehr verstärkte und radikalisierte. Sie trat alsbald aus dem Bereich hochschulpolitischer Fragen heraus, wandte sich vorwiegend allgemein-politischen Themen zu und gipfelte schließlich in der von R u d i D u t s c h k e (SDS) und anderen mehrfach unverblümt geäußerten Absicht, die bestehenden gesellschaftlichen Verhältnisse zu ändern. In Interviews mit Publikationsorganen (vgl. „Konkret Nr. 6/67" und „Spiegel Nr. 29/67") hat Dutschke seine Theorie von dem Zusammenwirken und gegenseitigen Bedingtsein der Revolution in der „Dritten Welt" eingehend erläutert und keinen Zweifel daran gelassen, daß die revolutionäre Veränderung der bestehenden Ordnung das eigentliche und letzte Ziel seiner gesamten politischen Tätigkeit darstellt.

Theoretische und methodische Vorbilder dieser politischen Haltung der „Kommune I" sind die Lehren des amerikanischen Universitätsprofessors Marcuse, des rotchinesischen Parteiführers Mao tse Tung, des nordvietnamesischen Staatsoberhauptes Ho-Chi-Minh sowie die Erfahrungen der kubanischen Revolutionäre. Zu ihren extremradikalen kommunistischen Auffassungen, die zugleich anarchistische Züge tragen, bekennen sich die Mitglieder der „Kommune I" auch im persönlichen Bereich.
Sie erstreben insoweit:

„Revolutionierung des Alltags",
„Völlig geplante und durchorganisierte Aktionen; jeder soll dabei eine ganz

bestimmte Rolle übernehmen",
„Allgemeine Sexualität durch Auflösung
der Privatverhältnisse als Privatverhält-
nisse".
Ablehnung des Privateigentums,
Ablehnung jeglicher staatlicher Ordnung,
Auflösung sexueller Probleme in zwang-
losem Partnerwechsel und gemeinschaft-
licher Erörterung individuellen Fehl-
verhaltens,
Beseitigung von Daseinsschwierigkeiten
Wohnung, Lebensunterhalt — durch
„Aktionen", wie Inbesitznahme leer-
stehender Häuser,
Diebstahl und Plünderung in Läden oder
Gaststätten (zumindest erwogen).

Kunzelmann hat diese „politischen" Maximen
in einem „Notizen zur Gründung revolutionärer Kommunen in den Metropolen" über-
schriebenen Aufsatz zu begründen versucht:

Bl. 4
Beweismittel-
Ordner 4

„Diese immensen Schwierigkeiten der
gegenseitigen Durchdringung von
Kommune und Außenwelt, Außenwelt
und Kommune können nicht dadurch
simplifiziert und kaschiert werden, daß
der Beginn von revolutionärer Kommune
zum heroischen Testfall hochgespielt und
die gemeinsame Reproduktionsbasis
zum sakralen Akt gestempelt wird.
Letztere bleibt Taschenspielertrick, wenn
sie nicht die tendenzielle Aufhebung
bürgerlicher Abhängigkeitsverhältnisse
(Ehe, Besitzanspruch auf Mann, Frau und
Kind etc.), Destruierung der Privatsphäre
und aller uns präformierenden Alltäglichkeiten, Gewohnheiten und verschiedenen
Verdinglichungsgrade nach sich zieht".

Daß es sich dabei nicht um utopische
Wunschvorstellungen ohne ernsthafte Ver-
wirklichungsversuche handelt, zeigt — im
privaten Bereich — die Gründung einer Wohn-
und Lebensgemeinschaft der „Kommune I",
die sich zunächst in der Fregestr. 19 und
Niedstr. 14, später in der Kaiser-Friedrich-
Str. 54a eingerichtet hat, sowie der Umstand,
daß drei ihrer Mitglieder, Fritz Teufel
(276 Cs 180/67), Dagmar Seehuber (275 Cs
327/67) und Dorothea Ridder (276 Cs 615/67)
im Jahre 1967 wegen Diebstahls in Selbst-
bedienungsläden verurteilt worden sind.
Dabei hat Teufel ausdrücklich eingeräumt,
daß er die Tat nicht aus Not, sondern als
Ausdruck seiner politischen Überzeugung
begangen hat.

Hülle Bl. 97a
d. A.

Zu diesem Verhältnis von Theorie und Praxis
hat Kunzelmann (aaO.), eindeutig genug,
ausgeführt:

Bl. 7
Beweismittel-
Ordner 4

Es „sollte gekennzeichnet sein durch
Marcuses Aussage, „daß es für unterdrückte und überwältigte Minderheiten
ein ‚Naturrecht' auf Widerstand gibt,
außergesetzliche Mittel anzuwenden,
sobald die gesetzlichen sich als unzu-
gänglich herausgestellt haben" (Repres-
sive Toleranz S. 12). Und diejenigen, die
dieses Widerstandsrecht, das bis zum
Umsturz geht, praktizieren, tun es, „weil
sie Menschen sein wollen" (ebd.), die die
Spielregeln einer Gesellschaft totaler
Verwaltung nicht mehr hinnehmen und
nicht „von vornherein auf Gegengewalt
verzichten" (ebd. S. 95). Nur durch
„andere Aktionsformen" (Korsch S. 29,
Vorwort von Gerlach) werden wir dem
Satz Che Guevaras gerecht: „Es ist der
Mensch des 21. Jahrhunderts, den wir
schaffen müssen . . ."

Bl. 9
Beweismittel-
Ordner 4

„Um aus der selbstgefälligen Geschlossenheit des „naturwüchsigen" Fortschritts-
denkens herauszukommen, das nur die
augenblickliche Gewalt zu konsolidieren
hilft, sind radikale Utopie und radikale
Praxis nötig. Die Kommune ist Aufruf
zum Handeln."

Bl. 5
Beweismittel-
Ordner 4

„Die Kommune ist nicht der konkrete
Versuch, ob Praxis möglich ist, sondern
wir machen die Kommune, um Praxis jetzt
zu machen."

Zur Durchsetzung ihrer radikal-revolutionären
Ziele hat sich die „Kommune I" zunächst
folgender Mittel bedient:

Verbreiten von Flugschriften schmähen-
den und beleidigenden Inhalts, die sich
gegen den Rektor und mehrere Professoren der FU richteten, Auffordern zu
Protesten und Demonstrationen aus
mannigfachen Anlässen, Abhalten von
Versammlungen und Stören des Univer-
sitätsbetriebes mit wechselnden Mitteln
(z. B. Sitzproteste),
genehmigtes und nichtgenehmigtes Demonstrieren in besonders verkehrsreichen
Straßen Berlins, herausforderndes Verhalten, aktiver und passiver Widerstand
gegenüber der Polizei, Zeigen von Trans-
parenten und Schildern mit aufreizenden
Parolen und abgewandelten Ziel-
richtungen,
Werfen von Farbträgern (z. B. Eiern) auf
Personen und Sachen.

Ihren vorläufigen Höhepunkt haben diese
Aktionen in den Vorfällen beim Besuch
des amerikanischen Vizepräsidenten
Humphrey (5. April 1967) und des irani-
schen Kaiserpaares (2. und 3. Juni 1967)
gefunden. Bei Zusammenstößen von
Demonstranten mit der Polizei, die —
zumindest auch — von der „Kommune I"
geschürt und gewünscht worden waren,
ist ein Student getötet worden. Alles das
ist aus Berichten der Tageszeitungen,
des Rundfunks und des Fernsehens
gerichtsbekannt.

So sagt Dutschke (vgl. „Spiegel" Nr. 29/67):

„Demonstrationen und Proteste sind
Vorstufen der Bewußtwerdung von Menschen. Wir müssen immer mehr Menschen
bewußt machen, politisch mobilisieren,
das heißt: in das antiautoritäre Lager,
das jetzt erst aus nur ein paar 1000 Studenten besteht, herüberziehen und wir
müssen mehr tun als protestieren. Wir
müssen zu direkten Aktionen übergehen"

Anlage 17
zu III d.
Beweismittel

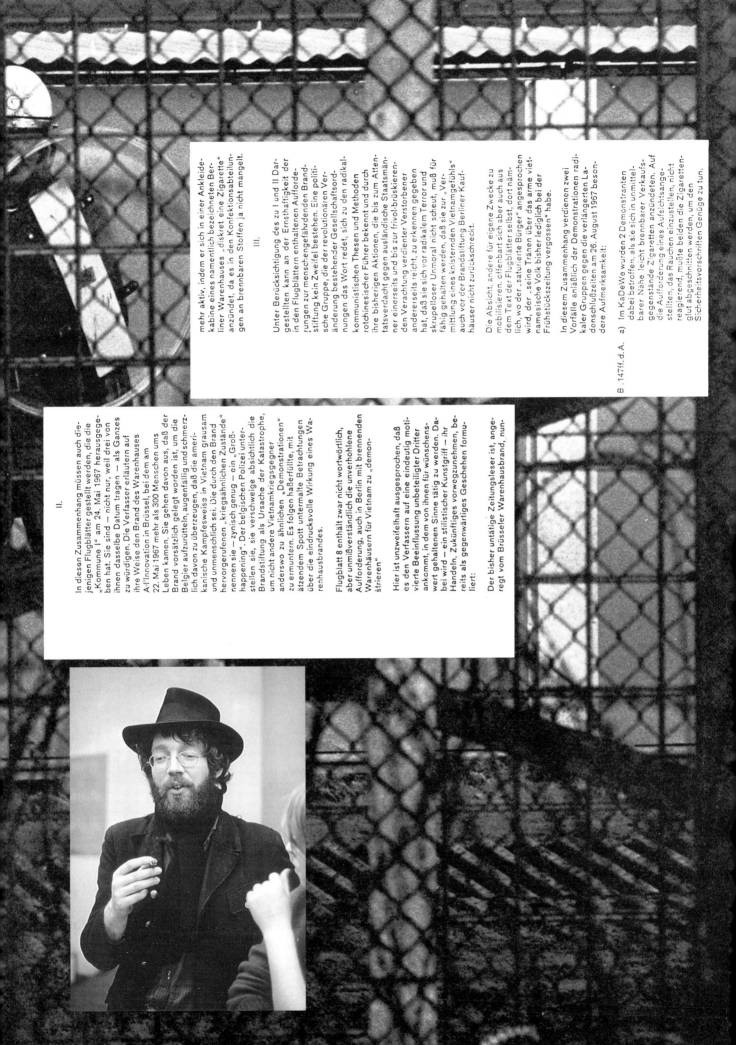

II.

In diesem Zusammenhang müssen auch die-jenigen Flugblätter gestellt werden, die die "Kommune I" am 24. Mai 1967 herausgege-ben hat. Sie sind – nicht nur, weil drei von ihnen dasselbe Datum tragen – als Ganzes zu würdigen. Die Verfasser erläutern auf ihre Weise den Brand des Warenhauses A l'Innovation in Brüssel, bei dem am 22. Mai 1967 mehr als 300 Menschen ums Leben kamen. Sie gehen davon aus, daß der Brand vorsätzlich gelegt worden ist, um die Belgier aufzurütteln, augenfällig und schmerz-lich davon zu überzeugen, daß die ameri-kanische Kampfesweise in Vietnam grausam und unmenschlich sei. Die durch den Brand hervorgerufenen "kriegsähnlichen Zustände" nennen sie – zynisch genug – ein "Groß-happening". Der belgischen Polizei unter-stellen sie, sie verschweige absichtlich die Brandstiftung als Ursache der Katastrophe, um nicht andere Vietnamkriegsgegner anderswo zu ähnlichen "Demonstrationen" zu ermuntern. Es folgen haßerfüllte, mit ätzendem Spott untermalte Betrachtungen über die eindrucksvolle Wirkung eines Wa-renhausbrandes.

Flugblatt 8 enthält zwar nicht wortwörtlich, aber unmißverständlich die unverhohlene Aufforderung, auch in Berlin mit brennenden Warenhäusern für Vietnam zu "demon-strieren"

Hier ist unzweifelhaft ausgesprochen, daß es den Verfassern auf eine eindeutig moti-vierte Beeinflussung unbeteiligter Dritter ankommt, in dem von ihnen für wünschens-wert gehalten Sinne tätig zu werden. Da-bei wird – ein stilistischer Kunstgriff – ihr Handeln, Zukünftiges vorwegzunehmen, be-reits als gegenwärtiges Geschehen formu-liert:

Der bisher untätige Zeitungsleser ist, ange-regt vom Brüsseler Warenhausbrand, nun-

mehr aktiv, indem er sich in einer Ankleide-kabine eines namentlich bezeichneten Ber-liner Warenhauses "diskret eine Zigarette" anzündet, da es in den Konfektionsabteilun-gen an brennbaren Stoffen ja nicht mangelt.

III.

Unter Berücksichtigung des zu I und II Dar-gestellten kann an der Ernsthaftigkeit der in den Flugblättern enthaltenen Aufforde-rungen zur menschengefährdenden Brand-stiftung kein Zweifel bestehen. Eine politi-sche Gruppe, die der revolutionären Ver-änderung bestehender Gesellschaftsord-nungen das Wort redet, sich zu den radikal-kommunistischen Thesen und Methoden rotchinesischer Führer bekennt und durch ihre bisherigen Aktionen, die bis zum Atten-tatsverdacht gegen ausländische Staatsmän-ner einerseits und bis zur frivol-brüskieren-den Verachtung verdienter Verstorbener andererseits reicht, zu erkennen gegeben hat, daß sie sich vor radikalem Terror und skrupelloser Unmoral nicht scheut, muß für fähig gehalten werden, daß sie zur "Ver-mittlung eines knisternden Vietnamgefühls" auch vor der Brandstiftung Berliner Kauf-häuser nicht zurückschreckt.

Die Absicht, andere für eigene Zwecke zu mobilisieren, offenbart sich aber auch aus dem Text der Flugblätter selbst, dort näm-lich, wo der "saturierte Bürger" angesprochen wird, der "seine Tränen über das arme viet-namesische Volk bisher lediglich bei der Frühstückszeitung vergossen" habe.

In diesem Zusammenhang verdienen zwei Vorfälle anläßlich der Demonstrationen radi-kaler Gruppen gegen die verlängerten La-denschlußzeiten am 26. August 1967 beson-dere Aufmerksamkeit:

B .147f.d.A.   a) Im KaDeWe wurden 2 Demonstranten dabei betroffen, als sie sich in unmittel-barer Nähe leicht brennbarer Verkaufs-gegenstände Zigaretten anzündeten. Auf die Aufforderung eines Aufsichtsange-stellten, das Rauchen einzustellen, nicht reagierend, mußte beiden die Zigaretten-glut abgeschnitten werden, um den Sicherheitsvorschriften Genüge zu tun.

Bl. 134ff.,
139f. d. A.

b) Im Kaufhaus DeFaKa wurde aus einer Gruppe von Demonstranten dem Verkaufspersonal angedroht, daß im Falle des Weiterverkaufs eine „Bombe hochgehen" würde. Diese von den maßgebenden Herren ernstgenommene Drohung war mitbestimmend für die alsbaldige Schließung des Hauses.

Es wird beantragt,

1. das Hauptverfahren zu eröffnen und die Anklage zur Hauptverhandlung vor dem Landgericht Berlin — Große Strafkammer — zuzulassen,

2. das Verfahren zu der Strafsache gegen Langhans und Teufel wegen Aufforderung zur menschengefährdenden Brandstiftung (506) 2 P KLs 3/67 (55/67) zu verbinden.

Im Auftrage
Kuntze
Oberstaatsanwalt

ANKLAGESCHRIFT 2. TEIL / DR. SPENGLERS GUTACHTEN

SPENGLER: Ich möchte vorausschicken, daß die Literatur, auf die ich mich beziehe, in keinem Fall älter ist als zehn Jahre. Und wenn ich Autoren erwähne, wie z. B. Bleuler, so meine ich stets den jüngeren, also Bleuler junior.

Ich habe die Angeklagten sehr eingehend körperlich und neurologisch untersucht. Eine psychiatrische Untersuchung habe ich nicht durchgeführt. Herr Teufel hat jede Art psychiatrischer Tests zurückgewiesen. Er leitete sie ab, weil er der Meinung ist, daß das Gericht ihn durch die Anordnung der Untersuchung diffamieren möchte. Aber ich habe Herrn Teufel eine Zeit lang während des Landfriedensbruch-Prozesses beobachtet und auch an mehreren Tagen hier während dieses Prozesses. Ich konnte mir ein Bild von ihm aus seinem Auftreten machen, auch ohne eine ausgesprochene Persönlichkeitsbegutachtung. Das gleiche gilt für Herrn Langhans.

Fritz Teufel ist 24 Jahre alt, von asthenisch-athletischem Habitus. Seine Organe sind gesund, nur eine starke Kurzsichtigkeit ist vorhanden. Ferner liegt eine deutliche nervös-vegetative Stigmatisierung vor. Das sind aber funktionelle Störungen, die keineswegs als krankhaft anzusehen sind. Anhaltspunkte für ein organisches Nervenleiden sind nicht vorhanden.

Herr Teufel ist überdurchschnittlich intellektuell begabt. Es zeigt sich bei ihm eine außerordentliche Schlagfertigkeit und die Fähigkeit schneller Kombination. Er besitzt eine elegante Ausdrucksweise und hebt sich dadurch über die Masse hinweg. Es bestehen keine Zeichen für psychotische Äußerungen oder einen psychotischen Symptomenkomplex. Ich kann mir das Urteil erlauben: eine Geisteskrankheit oder ein Zustand von Geistesschwäche liegen nicht vor, auch keine organischen krankhaften Störungen. Dementsprechend muß man ihn für generell strafrechtlich verantwortlich ansehen.

Herr Langhans ist 27 Jahre, groß, kräftig, von athletischer Konstitution. Der einzige körperliche Fehler ist seine Kurzsichtigkeit. Bei ihm liegen keine nennenswerten nervös-stigmatisierten Störungen vor. Auch für ihn gilt der Ausschluß krankhafter geistiger Störungen. Soweit der grobe Rahmen der Begutachtung. Etwas schwieriger wird es, wenn man die Persönlichkeit der beiden Angeklagten betrachtet.

SPENGLER: Die erste Frage war, ob bei den Angeklagten in bestimmter Richtung eine triebhafte Veranlagung vorliegt, ob sie vielleicht Pyromaniker sind. Dafür haben sich keine Anhaltspunkte gefunden.
Darüber hinaus waren die sexuell abnormen Gedanken, die sie haben anklingen lassen, zu beleuchten. Und zwar, ob daraus ein starker Trieb in Richtung Brandlegen zu entnehmen ist, wie man es ja häufig bei Brandstiftern hat. Aber auch dafür fanden sich keine Anhaltspunkte.
Die beiden Angeklagten sind in die Gruppe der geltungsbedürftigen bis geltungssüchtigen Persönlichkeiten einzuordnen.
Von einem abnormen Geltungsbedürfnis ist zu sprechen, wenn ein Mißverhältnis zwischen Anspruch und Leistung besteht. Die Grundzüge solcher Persönlichkeiten sind: vor sich und anderen mehr sein zu wollen, als sie sein können. Um ihre Bedeutung zu unterstreichen, muß sich eine solche Persönlichkeit im eigenen Theater bewegen, sich in den Vordergrund schieben, selbst auf Kosten des Rufs und der Ehre — und falls das nicht gelingt, entsteht innere Leere, wie Jaspers es bezeichnet hat. Charakterologisch gehört dazu, eine Prahlerei, ein Aufschneiden bis ins Phantastische. Für eine lügnerische Erfindungsgabe ist aber bei den Angeklagten kein Anhaltspunkt.

Die Angeklagten kichern schon eine ganze Weile darauf.

StA HELDENBERG (beschwichtigend): Sie müssen zuhören, meine Herren, er hat ja nicht schließlich Verrückte aus Ihnen gemacht.

SPENGLER (abschließend): So wie wir die Angeklagten hier erleben, das kommt von den politischen Einflüssen, denen sie ausgesetzt sind. Ich bitte das Gericht, diesen Umstand mildernd zu berücksichtigen!

BEFRAGUNG ZUR PERSON LANGHANS

RA MAHLER: Wie sind eigentlich ihre häuslichen Verhältnisse?
LANGHANS: Vater war schlagender Corpsstudent; Mutter ist unpolitisch. Mein Elternhaus war typisch großbürgerlich. Hitler wurde abgelehnt, weil er kein Akademiker war.
SCHWERDTNER: Wie kam es, daß Sie Ihr Jura-Studium aufgegeben haben?
LANGHANS: Man hatte mir gesagt, mit Jura könnte man alles werden, auch Staatsanwalt und Richter oder so. Aber ich merkte dann, daß ich damit nichts werden konnte. Dann habe ich umgeschwenkt auf Psychologie, weil ich dachte, dann könnte ich wenigstens rauskriegen, was mit mir los ist.
SCHWERDTNER: Haben Sie Ihre Scheine gemacht?
LANGHANS: Ja, ja, einen ganzen Haufen.
SCHWERDTNER: Wann wollen Sie das Studium abschließen, wie lange dauert es normalerweise?
LANGHANS: Es gibt einen Nennsatz von 10 Semestern. Anfang des Jahres habe ich mich auf die Vordiplomprüfung vorbereitet. Ich habe auch die Arbeit geschrieben, aber die war dem Dozenten zu soziologisch. Bisher hatte ich deswegen keine Lust, mit einer neuen Arbeit anzufangen.
SCHWERDTNER: Was wollen Sie denn beruflich machen?
LANGHANS: Augenblicklich mache ich Kommune.
SCHWERDTNER: Aber ist das eine Lebensaufgabe?
LANGHANS: Es kann schon eine werden — ich weiß es noch nicht, und es interessiert mich auch nicht.
SCHWERDTNER: Sie haben zu Begin von den weiterreichenden Aktionen gesprochen, die zunächst den privaten Bereich betrafen.
LANGHANS: Es handelt sich da nicht um besondere Aktionen — es stimmt, wir wollten auch die persönlichen Dinge einbeziehen.
SCHWERDTNER: Ihr Privatleben interessiert mich nicht.
LANGHANS: Mußte Sie aber interessieren — Sie sind hier Richter, und abends nett zu Ihrer Frau. Wir wollten keine Trennung zwischen unserem politischen engagement und dem persönlichen. Ich kann nicht zu Hause mein Kind prügeln und sonst Kindergarten führen.
RA MAHLER: Ist es das, was Sie als Revolutionierung des Alltags bezeichnen?
LANGHANS: Ja!
MAHLER: Also die Konsequenz, die sich von den politischen Dingen auch auf die privaten erstreckt.

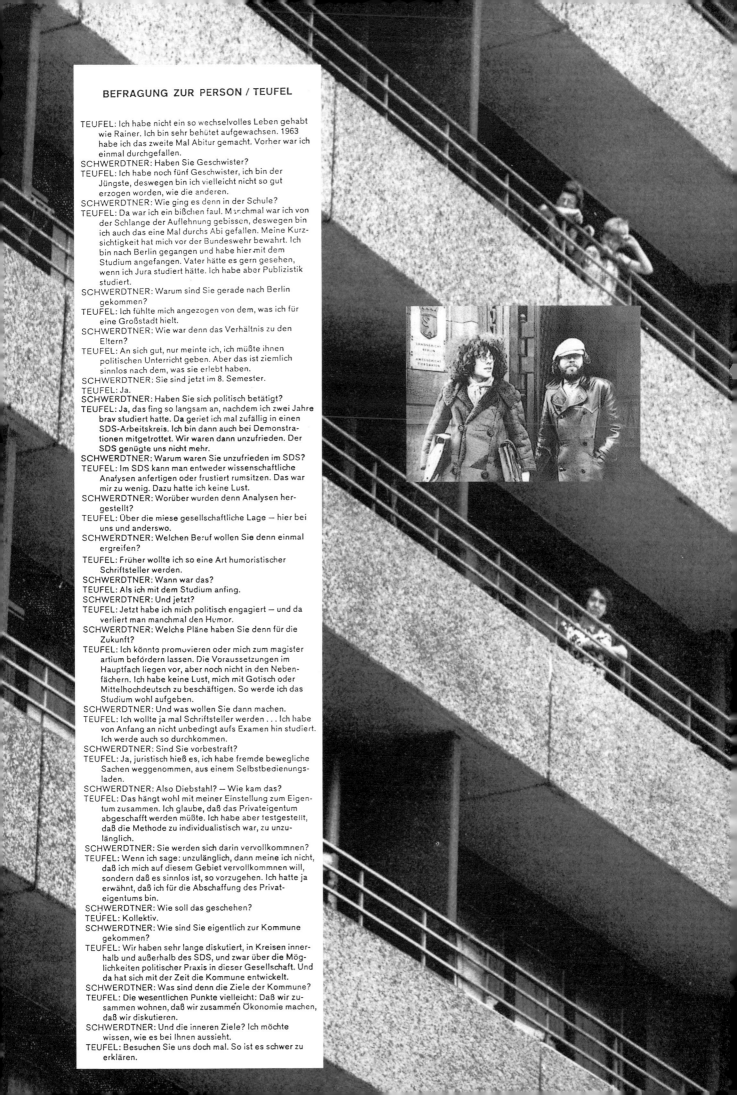

BEFRAGUNG ZUR PERSON / TEUFEL

TEUFEL: Ich habe nicht ein so wechselvolles Leben gehabt
wie Rainer. Ich bin sehr behütet aufgewachsen. 1963
habe ich das zweite Mal Abitur gemacht. Vorher war ich
einmal durchgefallen.

SCHWERDTNER: Haben Sie Geschwister?

TEUFEL: Ich habe noch fünf Geschwister, ich bin der
Jüngste, deswegen bin ich vielleicht nicht so gut
erzogen worden, wie die anderen.

SCHWERDTNER: Wie ging es denn in der Schule?

TEUFEL: Da war ich ein bißchen faul. Manchmal war ich von
der Schlange der Auflehnung gebissen, deswegen bin
ich auch das eine Mal durchs Abi gefallen. Meine Kurzsichtigkeit hat mich vor der Bundeswehr bewahrt. Ich
bin nach Berlin gegangen und habe hier mit dem
Studium angefangen. Vater hätte es gern gesehen,
wenn ich Jura studiert hätte. Ich habe aber Publizistik
studiert.

SCHWERDTNER: Warum sind Sie gerade nach Berlin
gekommen?

TEUFEL: Ich fühlte mich angezogen von dem, was ich für
eine Großstadt hielt.

SCHWERDTNER: Wie war denn das Verhältnis zu den
Eltern?

TEUFEL: An sich gut, nur meinte ich, ich müßte ihnen
politischen Unterricht geben. Aber das ist ziemlich
sinnlos nach dem, was sie erlebt haben.

SCHWERDTNER: Sie sind jetzt im 8. Semester.

TEUFEL: Ja.

SCHWERDTNER: Haben Sie sich politisch betätigt?

TEUFEL: Ja, das fing so langsam an, nachdem ich zwei Jahre
brav studiert hatte. Da geriet ich mal zufällig in einen
SDS-Arbeitskreis. Ich bin dann auch bei Demonstrationen mitgetrottet. Wir waren dann unzufrieden. Der
SDS genügte uns nicht mehr.

SCHWERDTNER: Warum waren Sie unzufrieden im SDS?

TEUFEL: Im SDS kann man entweder wissenschaftliche
Analysen anfertigen oder frustiert rumsitzen. Das war
mir zu wenig. Dazu hatte ich keine Lust.

SCHWERDTNER: Worüber wurden denn Analysen hergestellt?

TEUFEL: Über die miese gesellschaftliche Lage — hier bei
uns und anderswo.

SCHWERDTNER: Welchen Beruf wollen Sie denn einmal
ergreifen?

TEUFEL: Früher wollte ich so eine Art humoristischer
Schriftsteller werden.

SCHWERDTNER: Wann war das?

TEUFEL: Als ich mit dem Studium anfing.

SCHWERDTNER: Und jetzt?

TEUFEL: Jetzt habe ich mich politisch engagiert — und da
verliert man manchmal den Humor.

SCHWERDTNER: Welche Pläne haben Sie denn für die
Zukunft?

TEUFEL: Ich könnte promovieren oder mich zum magister
artium befördern lassen. Die Voraussetzungen im
Hauptfach liegen vor, aber noch nicht in den Neben-
fächern. Ich habe keine Lust, mich mit Gotisch oder
Mittelhochdeutsch zu beschäftigen. So werde ich das
Studium wohl aufgeben.

SCHWERDTNER: Und was wollen Sie dann machen.

TEUFEL: Ich wollte ja mal Schriftsteller werden . . . Ich habe
von Anfang an nicht unbedingt aufs Examen hin studiert.
Ich werde auch so durchkommen.

SCHWERDTNER: Sind Sie vorbestraft?

TEUFEL: Ja, juristisch hieß es, ich habe fremde bewegliche
Sachen weggenommen, aus einem Selbstbedienungs-
laden.

SCHWERDTNER: Also Diebstahl? — Wie kam das?

TEUFEL: Das hängt wohl mit meiner Einstellung zum Eigentum zusammen. Ich glaube, daß das Privateigentum
abgeschafft werden müßte. Ich habe aber festgestellt,
daß die Methode zu individualistisch war, zu unzulänglich.

SCHWERDTNER: Sie werden sich darin vervollkommnen?

TEUFEL: Wenn ich sage: unzulänglich, dann meine ich nicht,
daß ich mich auf diesem Gebiet vervollkommnen will,
sondern daß es sinnlos ist, so vorzugehen. Ich hatte ja
erwähnt, daß ich für die Abschaffung des Privateigentums bin.

SCHWERDTNER: Wie soll das geschehen?

TEUFEL: Kollektiv.

SCHWERDTNER: Wie sind Sie eigentlich zur Kommune
gekommen?

TEUFEL: Wir haben sehr lange diskutiert, in Kreisen innerhalb und außerhalb des SDS, und zwar über die Möglichkeiten politischer Praxis in dieser Gesellschaft. Und
da hat sich mit der Zeit die Kommune entwickelt.

SCHWERDTNER: Was sind denn die Ziele der Kommune?

TEUFEL: Die wesentlichen Punkte vielleicht: Daß wir zusammen wohnen, daß wir zusammen Ökonomie machen,
daß wir diskutieren.

SCHWERDTNER: Und die inneren Ziele? Ich möchte
wissen, wie es bei Ihnen aussieht.

TEUFEL: Besuchen Sie uns doch mal. So ist es schwer zu
erklären.

Nach der Pause

SCHWERDTNER: Herr Langhans, ich wollte das Thema eigentlich nicht behandeln. Aber weil Sie heute Vormittag selbst von sexuellen Schwierigkeiten gesprochen haben, was meinen Sie damit und auf was bezieht es sich?

LANGHANS: Ja, dabei handelt es sich nicht nur um Kommunemitglieder, sondern auch um Sie, das ist nicht eingeschränkt. Das betrifft jeden bei uns, das kommt aus der Erziehung: Wie man mit Mädchen umgeht, Orgasmusschwierigkeiten, Konzentrationsstörungen und Neurosen, die Schwierigkeit ist, mit sich und anderen richtig umzugehen. Dazu gibt es z. B. die Beratungsstelle an der Uni.

SCHWERDTNER: Sind Sie dort Patient?

LANGHANS: Nein, ich war noch nie dort, ich hab' über das Zeug gearbeitet.

SCHWERDTNER: Wie äußert sich das denn so? Wenn man solche Schwierigkeiten hat, von denen Sie sprechen?

LANGHANS: Können Sie sich das denn gar nicht vorstellen? Oder haben Sie denn keine? Das wäre erstaunlich!

Vorsitzender wird bleich und schluckt. Gelächter. Nach einer Pause:

SCHWERDTNER: Im Kassenbuch steht, warum muß Fritz Zigarrer. rauchen? Muß er damit kompensieren?

TEUFEL: Da dürfte Ihnen wieder einmal das entgangen sein, was man in der Literatur ‚ironische Struktur' nennt.

KUNTZE: Sind Sie davon überzeugt, daß, wenn in Brüssel oder Berlin 200 oder 300 Menschen umkommen — sind Sie innerlich ernsthaft davon überzeugt, daß sich in Vietnam dann etwas ändert?

LANGHANS: Nein, aber hier.

KUNTZE: Und was?

LANGHANS: Stellen Sie sich mal vor, wenn die Leute, die gegen Vietnam was haben, so konsequent reagieren würden, dann würde sich erheblich was ändern.

Beisitzender Richter: Sie haben mehrfach erwähnt, daß Sie die bisherige Protestform für wirkungslos halten. Welche Vorstellung haben Sie denn von wirksameren?

LANGHANS: Ich habe eben in der Pause schon gehört, daß das falsch verstanden wurde, daß derartige Dinge wie in Brüssel den nächsten Schritt darstellen würden. Ich halte das hier nicht für gegeben.

Beisitzender Richter: Was sonst?

LANGHANS: Der 2. Juni, der ein Mißerfolg war, hat bewiesen, daß es so nicht geht. Wir in der Kommune glauben, daß es nicht in der aggressiven Form, Steinewerfen und Schießen in der bürgerkriegsähnlichen Form geht, wir versuchen statt dessen die Autoritäten, wie zum Beispiel Sie, lächerlich zu machen, daß man sie in ihren Handlungen desavouiert.

....

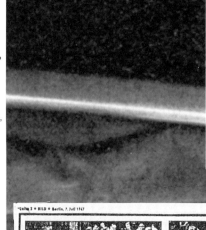

Wir selbst versuchen das in den Formen des Happenings, wo jeder mitmachen kann, weg von der sturen Marschformation. Stellen Sie sich vor, wenn man da den Albertz hinstellt und da könnte man was drauf werfen, das würde sogar Ihnen Spaß machen.

SCHWERDTNER: Meinen Sie ein Plakat?

LANGHANS: Nein, eine richtige schöne Figur.

....

Zwischenspiel: Mutter Teufel

MUTTER TEUFEL: ... Fritz war ein guter Schüler.

Fritz lacht.

SCHWERDTNER: Lacht er Sie jetzt aus?

MUTTER TEUFEL: Vielleicht freut er sich. Er war immer ein vergnügtes Kind. Wir hatten immer ein gutes Einverständnis in der Familie, vor allem die Kinder untereinander... wir hatten fünf Söhne, Fritz war der intelligenteste und deshalb wird er es viel schwerer haben im Leben.

Beifall der Zuhörer.

SCHWERDTNER: Bitte keine Beifallskundgebung, sonst lasse ich den Saal räumen.

DIE GUTACHTER

....

Am 2. Tag: Vorhang runter!

SCHWERDTNER: Die Strafkammer hat noch gestern lange Zeit beraten und hat ein Resümee der Einlassungen der Angeklagten und ihres bisherigen Auftretens und der bisherigen Beweisaufnahme gezogen. Auf Grund dessen beabsichtigt sie, die Angeklagten psychiatrisch begutachten zu lassen.

Der Angeklagte Teufel meldet sich zum Wort.

TEUFEL: Ich stimme der Untersuchung zu, wenn die Mitglieder des Gerichts und der Herr Staatsanwalt sich ebenfalls psychiatrisch untersuchen lassen.

Zuhörer klatschen frenetisch.

SCHWERDTNER (springt auf): Räumen!! Räumen!! Alles raus!! Pause!! Pause

Rennt ins Beratungszimmer.

Teufel-prozeß ▶ **Weiße Mäuse blieben in der Handtasche**

3 ANLÄUFE EINER BEFRAGUNG ZUR PERSON

TEUFEL: Nehmen Sie die Personalien vom Juli, da hat sich nichts geändert.

SCHWERDTNER: Noch Student?

TEUFEL: Nein.

SCHWERDTNER: Seit wann nicht mehr?

TEUFEL: Nicht genau festzustellen. Ich bin aus der Liste der Studierenden gestrichen wegen meiner U-Haft. Man hat mir gesagt, das sei kein Grund, sich nicht zurückzumelden.

Zwischenspiel: Stehaufmännchen?

StA TANKE: Es ist üblich, daß die Angeklagten hier aufstehen.

TEUFEL: Ich habe aber keine Lust, hier dauernd zu stehen, weil ich so viele Verfahren habe, daß es eine ernsthafte Beeinträchtigung meiner Gesundheit wäre, wenn ich immer stehen würde.

SCHWERDTNER: Ich gestatte Ihnen, bis auf weiteres sitzenzubleiben, aber jede Unverschämtheit wird mit einer Ordnungstrafe geahndet.

Zwischenspiel: Der Stuhl

Jetzt probiert es der Vorsitzende zur Abwechslung mal mit Langhans.

SCHWERDTNER: Kommen Sie hier vor.

LANGHANS: Da ist aber kein Stuhl.

SCHWERDTNER: Dann nehmen Sie doch Ihren!

Langhans schleift den Stuhl laut und langsam über den Boden und setzt sich drauf.
Die folgende Befragung wird mürrisch und nur auf Fragen durchgeführt.

SCHWERDTNER: Wo sind Sie aufgewachsen?

LANGHANS: Ich glaube in meinem Elternhaus.

SCHWERDTNER: Sind Sie noch Student?

LANGHANS: Ja.

usw., dauert nur etwa 10 Minuten.
Dann probieren sie es nochmal mit TEUFEL

SCHWERDTNER: Wollen Sie sich auch zur Person äußern?

TEUFEL: Ich habe mich so oft zur Person geäußert

Langhans schleift beim Zurückgehen vor Aussagetisch den Stuhl so laut, daß man nichts versteht.

SCHWERDTNER: Machen Sie nicht so einen Krach, das ist doch nur, um zu provozieren. Ihr Gag mit der Kleidung, das ist auch langweilig.

TEUFEL: Kleben Sie doch Filzstücke drunter. Die Stühle für die Angeklagten sind ausgesprochen schäbig und unbequem.

EINLASSUNG ZUR SACHE / LANGHANS

SCHWERDTNER (zu Langhans): Sie haben jetzt Gelegenheit, zur Sache auszusagen.

LANGHANS: Tja, was wollen Sie hören?

SCHWERDTNER: Ich will gar nichts hören, ich gebe Ihnen Gelegenheit, zur Sache auszusagen, wie und wo haben Sie die Flugblätter verteilt?

LANGHANS: Das wissen Sie doch, warum fragen Sie denn? Ich habe das alles schon einmal erzählt, damals im Mai 67!

SCHWERDTNER: Wir wissen gar nichts und das ist auch ein völlig neues Gericht. Das hat mit dem damals nichts zu tun.

TEUFEL: Herr Vorsitzender, Sie kommen mir so bekannt vor.

SCHWERDTNER: Sie sind ein Witzbold.

TEUFEL: Wieso ich?

BEIS. RICHTER: Wie war das nun mit den Flugblättern?

LANGHANS: Also, wir haben die Flugblätter verteilt vor der Mensa der Universität. Die Leute sind ganz gut gefunden, zum Teil fanden sie sie wohl etwas schwierig — wir sind die Dinger jedenfalls schnell los geworden — und dann kam die schöne Anklageschrift, noch von Herrn Kuntze.

StA TANKE: Ich bitte, doch die Angeklagten dran zu hindern, gerichtsbekannte Dinge vorzutragen.

BEIS. RICHTER: Wieviele Flugblätter haben Sie verteilt?

LANGHANS: Das ist eine naive Fragen, das wissen Sie aus den Akten.

SCHWERDTNER: Ich sagte Ihnen schon einmal, wir wissen gar nichts. Wollen Sie bitte antworten!

LANGHANS (ironisch): Muß ich nachsehen — in meinen Akten. Warten Sie mal ...

StA TANKE: Sie müssen doch sagen können, waren es unter 10 oder darüber, unter 100 oder mehr ...

LANGHANS: Ich glaube, ja doch — unter 10 (Gericht versteht 110). Ich möchte mal wissen, ich bitte um Rechtsbelehrung, was richtig ist, der StA sagt, ich soll keine Sachen vortragen, die gerichtsbekannt sind, Sie sagen, es gilt nur, was vor Gericht gesprochen wird ...

BEIS. RICHTER: Wie sind die Flugblätter entstanden, was wurde damit bezweckt?

LANGHANS: Wir, das heißt die Angehörigen der Kommune I, haben die Flugblätter gemeinsam hergestellt. Wir waren damals acht Leute, das wissen Sie, und das wußten Sie. Wir sitzen hier aber nur zu zweit. Ich würde sagen, daß da der Vorwurf der Begünstigung im Amt angebracht ist.

SCHWERDTNER: Ich bin nicht Anklagebehörde — ich bin der Vorsitzende der Kammer.

TEUFEL: Ich möchte dazu was sagen.

SCHWERDTNER: Jetzt ist der Angeklagte Langhans dran.

Die Einlassung nähert sich immer mehr der Sache ...

TEUFEL: Aber da der Herr Pflichtverteidiger zu der ganzen Verhandlung schweigt, halte ich es für notwendig, daß wir Angeklagte uns gegenseitig unterstützen.

SCHWERDTNER: Bitte, schweigen Sie, Sie haben nicht das Wort.

TEUFEL: Herr Vorsitzender, ich bitte um Rechtsbelehrung ...

SCHWERDTNER: Bitte, schweigen Sie jetzt, sonst kann das als Ungebühr vor Gericht angesehen werden.

TEUFEL: Wenn man einen Pflichtverteidiger hat, der nicht eingreift ...

SCHWERDTNER (gibt zu Protokoll): Der Angeklagte Teufel, obwohl ihm das Wort entzogen war, sprach mehrfach dazwischen ... Er soll aus dem Saal entfernt werden, solange der Angeklagte Langhans zur Sache gehört wird.

TEUFEL: Ich bitte um Rechtsbelehrung.
Gericht rennt raus — kommt wieder.

SCHWERDTNER: Beschluß:
Der Angeklagte Teufel hat für die Dauer der Vernehmung des Angeklagten Langhans den Saal zu verlassen und sich unter Aufsicht eines Justizwachtmeisters im Saal 204 aufzuhalten.

TEUFEL: Ich widerspreche. Ich bitte um rechtliches Gehör. Ich halte es für ein außerordentlich ungewöhnliches und skandalöses Vorgehen ...!

SCHWERDTNER: Verlassen Sie den Saal!

TEUFEL: Ich möchte ausreden! Ich möchte erklären, daß in einem Prozeß, in dem ohnehin schon die Öffentlichkeit durch sitzungspolizeiliche Maßnahmen entscheidend eingeschränkt ist, und in dem die Verteidigung der Angeklagten durch einen Pflichtverteidiger entscheidend beeinträchtigt wird, der mit der Anklagebehörde und dem Vorsitzenden kooperiert, nicht auch noch ein Angeklagter ausgeschlossen werden kann.

StA TANKE: Ich bin der Meinung, daß das Benehmen des Angeklagten Teufel nicht mehr toleriert werden kann und beantrage zwei Tage Haft.

LANGHANS: So stehen wir hier allein gegen alle Seiten ...

SCHWERDTNER: Aber welchen Zweck verfolgten Sie mit den Flugblättern, was wollten Sie damit erreichen? Eine Handlung ist doch zweckbestimmt.

LANGHANS: Das alles ist doch gar nicht schwierig, deshalb haben wir uns so amüsiert, daß man es in dieser Weise auffassen könnte. Wir haben doch nie gedacht, daß sowas als Aufforderung angesehen werden könnte. Das ist geradezu absurd! Darf ich fragen, wie Sie überhaupt zu der Auffassung kommen, daß das eine Aufforderung zur Brandstiftung sein soll?

SCHWERDTNER (unterbricht unwillig): Sie haben nicht ...

LANGHANS (ihn anbrüllend): Ich kann keinen Satz ausreden, ohne unterbrochen zu werden. Seien Sie jetzt mal still, bis ich fertig bin!
Schwerdtner sagt nichts mehr.

LANGHANS (weiter): Es geht mir jetzt darum, Sie zu fragen, wie Sie darauf kommen können, daß das eine Aufforderung zur Brandstiftung sein könne, das ist doch blödsinnig.

SCHWERDTNER: Was soll das heißen?

LANGHANS: Das heißt, daß wir Leute, die sich zur Brandstiftung aufgefordert fühlen, nur für blöd halten können — und da hat sich das Gericht ja sehr hervorgetan.

StA TANKE: Auch in dieser Formulierung ist ein ungebührliches Verhalten — ich stelle Antrag auf eine Ordnungsstrafe von einem Tag Haft.

StA TANKE (laut): Ihre Unglaubwürdigkeit wird durch das, was Sie eben gesagt haben, nur verstärkt. Was war denn Ihre Absicht mit den Flugblättern? Sie sind dem ausgewichen!

LANGHANS: Schreien Sie nicht so!

StA Tanke: Ich dachte, Sie hören unter ihren Haaren schlecht.

LANGHANS: Jetzt verstehe ich Sie nicht.

StA TANKE: Dann gehe ich etwas näher heran.

LANGHANS: Jaja, kommen Sie nur!

SCHWERDTNER: Lieber nicht!

LANGHANS: Wohl, weil ich stinke?

Die Einlassung nähert sich immer noch der Sache ...

StA TANKE: Sind Sie nun bereit, mir auf die Frage zu antworten, was war Ihre Absicht, und welchen Zweck verfolgten Sie mit den Flugblättern? — Was war ihr Anliegen?

LANGHANS: Tja ... was war mein Anliegen? Mir hat es Spaß gemacht, sie zu schreiben und zu verteilen.

StA TANKE: Darf ich das so auffassen, daß Sie sich über Zweck und Absicht keine Gedanken gemacht haben, sondern, daß die Freude zu schreiben der Anlaß war?

LANGHANS: Ja, ja, der Spaß mit den anderen zu schreiben.

StA TANKE: Es ist also richtig, daß Sie sich keine Gedanken gemacht haben, wie andere das auffassen könnten?

LANGHANS: Ja!

StA TANKE: Darf ich also annehmen, daß Sie Ihre ganzen politischen Gedanken in der Gegend rumspritzen, weil es Ihnen Spaß macht?

LANGHANS (ironisch): Natürlich!

StA TANKE: Gesagt haben Sie mal in den Protokollen:
Kommune ist Aufruf zum Handeln, wir machen Praxis. Was ist Praxis?

LANGHANS: Ich habe gesagt, daß es Spaß macht!

Fritz Teufel wollte im Gericht frühstücken

Vorsitzender: Packen Sie das wieder ein ● Zeugen belasteten Polizisten schwer

Von HORST ZYLKA

Berlin, 12. Dezember

„Ich bin sehr daran interessiert, daß dieser Prozeß nicht zu langweilig wird."

Den Beweis für diese Behauptung lieferte Kommunarde Fritz Teufel (24) gestern in Moabit selbst. Aus einem geflockelten Picknick-Korb bezog er während einer Zeugenvernehmung auszupacken: ein weißes Deckchen, ein Frühstücksbrötchen ...

Vorsitzender: „Was ist das?"

Teufel: „Ich habe nämlich noch nicht gefrühstückt."

Verteidiger Horst Mahler: „Könnten wir eine Pause einlegen?"

Vorsitzender zu Teufel: „Das ist nicht meine Sache, wenn

Sie noch nicht gefrühstückt haben. Packen Sie das ein."

In schwere Bedrängnis kam im ernsthaften Teil des Tages der Polizist, der an Teufels Festnahme beteiligt war — und der gesehen haben will, daß der Kommunarde mit Steinen geworfen hat.

Ein Demonstrant, der am 2. Juni ebenfalls von dem Oberwachtmeister festgenommen worden war:

Mit Füßen getreten

„Ich bin von dem Polizisten nicht gleich zum Gefangenenwagen gebracht worden, sondern in einem Winkel an der Oper mißhandelt worden. Mehrere Polizisten haben mich mit Füßen getreten und einer

hat gedroht: Wenn du noch ein Wort sagst, schlage ich dich tot!"

Ein ausländischer Journalist, der die Szene durch eine Fensterscheibe beobachtet hatte, bestätigte die Tritte.

Oberwachtmeister H.: „Ich kann mich nicht erinnern. Ich war in einem Ausnahmezustand." Und später: „Ich habe von Mißhandlungen nichts gesehen."

Die Glaubwürdigkeit dieses Polizisten sah auch der Vorsitzende als erschüttert an: „Er weiß einfache Dinge nicht mehr, erinnert sich aber genau an die Vorgänge um den Angeklagten."

„Achtung, Achtung! Hier spricht die Polizei. Räumen Sie

blitte die südliche Fahrbahn, der Bismarckstraße!"

Diese Lautsprecher-Durchsage verblüffte gestern nachmittag die Passanten auf der Turmstraße vor dem Krimi...

Im Gericht gegen das G

Auf Plakaten und Flugblättern stern die Studenten der FU aufg heutige Verhandlung im Kriminalg bit gegen die „Kommune"-Mitglie und Langhans wegen „erfolgloser zur menschengefährdenden Gründ besuchen. An der Mensa stand ein der Aufschrift „Gebt den Teufel fr er los." Ein „go-in", die neue Fo suchsdemonstration, würde ... AStA und SDS riefen auf getren blättern ebenfalls zu einem Besu richtsverhandlung und Urteilsverk

---

BEISITZENDER RICHTER: Meinten Sie, das Sie verstanden würden?

TEUFEL: Wir waren sicher, auf das Unverständnis und auf Mißverständnisse und Entrüstung bei einem gewissen Teil der Berliner Bevölkerung zu stoßen?

BEISITZENDER RICHTER: Sicher?

TEUFEL: Ja, und es hat uns nicht mal sehr überrascht, daß dann auch die Berliner Justiz zu diesem Teil der Bevölkerung gehörte, der sich also völlig außerstande sieht, diese Satire und die moralische Empörung, die aus den Flugblättern spricht, in irgend einer Weise zu verstehen. Wir waren dann aber doch sehr verwundert und auch belustigt über die Anklageschrift des Oberstaatsanwalts Kunze. Wir hielten sie für eine so großartige Satire auf die Justiz, daß wir sie und auch die zweite Anklageschrift abgedruckt haben. Ich habe sie mitgebracht, Sie können sie für 2 DM bei mir kaufen. —

Ich würde vorschlagen, daß die Mitglieder des Gerichts, die Flugblätter aus einer bestimmten geistigen Situation heraus vielleicht immer noch mißverstehen, Fragen an mich stellen! — Es kommt ja noch hinzu, daß die Flugblätter ausschließlich vor der FU verteilt wurden.

Handbuch 14

SCHWERDTNER: Wenn so ein Flugblatt aber außer Kontrolle gerät, was dann? Es kann ja irgendwem in die Hand fallen, einem Jugendlichen oder einem Pyromanen? Es hat auch mal einen van der Lubbe gegeben?

1. Der Zeuge Schneider

von der Staatsanwaltschaft, der sich als Einziger aufgefordert fühlte.

LANGHANS: Hatten Sie den Eindruck, daß es sich dabei um ernsthafte Aufforderungen, um theoretische Erwägungen oder worum sonst handelte?

SCHNEIDER: Das kann ich nicht sagen, ich habe sie nur flüchtig gelesen.

TEUFEL: Und bei den Flugblättern hier — haben Sie gedacht, daß das eine ernsthafte Aufforderung sein soll? — — Warum haben Sie dann nicht einen Brand gelegt?

SCHNEIDER (schweigt): ...

TEUFEL: Darf ich interpretieren, daß Sie es für sich ablehnten? — Welche Leute meinen Sie, würden denn dann so etwas tun können?

SCHNEIDER: Nicht die Leute Ihrer Gruppe. Sie haben bewiesen, daß Sie nicht zur Gewaltanwendung tendieren — das war aber damals noch nicht bekannt.

TEUFEL: Sie wollen aber andeuten, daß es andere bestimmte Gruppen gibt, die sich hätten aufgefordert fühlen können. Um was für Leute könnte es sich da handeln?

(Linke Spalte)

SCHWERDTNER (schaltet sich helfend ein): (Tatsachen soll der Zeuge darstellen.

TEUFEL: Ich frage ihn ja nach den Tatsachen, welche Leute dadurch aufgefordert werden können.

BEIS. RICHTER (hilft wieder aus): Er selbst hat sich durch- aus aufgefordert gefühlt – das hat er uns gesagt – aber hat dem widerstanden.

. . .

SCHWERDTNER: Noch Fragen? – Nein – Herr Zeuge, Sie müssen Ihre Aussage beschwören. Was Sie gesagt haben ist richtig? Sie schwören bei Gott dem All- mächtigen und Allwissenden . . .

SCHNEIDER: Ich schwöre bei Gott, Ehre, Freiheit und Vaterland!

Zwischenspiel: Die Zeitung

SCHWERDTNER: Herr Teufel, legen Sie die Zeitung weg.

TEUFEL: Wieso soll ich nicht Zeitung lesen. Der Staats- anwalt Kuntze hat beim ersten Prozeß sogar gepennt.

SCHWERDTNER: Sie riskieren die nächste Ordnungsstrafe.

TEUFEL: Ich glaube, wir müssen mal eine Ordnungs- strafendebatte machen.

Schwerdtner hört nicht hin.

StA TANKE: Haben Sie gesehen, daß die die Zigaretten im Gebäude angezündet haben?

REICH: Ja, das habe ich gesehen. So im Mantel haben sie sie angesteckt, wie bei Wind und dann wurde das Streichholz weggeworfen und da bin ich dann ran- gegangen und habe gesagt, bei uns ist es verboten zu rauchen, deswegen habe ich die Glut abgeschnitten.

. . . .

TEUFEL: Was hat das aber mit dieser Sache hier zu tun – ich bitte mich zu belehren und mir zu erklären, wie der Zeuge hierherkommt?

StA TANKE: Ich habe aus den Verfahren des langen Sonn- abend diesen Zeugen hier nach Aktenstudium geladen.

TEUFEL: Aha – Herr Zeuge – was waren das für Leute, die da gerauacht haben? Wie sahen die aus? Sprachen die Deutsch oder hatten die die Schlitzaugen?

REICH: Dem Herrn antworte ich nicht.

TEUFEL: Doch, das müssen Sie.

REICH: Ich muß überhaupt nicht, ich antworte dem Herrn nicht!

TEUFEL: Sie müssen es wirklich, ich möchte wissen . . .

REICH: Ich muß gar nichts, sterben muß ich!

SCHWERDTNER: Doch, Herr Zeuge, Sie sind verpflichtet, vollständig auszusagen – es geht jetzt um die Frage – was waren das für Leute, die geraucht haben . . .

Zwischenspiel: Satire

Im Zusammenhang mit StA-Zeugen, die Aussagen über unsere Rauchpulverbestellungen machten.

TEUFEL: Können Sie nicht klären, was die Versendung von Rauchpulver mit diesem Verfahren zu tun hat.

SCHWERDTNER (unterbricht ihn): Das machen wir doch nur, weil es uns Spaß macht.

TEUFEL: Bitte das zu protokollieren.

SCHWERDTNER: Das war doch Satire, Sie sind doch Spezialist dafür.

TEUFEL: Das ist mir neu, daß Sie davon was verstehen. Das wäre ja das erste Mal, daß Sie was von uns gelernt haben.

SCHWERDTNER: Ins Protokoll. Der Angeklagte sagt, der Vorsitzende habe das erste Mal was gelernt.

TEUFEL: Nehmen Sie bitte gleich dazu, daß der Vor- sitzende auf die Frage, ob er einen x-beliebigen Zeu- gen zu einem x-beliebigen Gegenstand hören wolle, um dieses Verfahren zu verlängern, mit der Bemer- kung antwortete: „Ja, natürlich!"

2. Der Ganzheitsmediziner

SCHWERDTNER: Fragen an Herrn Spengler? Bitte, Herr Mahler!

RA MAHLER: Wie wollen Sie feststellen, ob die Äußerun- gen der Angeklagten bewußt oder unbewußt, gewollt oder ungewollt sind, wenn keine psychiatrische Unter- suchung durchgeführt worden ist?

SPENGLER: Wir sind doch Ganzheitsmediziner.

RA MAHLER: Meinen Sie, daß allein aus der Tatsache des Aufzugs, der Kleidung, schon mit an Sicherheit gren- zender Wahrscheinlichkeit der Schluß auf Geltungs- bedürfnis bis Geltungssucht gezogen werden kann – oder kann man den Aufzug auch anders interpretieren?

3. Kompensation

SPENGLER: Ich habe ja gesagt, daß das äußerliche Dekor, die polycolore Kleidung auch ein Zeichen für innere Unsicherheit ist. Langhans hat zum Beispiel einen dünnen Bartwuchs. Er kompensiert den mangelnden Bart durch sein langes Haar. Würde er, wie Herr Teufel, einen starken Bartwuchs haben, würde er sein Haar kurzer tragen. Das lange Haar ist zweifellos eine Kom- pensation bei ihm.

(Rechte Spalte)

4. Die von vornherein konstitutionell abnorme Persönlichkeit

SPENGLER: Ich muß dazu sagen, wenn diese Weltanschau- ung auf dem Boden einer von vornherein konstitutionell abnormen Persönlichkeit steht, dann fehlt es an sozialer Einordnung, an zwischenmenschlichen Beziehungen.

RA MAHLER: Schließen Sie nicht von dem Phänotypus der Kommune auf den Genotypus des Psychopathen? Könnte man nicht auf einen anderen Genotypus schlie- ßen, zum Beispiel den des Menschen wie ihn Marcuse schildert? — Marcuse sagt zum Beispiel: Die Hoffnung für die Vermenschlichung der Gesellschaft ist, daß es Menschen gibt, die sich den irrationalen Abhängigkeiten entziehen. Die also alles andere als „gut" „bürgerlich" sind. — Wie haben Sie bei den Angeklagten herausgefunden, daß es ihnen an zwischenmenschlichen Beziehungen und sozialer Einordnung fehlt?

SPENGLER: Durch ihre geistige und psychische Erscheinung und auf Grund der Beobachtungen in der Haupt- verhandlung.

StA HELDENBERG (vermittelnd): Es kann doch zwei Möglichkeiten für das Verhalten geben. Einmal das Phänomen des Gammlers. Das mag vielleicht auf Geltungssucht beruhen. — Aber auf der anderen Seite, da muß ich mit der Verteidigung fragen: kann es Menschen geben, die sich bewußt außerhalb der bürgerlichen Ordnung stellen und sich deshalb so farbig geben? — Man kann doch nicht alle über den gleichen Kamm scheren.

5. Das sexuell abnorme Verhalten

SPENGLER: Ich habe eine ganze Reihe von Gammlern untersucht, das sind weltanschauliche Extremisten, aber sie stehen im Rahmen einer gewissen Sozial- ordnung. Sicherlich gibt es Menschen, bei denen das Extreme nicht auf einer bestimmten psychischen Grund- haltung beruht. Aber ich habe ja auch das sexuell abnorme Verhalten bei den Angeklagten betont, wie es sich aus den Diskussionsprotokollen zeigt.

RA MAHLER: Sind Sie der Ansicht, daß der Mensch monogam ist?

SPENGLER: Nein, natürlich nicht. Aber hier handelt es sich um Persönlichkeiten, denen die zwischenmensch- liche Kontaktfähigkeit fehlt.

RA MAHLER: Wo knüpfen Sie an? Welche Fakten legen Sie dieser Feststellung zugrunde?

SPENGLER: Das habe ich dargestellt. Die Angeklagten sind exzentrisch.

RA MAHLER: Wo haben Sie das festgestellt?

SPENGLER: Hier in der Hauptverhandlung. Wenn ich Begriffe bringe, dann tue ich das auf Grund der Beobachtung in der Hauptverhandlung.

RA MAHLER: Wo haben die Angeklagten geprahlt? Sie haben diesen Ausdruck verwendet?

SPENGLER: Durch ihr Auftreten wirken sie prahlerisch.

RA MAHLER: Können Sie uns genaue Anhaltspunkte dafür geben?

SPENGLER: Ich habe ja gesagt, daß das äußere Dekor dafür spricht. Natürlich kann es äußerlich sein, aber es kommt aus der Persönlichkeit. Der Betreffende will vieles verdecken, was in seiner Tiefenschicht vor- handen ist. — Ich kann mir aus dem Gesamtbild ein psychiatrisches Urteil bilden.

RA MAHLER: Aber es ist das Bild, das Sie zur Grundlage des Urteils machen!

SPENGLER (in die Enge getrieben): Ich habe mich natürlich weitgehend auf die Akten gestützt.

RA MAHLER: Was verstehen Sie als normales sexuelles Verhalten und was als abnormes, ganz allgemein?

SPENGLER: Wo da die Grenze liegt, ist sehr schwer zu sagen.

RA MAHLER: Wie ist das dann bitte konkret bei den Angeklagten?

SPENGLER: Ich habe ein wissenschaftliches Gutachten erstattet.

Erneutes Gelächter, nicht nur im Zuhörerraum.

LANGHANS (droht den Zuschauern): Ruhe dort hinten. Sonst lasse ich euch durch den Vorsitzenden raus- schmeißen. ‚Ich lasse den Saal räumen'!

14. Sexualpathologie

RA MAHLER: Sie müssen aber doch die Tatsachen nennen können, auf denen das Gutachten basiert.

SPENGLER: Ich habe gesagt, ich habe Herrn Teufel in der damaligen Verhandlung wegen Landfriedensbruchs und auch hier beobachtet.

RA MAHLER: Und Sie meinen, daß sich da ein abnormes sexuelles Verhalten gezeigt hat?

TEUFEL (sanft): Habe ich etwa dem Vorsitzenden unsittliche Anträge gemacht?

RA MAHLER: Hiermit rüge ich und bitte zu protokollieren, daß der Sachverständige, indem er immer wieder pauschal auf den Inhalt der Akten verweist, nicht anzugeben vermag, ob auch alle diese Akten verlesen worden sind.

SPENGLER: Ich stütze mich auf die in der Hauptverhandlung vorgetragenen Akten.

RA MAHLER: In welcher Hinsicht weichen die Angeklagten von der Norm ab?

SPENGLER: Dann mußte ich ein Kolleg über Sexual-Pathologie halten.

TEUFEL und LANGHANS (unisono): Au ja! Bitte, bitte!

RA MAHLER: Uns interessiert, worin die Angeklagten von der Norm abweichen.

SPENGLER: Ich habe festgestellt, daß bei Ihnen eine abnorme Persönlichkeit vorliegt.

TEUFEL: Dann mußte es doch möglich sein, daß Sie Fakten und Belege beibringen?

SPENGLER: Ich habe einige Symptome genannt, die ich im Gutachten nicht substantiert habe.

64

22. Symptome!!

TEUFEL: Bitte, tun Sie das dann jetzt wenigstens!

SPENGLER: In bezug auf Langhans möchte ich erklären,
daß man zwischen ihm und Teufel etwas differenzieren
muß. Ich habe bei ihm ausgesprochene Lässigkeit
beobachtet. Er hat viel sparsamere Ausdrucksformen.
Er hatte z. B. Akten in der Hand, ein Blatt fiel runter, er
sah hinterher. na, vielleicht kommste, und dann hat er
sich ganz lässig gebückt. Als weiteres Symptom, das
diese Tendenz unterstreicht: An einem Verhandlungstag nahm er den Stuhl so, daß ein lautes Geräusch hörbar wurde. Ich bringe einzelne Symptome.

TEUFEL: Aber das ist doch nicht ausreichend für die
Lässigkeit!

SPENGLER: Weitere Symptome, Langhans war geladen
zur Untersuchung und erschien nicht. Er hat sich auch
nicht entschuldigt. Gegen acht Uhr sollte er kommen,
gegen zwölf Uhr rief er an, er habe verschlafen. Darauf
habe ich gebeten. daß er am nächsten Morgen um
7.45 Uhr kommen solle. darauf hat er gesagt, daß er so
früh nicht aufstehen würde. Das ist ein Symptom. Es
kamen immer exaltierte und aufgebauschte Symptome
heraus. Ich möchte das auch verwerten. Auch das Wort
„In Pose stellen". Ich beobachtete, wie die Fotos für
die Zeitung zustande kamen. Das war ein echtes Auf-
bauen wegen der Publizität. Das beurteile ich psychiatrisch als Effekthascherei. Auch ist mir immer ein
spezifisches Lächeln aufgefallen. daß sie immer auf-
setzen, sowohl Langhans als auch Sie, auch das ist vom
psychiatrischen Standpunkt, daß Sie danach streben,
Souveränität zu zeigen, über den Dingen zu stehen,
wohingegen L. ein ausgesprochen müdes Lächeln zeigt.
Sie unterscheiden sich, der eine neigt mehr zur Steigerung. der andere mehr zur Lässigkeit. — Das sind feste
Begriffe, die in der Psychiatrie gelten. Das ist alles an
Krankenmaterial erprobt und ich jongliere damit. —
Aus den einzelnen Symptomen habe ich das Bild ent-
wickelt und meine Schlüsse gezogen. Auch das
Grimassieren läßt auf eine geringe Einsatztiefe der
Gefühle schließen.

TEUFEL: Darf ich Sie so verstehen, daß Sie ein Lächeln
in einer Gerichtsverhandlung, die Sie zum Weinen
finden, schon als Zeichen einer abnormen Persönlichkeit vielleicht mit Recht nehmen?

SPENGLER: L. grimassiert tatsächlich, das ist doch kein
Werturteil, ich habe ihn damit doch nicht beleidigt, das
sind charakterologische Persönlichkeitsmerkmale,
sie fußen auf der Spielart des abnormen Charakters. —
Das sind alles Symptome. die ein Arzt beobachten
muß. Man muß öfter nur aus Symptomen beobachten.

TEUFEL: Welche Therapie gegen das Lächeln schlagen
Sie vor, wenn es, wie in unserem Fall. Zeichen der
Abnormität ist?

SPENGLER: Vielleicht psychotherapeutische Behandlung.

23. Der Geltungsmensch

TEUFEL: Wenn unsere anti-autoritäre Haltung, wie Sie in
Ihrem Gutachten ausführten, Merkmal der konstitutionell bedingten Abnormität ist — ist dann autoritäres
Verhalten und der Nationalsozialismus eine Folge der
gesunden Normalität der germanischen Rasse?

SPENGLER: Ich vermeide jegliche politische Note in dem
Gutachten. Ich stehe auf dem Standpunkt, daß
Psychiater sich von politischen Dingen freizuhalten
haben oder freimachen sollen. Selbstverständlich habe
ich gesagt, daß der Geltungsmensch dazu neigt. sich
über Autoritäten hinwegzusetzen.

TEUFEL: Das Nichtanerkennen eines autoritären Systems
als Produkt einer Geltungssucht. ist es denn richtig,
daß demokratisches Verhalten etwa durch Zuchtwahl
hervorgerufen werden kann?

SPENGLER: Ich habe gesagt. daß Sie auch das Produkt
der Umwelt sind, aber daß die charakterliche Grundstruktur der abnormen Persönlichkeit — abnorme
Persönlichkeit außerhalb der Spielbreite der Norm —
nicht krankhaft ist. daß es lediglich eine Abweichung ist
Nicht daß die Meinung entsteht. ich hätte Sie als
krankhaft hingestellt.

24. Das Syndrom

LANGHANS: Wieso ist das schon ein Hinweis auf abnorme
Persönlichkeit, wenn ich sage, morgens 7.45 Uhr aufstehen ist zu früh.

SPENGLER: Ich habe nicht nur das eine Symptom genannt.
Sondern ich habe auch Ihre Antwort genannt: „So früh
stehe ich nicht auf." Dazu . . . Das gehört zu den
Symptomen. Das ist ein Syndrom. Für mich summiert
sich das.

25. Der Vielgeprüfte

RA MAHLER: Ich möchte Sie belehren, daß Sie das Recht
haben, zu den Fragen nichts zu sagen, wenn Sie sie
nicht beantworten können.

SPENGLER: Ich habe den letzten Verhandlungstag mitgemacht, von morgens bis 16 Uhr ohne einen Faz zu
essen; als Sie gegessen haben, war ich beim
Schöffengericht.
Sieht die Angeklagten flehend an.
Ich bitte, mich setzen zu dürfen, ich habe jetzt schon
ein paar Stunden gestanden — ich fühle mich nicht ganz
wohl, mein Kreislauf wird durch das viele Stehen
überlastet.

TEUFEL: Bitte, Herr Spengler. Vielleicht werden Ihre
Antworten präziser, wenn Sie sitzen.

SCHWERDTNER: Bitte, seien Sie jetzt still oder es gibt
eine Ordnungsstrafe.

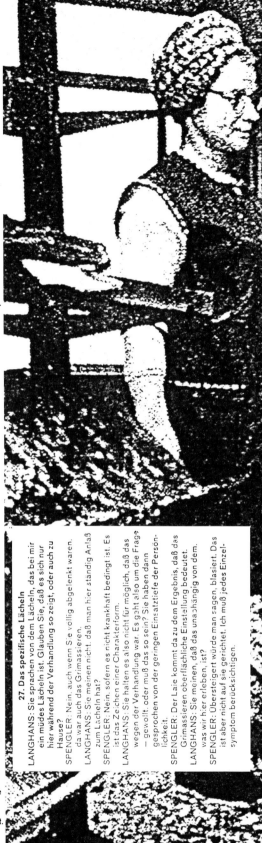

27. Das spezifische Lächeln

LANGHANS: Sie sprachen von dem Lächeln, das bei mir
ein müdes Lächeln ist. Glauben Sie, daß es sich nur
hier während der Verhandlung so zeigt, oder auch zu
Hause?

SPENGLER: Nein. auch wenn Sie völlig abgelenkt waren.
da war auch das Grimassieren.

LANGHANS: Sie meinen nicht. daß man hier ständig Anlaß
zum Lächeln hat?

SPENGLER: Nein, sofern es nicht krankhaft bedingt ist. Es
ist das Zeichen einer Charakterform.

LANGHANS: Sie halten es also nicht für möglich, daß das
wegen der Verhandlung war. Es geht also um die Frage
— gewollt. oder muß das so sein? Sie haben dann
gesprochen von der geringen Einsatztiefe der Persönlichkeit.

SPENGLER: Der Laie kommt da zu dem Ergebnis, daß das
Grimassieren oberflächliche Einstellung bedeutet.

LANGHANS: Sie meinen, daß das unabhängig von dem.
was wir hier erleben, ist?

SPENGLER: Übersteigert würde man sagen, blasiert. Das
ist aber nicht auf sie gerichtet. Ich muß jedes Einzel-
symptom berücksichtigen.

29. Der Einsame

LANGHANS: Herr Dr. Spengler, würden Sie das für trieb-
haft halten, wenn ich jetzt zu ihnen sage: Sie sind so
gut angezogen und sauber rasiert, Sie halten Ihre Brille
so graziös, Ihre Schuhe sind gut geputzt und Sie bewegen sich so gewandt und aufreizend. Ihre braune Haut,
die sicher gut duftet, reizt mich richtig dazu, Sie anzu-
fassen, den Arm um Ihre Schultern zu legen. Sie
gefallen mir! Wäre ich dann homosexuell veranlagt?
SPENGLER: Erstens, ich stehe ja allein hier....
LANGHANS: Sie haben doch Unterstützung — vom Herrn
Vorsitzenden!
SPENGLER: Schwach!
SCHWERDTNER: Das ist eine Unverschämtheit, er hat
keine Unterstützung von mir. Daß ein Politiker und
wie der sich auf dem Fernsehschirm zeigt, das hat
doch mit Ihnen nichts zu tun. Mag sein, daß sich
Politiker so bewegen.
SPENGLER: Ich habe hier eine schwierige Stellung, ich
bin allein. Ihr Anwalt hat schon letztes Mal wieder
versucht, durch einen Nicht-Mediziner mit medizinischen Begriffen gegen mich zu argumentieren. Aber
wenn er kein Arzt ist und nur Psychologe, dann hat er
große Schwierigkeiten. In der forensischen Psychiatrie
ist man auf ein ganz enges Gebiet festgelegt, insbesondere auf den Paragraph 51, 1.
Pause

34. Mildernde Umstände

TEUFEL: Herr Spengler, Sie sind berühmt geworden durch
Ihr psychiatrisches Gutachten in dem Prozeß gegen den
Kriminalobermeister Kurras, der einen Studenten
erschossen hatte. Sie kamen damals zu dem Schluß,
Herr Kurras, umringt von tatsächlichen oder eingebildeten Angreifern, handelte in einem psychogenen Ausnahmezustand. Das möchte ich aufgreifen. Darf ich Sie
fragen, ob es nicht möglich ist, daß, wenn Rainer Langhans sich umringt fühlt von Polizisten in Uniform,
Richtern, Staatsanwälten und Justizdienern — kann es
dann nicht daher kommen, daß er sich jetzt so angeekelt
lächelnd wegdreht — handelt er nicht auch in einem
psychogenen Ausnahmezustand oder ist sein Lächeln

Ausdruck der konstitutionell bedingten abnormen Per-
sönlichkeit?
SPENGLER: Das war damals eine Paniksituation von einer
Minute oder nur dreißig Sekunden.
TEUFEL: Meinen Sie, daß das Verhängen von Ordnungsstrafen seine Erklärung findet in dem unzureichenden
medizinischen Fachwissen des Vorsitzenden und der
Kammer? Herr Schwerdtner weiß vielleicht nicht, daß
unser Verhalten Ausdruck der konstitutionell bedingten
abnormen Persönlichkeit ist und sucht daher seine
Zuflucht im Verhängen von Ordnungsstrafen?
SPENGLER: Ich habe der Kammer empfohlen, weitgehend
die Persönlichkeitsströmungen zu berücksichtigen. Das
ist eine Konstitution, für die sie nichts können. Und das
habe ich gebeten, weitgehend mildernd zu berücksichtigen.

SCHLUSSWORT / LANGHANS

*Während des nun folgenden Schlußwortes von
Rainer lauschen alle mit so gespannter Aufmerk-
samkeit, daß der Vorsitzende sogar versäumt,
Rainer wegen seiner lässigen Haltung, halb
sitzend, halb an die Anklagebank angelehnt, eine
Ordnungsstrafe anzudrohen.
Die jeweils Angesprochenen erbleichen, während
die anderen krampfhaft zu Boden oder an die
Decke gucken, damit man ihnen die Schadenfreude
nicht anmerkt.*

Ich möchte das Gericht und die anderen Umstände hier
mal beschreiben, auch damit das Gericht, weil das
interessant sein könnte, sieht, wie wir das so sehen, was
hier gespielt wird. Ich möchte ich vorneweg
sagen, niemanden beleidigen und bitte darum, einmal
nicht unterbrochen zu werden.
Mir kommt das Ganze hier wie ein Puppenspiel vor, wo
die einzelnen Darsteller wie an Fäden gezogen,
agieren.
Wir bekommen nicht oft solch ein Stück zu sehen,
besser könnte es kein Autor eines absurden Theater-
stückes erdenken. Mitspieler waren wir meist nicht, weil
es nicht unser Spiel war, wir wären gar nicht auf den
Gedanken gekommen, daß man solche Stücke machen
kann. Wir wurden es erst und dann mehr als Regisseure,
als wir die Möglichkeiten erkannten, die uns geboten
wurden. Nun gibt es zwei Möglichkeiten: Freispruch
oder Verurteilung. Werden wir freigesprochen, und das
wäre wahrscheinlich das einzig Verständliche, dann wird
man einige Mühe haben, das dem Steuerzahler zu
erklären, den ganzen Aufwand und das ganze Theater,
wo er nicht einmal mitgenießen konnte. Und der Bürger
liebt es nicht, daß Puppenspiele so folgenlos ausgehen.
Werden wir verurteilt, dann werden es wahrscheinlich
so ungefähr sechs Monate sein, man halbiert in solchen
Fällen nach Justizarithmetik die vom StA geforderte
Strafe. Das wäre mindestens ebenso absurd und vor
allem noch nicht zu Ende. Wir sind neugierig und
bedanken uns für dieses Stück.

DAS URTEIL

In der Sitzung vom 22. März wird für Recht erkannt:

Die Angeklagten werden auf Kosten der
Landeskasse Berlin freigesprochen.

Die Saat des SDS beginnt aufzugehen

Millionenschäden durch Großbrände – Brandstifter: Studenten

Mehr als zwei Millionen DM Schaden verursachten zwei Großbrände in den Frankfurter Kaufhäusern „Kaufhof" und „Schneider", die mit selbstgebastelten Zeitzünderbrand-
sätzen ausgelöst worden waren. Inzwischen wurden drei junge Männer zwischen 24 und
26 Jahren sowie eine 27jährige Frau unter dem dringenden Verdacht der menschenleben-
gefährdenden Brandstiftung in der Wohnung einer Frankfurterin verhaftet.

„Platons Idealstaat ist jenseits von Raum und Zeit, er hat kein Hier und kein Jetzt. Er ist ein Paradigma, eine Norm und ein Vorbild für menschliche Handlungen."

Eugen Cassirer

Wolfgang Dreßen

Platons Höhle sprengen

Bleierne Zeit

m „Osten" erstickten die sowjetischen Panzer den ungarischen Volksaufstand, wurde 1961 die „Mauer" gebaut, konnten die stalinistischen Massenmorde nicht mehr verheimlicht werden. In der Bundesrepublik wurde die Nazizeit „bewältigt". Die Erinnerung wurde verdrängt, für Gedächtnisfeiern zurechtgestutzt, während die Nazis Globke oder Schleyer, Nazimediziner oder -generäle ihre Karrieren fortsetzten. Nichts schien sich zu regen. Kein „archimedischer" Punkt war in Sicht, von dem aus diese Welt aus den Angeln zu heben wäre. In den Schriften der Gruppe „Spur" dagegen wird in dieser Zeit ein solcher Punkt entdeckt: Er liegt in jedem einzelnen, der auf seinen Wünschen, Abneigungen, auf seinen Gefühlen besteht und gegen jede „Objektivität" versucht, sein Leben zu verwirklichen. Dies bedeutete eine Ablehnung jeder bisherigen „Politik", auch jeder bisherigen emanzipatorischen „Politik", in der eine Avantgarde den „richtigen" Weg wußte, der den „Massen" nur beizubringen wäre.

Solche pädagogische Befreiung hatte bisher immer wieder zur Aussonderung derjenigen geführt, die nicht bereit waren, dem „richtigen" Weg zu folgen. Diese „Rezepte" begründeten neue Herrschaft, die jetzt auch noch unter der Fahne der Freiheit durchgesetzt wurde. Gerade diese Emanzipationsgeschichte entpuppte sich als eine Geschichte der Intensivierung von Macht. Auch deshalb lasen die „subversiven" Studenten einige Jahre später Horkheimers und Adornos „Dialektik der Aufklärung". Sie zeigte die „Verwandlung der Idee in Herrschaft". Eine solche „Verwandlung" war möglich, weil die Macht sich bereits in der „Idee" verbarg, die Körper und Empfindungen usurpierte. In den Untersuchungen zur „Autoritären Persönlichkeit" wurde gezeigt, daß Macht bereits in uns selbst steckte. Die Geschichte der „Aufklärung" mußte

„Eisbären sind jedoch nicht weiß, es sind vor allem Bären."

Asger Jorn

deshalb für die westlichen und die östlichen Gesellschaften neu gelesen werden. In den aufgeklärten Utopien sollte jedes Leiden abgeschafft werden. Die Konstruktion einer solchen Welt führte aber nur dazu, daß nichts mehr leben durfte, das sich dem allgemeinen Glücksplan widersetzte, von dem auch nur angenommen werden konnte, daß es sich dem vorgeschriebenen Leben verweigerte.

Diese Fragen sind heute aktueller denn je. Denn der Fortschritt ist seinem katastrophalen Endpunkt nähergerückt. Im Golfkrieg hat die „Neue Weltordnung" vorgeführt, daß sie gar nicht mehr zuläßt, Elend zu sehen. Die Proteste gegen den Vietnamkrieg wirken heute antiquiert. Denn die Ermordeten können jetzt endlich unsichtbar werden, der Krieg wird als Friedensutopie ausgegeben, die imperialistischen Eingreiftruppen werden zur Weltpolizei, die Bomberpiloten zu Chirurgen ernannt und die Demonstranten gegen den Massenmord sehen sich mit dem Vorwurf konfrontiert, sie verherrlichten Hitler. Angesichts solcher „Rationalität" wirken Attentäter höchst einsichtig, die von geheimen Vernichtungslagern berichten oder von Stimmen, die ihnen Mordbefehle geben. Der Golfkrieg zeigt die Zukunft: Weltweit sitzen die Menschen in Fernsehhöhlen, die vorspiegeln, wie zu sehen, zu denken, zu empfinden sei. In dieser „Weltfriedensordnung von Vancouver bis Wladiwostok" (Bush) ersetzen Bild-Begriffe jede Wirklichkeit. In den Gärten der Aufklärung wurde Natur noch zu pädagogischen Symbolen zurechtgestutzt, jetzt wird bereits jede Wahrnehmung so vorgeformt, daß nicht Störendes mehr wirklich ist. Ein alter patriarchalischer Traum wäre Realität: Die Welt könnte konstruiert werden. In dieser naturfernen Welt wären wir den Zufälligkeiten von Geburt und Tod nicht mehr ausgeliefert, weil endlich nichts mehr lebte und alles vorgedacht wäre. Deshalb, nicht wegen irgendwelcher politischer Kompromisse, konnten die rassistischen Mediziner nach '45 die Arbeit an ihrer Utopie als Humangenetiker fortsetzen.

Diese Vertauschung von idealer Welt und menschlicher Wirklichkeit hatte zu Beginn des Patriarchats bereits Platon vorgedacht. Bei ihm sitzen die Menschen in einer Höhle und sehen nichts als Schatten. Nur die Philosophen außerhalb der Höhle erkennen die Wahrheit. Diese Wahrheit bedeutet für Platon das Reich der Ideen, während die Menschen nur ihre zufällige, unwichtige alltägliche Wirklichkeit sehen können. Befreiung heißt für Platon also, diese menschliche Wirklichkeit nicht mehr sehen zu müssen, sondern die „Wahrheit", die Idee zu erkennen. Eine folgenschwere Umkehrung, die heute wahr wird, — die Menschen sitzen nun wirklich in der Höhle und sehen nichts als die ihnen vorgespiegelte Idee.

Gegen eine solche Verfälschung wandte sich der situationistische Impuls. Er bestand auf den lebenden, malenden, dichtenden, leidenden, sich wehrenden Menschen. Er vertraute auf keinen „Geschichtsgang", sondern hier und jetzt sollte so gelebt werden, wie es den einzelnen Menschen paßte, gegen jede vorgegebene Regel.

Angesichts der drohenden „Neuen Weltordnung" werde ich auf den folgenden Seiten an die Idealisierung der Welt erinnern, gegen die nichts als die Spuren der Menschen gesetzt werden können, die diesen Lauf der Welt nicht mehr mitmachten.

Die Künstler der Gruppe „Spur" fanden ihren Namen in der Nacht: Im Winter, vor einem Wirtshaus, sahen sie umherirrend ihre eigenen Spuren im Schnee.

In seiner „Politeia", seinem Buch über den „Staat", erzählt Platon von einer Höhle, in der Menschen gefesselt vor einer Wand sitzen. Sie können ihre Köpfe nicht bewegen und sehen vor sich auf der Wand nichts als Schatten. Diese Schatten werden in die Höhle von Bildern und Statuen geworfen, die vor einem Feuer außerhalb der Höhle umhergetragen werden. Die gefesselten Menschen halten die Schatten für die einzig mögliche Wirklichkeit. Wenn jemand doch seinen Kopf drehen könnte, so würde er durch den Glanz des Feuers geblendet. Er würde sich wieder den Schatten zuwenden und sie weiterhin für wirklich halten. Dabei wären selbst die vorbeigetragenen Statuen nur Bilder der wahren Dinge. Platon benutzt dieses Gleichnis, um den Unterschied zwischen den Philosophen und den übrigen Menschen aufzuzeigen. Die Philosophen sind nicht gefesselt und bewegen sich frei außerhalb

Spurlos

und

austauschbar

der Höhle. Sie „sehen" hier die Wahrheit, die Ideen, während die
gefesselten Menschen nur eine bloß vorhandene Wirklichkeit
wahrnehmen können. Das Gleichnis weckt den Wunsch, die Fesseln zu lösen und die Höhle des Alltags zu verlassen. Platon
behauptet nun, gerade in diesem Fall würden die befreiten Menschen nicht die Dinge, sondern, für Platon wesentlicher, ihre Urbil-
der, die Ideen, erkennen. In Platons Höhlengleichnis steckt eine fol-
genreiche Umkehrung, die gerade eine Befreiung benützt, um
einen Idealismus zu behaupten, der dann als Wahrheit ausgegeben wird. Die sich in der alltäglichen Wirklichkeit bewegenden,
fühlenden und sehenden Menschen meinen nur, daß sie frei sind.
Diese Wahrheit bleibt bloße Einbildung. Nur die Philosophen
bewegen sich frei, weil sie die Wahrheit erkennen. Es erscheint
einleuchtend: Wenn ich meine Fesseln löse, aufstehe, den Kopf
drehe, dann bin ich auf dem richtigen Weg, die Wirklichkeit zu
sehen. Nur, Platons wahre Wirklichkeit bleibt bloße Wahrheit, —
man sieht, befreit, nicht den einzelnen Tisch, sondern seinen
Begriff, die „Tischheit". Platons Befreiung heißt: Erkenntnis des
einen Richtigen gegen die Vielfalt und Differenz der Dinge. Diese
Befreiung bleibt abstrakt. Der von den Philosophen gelenkte Staat
abstrahiert dann auch von der Wirklichkeit der verschiedenen Menschen, — er verwirklicht die bloße Idee der Freiheit: die Philosophen, „unsere Wächter...die genauesten Meister der Freiheit".[1] In
dieser Abstraktion wird Platons Höhlengleichnis gerade zur Bestätigung der Unfreiheit. Der Philosoph kann nun dem Menschen
sagen: Du siehst nicht, ich erkenne für dich, selbst wenn ich dich
aus deinen Fesseln befreie, bist du gar nicht in der Lage, die Ideen
zu begreifen. Wie gelangen die Philosophen in die Ideenwelt? Die,
so Platon für alle Menschen schmerzliche und für die meisten
Menschen nicht erträgliche Erkenntnis der abstrakten Wahrheit
erzählt der Philosoph in Bildern einer schmerzvollen Geburt:
„Wenn man ihn...wegzöge, mit Gewalt, den schwierigen und stei-
len Anstieg hinan und nicht früher losließe, bis man ihn ans Licht
der Sonne gebracht hätte, würde er da nicht voll Schmerz und
Unwillen sein?"[2]
Der Philosoph befreit als „Geburtshelfer" aus der Mutterhöhle
bloßer Unkenntnis, eine Kopfgeburt wie die Göttin Athene. Die
wahre Produktivität wird auf geistige Produktivität beschränkt. Zur
Erkenntnis der Ideen wird nicht das körperliche Auge benutzt,
sondern das innere Auge, die Seele. Eine solche Befreiung aus
dem Körpergefängnis bleibt für die meisten Menschen unmöglich.
Denn wenn der Erkennende in die Höhle zurückstiege und von
der Wahrheit der Ideen erzählte, dann würde er ausgelacht: „Und
wenn er sie dann lösen und hinaufführen wollte, würden sie ihn
töten..."[3]
Die Menschen bleiben in dieser Mutterhöhle auf ihr körperliches
Auge fixiert. Der Körper müßte erst verlassen werden, die Seele
muß sich erst zur Ideenwelt befreien. Bis dahin war „das Auge der
Seele...in einem barbarischen Schmutz begraben".[4] Diese reinen
Erkennenden aber, und deshalb wird das Höhlengleichnis gerade
in der „Politeia" erzählt, lenken den Staat, sie regieren die Unwis-
senden.
Platons Höhlengleichnis steht am historischen Anfang einer Ideolo-
gisierung, einer schwierigen, für die meisten unmöglichen Befreiung, — um Macht zu begründen. Von der Revolte bleibt nur eine
pädagogische, aufklärende Bewegung übrig, die sich gegen die
Revolte selbst richtet. Die Menschen befreien ihre gefesselten
Körper nicht, um endlich wirklich selbst zu sehen, sondern sie entfernen sich gerade von ihren Körpern zur Idee einer behaupteten

232

Wahrheit, zur abstrakten Erkenntnis, zur „reinen“ Macht.

Der Wunsch der Menschen, sich zu befreien, wird von Platon benutzt, um Macht zu begründen.

Platons Erzählung lügt. Die wirkliche Höhle wird erst von Platon gebaut, eine Konstruktion, die es den Philosophen erlaubt, selbst Erkenntnis zu „gebären“. Erst diese Höhle erlaubt die Begründung einer Macht, die sich als Wahrheit ausgibt, die dann von den Nicht-Erkennenden bloß anzuerkennen sei, auch wenn sie sie nicht verstehen. Die Befreiung gegen diese Macht hieße, diese Höhle zu sprengen, um zu sehen, daß die Wirklichkeit wirklich ist, daß kein Gott und keine Idee existiert, um dagegen zu wissen, daß die „Höhle“ der Geburt kein platonisches Gefängnis ist, sondern die Möglichkeiten differenten Lebens wirklich, nicht als Idee begründet. Platons Höhle, das ist der Name einer Macht, die Befreiung vorgibt, indem sie abstrahiert, die dagegen eine Nicht-anerkennung der Macht als Unfreiheit bezeichnet. Dabei werden die Menschen gerade über diese Idee der Höhle eingesperrt, in der ihre Körper dann wirklich gefesselt sind. Der „Aufstieg“ zur Ideenwelt bedeutet gerade die Konstruktion einer Höhle, in der es nichts mehr zu sehen gibt, als was bereits konstruiert wurde. In der vollends industrialisierten Wirklichkeit wird der Platonismus endlich wahr: Jetzt sind alle „befreit“ und sitzen gefesselt in der konstruierten Höhle, die Philosophen werden zu Konstrukteuren, die gemachten Dinge werden nur anerkannt, wenn sie ihrer Idee entsprechen: „Die Welt als Phantom und Matrize“ (Günther Anders).

Über diesen „Platonismus“ kann der Protest gegen eine geschlossene Welt aufgenommen werden, um vollends in einer geschlossenen Welt einzusperren. Die Begriffe werden nun selbst real. Vollendet ist dieser Idealismus aber erst, wenn die Dinge als Waren austauschbar werden und als industriell gefertigte Produkte die Spuren ihrer Herstellung verlieren, wenn die Menschen diese Dinge als Vorbilder, als Ideen anerkennen. Außerhalb dieser geschlossenen Welt stehen dann nur noch die Dinge und Menschen, die Fehler aufweisen. Sie werden als Schrott identifiziert und entsprechend verwertet.

Michail Bakunin, 1838

Hegel hat Platons Höhlengleichnis kritisiert. Die scharfe Trennung zwischen Ideal und Wirklichkeit ist ihm verdächtig. Denn die Menschen verweigern bei Platon ja gerade die Erkenntnis der ideellen Wahrheit und beharren auf ihrer zufälligen Wirklichkeit. Scheinbar will Hegel nun diese Dichotomie aufbrechen und aus dem Bann der Platonischen Höhle befreien: „Soll eine Idee zur Existenz zu gut sein, so ist dies der Fehler des Ideals selbst. Die Platonische Republik wäre deshalb eine Chimäre ...“[5]

Hegel behauptet nun, daß diese Trennung zwischen Wirklichkeit und Idee aufhebbar sei: „Die Wirklichkeit ist zu gut; was wirklich ist, ist vernünftig.“[6]

In einer solchen Kritik wird aber wiederum der Idealismus bestätigt. Diese scheinbare Befreiung entwirklicht alles Vorhandene zur bloßen Oberfläche.

„Man muß aber wissen, unterscheiden, was in der Tat wirklich ist; im gemeinen Leben ist alles wirklich, aber es ist ein Unterschied zwischen Erscheinungswelt und Wirklichkeit. Das Wirkliche hat auch äußerliches Dasein; das bietet Willkür, Zufälligkeit dar, wie in der Natur Baum, Haus, Pflanze zusammenkommen ... Erkennt man die Substanz, so muß man durch die Oberfläche hindurchsehen ... An der Oberfläche balgen sich die Leidenschaften herum; das ist nicht die Wirklichkeit der Substanz. Das Zeitliche, Vergängliche existiert wohl... aber... ist... keine wahrhafte Wirklichkeit, wie auch nicht die Partikularität des Subjekts, seine Wünsche, Neigungen."[7]

Die „substantielle" Wirklichkeit ist bereits vernünftig, sie muß sich nur noch nach sich selbst richten. Jedes andere Handeln und Fühlen wird damit substantiell falsch, nicht mehr bloßer Irrtum der Eingeschlossenen, sondern ein Sakrileg gegenüber der eigenen Substanz.

Hegel folgt hier einer Ideologie der Befreiung, wie sie in der Französischen Revolution verwirklicht wurde. Der Pariser Pöbel, der die Bastille gestürmt hatte, sollte in der Folge über den Tugendterror der Guillotine zur wahren Substanz erzogen werden. Diese Tugend wurde von den Ideologen der Revolution gegen die „Leidenschaften" des Hofes und zugleich gegen die „Leidenschaften" des Pöbels gerichtet. Der deutsche Aufklärer und Pädagoge Joachim Heinrich Campe lobte in seinen Briefen aus Paris die Revolution: Die Bettler, die einst die Bastille gestürmt hätten, würden nun wirklich befreit, indem sie außerhalb der Stadt zur Arbeit erzogen würden. Die Wut der Armen gegen die Verschwendung des Hofes wurde gegen sie selbst gerichtet. Diese bloß partikulare Wut wurde durch eine Tugend ersetzt, die vor keinem Terror zurückschrecken durfte. Denn eine solche Furcht hieß doch nur, daß die Substanz an die Oberfläche der Gefühle verraten worden war. Diese Tugend vollendete sich in der „Entwirklichung" der Ideologen, in ihrer Selbstvernichtung. Georg Büchner ließ in „Dantons Tod" St. Just vor dem Konvent ausrufen:

„...wir haben den Krieg und die Guillotine...Die Revolution...zerstückt die Menschheit, um sie zu verjüngen. Die Menschheit wird aus dem Blutkessel wie die Erde aus den Wellen der Sündflut mit urkräftigen Gliedern sich erheben, als wäre sie zum ersten Male geschaffen."

In der Szenenanweisung schreibt Büchner: „Langer, anhaltender Beifall. Einige Mitglieder erheben sich im Enthusiasmus."[8]

Solche Destruktion folgt aus dem idealistischen Anspruch, der Substanz zu folgen und der verzweifelten Erkenntnis, auch weiterhin den Wünschen und Leidenschaften der Menschen ausgeliefert zu bleiben. Der Kopf des Königs reichte nicht aus, jeder Revolutionär muß noch in sich selbst den Verräter entdecken. Der einstmals heilige Körper des Königs konnte getötet werden. Das „Heilige" wurde durch die Substanz ersetzt. Sie aber war nur zu retten, wenn jeder Körper verdächtig wurde. In dieser Kopfgeburt der Tugendwelt darf außerhalb der Ideenwelt nichts mehr sein, weil an allem Lebendigem der Verdacht des Verrates klebt. Als einzige Alternative zum kollektiven Tod bleibt nur noch der Personenkult: Der Kaiser Napoleon vereinigt in sich die Willkür des bloßen Interesses mit den Symbolen der Idee. Nach dem Mord am König wird die Schuld gesühnt in der Unterwerfung unter den neuen/alten Herrscher. Diese Schuld folgte aus der Verwechslung von Ideal und Wirklichkeit. Denn der „Vatermord" hat nichts genützt. Noch immer leben die „unreinen" Menschen. Bei Büchner heißt es über das vergebliche Tugendziel der Jakobiner:

„Sie werden noch aus der Guillotine ein Spezifikum gegen die Lustseuche machen. Sie kämpfen nicht mit den Moderierten, sie kämpfen mit dem Laster...Robespierre will aus der Revolution einen Hörsaal für Moral machen und die Guillotine als Katheder gebrauchen."[9]

Vor einer solchen Selbstvernichtung rettet das Interesse. Der bürgerlichen Gesellschaft wird es gelingen, die Tugend dabei als ein Selbstkorrektiv einzusetzen. Die Ideologen werden das Interesse auch weiterhin auf seine Fähigkeit überprüfen, sich dem Begriff zu unterwerfen. Dabei wird auch weiterhin nicht die Macht, sondern das Laster verfolgt. Diese Kritik wird aber das Interesse fördern. Niemand wird besser die Handelswege sichern als die rheinischen Jakobiner. Betteljuden und Zigeuner werden von Sondergerichten verfolgt, während gleichzeitig die Juden emanzipiert werden. Gleiches Leben wird gleich behandelt, differentes Leben dagegen im Namen der Tugend kriminalisiert. In der Bürokratie eines umfassenden polizeilichen Netzes kann sich die Tugend vorübergehend mit dem Interesse verbünden.

Johann Gottlieb Fichte hat in seinem „Geschlossenen Handelsstaat" versucht, den bleibenden Widerspruch zwischen Tugend und Interesse zu lösen. Die Ökonomie richtet sich in dem autarken

Thema.

Wenn der Mops mit der Wurst über'n Spucknapf springt
Und der Storch in der Luft den Frosch verschlingt.

Erste Variation.

Wenn der Storch mit dem Mops über'n Spucknapf springt
Und der Frosch in der Luft die Wurst verschlingt.

Zweite Variation.

Wenn der Mops mit dem Frosch über'n Spucknapf springt
Und der Storch in der Luft die Wurst verschlingt.

Dritte Variation.

Wenn der Frosch in der Luft über'n Spucknapf springt
Und der Storch mit dem Mops die Wurst verschlingt.

Vierte Variation.

Wenn der Mops mit dem Spucknapf über'n Storch wegspringt
Und die Wurst in der Luft den Frosch verschlingt.

Fünfte Variation.

Wenn der Frosch mit der Wurst über'n Spucknapf springt
Und der Storch in der Luft den Mops verschlingt.

235

Nichts ist bei uns konsequenter als ein rassistischer Humanismus, weil der Euopäer nur dadurch sich zum Menschen hat machen können daß er Sklaven und Monstren hervorbrachte.

(Jean-Paul Sartre, 1961)

abgeschlossenen Staatsgebiet nach einer politischen Vernunft, die sich selbst über totale Kontrolle bestätigt. Nichts Unvorhergesehenes geschieht, jede Willkür wird vermieden, eine Utopie der immanenten Welt, eine vermauerte Höhle idealistischen Lebens. Eine solche Utopie fällt hinter die „platonischen" Versuche zurück, die Wirklichkeit nicht zu vermauern, sondern selbst zu vergeistigen. Eine solche Mauerutopie wurde im „sozialistischen Lager" versucht. Sie blieb ephemer, denn die Tugend mußte dauernd angeschrieben, eingehämmert, aufgesagt werden. Folgenreicher wird der Versuch, die Tugend selbst zur Natur zu erklären.

Hegel hat diese zweite Natur, diese Vergeistigung gegen erste Natur und damit den Zusammenhang von „Platonismus", Christentum und bürgerlicher Gesellschaft beschrieben: „Der Geist ist nicht natürlich, er ist nur das, wozu er sich macht; die nicht hervorgebrachte natürliche Einheit ist die geistlose; der Prozeß in sich, diese Einheit hervorzubringen, dagegen ist die geistige. Zu dieser gehört die Negation des Natürlichen, weil es nur das Unmittelbare, das Geistlose ist. Das Fleisch, das Natürliche ist das, was nicht sein soll, die Natürlichkeit ist das, worin der Mensch nicht bleiben soll. Die Natur ist böse von Hause aus, der Mensch ist an sich das Ebenbild Gottes, in der Existenz nur ist er natürlich; und das, was an sich ist, soll hervorgebracht werden. Die erste Natürlichkeit soll aufgehoben werden. Dies ist die Idee des Christentums überhaupt."[10]

Einkaufen, Verkehr und Reklame als welthistorische Beleidigung, die in das Alltagsleben als Verführungen integriert sind – eigentlich kann man sehr leicht im Punk eine neue Version der alten Kritik der Frankfurter Schule an der Massenkultur erkennen ...
Aber jetzt brechen die Prämissen der alten Kritik an einem Ort aus, an dem ihn niemand von der Frankfurter Schule, weder Adorno, Herbert Marcuse noch Walter Benjamin je vermutet hätte: im Herzen des Pop-Kults der Massenkultur ...
Wahrscheinlich kann man keine Definition von Punk so weit fassen, daß sie Theodor Adorno einschließt ... Aber höre **Metal Box** von PiL, Johnny Rotten's Nach-Sex-Pistols-Band, lies beim Zuhören Adornos **Minima Moralia** und versuche herauszufinden, wo das eine aufhört und das andere anfängt ...

(Greil Marcus, Lipstick Traces)

Die bürgerliche Gesellschaft vollendet gerade als säkularisierte Gesellschaft diese „Idee des Christentums". Jeder besondere Ort ist aufgehoben. Das Auge Gottes befindet sich an keinem bestimmten identifizierbaren Platz. Es wird im Prozeß der Aufklärung ersetzt durch die platonische Idee. „Hervorbringen" soll nun nichts mehr mit Geburt und erster Natur zu tun haben, sondern wird beschränkt auf „Machen" und „Denken". Unter diesen Voraussetzungen konnten die französischen Revolutionäre ihr „Zurück zur Natur" rufen. Denn diese Natur ist gemacht und gedacht, eine zweite Natur, in der die Frau als Göttin der Tugend verehrt wird, – wie zuvor die makellose Maria. Denn wirklich „erzeugt" wird diese zweite Natur gar nicht mehr durch die Frau, sondern in der Erziehung zur Tugend. Rousseau hat diese Geburt im „Émile" beschrieben.[11] Der Erzieher konstruiert um den Zögling eine zweite Natur, in der nichts mehr verboten werden muß, weil der Pädagoge „über alles" in der Umgebung des Kindes „verfügt", er ist „Herr seiner Eindrücke ... ohne, daß es davon weiß". In einer solchen ausweglosen Welt wäre der Terror überflüssig.

Arbeit

macht

frei

In der industrialisierten Welt wird eine zweite Natur geschaffen, in der Verbote ersetzt werden können durch Sachnotwendigkeiten. Die Industrialisierung wurde auch als pädagogisches Programm verstanden. Die Menschen mußten erst „verfleißigt" werden, ehe sie bereit waren, kontinuierlich den Anweisungen einer Maschinerie zu folgen. Differente Lebensweisen wurden in der Proto- und der Frühindustrialisierung vernichtet, erst dann konnte das Gefüge einer maschinellen Produktion verinnerlicht werden. Die Einordnung der Bettler und Vaganten, die Arbeitserziehung, die pädagogischen Haftversuche in den Gefängnissen, die Einführung der Schulpflicht, dies alles bleiben Etappen auf dem Weg zu einer industrialisierten Welt. Gesellschaftliche Identität wird in ihr über eine Sachnotwendigkeit produziert, die sich neutral geben kann, weil zuvor alles Nichtidentische umerzogen oder ausgegrenzt wurde. Die öffentlichen Hinrichtungen erinnerten noch zu sehr an die Willkür anderen Lebens. Solche Grausamkeit wurde ersetzt durch die Neutralität der Gefängnismauern, durch die unpersönliche Folter der Einzelzellen, die zunächst in Amerika, dann in der ersten Hälfte des 19. Jahrhunderts in Europa gebaut wurden. Die Prügelstrafe in den Schulen gefährdete auch die Pädagogen. Die sadomasochistische Struktur der liebenden Fürsorge blieb zu offensichtlich. Sie wurde ersetzt durch ein Schulsystem, in dem die Schüler schon aus eigenem Interesse den Geboten folgen sollten.

Die Technologiegeschichte kann innerhalb der Industrialisierung gelesen werden als ein immer weiter intensivierter Prozeß, „notwendiges" Handeln, Sehen, Fühlen, schließlich das Leben selbst zu produzieren. In der vollends industrialisierten „Höhle" produktionsimmanenter Notwendigkeiten verschwünde schließlich der Unterschied zwischen Name und Bezeichnetem, weil der Begriffsrealismus als produzierte Welt wahr geworden ist. Nichts bliebe mehr außerhalb. In dieser idealistischen Welt wären die Menschen gefesselt und könnten zugleich nichts als die produzierte Wahrheit erkennen.

Die Ideologen der Französischen Revolution proklamierten den Terror der Tugend und blieben damit auf eine Phase direkter Auseinandersetzung mit differentem Leben beschränkt. Die totalitären Regierungen dieses Jahrhunderts wollten ebenfalls einheitliche Tugendwelten realisieren. Trotz der Modernisierung dieser Gesellschaften verfehlten sie jedoch das Ziel der Industrialisierung: eine sich selbst regulierende produktionsimmanente Welt ohne Machtzentrum.

Der Historiker Christian Meier schrieb gegen einen seiner Meinung nach überzogenen Antifaschismus, daß nicht jeder Postbote oder jeder Lokomotivführer für die zugestellten Deportationsbefehle oder die Eisenbahntransporte in die KZ's verantwortlich gemacht werden könnte, — denn sonst würden in der Vergangenheit und in der Gegenwart jedes staatliche Leben zusammenbrechen.[12] Damit hat er präzise getroffen, warum die totalitären Gesellschaften funktionierten. Denn diese Diktaturen setzten ein funktionales Handeln durch, auch wenn es ihnen nicht gelang, Macht als Sachnotwendigkeit zu sublimieren. Und in der Gegenwart darf der Protest gegen diese Gesellschaften nicht so weit gehen, die Funktionalität der Völkervernichtung, des Massenmords und der umfassenden Überwachung zu beschreiben. Denn sonst könnte die Folgerung lauten: „Bürokratie ist die Herrschaft des Niemand und aus eben diesem Grund vielleicht die unmenschlichste und grausamste Herrschaftsform". (Hannah Arendt)

237

Die Gefahr bestünde, daß von dieser Bürokratie auf die Maschinenwelt selbst geschlossen würde. Die Kritik an den totalitären
Gesellschaften träfe den Idealismus selbst. Die Funktionäre dieser
Gesellschaften handelten als „Rädchen" verantwortungsbewußt.
Ihnen ging es gerade nicht um die Befriedigung persönlicher Willkür. Wenn sie verantwortungslos gehandelt hätten, wäre vielen
Menschen der Tod erspart geblieben. Das aber darf nicht offensichtlich werden, denn sonst würde auch die produktionsimmanente Welt gefährdet. Denn in ihr sind alle, machtlos, verantwortlich für das Funktionieren des Ganzen.
Das platonische Höhlengleichnis veraltet. Denn diese Verantwortung gegenüber der Maschinerie entbindet von jedem Vergleich
zwischen Idee, Bild oder Schatten. Kein Begriff darf mehr daraufhin überprüft werden, was er aussagt, sondern nur darauf, was er
für das Funktionieren des Ganzen leistet. Die „befreiten" und ver-
antwortungsvollen Menschen selber sind zu solchen Begriffen
geworden.

Ein solcher Zustand kann aber nicht mehr ernstgenommen werden, er ist verrückt, gerade wenn er wirklich ist. 1968 hat Günther
Anders über die „Antiquiertheit des Ersten" geschrieben:
„Nicht ... die Münchener Studenten, die als Spötter dem pomphaf-
ten Aufzug der in Talaren kostümierten Professoren vorantanzten,
wirkten absurd; absurd, sogar wie Veranstalter eines Happenings,
wirkte vielmehr durch sie der Zug der Talarträger. Und wie Schau-
spieler wirken in gewissen Gerichtsverhandlungen nicht nur die
‚teuflischen' Angeklagten — durch die Unbefangenheit oder Frech-
heit ihres Auftretens zwangen diese vielmehr ihre Gegenspieler:
die Würdefiguren des Justizrituals, dazu, ebenfalls wie Schauspie-
ler zu wirken; auch diese benehmen sich nun so, als verstünden
sie ihre Funktionen nur noch als Rollen, als Rollen in einer Posse,
deren Absicht es ist, sie selbst dem Gelächter preiszugeben."[13]
Gegen den platonischen Ernst hatten bereits die griechischen
Kyniker ihre Späße getrieben. Sie bestanden auf der Wirklichkeit
ihrer Wünsche gegen die Abstraktion der Begriffe. Macht war
ihnen nichts, als was sie daran hinderte, sich zu sonnen, die idealistische Anmaßung war nichts als lächerlich. Die subversive Kraft
der „Gruppe Spur" und der Situationisten speiste sich aus einer
solchen Verkehrung der Begriffswelt: Sie wurde vom idealistischen Kopf wieder auf die Füße gestellt, eine „fröhliche Wissenschaft" gegen die Tugendwelten der Pädagogen und Idealisten.
1961 veröffentlichte Asger Jorn im „Skandinavischen Institut für vergleichenden Vandalismus" Aufsätze über die „Ordnung der Natur".
In einem Beitrag über die „Kunst und die politische Geometrie"
zeigt er den christlichen Ursprung moderner Wissenschaft und
ihres Fortschrittglaubens. Zwischen den Zeitpunkten Christi Geburt
und Jüngstes Gericht erscheint jede Wirklichkeit als bloße Zwi-
schenzeit. Jede Zeit zwischen diesen beiden Polen wird zum bloßen Begriff, der sich auf den Anfangs- und den Endpunkt bezieht.
Jorn schreibt, daß Mussolini, Lenin und Hitler mit diesem Instru-
mentarium ein rein „technisches Spannungsverhältnis" produzieren konnten"[14]: Gegenwart wird zur bloßen Vorbereitungsphase auf
die entscheidende Zukunftsutopie eines einlösenden Endes.
Auch die Naturwissenschaft bedient sich nach Jorn dieses Instru-
mentariums: Jede Messung verläuft zwischen einem Null- und
einem Endpunkt, Zeit wird zwischen diesen beiden Punkten
gemessen und eingeteilt, während wirkliche subjektive Zeit stehen bleibt, sich dehnt oder sich zusammenzieht. Der erste Anfang

Marginalien:
Eisbären
sind
jedoch
nicht
weiß,
es
sind
vor
allem
Bären.

wird von den Naturwissenschaften zu einem erforschbaren Welt-
anfang, das Ende zu einem inzwischen konstruierbaren Katastro-
phenpunkt erklärt:

„Dieses System ist heute so bis in die letzte Feinheit ausgebaut
worden, daß der Atombombenexperte nur auf einen Knopf zu
drücken braucht."[15]

Die Unwirklichkeit der meßbaren Welt käme in einer solchen Katastrophe an ihr Ende. In einer solchen Welt wird die Wirklichkeit
wiederum zum Bereich des Narren, – Jorn:

„Daß ein Phänomen meßbar ist, heißt aber tatsächlich nur, daß es
in das einfache Frageschema eingefügt werden kann, das die
gleichmäßig aufgeteilte Zukunftslinie ausmacht."

„Eine Frage zu stellen, für die bereits eine Antwort vorhanden ist,
heißt heutzutage intelligente Fragen stellen. Der Fragen stellen
kann, die selbst der Weiseste nicht zu beantworten vermag, ist ein
Tor."[16]

Um solche Fragen aber ging es Asger Jorn, sie würden, in diesem
Jahrhundert nur von der Kunst gestellt, „in einem schonungslosen
Kampf gegen den objektiven Idealismus ..."[17]

Den Titel seines Buches versteht Jorn deshalb als Widerspruch, es
gibt keine „Ordnung der Natur". Handeln innerhalb einer solchen
angenommenen Ordnung heißt bereits, die idealistische Falle zu
akzeptieren. Solches Handeln wird durch Logik bestimmt. Asger
Jorn:

„Platon kombinierte in einigen philo-sophischen Regeln die Wörter
mit Vernunft. Seitdem wird die Logik mit Rationalität und die Rationalität mit Logik identifiziert."[18] Dagegen:

„Sagen wir: Eisbären sind weiß, so behaupten wir, daß die Objekte
mit ihren Eigenschaften identisch sind. Eisbären sind jedoch nicht
weiß, es sind vor allem Bären."[19]

Jorn erzählt von einem betrunkenen skandinavischen Seemann,
der unter dem Pariser Triumphbogen die Flamme am Grab des
Unbekannten Soldaten auspißte. Diese Tat bezeichnet Jorn als
„ästhetisches Kunstwerk" außerhalb der „Schönen Künste". Denn
der Seemann zeigte „die Fähigkeit, von vorgegebenen Symbolkomplexen abzusehen, vom konventionellen Funktionsverhalten
Abstand zu nehmen und seine persönliche Intention in ein Pluralitätsverhältnis zu etablierten Signal- und Symbolsystemen zu bringen".[20] Die „teuflischen" Aktionen, über die Günther Anders 1968
schrieb, sprengten genau diese konventionellen Funktionen. Und
hier liegt auch die Gemeinsamkeit mit den Künstlern: Nicht eine
Funktion der Kunst für „politisches" Handeln, sondern die Malerei
selbst sprengt die Funktionalität. Die situationistischen Künstler
und die situationistischen Akteure bestehen beide auf ihrer jeweiligen Subjektivität. Heimrad Prem schrieb 1959 in einem Brief an
HP Zimmer über die Situationisten: „... es handelt sich um keinen
-ismus, sondern um Leute, die eine Situation bilden, überall."

Jeder Gott, jede Idee ist endlich tot, wenn keine Delegation mehr
an welche Souveränität auch immer akzeptiert wird, wenn die
Menschen allein auf ihrer eigenen subjektiven Souveränität bestehen, in jedem Moment, außerhalb der linearen Fortschritts- und
Katastrophenzeit. Nur so kann die Höhle der inzwischen real idealistischen Welt aufgesprengt werden, – der archimedische Punkt
liegt in jedem einzelnen oder nirgends. Jede Delegation an ein
politisches Prinzip wiederholte nur den Trick des Höhlengleichnis-
ses: Eine Befreiung würde behauptet, die erst recht in die Bewe-
gungslosigkeit einer kohärenten Welt einschlösse.

Rudi Dutschke und Hans-Jürgen Krahl sprachen 1968 an ihrem
239 gemeinsam verfaßten „Organisationsreferat" über die inzwischen

Sechste Variation.
Wenn die Luft mit dem Storch übern Spucknapf springt
Und der Frosch mit der Wurst den Mops verschlingt.

Siebente Variation.
Wenn die Wurst mit dem Frosch übern Spucknapf springt
Und der Mops in der Luft den Storch verschlingt.

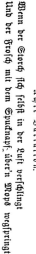

Achte Variation.
Wenn der Storch sich selbst in der Luft verschlingt
Und der Frosch mit dem Spucknapf; übern Mops wegspringt.

real idealistische Welt: Die Menschen „erfassen die soziale Wirklichkeit nur noch durch die von ihnen verinnerlichten Schemata des Herrschaftssystems selbst".[22] Dutschke und Krahl kehren damit scheinbar zur Platonischen Argumentation zurück: Die Menschen sind unfähig, — gefesselt können sie nur noch Schatten wahrnehmen, die sie als Wirklichkeit ausgeben. Aber dieser Zustand wird hier nicht, wie bei Platon, ontologisiert, denn diese „Höhle" ist inzwischen real historisch produziert worden. Und bloße Handlungsanweisungen würden diesen Zustand nur bestätigen. Dutschke und Krahl entgehen dieser idealistischen Falle: „Die Agitation in der Aktion, die sinnliche Erfahrung der organisierten Einzelkämpfer bilden die mobilisierenden Faktoren..."[23]
Diese subjektive „sinnliche Erfahrung" wird gegen die verlangte Funktionalität gesetzt: „Der städtische Guerillero ist der Organisator der schlechthinnigen Irregularität als Destruktion des Systems der repressiven Institutionen."[24]
Dieser „Guerillero" verweigert sich, als Rädchen zu funktionieren und er setzt seine „sinnliche Erfahrung" gegen die Maschinerie. Gerade wenn er zerstört, worunter er leidet, handelt er damit auch über seine Subjektivität hinaus. Ohne dieses Moment realer Destruktion würde die „sinnliche Erfahrung" in einem alternativen

Unter diesen Umständen konzentriert sich die Opposition auf die Außenseiter innerhalb des Bestehenden. Ich möchte sagen: sie konzentriert sich wieder auf die Außenseiter innerhalb des Bestehenden, nämlich erstens auf die Unterprivilegierten, deren vitale Bedürfnisse selbst der hochentwickelte Spätkapitalismus nicht befriedigen kann und nicht befriedigen will. Zweitens konzentriert sich die Opposition am entgegengesetzten Pol der Gesellschaft, bei den Privilegierten, deren Bewußtsein und deren Instinkte die gesellschaftliche Steuerung durchbrechen oder sich ihr entziehen können.

(Herbert Marcuse, 1967)

240

Neunte Variation.

Wenn der Mops in der Luft den Spucknapf schlingt
Und der Storch mit der Wurst über'n Frosch wegspringt.

Zehnte Variation.

Wenn der Storch über'n Mops und die Wurst wegspringt
Und der Frosch im Spucknapf die Luft verschlingt.

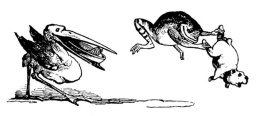

Elffte Variation.

Wenn der Frosch mit dem Mops in der Luft wegspringt
Und der Storch den Spucknapf mit der Wurst verschlingt.

Ghetto verkommen, das als eine Art Frühwarnsystem innerhalb der platonischen Höhle benutzt werden kann. Hans-Jürgen Krahl nannte 1969 dieses Ghetto ein „Reich der Freiheit als privates Kleineigentum".[25] Ohne diese „sinnliche Erfahrung" wiederum würde die Destruktion sich auf einen verzweifelten Wettlauf mit der Maschinerie einlassen, — ein Spiegelbild der von allen verlangten Funktionalität.

Gleichwohl zeigt bereits die verdinglichte Sprache des „Referats", daß dieser Wettlauf mit der Maschinerie nicht vermieden werden konnte. Die „sinnliche Erfahrung" wird unmittelbar auf Organisation und Kampf bezogen und damit beschränkt. Diese Gegenproduktion einer Welt gegen den allgemein gewordenen idealistischen Schein wiederholt den Machbarkeitswahn der Maschinenwelt selbst. Das Dilemma, innerhalb des Falschen, das als einzige Realität ausgegeben wird, nicht nur denken zu wollen, sondern die eigene Sinnlichkeit zu leben, wird hier verkürzt: Als ginge es darum, besser, „wahrer", „eigentlicher" zu produzieren. Innerhalb solcher „Politik" steckt immer noch der männliche, der platonische Wahn, das wirkliche Leben erzeugen zu können. Nicht mehr der Philosoph, der Guerrillero wird zur Hebamme des „richtigen" Lebens.

Jeder Wegweiser zeigt in die falsche Richtung. Nur Spuren anderer Menschen weisen den Weg. Bei Nietzsche wird der Ruf „Gott ist tot" auf dem Marktplatz der bürgerlichen Gesellschaft vom Narren gerufen. Er wird verlacht, weil niemand ihm glauben will. Dieser Gott kann inzwischen ersetzt werden durch die geschlossene Welt normativer Wahrnehmung. Die totalitären Gesellschaften brauchten noch einen „Führer". Er wird überflüssig, wenn jeder zu seinem eigenen „großen Bruder" wird. Das von einem Gott oder einem Führer kontrollierte Gewissen wirkt antiquiert, wenn die produzierten Menschen gar nicht mehr „sündigen" können. Solche „Realpolitiker" verhalten sich sachnotwendig und schämen sich nur noch, wenn sie nicht fähig sind, der Perfektion der Maschinerie zu folgen.

In ihrem „Januar-Manifest" schrieb dagegen die „Gruppe Spur" 1961: „Unbrauchbarkeit ist unser höchstes Ziel." Und: „Alles, was anwendbar ist, ist nicht für den Menschen."

Maschinen-Mann

Zwölfte Variation.

Wenn der Spucknapf mit der Wurst über'n Frosch wegspringt
Und der Storch in dem Mops die Luft verschlingt.

Dreizehnte Variation.

Wenn der Frosch in der Luft den Storch verschlingt
Und die Wurst über'n Spucknapf und den Mops wegspringt.

Ein „Vorläufer" der Gruppe „Spur", Jean Paul, hat während der Wende vom 18. zum 19. Jahrhundert vor der Aufklärung und ihren Folgen gewarnt. Den „Genius" dieser Aufklärung nannte er den „Maschinen-Mann":

„... ich will mir einmal das Vergnügen verstatten, mir einzubilden, der Mensch wäre schon auf eine viel höhere Stufe der Maschinen-haftigkeit gerückt, und ich will nur ... mir gar vorstellen, er stünde auf der höchsten und hätte statt der fünf Sinne fünf Maschinen ... ich will mir vorstellen, er trieb' es noch weiter und er verrichtete durch ein hydraulisches Werk sogar seine Notdurft ... er behielte nicht einmal sein Ich, sondern ließe sich eines ... schnitzen, welches aber besonders unmöglich wäre — nicht einmal die Tiere wären mehr lebendig, sondern, da wir ohnehin von Archytas, Regiomontan, Vaucanson künstliche Tauben, Adler, Fliegen, Enten haben, auch der übrige Inhalt der Zoologie würde petrifiziert und verknöchert und ganze Menagerien ohne Leben und ohne Futter würden aufgesperrt und Kluge ... dächten deßwegen der jüngste Tag sei da oder schon vorüber — die Sache wäre verflucht arg und die natura naturans verflöge endlich und nichts bliebe da als die natura naturata ... mit welchen Vollkommenheiten ... würde dann die Erde aufgeschmückt sein, die jetzt so in Lumpen und Löchern dasteht? Ich meine ... wenn ein guter Kopf die Erde übersähe und ihre Vollkommenheiten überzählte und überhaupt schon wüßte, daß ein Wesen desto vollkommener ist, je mehr es mit Maschinen wirkt und je mehr es Arme, Beine, Kunst, Gedächtnis, Verstand außer seinem ich liegend sieht und alles das nicht mit sich zu schleppen braucht, und daß eben deßwegen das Tier, das ohne Maschinen tätig ist, auf der untersten schmutzigsten Vollkommen-heitsstufe liege, der Wilde, der einige bewegt, auf einer höheren, und der Große und Reiche, dem die meisten Maschinen ansitzen, auf der höchsten stehe: mit welchen Vollkommenheiten würde der überzählende Kopf die Erde dann wohl übersäet finden? Namentlich mit ... vollständiger Apathie, Quietismus ... Nichtssein und Alles-können ..."[26]

Thema.

Wenn der Mops mit der Wurst über'n Spucknapf springt
Und der Storch in der Luft den Frosch verschlingt.

1 Platon, Der Staat, Stuttgart 1988, S. 174.
2 Ebd., S. 329.
3 Ebd., S. 330.
4 Ebd., S. 353.
5 Georg W. F. Hegel, Vorlesungen über die Geschichte der Philosophie, Bd. II, Frankfurt/M. 1979, S. 110.
6 Ebd.
7 Ebd., S. 111.
8 Georg Büchner, Dantons Tod, Frankfurt/M. 1962, S. 89.
9 Ebd., S. 104.
10 Hegel, a. a. O., S. 494.
11 Dazu: Wolfgang Dreßen, Die pädagogische Maschine, Berlin 1982.
12 Christian Meier, 40 Jahre nach Auschwitz, München 1987.
13 Günther Anders, Die Antiquiertheit des Menschen, Bd. II, München 1980, S. 359.
14 Asger Jorn, Die Ordnung der Natur, in: Ders., Gedanken eines Künstlers, München o. J., S. 241.
15 Ebd.
16 Ebd., S. 229.
17 Ebd., S. 243.
18 Ebd., S. 305.
19 Ebd., S. 306.
20 Ebd., S. 314.
21 Ebd., S. 212.
22 Ebd., S. 212.
23 Ebd., S. 212.
24 Ebd., S. 213.
25 Hans-Jürgen Krahl, Zur Dialektik des antiautoritären Bewußtseins, in: Ders., Konstitution und Klassenkampf Frankfurt/M. 1971, S. 306.
26 Jean Paul, Der Maschinen-Mann nebst seinen Eigenschaften, in: Klaus Völker (Hrsg.), Künstliche Menschen, München 1976, S. 143 f.

Eckhard Siepmann

Die

Ferne

und

die

Nähe

ach dem ende dessen, was als moderne angesehen wurde –
nach dem ende dessen, was als sozialismus ausgegeben wurde –
heute also,
stolpert jedweder sprechversuch über die verstreut auf dem boden liegenden bruchstücke von zerschellten begriffsbrocken.
die guten alten begriffe – sie sind nicht mehr! selbst die verjüngungskuren, die unsere denker ihnen regelmäßig zu unser aller wohl verpaßten – sie schlagen nicht mehr an!
was tun?
vielleicht: begriffe vermeiden, sie in einem eiertanz umgehen, das wäre was. oder regelmäßig zur erheiterung des publikums über sie stolpern wie der diener in „dinner for one" über den eisbärkopf.

über

das

programm

einer

revolutionierung

des alltags

– ein gestrüpp –

2

einer ist wie gelähmt, einem ist es gleichgültig, eine hat es immer schon gesagt, eine hat sowieso nie was von dieser spielart gehalten, einer meint jetzt erst recht, eine wird unpolitisch, einer kehrt zur mitte zurück, eine gerät an den suff, einer freut sich des lebens.
manche arbeiteten für die ferne: sturz des kapitalistischen systems, um auf seinen trümmern den sozialismus zu errichten.
manche arbeiteten für die nähe: durch reformen allmählich in richtung sozialismus.
nach dem niedergang sämtlicher bisheriger modelle der planwirtschaft triumphieren die freunde der nähe. „wir haben es gleich gesagt!"
bei aller ihrer verständlichen freude riecht ihr eigenes modell jedoch ungebrochen nach verhaustierung, glücklicher freizeit und schwedischen selbstmordziffern.
diese perspektivlosigkeit führt zu einem folgenschweren dilemma: predigt einer in einer spelunke von reformen, so verzieht der ideelle gesamtzuhörer seinen mund nach rechts, – und nach links, wenn einer beherzt an der revolution festhält.
die alten vorstellungen von ferne und nähe haben keinen kredit mehr. wer neu über das verhältnis von fernziel und gegenwart nachdenkt, kommt in den genuß einer gewissen narrenfreiheit.

es ist die stunde des fabulierens.

3

als **ferne** kann festgehalten werden: eine welt ohne warenproduktion, ohne geld, ohne klassen, eine solidarische weltgemeinschaft, die mit der natur umzugehen gelernt hat; die die technik benutzt, um die produktivität zu einem genuß zu machen.

neu wäre: den weg dorthin nicht in etappen festzulegen; kein denksystem zu errichten, das teleologisch zu diesem ziel führt; sogar an entscheidenden vergesellschaftungsstrukturen des gegenwärtigen kapitalismus zunächst festzuhalten und **innerhalb** dieser strukturen die machtverhältnisse zu verändern; diese veränderungen zu erzwingen auf der basis einer **revolutionären transformation des alltags**, unter der voraussetzung einer entfesselten subjektivität, enthemmter wünsche und einer subversiven kultur. neu auszufabulieren wäre dann nicht die ferne, nicht der weg in die ferne, sondern die **gestalt der neuen nähe.**

dazu im folgenden einige ungeordnete vorschläge und unfrisierte überlegungen. ein schlecht verheimlichter telegrammstil ist dabei unumgänglich; denn es ist ebenso notwendig wie wunderbar einladend, die gesamte „erbschaft" der produktiven teile der kultur des 20. jahrhunderts dabei zu rate zu ziehen, samt einigen vorläufern: marxismus, psychoanalyse, naturwissenschaften, die künste, die architektur und stadtplanung, und leider auch theologie, durchaus studiert in heißem bemüh'n.

das vorliegende buch führt vor augen, wie in den 60er jahren erstmals der versuch gemacht wurde, die gestalt der neuen nähe **in theoretisch-politischer praxis sichtbar zu machen.** unzufällig waren es weltweit studenten, die die sisyphosarbeit dieser gigantischen synthese unternahmen; wer sonst hätte gelegenheit dazu gehabt? der unübertreffliche charme der kinderschuhe des historisch neuen ist hier wie sonst bestrickend; es spricht womöglich für die tragweite dieser spuren, daß auch unser versuch einer reflexion nach 30 jahren noch reichlich chaotisch ausfällt.

4

der vorschein der ferne lädt die nähe auf bis an den rand ihres zerreißens, davon handelt dieses buch. nicht, daß in den jahren 1956-1968 schon die einsichten, gar die praxis da gewesen wären, die heute nötig sind; aber in diesen jahren wurden die fragen bewußt, die heute die dimension des globalen überlebens berühren; noch vor ihrer formulierung war eine praxis da, anarchisch wie das gehabe eines säuglings.

die gralshüter jener zeit schreien zeter und mordio:

damals gab es keine ferne; das neue war, daß es nur die reine gegenwart gab. damals wurde auf nichts hingearbeitet, sondern es wurde nur auf der universalität des augenblicks bestanden. das war das neue gegenüber dem parteikommunismus!

falls das damals so gewesen ist, dann ist es inzwischen anders. es ist nicht nötig, nach 1967 zurückzukehren, sondern dieses goldstück muß in eine neue beziehung gebracht werden.

ein (verdienter) gralshüter regt sich so auf:

„der rudi war völlig widersprüchlich. einerseits arbeitete er auf ein fernziel hin, andererseits propagiert er die gegengesellschaft, sogar die kommune. völlig widersprüchlich!"

---

der geist des tales stirbt nie
es ist die dunkle vogelmutter
die spalte der dunklen vogelmutter
ist die wurzel von himmel und
erde
sich hinschlingend durch alles,
allgegenwärtig
wirkt sie endlos und ohne
mühe.

(TAO TE KING, um 300 v. Ztr.)

Du mußt allhie wissen, daß die Gottheit nicht stillestehet, sondern ohn Unterlaß wirket und aufsteiget als ein liebliches Ringen, Bewegen oder Kämpfen, gleichwie zwei Kreaturen, die in großer Liebe miteinander spielen und sich miteinander halsen (um den Hals fallen) oder würgen. Bald liegt eines oben, bald das ander. Und so eines überwunden hat, so gibt's nach und lässet das andere wieder auf die Füße.

(Jacob Böhme, Morgenröte im Aufgang, 1612)

Heiko Hösterey,
Schwelmer Fêtenrest,
1961

5

das programm der **revolutionierung des alltags** darf heute mit lottomitteln im museum vorgeführt werden – ist das etwa keine niederschmetternde erkenntnis? dieser einsicht entkommt auch nicht, wer subversive aktionen mit der ausstellung verbinden möchte. sie gelten im zweifelsfall als kühne bereicherung der auf außerordentlichkeit bedachten metropole berlin. revolutionierung des alltags zielt auf die dekolonialisierung und dekonditionierung des bewußtseins als voraussetzung für eine säureartige zersetzung jeder außenbestimmten verwaltung, als voraussetzung um sich greifender selbstregulierter systeme.

6

die scheiben putzen!

wenn eine scheibe beschlagen ist, dann sieht man wenig oder nichts dadurch. nun ist ja das bewußtsein eigens dafür da, sich was klar zu machen, und darum gerät die ganze funktion ins wanken, wenn da so ablagerungen drauf sind.

das merkwürdigste ist, daß niemandem das auffällt, daß das bewußtsein ziemlich weitgehend verdreckt ist. es ist nämlich der absolute normalzustand, beim einzelnen wie auch in der gesellschaft. es ist kein thema, eben weil es so normal ist wie das wetter. so wie der fisch nichts vom wasser weiß, weil er anderes nie erlebt. der blöde fisch kapiert erst was vom wasser, wenn er an der angel rausgehoben wird. daß das bewußtsein verdreckt ist merken menschen nur in ausnahmesituationen, z. b. wenn man eine tolle komposition hört etc., oder auch eine unter die haut gehende landschaft sieht und riecht etc.; in diesem sinne sagt kafka: ein buch muß eine axt sein für das gefrorene meer in uns. was sind denn das eigentlich für ablagerungen? also da ist erstmal die tradition. marx bemerkt dazu großartig destruktiv: DIE TRADITIONEN ALLER TOTEN GESCHLECHTER LASTEN WIE EIN ALP AUF DEN GEHIRNEN DER LEBENDEN. dann folgen sogleich die konventionen. das sind die gesellschaftlichen spielregeln. z. b. angestellte geben sich immerzu die hand. man sagt immerzu

246

„guten tag", oder „gesundheit". früher zog man immer den hut, als
mann; eine frau, die den hut zöge: unmöglich! dann kommen die
moden. selbst in „fortschrittlichen" kreisen darf man sie auf keinen
fall verletzen, z. b. in der wortwahl oder im schlag der hose.
(ein typisch verdrecktes bewußtsein weisen auch die leute auf, die
sich betont unmodisch oder unkonventionell geben. bei ihnen ist
alles scheuern vergeblich. sie sind unrettbar verloren.)
außer durch traditionen, konventionen, moden entstehen die ablagerungen durch reklame, religion, staatsfrömmigkeit, ideologien,
kunstvernarrtheit etc.; dann gibt es auch die klassenspezifischen
verschmutzungen. generell läßt sich sagen, daß das kleinbürger-
tum den weltrekord in verschmutzung hält, während die arbeiter,
die uns permanent durch ihre konservative haltung in schrecken
versetzen, erstaunliche blanke flecken auf der scheibe haben, weshalb man sie doch immer wieder mag und ihnen gerne vertrauen
würde.
das bild der verdreckung der scheibe ist auch eintauschbar gegen
das bild der verstopfung der röhre. im ersten fall rutscht der blick
nicht durch, im zweiten fall die scheiße, metaphysisch gedacht.
wie leicht fühlt man sich oft, wenn man vom klo kommt, und so
ist es auch mit der wahrnehmung.
die reinigung des bewußtseins ist ungefähr seit 1950 große
mode. sie ist also unzufällig mit der wissenschaftlich-technischen
revolution in die welt gekommen. die ersten waren die beatnicks,
und sie wußten sogleich, wo die reinigungsmittel am besten zu
haben sind, nämlich im osten. ihnen folgten die spätsechziger, mit
den hippies als brücke. die beattypen, die sich allerlei einbildeten,
vermochten ebensowenig wie hermann hesse zu sehen, daß die
reinigung eine politische bewandnis hat. die hippies sahen es
schon etwas genauer, umsomehr die haschrebellen. der sds sah
diesen zusammenhang überhaupt nicht. die kommunistischen parteien sahen ihn leider überhaupt auch nicht.
schön und gut, was sahen die situationisten? sie verstanden überhaupt nichts von mystik, aber sie waren die ersten nach dem zweiten weltkrieg, die in praktischer absicht die bewußtseinsindustrie
kritisierten. sie schlugen strategien für eine praxis der befreiung
des bewußtseins vor, nicht eine praxis der versenkung, sondern
der revolutionären aktion. es beschämt sie nicht, daß sie ihren ausgangspunkt bei der kunst sahen, es beschämt sie auch kaum, daß
ihre politischen vorstellungen, von heute gesehen, naiv waren.
ein bißchen undifferenziert. das traurige an ihnen ist ihre arroganz,
merkmal ihrer kleinbürgerlichkeit. arroganz ist verstopfung.
die revolutionäre kraft der zukunft hat kein elitebewußtsein, sie
trägt nichts „ins volk hinein". sie entwickelt praktische modelle der
dekolonisierenden selbstorganisation, die ökonomie und bewußt-

heit umgreifend umwälzt.

So ich dir aber die Gottheit in ihrer Geburt soll in einem kurzen runden Zirkel recht in der hchsten Tiefe beschreiben, so ist sie also gleich, als wenn ein Rad vor dir stünde mit sieben Rädern, da je eines in das andere gemacht wäre, also daß es auf allen Enden gehen könnte, vor sich und hinter sich und querecht und (be)dürfte keiner Umwendung. Und so ginge, daß immer ein Rad in seiner Umwendung das ander gebäre und doch keines verginge, sondern alle sieben sichtlich wären. Und die sieben Räder gebären immer die Naben inmitten nach ihrer Umwendung, daß also die Nabe frei ohne Veränderung immer bestünde. Die Räder gingen glich vor sich oder hinter sich oder querecht oder über sich oder unter sich. Und die Nabe gebäre immer die Speichen, daß sie in dem Umwenden überall recht wären und doch auch keine Speiche verginge, sondern sich immer also miteinander umdrehete und ginge, wohin es der Wind drehete und (be)dürfte keiner Umwendung.

(Jacob Böhme, Morgenröte im Aufgang, 1612)

gegen blauäugigkeit, nachruf auf
die landluft.

leicht zu sagen, daß der rückzug auf den einfachen „block wirklichen lebens", sei es als kiezleben, sei es als autonomer revolutionärer gestus, sei es als „alternative kultur", nicht genügt.
keine verhöhnung dieser ebenen, keine übermäßige, kritische auseinandersetzung mit jeder einzelnen, unausweichlich notwendig
das theoretische und praktische, aber immer subversive eintau-
chen in den medienzusammenhang. jenseits dieser unheimlichen
vermittlung gibt es kein leben mehr.

(lernprozesse durch die zersetzung des ersten sozialismus-ver-
suchs; dieser scheiterte nicht zuletzt am prinzip der repräsentation, der verweigerten identität und daran wird auch der kapitalismus scheitern.)

die medien zersetzen die subjektivität und provozieren sie zugleich. sie zersetzen sie da, wo sie zur zweiten natur werden. sie
provozieren sie, wo die drohende verarmung ihrer selbst bewußt
wird und aufbegehrt. die vereinzelte auflehnung bleibt folgenlos.
welche form kann der neue subversive vermittlungszusammen-
hang von subjektivität und drohendem medientotalitarismus finden? das ist eine der kernfragen.

situationisten als erster theoretischer, antiautoritäre als erster theo-
retisch-praktischer antwortversuch innerhalb der epoche der wissenschaftlich-technischen revolution.

DADA: erste auseinandersetzung mit den neuen massenmedien.
das und nichts anderes erklärt die seit den 60er jahren ununterbrochene aktualität von dada. dabei sind dabei zwei ebenen wichtig. das
eine ist der gebrauch der neuen medien durch dada. das zweite
ist der antieuropäische gestus, die nähe zu zen. als drittes kam in
berlin dada hinzu: die annäherung an den kommunismus. diese
mischung verdient für die gegenwart festgehalten zu werden: EIN-
TAUCHEN – ZEN – KOMMUNISMUS.

dabei wird schon eine andere wichtige ebene sichtbar, die anfor-
derungen an eine neue freiheitliche bewußtseinsform können
nicht mehr einseitig von der europäischen geistesverfassung
befriedigt werden. ein ausgleich mit dem asiatischen und islami-
schen denken ist unverzichtbar. spuren dazu im dadaismus, surrealismus, taoismus.

darin schon angelegt: die aufkündigung der superiorität des
bewußtseins; die körpergeistdialektik neu bestimmt und praktiziert.

die bedeutung des SPIELS als körpergeistvermittlung, das politische happening als neue, vorwärtsweisende qualität. die alte,
erstarrende welt wegspielen. das fängt wirklich im einzelnen leben
an, das um sich greifende spiel. futurismus in rußland, DADA, kunzelmann, die kinder, benjamin, das zaubern.

Ostberlin, Auguststraße 10, Foto: Eckhard Siepmann

8

das allerschwierigste ist das wegdenken des prinzips der repräsentation aus der ebene der politik als gesellschaftlicher vermittlung. unmittelbare demokratie wird zwar durch die neue technik
erleichtert; aber solange die menschen kolonialisiert sind wie
heute, löst diese aussicht schaudern aus. unabweisbar notwendig
sind beratungen auf vermittelten ebenen, außerdem auch ein neu
verstandenes spezialistentum. unterschied zwischen delegation
und repräsentation.
repräsentation im bereich der individualität. bürgerliche gesellschaft als gemeinschaft der charaktermasken. was drängt uns zu,
was befreit uns von dem alp der repräsentation? differenz von privatheit und individualität. die privatheit trägt heute bei zur zerstörung der individualität, aber die verhältnisse sind nicht so, daß wir
die privatheit völlig aufgeben können. altes problem der kommunen und ihrer zwanghaftigkeit. eifersucht als symptom. knutsch-
flecken. wessen kind ist es? der erbe.

Ruine der Friedrichstraßenpassage, Ostberlin

9

transformation des augenblicks

nunc stans –
das ist die losung der mystik und des generalstreiks
(walter benjamin), rebellischer einspruch gegen das immerso-
weiter, gegen die verfallenheit an die leere, verordnete zeit.
sobald die räder der reproduktion des immergleichen zum still-
stand gebracht sind, fallen die nebel der bildwelt und der repräsentation, wird eine neue welt sichtbar und greifbar.
nunc stans –
für den mystiker der augenblick der vereinigung mit dem göttlichen in der eigenen seele, für den streikenden arbeiter der augenblick der abrechnung.
das christlich geprägte abendland war bestimmt von der intentionalität des augenblicks: die gegenwart, der alltag sind abgewertet
zugunsten der zukünftigen oder jenseitigen welt. der augenblick
weist stets über sich hinaus: metaphysische oder pragmatische
funktionalität.
der alte gedanke der intentionalität des augenblicks konvergiert
mit dem der repräsentation: das zentrum der dinge wie der individuen liegt nicht in ihnen selbst, sondern im wesen, in der idee: sie
sind nichts in sich selbst, aber alles in dem, was sie repräsentieren
– und was sie repräsentiert. in dieser differenz liegt zugleich die
jahrhundertelang für unüberbrückbar gehaltene diskrepanz zum
östlichen denken, soweit es vom buddhismus bestimmt ist.
im 20. jahrhundert flankierten zwei bedeutsame gesellschaftliche
kräfte die in der nach-hegelschen philosophie vorbereitete revolution des augenblicks: die neue physik und die entwicklung der
künste. in der physik seit planck und einstein wird die vorstellung
von der absoluten existenz der dimensionen raum und zeit, wie
sie seit newton geherrscht hatte aufgegeben; beide sphären werden auf die jeweilige situation bezogen. die künste verabschieden
sich von der repräsentation der welt und organisieren ihre eigenen
mittel. **cobra** vollzieht einen schritt darüber hinaus: der maler
malt nicht mehr ein „vorgefaßtes" bild, sondern das bild entsteht
im akt des malens.

dieser gedanke ist noch nicht ausgesponnen, da wird bereits ein ernstzunehmender einwand hörbar. verstehe ich sie richtig, daß sie die intentionalität des augenblicks suspendieren wollen? sind sie sich nicht darüber im klaren, daß seiner historischen entstehung die abendländische subjektivität, die sie eben noch entfesseln wollten, überhaupt zu verdanken ist?

darauf antworte ich nicht sofort – angeblich, um den anschein der besserwisserei zu vermeiden, in wirklichkeit, um zeit zum überlegen zu gewinnen. dann sage ich: ihr protest scheint mir berechtigt. wir können weder hinter die vorsokratiker zurückfallen, noch beneiden wir jene, die einen sprung in das buddhistische bewußtsein unternehmen. die transformation des augenblicks kann keine liquidierung der intentionalität bedeuten. das wäre eine kalte negativität, wie wir sie – in umgekehrter richtung – in östlichen hightech-ländern am werk sehen. die neue zeitstruktur setzt eine synthese von intentionalität und nicht-intentionalität voraus – eine aufhebung der beiden extreme in etwas neues, das noch schwer zu beschreiben ist.

zusammengefaßt heißt das für eine transformation des augenblicks:
- die veränderung der welt zielt, verkürzt gesagt, nicht auf die zukunftsperspektive, sondern auf den augenblick;
- die struktur des augenblicks wäre bestimmt durch eine neue konstellation und gleichzeitigkeit von intentionalität und nicht-intentionalität.

10

produktive metastasen

der gesellschaftskörper als fotonegativ: positive wucherungen. etwas breitet sich aus, kleine punkte mit freiheiteröffnender tendenz. etwas greift um sich, die fieberhafte suche nach einem antidotum bleibt vergeblich, die gewalt des chirurgischen messers: lächerlich. die herde enstehen unabhängig voneinander, ohne verabredung, autonom. dem körper fallen die haare aus, er wird unansehnlich: das haben wir schon. er schminkt sich, er setzt eine perücke auf, er hat schon ein falsches gebiß – zu sehen, wenn er lacht.

In einem ächten Märchen muß alles wunderbar – geheimnißvoll und unzusammenhängend seyn – alles belebt. Jedes auf eine andere Art. Die ganze Natur muß auf eine so wunderliche Art mit der ganzen Geisterwelt vermischt seyn. Die Zeit der allgemeinen Anarchie – Gesetzlosigkeit – Freyheit – der Naturstand der Natur – die Zeit vor der Welt (Staat). Diese Zeit vor der Welt liefert gleichsam die zerstreuten Züge der Zeit nach der Welt – wie der Naturstand ein sonderbares Bild des ewigen Reichs ist. Die Welt des Märchens ist die durchausentgegengesetzte Welt der Welt der Wahrheit (Geschichte) – und eben darum ihr so durchaus ähnlich – wie das Chaos der vollendeten Schöpfung. (Über die Idylle.)
In der künftigen Welt ist alles, wie in der ehmaligen Welt – und doch alles ganz Anders. Die künftige Welt ist das Vernünftige Chaos – des Chaos, das sich selbst durchdrang – in sich und außer sich ist – Chaos[2] oder ∞

(Novalis, 1798/99)

Hinweise zum Weiterleben

Das bei weitem erfindungsreichste und intelligenteste Buch zum Gesamtzusammenhang der „Nilpferd"-Thematik wurde von Greil Marcus geschrieben: LIPSTICK TRACES. A SECRET HISTORY OF THE TWENTIETH CENTURY (1989). Marcus' Methode der Vernetzung ähnelt der unseren, jedoch setzt er andere Schwerpunkte: DADA, Situationisten, Punk-Musik. Dieses sehr vergnüglich zu lesende Buch wird im Frühjahr '92 auch hierzulande erscheinen. Zum Zusammenhang Situationisten-Punks vgl. auch: AN END-LESS ADVENTURE, Ausstellungskatalog des ICA, London 1989. Eine detaillierte Darstellung des Zusammenhangs Lettristische Internationale – Situationistische Internationale bietet das Buch von Roberto Ohrt: PHANTOM AVANTGARDE. EINE GESCHICHTE DER S. I. UND DER MODERNEN KUNST (1990). Das Buch betrachtet vor allem ästhetische und kunsthistorische Zusammenhänge und ist reich illustriert.
Authentische Texte der Situationisten sind (noch) leicht zu finden in dem 2-bändigem Reprint der Zeitschrift „Internationale Situationniste", den die Edition Nautilus übersetzt und veröffentlicht hat. Im gleichen Verlag sind zahlreiche kleinere Schriften der Situationisten und ein Bändchen der Gruppe SPUR erschienen. Wer am Thema interessiert ist, sollte den Publikationen dieses verdienstvollen Hamburger Verlags Aufmerksamkeit schenken.
Zur Gruppe SPUR und zu Asger Jorn empfehlen wir die Publikationen der Galerie van de Loo, München.
Über HP Zimmer informiert umfassend der Ausstellungskatalog, den der Kunstverein Wolfsburg 1986 veröffentlicht hat.
Den Zusammenhang „früher SDS-Subversive Aktion-Kommune I" unter Einbeziehung der Situationistischen Internationale analysiert kenntnisreich Sebastian Scheerer in seinem Essay DEUTSCHLAND: DIE AUSGEBÜRGERTE LINKE, erschienen in: Angriff auf das Herz des Staates, 1. Band. Frankfurt/M. 1988.

Dank an die Wohltäter

Wege durch den Urwald bahnten selbstlos Hanno Garms, Sylvia Weber, Tatjana Günther, Anne Menzel-Marx, Ed Weber, Jörg Walter, Jörg Rehmers und letztlich Katja Manhart.
Lana Lausen und Werner Kohn steuerten wichtige Fotografien bei.
Suzanne Kristen und Jill Gossmann halben uns als Praktikantinnen.
Mark Tieglen half von oben herab.
Kurt Drabek ist nicht nur der Komponist des Sandmännchen-Liedes (West), sondern ihm gebührt auch die Auszeichnung „Mustergültiger Vermieter".
Der Leiter des Düsentriebwerkes, Hans-Wilhelm Kruse, geübter Chaos-Überflieger, hauchte der Ausstellung in der Heimstraße den Lebensodem ein.
Der Senatsverwaltung für Kulturelle Angelegenheiten danken wir für die Förderung des Projekts, dem Museumspädagogischen Dienst Berlin für die Unterstützung bei der Erstellung dieses Buches, der Stiftung Deutsche Klassenlotterie für die Finanzierung der Ausstellung.
Rechte und Materialien überließen uns die Galerie van de Loo, München, die Galerie Nothelfer, Berlin, sowie der Verlag Klaus Boer, München und die Edition Nautilus, Hamburg.
Bei ihnen bedanken wir uns und hoffen, daß ihnen das realisierte Projekt Vergnügen macht.
Nicht alle Besitzer von Rechten konnten wir ausfindig machen; wir bitten um Nachsicht und Meldung im Werkbund-Archiv.

Wichtiger Hinweis an die Nachwelt: Überschriften, die mit einem * versehen wurden, stammen nicht von den Autoren, sondern wurden von den Herausgebern hinzugefügt.

Impressum

Nilpferd des höllischen Urwalds
Ein Projekt des Werkbund-Archivs Berlin

Konzeption: Eckhard Siepmann
Organisation:
Andreas Murkudis,
Hans Joachim Neyer
Sekretariat und Finanzen:
Inge Görres, Rita Kille
PR-Beratung:
Helmut Höge

Ausstellung

(Heimstraße und Tacheles),
Wolfgang Dreßen, Jochen Dannert,
Edith Kloft, Hans Wilhelm Kruse,
Eckhard Siepmann, Michael Zöllner
Tonmeister: Peter Tucholski

Video-Interview

Dieter Kunzelmann
befragt von Wolfgang Dreßen,
Helmut Höge,
Eckhard Siepmann
Aufnahme und Schnitt:
Michael Zöllner

Ausstellung im Martin-Gropius-Bau

Konzeption:
Hans Joachim Engstfeld (Tacheles)
Gestaltung:
Dagmar Henke (Tacheles),
Ulrike Damm, Regina Marxer,
Detlef Saalfeld

Ausstellungskatalog

Konzeption:
Wolfgang Dreßen und
Eckhard Siepmann sowie
Dieter Kunzelmann (Mitarbeit bis 1.7.91)
Gestaltung: Damm und Marschall
Litho: Firma Bohm, Berlin
Satz und Druck:
Firma Schlesener, Berlin

© Werkbund-Archiv
Museum der Alltagskultur des
20. Jahrhunderts und Autoren
© der historischen Texte, Bilder und
Fotos bei den Autoren/Künstlern
© Interview: Dieter Kunzelmann
© Moabiter Seifenoper:
Rainer Langhans, Fritz Teufel

Vertrieb

Anabas Verlag
Am unteren Hardthof
6300 Gießen

Die deutsche Bibliothek –
CIP-Einheitsaufnahme

Nilpferde des höllischen Urwalds:
Situationistische Internationale,
Gruppe SPUR,
Kommune I [Katalog zur gleichnamigen Aus-
stellung des Werkbund-Archivs, Berlin 30.
Oktober bis 1. Dezember 1991] / im Auftr. des
Werkbund-Archivs hrsg. von Wolfgang Dreßen . . .
– 1. Aufl. – Gießen: Anabas-Verl., 1991
(Werkbund-Archiv; Bd. 24)
ISBN 3-87038-172-8
NE: Dreßen, Wolfgang [Hrsg.]; Werkbund-
Archiv < Berlin > : Werkbund-Archiv

Die Schöpfung war ein Prozeß, mit dem die göttlichen Kräfte Ordnung in das Chaos brachten. Das Ende der Welt würde kommen, wenn die Kräfte der Ordnung dem Chaos nicht länger widerstehen könnten. Naturkatastrophen (Eis und Schnee, Vulkanausbrüche, Überschwemmungen und Erdbeben) gaben den Menschen eine Vorstellung davon, wie der endgültige Zerfall aussehen würde, bei dem auch die Götter selbst ihren Untergang fänden. Das Ende der Welt soll sich ankündigen durch drei aufeinanderfolgende Kriegswinter und einen weiteren Winter mit schrecklicher, unerträglicher Kälte. Ein Wolf wird dann die Sonne verschlingen und ein anderer den Mond. Die Sterne werden verschwinden, und es wird starke Erdbeben geben. Dann kommt der angekettete Fenriswolf frei und öffnet sein Maul, um die Welt zu verschlingen. Die Midgardschlange speit Gift über Himmel und Meer, und alle Monster des Chaos sammeln sich zum Angriff.

Heimdall, der Wächter von Asgard, stößt in sein Horn und die Götter reiten zur Schlacht aus. Thor ist bald in einen Kampf mit der Midgard-Schlange verwickelt, Freyr kämpft mit Surt (Surtur), einem Riesen mit einem Flammenschwert, Tyr mit dem riesigen Hund Garm und Heimdall mit Loki. Alle Götter kämpfen tapfer, doch vergebens, und der Weltbaum erzittert. Surt setzt die Erde in Brand, und diese versinkt im Meer. Nichts bleibt als ein Chaos von Feuer und Rauch, der zum Himmel aufsteigt — und am Ende werden die Hitze und das Feuer vom Ozean verschlungen.

(Das Weltende in der Normanischen Sage – Edda)